그리스도와 교회

바울의 신학과 공동체 윤리

그리스도와 교회

바울의 신학과 공동체 윤리

현경식 지음

삼원서원

머리말

오늘날 교회 안과 밖으로부터 교회에 관한 많은 질문들을 접하게 된다. "우리가 왜 교회에 다녀야 합니까?", "교회 직분은 꼭 받아야 합니까?", "교회 안 다니면 신앙생활 못합니까?", "교회가 왜 그리스도의 몸입니까?" 등. 이러한 질문들은 상식적인 것 같지만 신학이 정립되어 있지 않으면 쉽게 대답할 수 없는 물음들이다. 교회와 신앙에 대한 이런 질문들에 대하여 간단히 상식의 선에서 대답할 수 있어도, 그 대답이 옳은 것이고, 성경 말씀에 합당한 것이냐가 문제다. 이 외에도 얼마나 많은 냉소적이고, 비판적이며, 부정적인 질문들이 많은지 모른다. 이런 질문과 의혹들에 대하여, 상식으로서가 아니라, 말씀에 근거해서 잘 대답해야 할 필요가 있다. 물론 성경 말씀의 해석의 차이는 있다 할지라도, 적어도 말씀에 대한 경외와 존경심이 남아 있는 사람들에게 말씀은 가장 권위 있는 기준이며 원칙이기 때문이다. 나도 목회자와 신학자로서 이런 질문들을 대면서 말씀에 근거한 교회론의 필요성을 절감하게 되었다. 그것도 십자가의 신학에 근거한 교회론을 정립한다면 많은 교인들에게 더 큰 확신을 줄 수 있다는 생각에서다. 이 책은 교회 안에서 일어나는 이러한 물음들에 대해서 진지한 대답을 주기 위해서 집필되었다. 말씀에 근거한 이해할만하고, 설득력 있고, 은혜로운 대답을 주려는 조그만 목적 때문에 쓰여진 것이다.

목회자를 비롯한 많은 그리스도인들이 교회론의 부재를 지적한다. 교회론이 없을 수 없지만 피부에 와 닿는 깊고 충분한 내용을 접하기가 어렵다는 말일 것이다. "교회란 무엇인가?"에 대한 대답이 간단할 수도 있지만, 만족할만한 대답을 얻기란 그렇게 쉬운 것이 아니다. 그렇기 때문에 교회론의 부재라는 말이 나왔을 것이다. 목회자와 평신도가 어떠한 신앙과 삶을 갖느냐는 그들의 신학이 결정적으로 중요한 역할을 한다는 점에서 교회론의 중요성은 더욱 강조되어야 한다. 이는 신학한 자가 교회를 어떻게 섬기고 가르치느냐에 따라서, 혹은 교회에 대한 신학적 입장에 따라서 교회의 모습이 결정되는 것과 일맥상통한다. 이런 점에서 신약성서의 가장 많은 부분을 차지하는 바울 서신을 통해서 말씀에, 특별히 바울의 십자가 신학을 근거로 한 교회론의 정립이 가능하다고 생각한다. 다시 말해서, 적어도 바울 신학을 통해서 교회란 무엇인가에 대한 대답을 구할 수 있다고 믿는다.

바울을 비롯한 대부분의 그리스도인들이 신앙의 여정 혹은 신학의 여정이 있듯이, 나 또한 신학의 여정이 있었다. 미국과 한국에서 두 번이나 교회를 개척하여 섬겼고, 어릴 때부터 다녔던 교회이기에 피상적인 개념을 갖고 있었지만, 복음에 근거한 교회에 대한 신학적인 정립이 되어 있지 못했다. 목회를 하면서 늘 접하는 말씀이 있다. "내가 너희 중에서 예수 그리스도와 그의 십자가에 못 박히신 것 외에는 아무것도 알지 아니하기로 작정하였음이라."(고전 2:2) 참 좋다는 생각은 했어도, 바울이 교회를 세우면서 왜 이런 말을 했고, 이 복음으로만 어떻게 목회할 수 있었는지에 대해서 깊은 생각을 해 본 적이 없었다. 이 말씀의 의미를 정확히 알지 못했을 뿐만 아니라 이런 고백은 지난 목회 가운데서 해 본 적이 없었다. 입에서는 그리스도의 십자가가 쉴 새 없이 나오는데 그 정확한 의미를 알지 못했던 것이다. 이것은 마치 교회 복도에 걸려 있는 십자가 성화와 같았다. 매일 보고, 하루에 몇 번씩 보고, 듣고 또 듣고, 말하고 또 말해도, 정확한 의미를 알지 못했다. 아무 생각 없이, 그냥 좋은 그림이라는 생각으로 지나치기만 한 것과 마찬가지다. 왜냐하면 말씀을 통해서 십자가의 신학을 진지하게 정립해 본 적이 없기 때문이다.

그리스도의 십자가의 은혜가 보이기 시작한 것은 그렇게 오래되지 않았다. 그리스도의 십자가가 왜 하나님의 능력인지 목회를 통해서 깨닫기 시작한 것도 오래되지 않았다. 바울의 증거가 왜 그랬는가에 대한 이해가 오기 시작했다. 그리스도의 십자가의 은혜에 대해서 진지하게 응답하는 기회가 왔던 것이다. 이것은 오직 주님의 은혜이며 성령님의 도우심이다. 이 책을 쓰게 된 용기는 나 같은 사람을 위해서다. 내가 십자가의 은혜를 깨달을 수 있다면, 지금까지 나와 같은 사람들도 그 은혜를 깨달을 수 있다는 생각이 들었기 때문이다. 그래서 이 책은 모든 기독교 신자들을 위한 책이 되었으면 한다. 신학교나 신학대학원 교재로 사용될 뿐만 아니라 목회자들과 평신도들에게 바울의 신학을 통해서 십자가의 의미와 함께, 우리가 섬기는 교회가 무엇인가를 소개하고 싶었다. 그래서 교회의 모든 분들에게도 이 책을 일독할 것을 권하고 싶다.

예수님의 십자가의 은혜를 깨닫는 나의 신학의 여정 가운데 도움을 준 사람들이 있다. 한 부류는 바울 신학을 가르치면서 말씀의 은혜를 깨닫게 해 주고, 오히려 내게 배움의 기회를 준 전주대학교 선교신학대학원의 신약전공 대학원생들이다. 선생과 제자의 사이를 넘어서 나를 위해 분에 넘치게 기도해 주고, 힘을 주고, 격려해 주었던 분들을 모두 기억한다. 이름을 모두 나열할 수 없지만 그들은 내 마음속에 새겨져 은혜의 동역자들로 오랫동안 기억할 것이다. 또 한 부류는 상립교회 교인들이다. 여기가 교회인지, 학교인지 구분 못하고 시행착오로 가득 찬 지난 세월의 목회를 참아주고, 기다리며 용기를 준 교인들에게 미안한 마음과 함께 감사를 드린다. 지금도 나를 위해 복음의 종이 될 것을 늘 기도하며, 영이 살아 있는 교회를 세우기 위해 헌신하고 봉사하는 그들의 사랑이 없었으면 이 책을 쓰는 것은 불가능한 일이었을 것이다. 그리스도의 은총과 평화가 이분들 모두에게 함께하시기를 진심으로 기도한다.

이 책은 내가 바울 신학에 관하여 지금까지 발표한 다음과 같은 논문들을 사용하였다. "공동체의 구원을 위하여: 바울의 몸 사상을 중심으로," 「신약논단」 제9권 제1호(2002년 봄), 183-206; "바울의 오이코도메 *oikodome* 윤리," 「신약논단」 제10권 제2호(2003년 여름), 367-89; "십자가 신학과 교회," 「신약논단」 제52호(2007년 봄), 57-83; "십자가 밑에 세워진 교회," 「기독교사상」 558(2005년 6월), 154-64; "십자가 사건과 믿음," 「기독교사상」 556(2005년 4월), 118-29; "Inculturation of the Gospel in Galatians," 「한국기독교신학논총」 63집(2009년 4월), 57-76; "새 교회란 어떤 교회인가?," 「새시대·새목회」 제1집(2009년 8월), 33-61 등. 이 논문들을 바탕으로 새롭게 가감하기도 하고, 편집하기도 하며, 그 흐름을 견지하려고 하였다. 이러한 글쓰기 작업들은 지금까지 나를 학문적으로 지도해 주신 선생님들의 노고가 없이는 이루어질 수 없었을 것이다. 감신대의 박익수 교수님, 남감리교대학교SMU의 퍼니쉬 V. P. Furnish 교수님, 시카고신학대학원CTS의 스나이더G. F. Snyder 교수님, 이 세 분이 모두 바울 전공 신학자들이다. 또한 1980년대와 90년대에 걸쳐 나의 석사와 박사 논문의 지도 교수님들이었다. 모두 은퇴하시고 지금은 연락이 되지 않지만, 이 글을 통해서 뜨거운 감사의 마음을 전하며 이 책을 세 분께 헌정하고 싶다.

2010년 2월
100년 만에 찾아온 겨울 한파의 끝자락에서
저자 현 경 식

차 례

머리말 • 4

1장 서론 • 11
 1. 목적과 주의사항 • 11
 2. 기독론의 중요성 • 14
 3. 바울 신학의 여정 • 18

2장 그리스도는 누구인가?: 형체 기독론을 중심으로 • 25
 1. 선재하는 그리스도: 하나님의 본체에서 종의 형체로 • 25
 2. 부활하신 그리스도: 낮은 몸에서 영광의 몸으로 • 31
 3. 다시 오실 그리스도: 그리스도의 변형에서 우리의 변형으로 • 41

3장 그리스도와 십자가 사건 • 51
 1. 십자가 사건과 죄 • 53
  1) 십자가 사건과 속죄 • 54
  2) 십자가 사건과 속량 • 60
  3) 십자가 사건과 화목 • 64
 2. 십자가 사건과 믿음, 영, 의 • 70
  1) 십자가 사건과 믿음 • 70
  2) 십자가 사건과 의 • 79
  3) 십자가 사건과 영 • 83

4장 그리스도와 교회 · 91
1. 십자가 위의 그리스도의 몸과 교회 · 91
2. 그리스도의 몸 된 교회 · 97
   1) 공동체의 직책 · 99
   2) 공동체의 영과 육 · 107
   3) 공동체의 혼 · 115
3. 그리스도의 죽음과 부활을 사는 교회 · 118
   1) 새 사람의 교회 · 121
   2) 신령한 자의 교회 · 126
4. 하나님 나라와 교회 · 132
   1) 하나님 나라를 세우는 요소 · 137
   2) 하나님 나라를 유업으로 받지 못하는 요소 · 143

5장 바울의 신학과 공동체 윤리 · 149
1. 십자가 신학과 윤리 · 152
   1) 구속함과 윤리 · 155
   2) 거룩함과 윤리 · 158
   3) 의로움과 윤리 · 167
2. 공동체와 세움의 윤리 · 174
3. 공동체와 영의 윤리 · 190
4. 공동체와 종말론적 윤리 · 199

6장 공동체의 구원과 심판 · 213
1. 공동체의 구원 · 213
   1) 영의 구원 · 213
   2) 몸의 구원 · 222
2. 공동체의 심판 · 240

7장 바울의 복음과 문화 • 257
  1. 갈라디아 교회에 나타난 복음의 문화화 • 259
    1) 갈라디아서에 나타난 복음 • 259
    2) 갈라디아서에 나타난 복음의 문화화 • 264
      (1) 복음 수용과 공동체 형성의 단계 • 264
      (2) 공동체 유지, 보존의 단계: 윤리적 실천의 단계 • 265
  2. 고린도 교회에 나타난 복음의 문화화 • 271
    1) 고린도전서에 나타난 복음 • 271
    2) 고린도전서에 나타난 복음의 문화화 • 273
      (1) 복음 수용과 공동체 형성의 단계 • 273
      (2) 공동체 유지, 보존의 단계: 윤리적 실천의 단계 • 275

8장 요약과 결론 • 287

참고문헌 • 302
찾아보기 • 306

1장 서론

1. 목적과 주의 사항

책의 제목과 부제가 시사하듯이 이 책의 내용은 우리가 믿는 그리스도가 누구이며, 교회가 무엇인지를 연구한 것이다. 다시 말해서 그리스도와 교회를 연관시키는 신학적 작업이다. 기독론에서 출발하여 교회론을 향하고 있다. 이러한 내용은 이미 바울 서신 내에서 신학적으로 정립된 것이며 바울 신학이라는 이름으로 제시된 것이다. 바울 서신 전체를 통하여 변함없는 기독론적 일관성을 발견할 수 있다. 이것은 바울 자신이 온전히 기독론에 대한 신학적 체계를 정립한 이후에 이 서신들을 기록했음을 보여주는 것이다. 바울 신학을 언급할 때 신학의 여러 분야 때문에 그 다양성을 주목할 필요가 있다. 예를 들어, 기독론, 구원론, 교회론, 종말론, 윤리 등. 또한 신학의 모든 분야가 서로 연결되어 있으며 신학적 맥락을 같이하고 있는 것도 사실이다. 중요한 것은 바울 신학의 핵심이 무엇이며, 즉 뿌리가 무엇이며, 어디서부터 시작하느냐를 결정하는 것이다. 바울 신학은 여러 시대에 걸쳐 십자가 신학이라고 알려져 있다. 그리고 십자가 신학은 기독론에 근거하고 있다. 기독론은 바울 신학의 근원이며 출발점인 것이다. 이것이 바울의 신학을 기독론으로 시작하는 이유다. 이 책에서 다루는 바울 신학의 모든 분야는 기독론을 기초로 하고 있다.

바울 신학뿐만 아니라 신약신학을 연구할 때 언어나 사상의 배경을 연구하는 것은 매우 중요하다. 19세기 초 역사 비평 이후 신약성서의 본문 안에 내포되어 있는 역사적 사실이나 신학적 사상을 당시의 종교나 사상과 연결시켜 그 근원과 배경을 추적하여 많은 연구 결과를 가져 왔다.[1] 특히 바울 연구에 있어서 유대주의적 근원과 헬라주의적 근원을 동시에 제시하므로 여러 방법론을 통하여 바울의 신학을 해석하려고 시도했다. 그래서 어떤 학자는 바울은 반유대주의자로, 어떤 학자는 바울을 고대 그리스 사상가로, 혹은 영지주의자로, 유대교 묵시사상가로 다양하게 주장해 왔다. 바울 신학을 연구하는 사람이 바울을 어떻게 해석할지 결정하는 것에 있어서 앞선 이러한 연구의 결과들을 존중해야 할 것이다. 다만 이 책에서는 바울 신학의 배경을 연구하는 것보다 그 연구를 바탕으로 이미 서신 내에서 사용된 단어, 구절, 사상 등을 체계적으로 정립하려고 한다. 본문의 배경보다 이미 그리스도 신앙 안에서 새롭게 사용된 경우들이 많기 때문이다. 그래서 바울 서신에 나오는 많은 용어들을 그리스 철학적 개념, 혹은 고대 근동의 세속적 혹은 타종교적 의미로 추론하는 것은 배제된다. 세속적 의미를 연구하는 것은 다만 바울 서신 내의 의미를 설명하기 위해 사용될 뿐이다. 어떤 특정한 용어들이 바울 서신 내에서 어떻게 사용되고 있는지에 중점을 두고 바울의 신학을 체계적으로 제시하는 것이 이 책의 목적 가운데 하나라고 할 수 있다.

회심 이후에 온 삶을 다해 그리스도를 섬기고 교회를 세우고 섬겼던 바울의 신학을 정립한다는 것은 오늘날 우리의 교회와 신앙적 삶을 위하여 원칙을 세우고 정립한다는 의미를 갖는다. 이런 점에서 신학은 교회를 위한 신학이 되어야 한다. 지금도 수없이 많은 질문들이 교회 안에

---

[1] 성서 해석의 역사에 대해서 현경식·이성호, 『수사학적 성경 해석의 이론과 실제』(서울: 성서연구사, 2000), 47-65를 참조하라.

서 일어나고 있다. 그리스도인들의 정체성과 연관하여, 궁극적 의미, 삶과 죽음, 사회와 실천, 교회와 직책, 심판과 종말, 구원과 영생에 관한 질문들 등. 신학은 이러한 교회의 모든 질문들에 대하여 신학적으로 혹은 신앙적으로 대답을 주어야 한다. 신학을 하는 사람들은 교회의 한 지체로서 이런 질문들에 대하여 대답해야 할 책임이 있는 사람들이다. 신학을 했다는 이유로 주어지는 책임이다. 만일 우리의 신학이 교회의 질문들에 대한 신학적이고 신앙적인 바른 답변을 주지 못할 때 교회는 중심을 잃고 말 것이다. 이 책은 이런 모든 신앙적 질문에 신앙적으로 대답을 줄 수 있는 책이 되기를 바란다.

 이 책은 크게 8장으로 구성되어 있다. 1장에서는 책의 목적과 함께 바울 신학의 여정을 살펴본다. 다마스쿠스 도상에서 부활하신 그리스도를 만난 바울이 어떻게 그리스도의 십자가만을 붙든 사도가 되었는지에 대해서 알아볼 것이다. 2장에서는 그리스도가 누구인지에 대해서 바울의 언어로 설명할 것이다. 특별히 형체Form의 변형을 통해서 그리스도의 자취를 따라갈 것이다. 3장은 그리스도와 동일시되며, 구속의 사건인 십자가 사건의 의미를 연구한다. 특별히 죄와 연관된 십자가의 의미에 집중할 것이다.

 4장은 이 책의 제목과 동일한 장이다. 가장 중점을 둔 부분이라고 할 수 있다. 그리스도의 십자가 사건과 교회가 어떻게 연관성을 가질 수 있는가가 핵심 내용이다. 교회의 정체성과 더불어 그 존재의 의미를 살펴볼 것이다. 5장은 4장의 교회론에 근거한 공동체 윤리를 다룬다. 이 부분 역시 교회론이 그러하듯이 기독론에 근거한 윤리가 될 수밖에 없음을 증명하는 내용이 될 것이다. 6장은 교회의 미래를 결정하는 공동체의 구원과 심판을 다룬다. 종말론적인 신학과 공동체의 빛에서 고찰하려고 한다. 7장은 복음과 문화를 다루면서, 공동체를 세우는 선교에 대해서 살펴볼 것이다. 바울의 선교를 분석하면서 오늘날 선교의 목적과 방향을 생각해 볼 것이다. 마지막 8장은 바울 신학의 흐름을 전반적으로 되짚어 보면서, 서론에서 제시했던 이 책의 목적을 다시 한 번 성찰하려고 한다.

성경을 연구하면서 가장 문제가 되는 분야가 언어의 문제다. 번역된 언어로 원래의 의미를 찾아내기가 어렵기 때문이다. 그리스어로 쓰여진 바울 서신을 연구하면서, 번역된 언어로 설명할 수 없는 그리스어의 특수한 용법이 있는 것을 발견한다. 이런 이유 때문에 본문의 정확한 해석을 위하여 그리스어를 자주 사용할 것이다. 그러나 그리스어를 공부하지 않은 분들도 이해할 수 있도록 쉽게 사용하려고 했으며, 그리스어 사용 시 원어 대신에 영어로 음역 처리했으며, 모든 그리스어 음역을 이탤릭체로 표기했다. 바울 서신의 한계는 진정한 서신이라 불리는 로마서, 고린도전서, 고린도후서, 갈라디아서, 빌립보서, 데살로니가전서, 빌레몬서 등 7권을 포함하여, 제 2 바울 서신이라 불리는 에베소서, 골로새서, 데살로니가후서 등의 3권을 포함하여 모두 10권으로 정하였다. 바울 신학을 정립하기 위해 10권의 책은 충분하다고 본다. 그 외의 신약성서의 다른 책들과 본문들은 바울 신학과의 관계성 안에서 언급될 것이다.

2. 기독론의 중요성

성경을 통해서 우리는 공부하고 알아야 할 것이 너무나 많이 있다. 그 가운데서 우리는 예수 그리스도가 누구신지를 가장 먼저 알아야 한다. 알아도 정확하게 그리고 자세하게 알아야 한다. 왜냐하면 그리스도가 믿음의 처음이며 마지막일 뿐만 아니라, 그분 자신이 생명이며 복음이기 때문이다. 우리는 예수 그리스도가 아버지 하나님을 알 수 있는 유일한 진리요, 하나님께 갈 수 있는 유일한 길이며, 그리스도를 통해서만 생명을 얻을 수 있다고 고백한다. 이런 고백이 가능하지 못한 사람들은 이 책이 별로 필요 없을지도 모른다. 그러나 그리스도에 대한 이 고백에 대한 믿음을 양보할 수 없다. 이 고백 없이는 교회도, 종말도, 구원도 그 어느 것 하나 설명할 수 없다. 설명할 수 없을 뿐만 아니라 설명하려고 시도해도 안 된다.

하나님께서 오직 독생하신 그리스도를 통해서 온전히 자신을 드러내셨다. 그리스도만이 하나님과 같은 본체이시며(빌 2:56), 하나님의 형상이다.(고후 4:4; 골 1:15; 히 1:3) 바꾸어 말하면 그리스도를 통하지 않고서는 아버지를 알 수도 없고 아버지를 이해할 수도 없다는 것이다. "어두운 데에 빛이 비치라 말씀하셨던 그 하나님께서 예수 그리스도의 얼굴에 있는 하나님의 영광을 아는 빛을 우리 마음에 비추셨느니라."(고후 4:6) 또한 이 땅에 오시기 전 그리스도는 하나님의 아들로서 모든 창조물보다 먼저 계신 자다.(요 1:1; 골 1:15, 17) 만물이 그로 말미암아 창조되었으니 그리스도는 만물의 창조자다. "만물이 그에게서 창조되되 하늘과 땅에서 보이는 것들과 보이지 않는 것들과 혹은 왕권들이나 주권들이나 통치자들이나 권세들이나 만물이 다 그로 말미암고 그를 위하여 창조되었고."(골 1:16; 요 1:3; 고전 8:4; 히 1:2 참조) 하나님께서 아들을 통하여 만물을 창조하셨으니, 아버지는 창조주創造主요 아들은 창조자創造者다. "이 모든 날 마지막에는 아들을 통하여 우리에게 말씀하셨으니 이 아들을 만유의 상속자로 세우시고 또 그로 말미암아 모든 세계를 지으셨느니라."(히 1:2) 이 말씀은 그리스도만이 모든 피조물의 생명의 근원이라는 것이다. 생명의 근원만이 생명을 줄 수 있다.

왜 예수가 그리스도인가? 신약성서는 왜 예수만이 그리스도임을 증거하는가? "그들이 날마다 성전에 있든지 집에 있든지 예수는 그리스도라고 가르치기와 전도하기를 그치지 아니하니라."(행 5:42) 이것은 아무나 그리스도가 될 수 없다고 선포하는 것이다. 다른 말로 말하면, 피조물은 그리스도가 될 수 없다는 것을 증거하는 것이다. 오직 생명의 근원이신 하나님의 아들만이 우리에게 그리스도와 주가 되신다. 세상에서 아무리 여기저기에 많은 그리스도가 있고, 많은 주가 있다고 하지만 오직 한 분, 주님이신 그리스도는 예수 그리스도뿐이다. "그러나 우리에게는 한 하나님 곧 아버지가 계시니 만물이 그에게서 났고 우리도 그를 위하여 있고 또한 한 주 예수 그리스도께서 계시니 만물이 그로 말미암고 우리도 그로 말미암아 있느니라."(고전 8:6)

그리스도에 대한 증거는 이것뿐만이 아니다. 아들을 시인하는 자에게는 아버지가 있지만 아들을 부인하는 자에게는 아버지도 없다.(요일 2:23 참조) 다른 종교에서도 하나님, 혹은 그와 비슷한 이름들이 있다. 그들은 자신들의 하나님을 믿고 증거하고 있다. 하나님 혹은 신神과 주主라고 부른다고 해서 다 우리가 믿는 하나님과 동일시되는 것이 아니다.(고전 8:5-6) 아들이신 예수 그리스도와 연관되어 있지 않은 하나님의 이름은 진정한 하나님이 아니다. 진정한 하나님은 예수 그리스도를 보내신 분이다. "때가 차매 하나님이 그 아들을 보내사 여자에게서 나게 하시고 율법 아래에 나게 하신 것은."(갈 4:4; 롬 1:3 참조) 그리스도만이 하나님의 대리이시며 아버지로 우리를 위한 뜻과 계획을 성취하신 것이다. 하나님은 오직 한 분, 아들이신 예수 그리스도의 아버지다.(요 5:18; 고후 1:3; 엡 1:3, 17) 그러므로 우리는 아들 예수 그리스도를 알므로 하나님 아버지를 아는 지식에 이를 수 있다. 그리스도 없는 아버지는 진정한 아버지가 될 수 없음을 의미한다. 하나님 중심의 신앙이라는 말이 있다. 좋은 말이고 또 그런 신앙을 가져야 한다. 그러나 하나님을 중심으로 하기 때문에 그리스도이신 예수님의 유일성을 부정하고, 다른 종교의 다른 사람들을 그리스도로 인정하는 근거로 사용된다면, 이는 반성서적인 신앙이며, 반기독교적인 신앙이다. 이런 이유 때문에 신학의 시작이 기독론이 되어야 하며, 그리스도 중심의 신앙을 확립하여야 한다. 아들은 아버지의 본체이며 형상이기에 결국 아들을 본 자는 아버지를 본 것이며, 아들을 아는 것은 아버지를 아는 것이다.(빌 2:6; 골 1:15; 요 14:9; 벧전 1:21 참조)

그리스도를 통해서 하나님 아버지를 아는 것뿐만 아니라 그리스도와 연관하지 않으면 '나'라는 존재를 설명할 수가 없다. 그리스도인들은 모두 그리스도의 은혜로 먼저 부르심을 받은 사람들이다. 그리스도인들은 예수 그리스도를 구주로 고백하고 그의 십자가와 함께 나를 못 박고 새 사람으로 다시 태어났다.(롬 6:4-6) 이제는 내가 사는 것이 아니요 오직 내 안에 그리스도께서 사시는 것이다.(갈 2:20) 그러므로 현재 나의 나 됨은 오직 주님의 은혜로 되었음을 고백할 수밖에 없다.(고전 15:10) 나라는 존재는 그리스도에 의해서 결정되었고 설명될 수밖에 없다. 결국 그리스도를 알므로 인하여 "나"라는 그리스도인의 정체성도 알 수 있게 되는 것이다.

기독교 신앙의 중심은 예수 그리스도다. 하지만 자칫 잘못하면 이 중심에서 벗어날 수가 있다. 그리스도 이외의 주변 다른 것들에 관심 가질 때 그러한 경우가 생길 수 있다. 물론 다양한 신앙의 내용들도 모두 중요하다. 그러나 신앙의 우선성에 있어서 절대로 그리스도의 우선성이

양보되어서는 안 된다. 그리스도 이외의 다른 요소가 신앙의 우선을 차지할 때 변질된 신앙과 거짓된 가르침, 다른 복음이 나올 수 있기 때문이다. 이런 점에서 우리는 그리스도 중심의 신앙을 확립해야 한다. 바울의 신학은 그리스도 중심의 신앙이 무엇인지를 증거하고 있다. "우리가 다 하나님의 아들을 믿는 것과 아는 일에 하나가 되어 온전한 사람을 이루어 그리스도의 장성한 분량이 충만한 데까지 이르리니."(엡 4:13) 그래서 이 책의 시작은 기독론에서 출발하며, 바울 서신에 나타난 그리스도에 대한 신앙을 중심으로 바울 신학을 체계적으로 정립하고자 한다.

3. 바울 신학의 여정

바울은 자기 정체성이 매우 강한 사람이다. 바울 서신의 처음 부분은 자신이 누구인가를 분명히 밝히고 있다. "예수 그리스도의 종 바울은 사도로 부르심을 받아 하나님의 복음을 위하여 택정함을 입었으니."(롬 1:1; 고전 1:1; 고후 1:1; 갈 1:2; 엡 1:1 참조) 이런 정체성은 유대인 바리새인 랍비로서의 정체성이 아닌 그리스도인으로서의 정체성이다. 그는 서신의 여러 부분에서 그리스도를 만나기 이전과 이후의 정체성 변화에 대해서 고백하고 있다.(빌 3:4-7; 갈 1:14; 롬 11:1 참조) 유대인으로서 유익했던 자기 신분에 대한 모든 것을 그리스도를 위하여 다 해로 여길 수 있는 이유는 그가 부활하신 그리스도를 만났기 때문이다.(빌 3:7-8) 바울이 부활하신 그리스도를 만난 체험을 다마스쿠스 사건이라고 한다. 이 사건이 없이는 사도 바울을 논할 수 없고, 바울의 신학을 논할 수 없다. 바울의 신학과 공동체 윤리를 연구하기 위하여 바울의 신앙 여정을 살펴볼 필요가 있다.

교회를 핍박했던 바울이 어떻게 갑자기 그리스도의 사도가 될 수 있었을까? 단순하게 말하면, 바울이 다마스쿠스 도상에서 부활하신 그리스도를 만났기 때문이다. 그렇다면 다른 질문이 있을 수 있다. 다마스쿠스 사건이 어떤 사건이기에 평생을 유대교에서 바리새인으로서, 회당의 랍비로서, 율법의 전도자 역할을 담당했고(갈 5:11), 유대교의 율법을 무너뜨리는 교회를 이단시하고 잔해하려고 했던 사람이 그리스도의 믿음을 전하는 자가 되게 했는가?(갈 1:23) 다마스쿠스 사건을 통해서 즉시 세례를 받고 그리스도인이 된 바울이 어떻게 방대한 신학적 체계를 세울 수 있었을까? 물론 회심 이후에 많은 시간이 흐르면서 선교와 헌신, 목회와 연구, 기도와 계시를 통해서 신학적인 체계를 이룰 수 있지만, 이것만으로 설명하기에 부족한 것이 많다. 바울 서신에 나타난 기독론, 교회론, 종말론 등과 같은 바울 신학의 일관성과 그 깊이는 말할 필요가 없을 것이다. 다만 위의 질문들에 대하여 다시 한 번 생각하면서 바울 신학을 다루는 것이 그의 신학을 이해하는 데 도움이 될 것이다.

다마스쿠스 사건 이전의 바울의 신앙은 바리새인의 신앙이었다.(빌 3:5) 바리새인에 대한 정확한 신앙 체계를 온전히 밝히는 것은 어렵지만, 그들의 신앙의 중심이 유대교 묵시사상에 근거한 부활 신앙이었다는 것은 복음서와 사도행전을 통해서 알 수 있다.[2](막 12:18-27; 눅 20:27-40; 행 23:6 참조) 다만 종말론적 부활의 실체가 무엇인지 모르고 막연하

---

2 바리새인의 기원과 신앙 체계에 대해서 신약 개론 책들을 참조하라. 페린 · 덜링, 『새로운 신약성서개론』, 박익수 옮김(천안: 한국신학연구소, 1993); W. G. 큄멜, 『신약정경개론』, 박익수 옮김(서울: 대한기독교출판사, 1988). 바울 신학의 뿌리를 유대교의 묵시사상의 틀 안에서 주장하는 책을 참조하라. J. 크리스찬 베커, 『사도 바울』, 장상 옮김(천안: 한국신학연구소, 1996). 유대교 묵시사상의 특징은 주전 2세기 중반의 현실적 상황을 반영하고 있다는 점에서 현실의 악의 세력이 심판을 받는다는 역사적 종말론의 체계를 가지고 있다는 것이다. 또한 종말적으로 하나님이 사탄에 대하여 승리하고 세상을 지배하는 희망의 신학을 내포하고 있다.

게 하늘나라에서 영혼이 새롭게 살아가는 정도로 생각하고 있었을 것이다. 헬레니즘과 구약의 부활 사상에 대해서는 1장에서 다시 다룰 것이다. 여기에서 강조하는 것은 바울이 묵시사상적 바리새인으로서 소망했던 부활과 전혀 다른 부활의 실체를 그리스도를 통해서 본 것이다.(갈 1:12, 16; 고전 9:1, 15:8-11) 바리새인에게 있어서 부활은 구원의 완성이다. 그렇다면 바울에게 있어서 부활하신 그리스도를 만난 역사적인 사건은 그리스도 안에서 구원이 완성된 것임을 확증하는 사건이 된 것이다. 다마스쿠스 사건은 바울의 신앙의 중심이 바뀌는 사건이었다. 이미 체계화된 유대교의 묵시사상적 바리새파 신학의 중심이 그리스도가 된 것이다. 이것이 다마스쿠스 사건을 그리스도께서 부르신 부르심의 사건이며 사고의 중심을 바꾼 회심의 사건이라고 부르는 실질적인 내용이다.

바울은 이제 그리스도의 부활로부터 그리스도의 죽음으로 관심을 옮긴다. 바울의 신학이 부활의 신학이 아니라 십자가의 신학이라고 불리는 이유가 있다. 부활이 구원의 완성이라면 죄 사함은 구원의 실질적인 내용이다. 바울이 부활하신 그리스도를 만남으로 구원의 완성이 그리스도 안에서 성취되었다면 죄 사함은 무엇에 의하여 이루어졌는가를 찾아야 한다. 죄 사함의 사건은 그리스도의 십자가 사건이다. 모든 종교가 죄 사함을 받기 위해서 다양한 제사를 드리고 제물을 드린다. 피 흘림이 없이는 죄 사함이 없기 때문이다.(히 9:22 참조) 그러나 부활이 없는 종교의 제사는 죄 사함의 능력이나 효험이 있을 수 없다. 바울은 그리스도의 부활을 통해서 그의 십자가의 의미를 알게 된 것이다. 구원은 죄 사함을 받는 것이다.(롬 3:10, 23; 행 3:16 참조) 죄의 해결 없이는 구원이 있을 수 없다. 구원이란 죄로부터의 구원을 의미하는 것이다. 그러므로 그리스도의 보혈의 십자가는 인간의 죄를 해결해 주는 유일한 사건이 된다. 바울이 증거하는 그리스도의 죽음과 부활의 의미는 다음 구절들에서 명확하다.

> 예수는 우리가 범죄한 것 때문에 내줌이 되고 또한 우리를 의롭다 하시기 위하여 살아나셨느니라.(롬 4:25)

> 우리는 그리스도 안에서 그의 은혜의 풍성함을 따라 그의 피로 말미암아 속량 곧 죄 사함을 받았느니라.(엡 1:7)

그리스도의 부활은 오직 그리스도 안에서만 구원이 있음을 증거하는 것이다. 이는 그리스도의 죽음이 인간의 죄를 사해주는 단 한 번의 피 흘리심의 제사임을 확증하는 것이다.[3]

> 이 예수를 하나님이 그의 피로써 믿음으로 말미암는 화목제물로 세우셨으니 이는 하나님께서 길이 참으시는 중에 전에 지은 죄를 간과하심으로 자기의 의로우심을 나타내려 하심이니.(롬 3:25)

> 그가 죽으심은 죄에 대하여 단번에 죽으심이요 그가 살아 계심은 하나님께 대하여 살아 계심이니.(롬 6:10)

바울은 그리스도의 부활로 인하여 그리스도의 죽음이 죄 사함의 효험과 능력이 있음을 깨닫게 된다. 이제 마지막 종말의 때에 부활에 참여

---

[3] 엡 2:16; 골 1:20-22; 히 9:26, 10:10; 요일 4:10을 참조하라.

하기 위하여 그리스도의 십자가의 능력을 믿고 그를 순종하면 되는 것이다. 십자가를 붙들면 부활이 약속되어 있기 때문이다.(빌 3:10-11) 이것이 바울의 신학을 십자가 신학이라고 부르는 이유다. 바울 신학에서 그리스도의 십자가는 그리스도 자신이며, 그리스도의 일이며, 그리스도의 죽음과 부활이며, 진리의 복음이며, 하나님의 의며, 믿음이며, 영이며, 죄 사함이며, 구원이며, 속죄 · 속량 · 화목이며 사랑이다. 수사학적으로 십자가는 기독교의 제유법提喻法이며 동시에 환유법換喻法이다.

바울의 신앙적 관점이 그리스도의 부활의 체험에서 그리스도의 십자가로 옮겨지는 것을 보았다. 그렇다면 이런 질문이 있을 수 있다. 아무나 십자가에서 죽으면 죄 사함의 십자가가 되는 것인가? 이것은 십자가 위의 그리스도가 누구인가에 대한 질문이다. 누가 피를 흘렸기에 대속의 제물이 되는가? 이에 대한 대답은 그리스도의 선재성에 있다. 바울의 기독론의 출발점이 그리스도의 선재성이다.(빌 2:6-8; 골 1:15-17) 만물의 창조자이시며 만물의 근원이신 하나님의 아들의 죽음만이 인간을 구원하는 죄 사함의 십자가가 되는 것이다. 십자가 위의 예수 그리스도가 오직 구세주가 되는 이유가 여기에 있는 것이다.

바울 신학의 여정을 보면, 그리스도의 부활의 체험에서 그리스도의 십자가로, 그리고 그리스도의 선재성으로 옮겨가는 것을 알 수 있다. 이것이 기독론의 내용이다. 물론 기독론의 중심은 그리스도의 십자가에 있다. 이 책에서 제시하는 바울의 신학은 바울의 신학 여정과 반대다. 먼저 그리스도의 선재성을 연구하고, 십자가, 부활의 순서로 기독론을 연구할 것이다. 이 순서가 우리가 그리스도를 체계적으로 이해하기에 순조롭기 때문이다. 기독론에서 출발하여 교회론을 나눌 것이다. 왜 교회를 그리스도의 몸이라 하는지, 왜 우리가 교회의 일원이 되어 믿음의 공동체를 세워야 하는지를 연구할 것이다. 더 나아가 믿음의 공동체가 그리스도를 어떻게 따르느냐 하는 공동체의 윤리를 다룰 것이다. 6장에서는 공동체가 소망하는 종말론을 다룰 것이다. 마지막 장에서는 바울의 신학과 윤리를 정리하면서 오늘날 교회와 그리스도인들이 한 사회와 문화 속에서 신앙을 지키며, 교회를 세우는 의미가 무엇인지를 살펴볼 것이다.

바울의 신학이라 해서 바울만이 갖고 있는 특별한 신학을 의미하는 것이 아니다. 바울의 신앙적 여정에서 보았듯이 바울은 부활하신 그리스도에 대한 확고한 증거가 있었다. 더 나아가 바울이 전해 들은 그리스도에 대한 여러 증거가 있었고, 이 증거를 바울은 기쁜 소식을 의미하는 "복음"(유앙겔리온 *euaggelion*)이라고 불렀다. "내가 받은 것을 먼저 너희에게 전하였노니 이는 성경대로 그리스도께서 우리 죄를 위하여 죽으시고."(고전 15:3) 바울은 언제나 복음을 받고, 그리고 전하는 것을 강조하였다.(고전 15:1; 갈 1:11) 그러므로 바울이 누군가에게서 받았고, 이것을 전한 복음이 중요한 것이다. 이 외에 "다른 복음"이란 있을 수가 없는 것이다.(갈 1:6-9) 바울의 신학이란 엄밀히 말해서 바울이 받고 전한 복음의 내용을 체계적으로 정립한 것을 말한다.

바울 신학에 있어서 복음의 내용은 언제나 하나님의 계획 안에 있는 그리스도 사건을 통해 우리를 구원하는 말씀이다.(고전 15:1-5; 살전 1:9-10 참조) 그리스도의 고난과 죽음, 부활, 십자가, 희생, 현현, 다시 오심 등. 그래서 바울은 복음을 "하나님의 복음"(고후 11:7; 살전 2:2, 8-9), 그리스도의 복음(롬 15:19; 고전 9:12; 고후 12:12)이라 불렀으며, 더 나아가 복음을 전한 사람들을 기준으로 "우리의 복음"(살전 1:5) 혹은 "나의 복음"(롬 2:16, 16:25; 딤후 2:8 참조)이라고 했다. 사도로 부름을 받은 바울에게 있어서

"복음을 전하는(유앙겔리조마이*euaggelizomai*)"[4] 일은 사도의 사명이며(고전 1:17) 당연히 해야 할 의무다.(롬 1:14) 그러므로 바울 서신들을 통해서 바울이 "전파하고"(케뤼소*kerysso*)[5], "전하고"(카탕겔로*kataggelo*)[6], "말한"(라레오*laleo*)[7] 복음의 내용들을 통해서 바울 신학을 정립할 수 있다.

---

[4] 복음을 전한다는 유앙겔리조마이의 의미는 복음을 소개하여 전달하는 것뿐만 아니라(고전 9:16, 18; 갈 1:16, 23; 살전 3:6 등) 복음을 선포하고 설교하는(롬 1:15, 15:20; 고전 1:17; 고후 10:16; 갈 1:8-9 등) 일체의 행위를 말한다.
[5] 롬 10:8, 14, 15; 고전 1:23, 9:27, 15:11; 갈 2:2 등.
[6] 고전 2:1, 9:14, 11:26; 빌 1:17-18 등.
[7] 빌 1:14; 살전 2:2, 4, 16 등.

2장 그리스도는 누구인가?
-형체 기독론을 중심으로

1. 선재하는 그리스도: 하나님의 본체에서 종의 형체로

우리의 신앙은 예수 그리스도의 죽음과 부활을 근거로 하고 있다. 그리스도의 죽음과 부활을 십자가 사건이라고 한다. 우리를 위해 죽으신 십자가 위의 그리스도는 누구인가? 매우 평이한 질문이지만 매우 중요한 기독론적 관점을 내포하고 있다. 이는 그리스도의 죽음이 우리를 구원하는 유일한 사건임과 동시에 십자가 사건이 신앙과 신학의 근거와 시금석이 된다는 것을 의미한다.[1] 십자가 사건은 하나님의 계획이고 동시에 뜻이며(갈 4:4-5), 이에 대한 예수 그리스도의 순종이다.(롬 5:19) 이러한 의미를 내포한 십자가 신학은 모든 신학의 출발점이 되어야 한다. 물론 교회론과 종말론에서도 십자가의 신학이 기초가 되어야 함은 의심의 여지가 없다.

십자가 신학의 핵심은 기독론이다. 십자가는 "그리스도의 십자가"이기 때문이다. "그러나 내게는 우리 주 예수 그리스도의 십자가 외에 결코 자랑할 것이 없으니 그리스도로 말미암아 세상이 나를 대하여 십자가에 못 박히고 내가 또한 세상을 대하여 그러하니라."(갈 6:14; 갈 6:12 참조) 이 장에서는 그리스도와 그의 십자가에 대한 기초적인 이해를 위해서 먼저 기독론적 관점을 제시하고자 한다. 특별히 바울 서신 가운데 형

---

1 Ernst Käsemann, *Perspectives on Paul* (Philadelphia: Fortress Press, 1971), 34f.

체 혹은 모양을 의미하는 모르페*morphe*의 변화를 중심으로 그리스도를 설명하려고 한다. 고대 그리스 철학에서 모르페는 매우 형이상학적인 개념으로서 존재를 이루는 본질적인 요소 중 하나로서 존재하는 방법에 속한다. 존재의 요소 중에 휠레*hyle*가 존재의 질료*matter*를 말한다면 모르페는 존재의 형태적*formal* 본성(퓌시스*physis*)에 가깝다.[2]

바울은 "그리스도는 하나님과 같은 존재였다"는 증거를 모르페의 단어를 이용해서 전한다. 빌립보서의 찬양시에서 다음과 같이 증거된다.

> 그는 근본 하나님의 본체*morphe*시나 하나님과 동등됨을 취할 것으로 여기지 아니하시고 오히려 자기를 비워 종의 형체*morphe*를 가지사 사람들과 같이 되셨고 사람의 모양으로 나타나사 자기를 낮추시고 죽기까지 복종하셨으니 곧 십자가에 죽으심이라.(빌 2:6-8)

이 구절은 그리스도가 성육成肉하기 이전의 선재성先在性(pre-existence)을 증거하는 본문이다. 여기서 선재하는 그리스도는 하나님과 동등한 본체*morphe*다.[3] 이는 그리스도가 하나님과 동일한 방법으로 존재하는 신적인 형태를 가진 분이라는 것을 의미한다. 이 찬양시에서 "하나님의 본체"(모르페 테우*morphe theou*)와 대조되는 대구는 "종의 형체"(모르페 둘루*morphe doulou*)이다. 종의 형체는 사람의 모양, 즉 인간을 가리킨다.(빌 2:7) 다시 말해서 하나님의 뜻을 위하여 그리스도가 신적인 형체*morphe*에서 인간의 형체*morphe*로 변형되었다는 것을 증거하고 있는 것이다. 십자가의 그리

---

2 Bhem, "*morphe*," TDNT IV (Grand Rapids: Eerdmans Publishing Co., 1975), 744 참조.
3 그리스어 *morphe*는 영어로 주로 "form"으로 번역된다.(NRSV, NKJV 참조)

스도는 이와 같이 모르페의 변화를 통해서 존재하는 인간이다.[4]

요한복음에서도 그리스도의 선재성을 증거한다. "태초에 말씀이 계시니라 이 말씀이 하나님과 함께 계셨으니 이 말씀은 곧 하나님이시니라."(요 1:1) 말씀(로고스*logos*)은 성육 하기 이전의 그리스도를 의미하며, 그는 만물이 창조되기 전인 처음부터 계셨다. 그리고 "그 하나님과 함께 계셨다."(엔 프로스 톤 테온*en pros ton theon*) 정관사*ton*가 있는 하나님과 함께를 의미하는 전치사 프로스를 사용해서 하나님과 함께 계셨던*en* 그리스도의 선재성을 증거하고 있다. 이 구절의 "말씀은 곧 하나님이셨다"(테오스 엔 호 로고스*theos en ho logos*)에서 하나님 앞에 정관사가 없다. 이것은 하나님과 같은 신적인 존재를 의미하는 것이다. 그리스도가 태초에 하나님 아버지와 같은 존재로서 계셨음을 보여주는 것이다. 바울이 증거한 그리스도가 하나님과 같은 형체*morphe*와 동일한 내용의 증언이라고 할 수 있다. 더 나아가 존재하는 방법으로서 모르페라는 단어가 사용되었다면 성품이나 형상에 대해서는 에이콘*eikon*이 사용된다.[5] 그리스도가 하나님의 본체인 동시에 하나님의 형상*eikon*을 가진 분이다: "그는 보이지 아니하는 하나님의 형상*eikon*이시요 모든 피조물보다 먼저 나신 이시니."(골 1:15; 고후 4:4 참조) 그리스도는 하나님과 같은 형태의 존재일 뿐 아니라 같은 신적 본성을 가졌다는 의미다.[6]

십자가 위에서 그리스도의 죽음이 있기 전에 먼저 형체*morphe*의 변화

---

4 공관복음에 나오는 변화산에서 그리스도의 변형 역시 *morphe*의 변화다.(막 9:2, 마 17:2 참조) 여기서는 형태*morphe*가 변형된다는 메타모르포오*metamorphoo* 동사가 사용되었다.
5 에이콘은 영어의 "image"로 주로 번역된다.
6 모르페(형체), 에이콘(형상), *doksa*독사(영광) 같은 단어들은 묵시주의적-신비주의적 어휘들로서 구약이나 필론Philo, 요세푸스Josephus의 문헌 등에서 신적 현현 환상의 전승에서 비롯된다. 김세윤, 『바울 신학과 새 관점』(서울: 두란노, 2002), 282-84, 298 참조.

가 있었다. 모르페의 변화가 없이는 구속의 십자가가 있을 수 없다. 다시 말해서 모르페의 변화는 십자가의 전제 조건이다. 바울 신학에서 이러한 '모르페의 변화'를 한 단어로 변형(메타모르포시스 metamorphosis)이라고 한다. 변형의 그리스어는 '형체'를 가리키는 모르페와 '넘어서서'를 가리키는 전치사 메타meta의 합성어다. 그러므로 변형이라는 메타모르포시스는 한 존재의 형태를 넘어서서 전혀 다른 존재로의 형태로 변화 transformation하는 것을 나타내는 용어다. 이 단어는 기독론뿐만 아니라 구원론과 공동체 윤리에서도 중요하게 사용되는 단어이므로 앞으로 유념할 필요가 있다.

선재하는 그리스도는 하나님과 같은 존재로서 하나님과 태초에 같이 존재했음을 의미한다. 그렇다면 선재하는 그리스도는 태초에 무슨 일을 하였는가? 다음 구절은 선재하는 그리스도가 만물의 창조자임을 증거한다.

> 그는 보이지 아니하는 하나님의 형상이시요 모든 피조물보다 먼저 나신 이시니 만물이 그에게서 창조되되 하늘과 땅에서 보이는 것들과 보이지 않는 것들과 혹은 왕권들이나 주권들이나 통치자들이나 권세들이나 만물이 다 그로 말미암고 그를 위하여 창조되었고 또한 그가 만물보다 먼저 계시고 만물이 그 안에 함께 섰느니라.(골 1:15-17)

그리스도는 만물의 창조자이며 창조된 만물이 설명되고 있다. 만물은 먼저 보이는 것과 보이지 않는 것들을 포함한다. 눈에 보이는 모든 피조물과 자연들 그리고 보이지 아니하는 공기나, 나라, 가정, 조직의 모든 것까지도 만물의 하나다. 왕권은 보이지 않는 천사들의 세계 혹은 현실 세계의 국가의 권좌나 왕좌를 말하며, 주권들이란 그들의 통치권과 지배권을 말한다. 통치자들이란 모든 세상의 사건이나 사물의 원인과 이유, 시작과 끝을 말하며 권세들이란 그러한 것들의 재능이나 능력 혹은 권위 등을 의미한다. 이러한 모든 것들이 만물이며 이 만물은 그리스도에 의해서 창조되었고 그리스도를 위하여 창조되었음을 증거하고 있다.[7] 바울 서신은 이 세상 만물이 주님께로 나왔고 주님으로 말미암았다고 증거하고 있다.(롬 11:36) 또한 이 땅과 거기 충만한 것이 모두 주의 것이다. "이는 땅과 거기 충만한 것이 주의 것임이라."(고전 10:26) 우리가 고백하는 주님 예수 그리스도는 처음부터 존재하셨던 분일뿐만 아니라 만물의 창조에 참여하신 분이다. 만물의 창조자이신 그리스도는 만물의 근원이시며 만물에게 생명을 주신 분이다.

선재하신 그리스도가 인간의 형체를 입은 사건을 성육(Incarnation 혹은 Imfleshment)의 사건이라고 한다. 하나님의 본체*morphe*이신 그리스도가 인간의 육(사르크스*sarks*)을 입었다는 의미다.(요 1:14 참조) 종의 형체 혹은 사람의 모양으로서 인간 존재를 가리키는 모르페의 인간학적인 용어는 몸*soma*이다.[8] 육*sarks*은 그 몸*soma*을 채우는 질료*hyle*라고 할 수 있다.

---

7 창조자 그리스도에 대한 증거 본문은 요한 문서나 일반 서신에서도 동일하다. "만물이 그로 말미암아 지은 바 되었으니 지은 것이 하나도 그가 없이는 된 것이 없느니라"(요 1:3), "옛적에 선지자들을 통하여 여러 부분과 여러 모양으로 우리 조상들에게 말씀하신 하나님이 이 모든 날 마지막에는 아들을 통하여 우리에게 말씀하셨으니 이 아들을 만유의 상속자로 세우시고 또 그로 말미암아 모든 세계를 지으셨느니라 이는 하나님의 영광의 광채시요 그 본체의 형상이시라 그의 능력의 말씀으로 만물을 붙드시며 죄를 정결하게 하는 일을 하시고 높은 곳에 계신 지극히 크신 이의 우편에 앉으셨느니라."(히 1:1-3) 이러한 공통된 구절로부터 그리스도는 만물의 창조자시며, 아버지 하나님은 창조주라는 초대 교회의 신앙고백을 확인할 수 있다.
8 몸은 다양한 존재의 형체를 가리키는 용어다. "하늘에 속한 형체도 있고 땅에 속한 형체도 있으나 하늘에 속한 자의 영광이 따로 있고 땅에 속한 자의 영광이 따로 있으니."(고전 15:40) 여기서 하늘에 속한 형체*soma*와 땅에 속한 형체*soma*의 대구는 인간학적인 용어로서 몸을 의미하는 소마*soma*를 통해서 구분된다.

이런 점에서 몸과 육은 모두 인간을 가리키는 용어로서 사용된다.[9] 그래서 인간의 모르페로 와서 십자가에서 죽으신 그리스도를 그리스도의 몸 soma으로 대체할 수 있다.(롬 7:4) 그의 죽음은 그의 육의 몸(소마 테스 사르코스soma tes sarkos)의 죽음인 것이다.(골 1:22)

그리스도의 육의 몸을 강하게 증거함은 당시 초대 교회의 신앙에 영향을 주고 있는 영지주의적 신앙을 배격하고 있음을 내포하고 있다. 영지주의Gnosticism는 고대 근동 지역과 이집트의 종교들, 그리스 철학들을 혼합하여 유출설emanation을 근거로 한 신론과 신적 중재자의 영험한 지식을 통한 구원론의 교리를 세운 종교라 할 수 있다. 강력한 이원론을 바탕으로 한 영지주의는 인간의 육을 악한 것으로 규정하고 있다. 이러한 사상에 영향을 받은 영지주의적 기독교 신앙은 그리스도의 육을 부정하고 있다.[10] 이러한 가르침은 가현설假現說,[11] 즉 그리스도께서 육으로 오지 않으시고 영으로만 존재하는 가짜 인간으로 가르친다.[12] 초대 교회는 이런 가르침을 이단시하고 배격하고 있다. 십자가 위의 그리스도의 몸은 온전히 육의 몸이며(롬 7:4), 그의 죽음은 인간의 죽음이요 완전한 죽음이다.

---

9 예를 들어 "……이제 내가 육체sarks 가운데 사는 것은……"(갈 2:20)에서 육체의 의미는 살아 있는 인간 존재를 가리킨다. 이 외에도 사르크스의 다양한 용법에 대해서는 4장에서 다루기로 한다.
10 "미혹하는 자가 세상에 많이 나왔나니 이는 예수 그리스도께서 육체로 오심을 부인하는 자라 이런 자가 미혹하는 자요 적그리스도니."(요이 1:7; 요일 4:2 참조) 바울에게 있어서 이러한 가르침은 세상의 철학이요 초등학문과 같은 것이다.(갈 4:3, 9; 골 2:8, 20 참조)
11 가현설을 가리키는 도케티즘docetism은 그리스어 "~처럼 보인다"라는 의미의 도케오dokeo에서 파생된 단어다. 즉 가현설은 예수 그리스도는 인간처럼 보이지만 인간이 아니라는 의미를 가지고 있다.
12 요일 4:2 "이로써 너희가 하나님의 영을 알지니 곧 예수 그리스도께서 육체sarks로 오신 것을 시인하는 영마다 하나님께 속한 것이요"와 요이 1:7 "미혹하는 자가 세상에 많이 나왔나니 이는 예수 그리스도께서 육체sarks로 오심을 부인하는 자라 이런 자가 미혹하는 자요 적그리스도니"를 참조하라.

이렇듯 그리스도의 첫 번째 모르페 변형의 결과로서 육의 몸을 입고 오신 예수 그리스도는 이 세상에 오직 한 분임을 증거하고 있다. 다시 말해서 성육의 신학 혹은 형체morphe 기독론은 이 세상에서 아무나 그리스도가 될 수 없다는 것을 보여주는 것이다.

> 비록 하늘에나 땅에나 신이라 불리는 자가 있어 많은 신과 많은 주가 있으나 그러나 우리에게는 한 하나님 곧 아버지가 계시니 만물이 그에게서 났고 우리도 그를 위하여 있고 또한 한 주 예수 그리스도께서 계시니 만물이 그로 말미암고 우리도 그로 말미암아 있느니라.(고전 8:5-6)

예수 그리스도만이 오직 한 주님(퀴리오스kyrios)인 이유는 그가 만물의 창조자이기 때문이다. 그러므로 세상의 사람들이 섬기는 신들은 우상일 수밖에 없으며, 거기에는 생명이 있을 수 없다. 만물의 창조자이며 생명의 근원인 그리스도께서 창조주이신 하나님과 본체였으나 형체의 변형을 통하여 인간으로 오셨기에 그의 죽음이 모든 사람을 위한 구속의 능력을 갖게 되는 이유다.

2. 부활하신 그리스도: 낮은 몸에서 영광의 몸으로

예수 그리스도의 부활은 또 다른 형체morphe의 변화를 수반한다. 다시 말해서 그리스도의 부활은 단순히 죽었던 사람이 다시 살아나는 것이 아닌 새로운 존재의 형체를 갖게 되는 것을 말한다. 일반적으로 그리스도의 부활은 "하나님이 저를 죽은 자 가운데서 살리셨다"로 증거되고

있다.[13]

> 그러므로 우리가 그의 죽으심과 합하여 세례를 받음으로 그와 함께 장사되었나니 이는 아버지의 영광으로 말미암아 그리스도를 죽은 자 가운데서 살리심과 같이 우리로 또한 새 생명 가운데서 행하게 하려 함이라.(롬 6:4)

> 예수를 죽은 자 가운데서 살리신 이의 영이 너희 안에 거하시면 그리스도 예수를 죽은 자 가운데서 살리신 이가 너희 안에 거하시는 그의 영으로 말미암아 너희 죽을 몸도 살리시리라.(롬 8:11)

> 또 우리가 하나님의 거짓 증인으로 발견되리니 우리가 하나님이 그리스도를 다시 살리셨다고 증언하였음이라 만일 죽은 자가 다시 살아나는 일이 없으면 하나님이 그리스도를 다시 살리지 아니하셨으리라 만일 죽은 자가 다시 살아나는 일이 없으면 그리스도도 다시 살아나신 일이 없었을 터이요.(고전 15:15-16)

> 사람들에게서 난 것도 아니요 사람으로 말미암은 것도 아니요 오직 예수 그리스도와 그를 죽은 자 가운데서 살리신 하나님 아버지로 말미암아 사도 된 바울은.(갈 1:1)

위 구절들로부터 "죽은 자 가운데서 살리셨다"(에게르테 에크 네크론

---

[13] 행 4:10, 13:34; 벧전 1:21 참조.

egerthe ek nekron)는 관용구가 공통으로 발견된다. 이 구절의 주어는 하나님이며, 하나님께서 그리스도를 "죽은자들로부터*ek nekron*", 동사 일어나다*egeiro*의 수동태를 써서 "일으키셨다*egerthe*"로 직역할 수 있다. 그리스도의 부활은 하나님의 능력이며 하나님의 역사임을 증거하는 것이다. 그리스도의 부활의 주체는 하나님이다.

> 기록된 바 내가 너를 많은 민족의 조상으로 세웠다 하심과 같으니 그가 믿은 바 하나님은 죽은 자를 살리시며 없는 것을 있는 것으로 부르시는 이시니라.(롬 4:17)

> 우리는 우리 자신이 사형 선고를 받은 줄 알았으니 이는 우리로 자기를 의지하지 말고 오직 죽은 자를 다시 살리시는 하나님만 의지하게 하심이라.(고후 1:9)

> 그리스도께서 약하심으로 십자가에 못 박히셨으나 하나님의 능력으로 살아 계시니 우리도 그 안에서 약하나 너희에게 대하여 하나님의 능력으로 그와 함께 살리라.(고후 13:4)

> 그의 능력이 그리스도 안에서 역사하사 죽은 자들 가운데서 다시 살리시고 하늘에서 자기의 오른편에 앉히사(엡 1:20)

> 너희가 세례로 그리스도와 함께 장사되고 또 죽은 자들 가운데서 그를 일으키신 하나님의 역사를 믿음으로 말미암아 그 안에서 함께 일으키심을 받았느니라.(골 2:12)

그리스도의 부활은 하나님의 능력이다. 이는 그리스도의 십자가가 하나님의 능력이라는 말씀과 동일한 것이다. 십자가의 말씀은 그리스도의 죽음과 그리스도의 부활에 관한 말씀이다. 그러므로 이 말씀 자체가 우리를 구원하는 하나님의 능력이 된다. "십자가의 도가 멸망하는 자들에게는 미련한 것이요 구원을 얻는 우리에게는 하나님의 능력이라."(고전 1:18) 여기서 "도"는 말씀 *logos*을 가리킨다. 그리스도의 부활이 구원의 완성을 의미하기 때문에 그의 죽음과 부활에 관한 말씀이 우리의 구원, 즉 우리의 미래의 부활을 확증해 주는 하나님의 능력이다. 십자가 사건 자체가 우리를 향하신 하나님의 능력이며 하나님의 약속이다. 바꾸어 말하면 그리스도의 죽음과 부활이 없으면 하나님의 약속과 뜻을 알 길이 없다는 것을 보여주는 것이다.

그렇다면 하나님의 능력으로 죽음 가운데서 부활하신 그리스도에게 무슨 일이 일어난 것일까? 부활하신 몸의 특징은 바울 서신보다 복음서에서 잘 증거하고 있다. 복음서에서 증거하는 부활하신 그리스도는 제자들에게 나타났다가 갑자기 사라지며(막 16:14; 눅 24:14-31), 문들이 닫힌 막힌 방 한가운데 홀연히 나타난다.(요 20:19; 눅 24:36; 요 20:26 참조) 일반적인 사람의 육체로는 설명할 수 없는 현상이다. 그러면서도 사람들은 부활하신 그리스도의 손과 허리를 만질 수 있다.(눅 24:39; 요 20:20 참조) 부활하신 그리스도는 또한 먹고 마실 수도 있는 몸이다.(눅 24:30; 요 21:12; 행 10:41) 이러한 몸을 이해하기 힘들지만 이 몸을 '부활의 몸' 혹은 '부활체復活體'라고 한다. 분명한 것은 그리스도의 부활의 몸은 일반적인 사람의 몸과 전혀 다른 몸이다. 다시 말해서 십자가 위에서 죽으신 그리스도의 몸은 부활하신 후에 전혀 다른 몸으로 변형된 것이다. 인간의 몸이 전혀 새로운 몸으로 변형된 것이다. 부활의 몸은 종말론적인 몸으로서 살아 있는 신체corporreality의 살과 피로 이루어지지 않은 그 야말로 형체만 가리킨다.[14] 그러므로 그리스도의 부활은 단순히 죽은 자 가운데서 살아나신 것만을 의미하는 것이 아니라 새로운 몸을 입는 것을 말한다. 이것이 그리스도의 두 번째 변형metamorphosis이다.

그리스도의 부활의 몸은 또한 영광의 몸으로 증거된다. "그는 만물을 자기에게 복종하게 하실 수 있는 자의 역사로 우리의 낮은 몸을 자기 영광의 몸의 형체morphe와 같이 변하게 하시리라"(빌 3:21) 인간으로서 십자가 위에 죽으신 그리스도의 몸이 "영광의 몸(소마 테스 독세스soma tes dokses)"으로 변형된 것이다. 그리스도께서 부활하신 후의 영광의 몸이 인간으로 오시기 전, 선재하는 모르페와 같은 형체인지는 알 수 없다. 이것을 알 수 있는 바울 서신 내의 본문은 없다. 분명한 것은 선재하는 모르페도, 부활하신 몸도 이 땅에 속한 몸이 아닌 하늘에 속한 형체라는 것이다. 이 변형 역시 하나님의 본체가 종의 형체로 변형된 것처럼 완전한 모르페의 변형을 통해서 이루어졌다는 것이다. 다시 말해서 부활은 새로운 형체morphe, 즉 새로운 몸soma을 입는 것이다.

그리스도의 죽음이 그의 첫 번째 변형의 마지막이라면 그의 부활은 두 번째 변형의 시작이다. 이제 그의 부활은 승천으로 이어지며 다시 오실 때까지 그리스도께서 하나님 우편에 혹은 보좌 우편에 앉아 계신다.[15]

누가 정죄하리요 죽으실 뿐 아니라 다시 살아나신 이는 그리스도 예수시니 그는 하나님 우편에 계신 자요 우리를 위하여 간구하시는 자

---

14 Robin Scroggs, "Paul and the Eschatological Body," *Theology and Ethics in Paul and His Interpreters* (Nashville: Abingdon Press, 1996), 14-29 참조.
15 행 7:55; 히 12:2; 벧전 3:22 참조.

시니라.(롬 8:34; 골 3:1 참조)

그의 능력이 그리스도 안에서 역사하사 죽은 자들 가운데서 다시 살리시고 하늘에서 자기의 오른편에 앉히사 모든 통치와 권세와 능력과 주권과 이 세상뿐 아니라 오는 세상에 일컫는 모든 이름 위에 뛰어나게 하시고.(엡 1:20-21)

하늘의 보좌라 함은 하나님이 계신 곳을 의미하며, 우편이라 함은 하나님의 모든 능력과 권세가 우편에 있음을 의미한다.(막 16:19; 마 5:34; 행 7:49; 계 4:2 참조) 그러므로 부활하신 그리스도는 하늘 보좌의 우편에 계신 분으로서 하늘의 가장 큰 능력과 권세를 가진 분이다. 이제 그리스도의 이름은 모든 이름 위에 뛰어난 이름이 되었으며, 하나님은 하늘과 땅의 모든 만물은 그 앞에 무릎을 꿇게 하였으며, 모든 입으로 그리스도를 '주님*kyrios*'이라고 부르게 하셨다.(빌 2:9-11; 롬 14:8-9 참조) 부활하신 그리스도는 만물의 주관자 즉 주인임을 증거하고 있다. 그리스도가 주님이라는 사실은 부활하셨기 때문에 주님이 되신 것이 아니다. 만물의 창조자인 하나님의 아들인 그리스도가 주님으로 오셨고 주님의 일을 하신 것이다. 그러므로 부활의 사건은 "주님의 주되심The Lordship of the Lord"을 확증하는 사건이다.

하나님의 본체였던 그리스도의 선재성 안에는 그가 창조자의 역할을 감당했다면(골 1:15-16; 요 1:1-3; 히 1:2 참조), 십자가에서 죽으셨다가 삼일 만에 부활하신 그리스도는 주와 심판자의 역할을 감당한다. 이는 십자가 전의 그리스도와 십자가 후의 그리스도에 대하여 명확하게 구분되는 증거다. 더불어서 선재하는 그리스도의 형체와 부활 후의 그리스도의 형체 또한 다르다고 할 수 있다. 이는 그리스도의 십자가 사건이 그리스도의 존재론적 모르페만 변형시킨 것이 아니라 그 역할과 기능까지도 변형시켰음을 말해 준다.

이러한 그리스도의 역사적 부활 사건에 대하여 바울 서신뿐만 아니라 신약성서는 처음 있는 일로 증거하고 있다. 새로운 형태의 몸을 입는 부활의 개념은 그리스도 이전에도 이후에도 없는 유일한 것이었다. 그래서 그리스도를 부활의 첫 열매라고 증거하고 있다. "그러나 이제 그리스도께서 죽은 자 가운데서 다시 살아나사 잠자는 자들의 첫 열매가 되셨도다."(고전 15:20) 초대 그리스도인들은 예수 그리스도를 믿는 기독교를 부활하는 도라고 했다.[16] 사도행전에 의하면 바울은 이 부활의 말씀을 전하다가 로마 당국자들과 유대인들에 의하여 심문을 받고 고난을 받았으며(행 23:6, 24:21), 당시 그리스 철학자들도 듣지도 보지도 못한 새 가르침이라 하여 관심을 갖게 되었음을 증거하고 있다.[17](행 17:18-20 참조) 당시에 유대인 가운데서 부활을 믿는 바리새인도 있었고, 이집트 종교나, 헬레니즘에서도 매우 오래된 부활의 개념이 있었다. 그렇다면 그리스도의 부활과 당시 사람들이 생각하는 부활의 차이는 무엇일까?

당시 퍼져 있던 부활의 개념은 주로 영혼의 귀환을 말한다. 이를 그리스어로 메템프쉬코시스*metempsychosis*라 한다. 메템프쉬코시스는 영혼(프쉬케*psyche*)의 재생再生, 혹은 윤회전생輪回轉生을 의미한다. 그리스 철

---

16 "백성을 가르침과 예수를 들어 죽은 자 가운데서 부활하는 도 전함을 싫어하여."(행 4:2, 개역한글판)
17 "어떤 에피쿠로스와 스토아 철학자들도 바울과 쟁론할새 어떤 사람은 이르되 이 말쟁이가 무슨 말을 하고자 하느냐 하고 어떤 사람은 이르되 이방 신들을 전하는 사람인가보다 하니 이는 **바울이 예수와 부활을 전하기 때문이러라** 그를 붙들어 아레오바고로 가며 말하기를 네가 말하는 **이 새로운 가르침이 무엇인지** 우리가 알 수 있겠느냐 네가 어떤 이상한 것을 우리 귀에 들려 주니 그 무슨 뜻인지 알고자 하노라 하니."(행 17:18-20)

학과 이집트 종교에서 많이 사용되었던 단어로서 인간의 환생을 설명할 때 사용되는 단어다. 이는 인간의 본질이 영혼에 있으며 영혼만이 불멸하며 이데아의 세계를 바라보고 그것을 이룰 수 있다는 그리스 철학과 매우 관계가 깊다. 이러한 부활의 사상은 헬레니즘에서 나왔으며, 당시 이집트, 페르시아의 여러 종교, 인도의 힌두교에 편재해 있었다.[18] 이에 대한 증거가 복음서에 나와 있다. "그 신하들에게 이르되 이는 세례 요한이라 그가 죽은 자 가운데서 살아났으니 그러므로 이런 능력이 그 속에서 역사하는도다 하더라."(마 14:2) 분봉왕 헤롯이 예수의 소문을 듣고 세례 요한이 죽은 자 가운데서 살아났다고 생각하는 구절이다. 이것이 당시 사람들의 부활의 개념이다. 예수께서 제자들에게 사람들이 나를 누구라고 하느냐는 질문을 했을 때 제자들의 대답에서도 환생과 동일시하는 부활의 개념을 찾아볼 수 있다. "제자들이 여짜와 이르되 세례 요한이라 하고 더러는 엘리야, 더러는 선지자 중의 하나라 하나이다."(막 8:28) 그러나 이것은 그리스도가 죽은 자 가운데서 새로운 몸으로 살아났다는 것과 분명한 차이가 있음을 알아야 한다. 그들은 죽은 자의 영혼이 다른 사람에게 돌아오는 환생을 부활이라고 여기는 것이다.[19]

주로 구약성서에서 부활의 개념은 죽은 사람이 소생하는 것을 말한다. "여자들은 자기의 죽은 자들을 부활로 받아들이기도 하며 또 어떤

---

18 메템프쉬코시스의 기원은 헬레니즘의 영혼 불멸 사상에 있다. 영혼 불멸 사상은 플라톤의 사상이다. 인간의 본질이 영혼(spirit과 soul)에 있으며 영혼이 불멸의 본질이라는 것이다. 영혼 불멸 사상이 기독교의 몸의 부활의 신앙을 온전히 설명할 수 없고 오히려 왜곡시키는 경우가 있다. 그리스도가 죽은 자 가운데서 다시 사셨다는 우리의 고백은 영혼 불멸의 신앙이 아니라 몸의 부활 신앙이다. 우리의 부활 신앙은 영혼 불멸이 아니라 사도신경에 있는 것처럼 몸의 불멸을 믿는 것이다.
19 당시 환생의 개념이 신약성서에 미친 영향에 대해서는 다음 책을 참조하라. N. T. 라이트 『하나님의 아들의 부활』, 박문재 옮김(고양: 크리스챤 다이제스트, 2005); 차정식, 『신약성서의 환생 모티프와 그 신학적 변용』(서울: 한들출판사, 2007).

이들은 더 좋은 부활을 얻고자 하여 심한 고문을 받되 구차히 풀려나기를 원하지 아니하였으며"(히 11:35) 이 구절은 열왕기상 17장에 나오는 엘리야와 사르밧 과부의 죽은 아들이 살아나는 이야기를 암시하고 있다.(왕하 4:32-47 참조) 여기에 나오는 부활은 죽은 아들의 소생을 가리키는 것이다. "여호와께서 엘리야의 소리를 들으시므로 그 아이의 혼이 몸으로 돌아오고 살아난지라"(왕상 17:22) 이와 같이 죽었다가 살아난 것을 부활이라고 말할 수 있지만 죽은 자의 소생은 그리스도의 공생애에서조차 많이 일어난 일이다.[20] 그러나 이러한 소생을 초대 교회에서 부활이라고 하지 않고 이적 혹은 기적이라고 한다. 새로운 몸을 입으신 그리스도의 부활과는 전혀 다른 사건이다. 그리스도의 부활은 프쉬케psyche의 부활이 아닌 몸soma의 부활이다. 즉 새로운 몸으로의 변화를 의미한다. 환생이든 소생이든 그 사람은 다시 죽을 수밖에 없는 육의 몸을 가지고 있다. 그러나 그리스도의 부활의 몸은 영원히 썩지 않는 몸으로의 부활이다. 부활이라는 단어를 다른 개념으로 사용할 수 있지만, 메템프쉬코시스(환생)는 세상이 말하는 불확실하며 진리가 전혀 아닌 부활이며, 메타모르포시스(모르페의 변화)가 진정한 그리스도의 부활이다.

그리스도의 부활을 더 명확하게 설명하기 위해서 부활하신 그리스도를 만난 바리새인이었던 바울의 다마스쿠스 사건을 언급할 필요가 있다. 앞서 언급한 것처럼 유대교 내에서 바리새인들은 환생 혹은 소생과 약간 다른 부활의 사상을 가지고 있었다. 죽은 자의 영혼이 하늘에서 살게 되는 헬레니즘의 영혼 불멸의 사상과 연관되어 있다. 이것은 복음서

---

[20] 예를 들어, 회당장 야이로의 딸의 소생(막 5:35-43), 죽은 나사로의 소생(요 11:1-44)을 참조하라.

에서 바리새인과 사두개인 사이의 부활 논쟁에 잘 나타나 있다.(막 12:18-27; 눅 20:27-40 참조) 사두개인들은 죽음 후의 삶에 대해 매우 부정적인 반면에 바리새인들은 죽음 후에 어떠한 삶이 있다고 믿고 있었다. 예를 들어, 마가복음 12장 23절에서 "일곱 사람이 다 그를 아내로 취하였으니 부활 때 곧 그들이 살아날 때에 그 중의 누구의 아내가 되리이까"라는 구절에서 그러한 바라새인들의 막연한 부활 사상을 보여주고 있다. 바리새인들은 죽음 후에 영이 천국에서 지속적으로 사는 것을 부활이라고 생각했고, 그러한 부활을 영생이라고 생각했다. 그러나 바울은 다마스쿠스 도상에서 부활하신 그리스도를 만나게 되었다. 이 사건은 바리새인 바울이 유대교의 율법 준수를 통해 영혼의 영생인 부활에 이르는 줄 알았던 기존의 신앙을 완전히 무너뜨리는 계기가 되었다. 다마스쿠스 사건은 지금까지 믿어왔던 부활과 전혀 다른 부활의 실체를 만난 사건이기 때문이다.

바울은 고린도전서 15장 3-8절에서 자신을 포함하여 부활하신 그리스도를 만난 사람들을 열거하고 있다. 특별히 "맨 나중에 만삭되지 못하여 난 자 같은 내게도 보이셨느니라"(고전 15:8)에서 진한 글씨 "보이셨느니라(오프테*ophthe*)"는 자신과 더불어 그리스도의 부활의 몸을 목격한 것이 공적인 사건이라는 것을 강조하는 것이다. 복음서에서 증거하는 그리스도의 부활의 몸의 특성을 바울도 보았고 체험했다는 사실이다.(막 16:14; 눅 24:14-31, 36; 요 20:19, 26 참조) 바울의 다마스쿠스 사건이 그리스도를 내적으로 경험하는 신비 체험이나 신비적인 환상이라고 한다면 바리새인으로서의 부활 사상을 버릴 필요가 없었을 것이다. 바울은 다른 제자들이 만났던 것처럼 자신도 부활하신 그리스도를 직접 만났기 때문에 영생인 부활의 사건이 그리스도에게 일어났음을 확신할 수 있었으며 평생을 좇았던 유대교 신앙을 배설물과 같이 버릴 수 있었다.(빌 3:8) 전혀 새로운 부활의 몸을 보았기 때문이다.[21](고전 9:1; 갈 1:11-12 참조) 바울에게 있어서 부활하신 그리스도를 만난 다마스쿠스 사건은 그의 부활 사상의 변화이며 더불어서 개종의 전환점이며 이방인을 위한 사도직의 출발점이 되었다. 그러므로 바울은 그리스도의 부활이 없으면 우리의 믿음도 헛되다고 증거한다. "그리스도께서 만일 다시 살아나지 못하셨으면 우리가 전파하는 것도 헛것이요 또 너희 믿음도 헛것이며"(고전 15:14), "그리스도께서 다시 살아나신 일이 없으면 너희의 믿음도 헛되고 너희가 여전히 죄 가운데 있을 것이요"(고전 15:17)

3. 다시 오실 그리스도: 그리스도의 변형에서 우리의 변형으로

세상에 다시 오실 그리스도는 이제 심판의 주로서 오신다. 이는 그리스도의 약속이며(마 16:27, 24:30-31; 행 1:11; 계 22:20 참조), 바울이 세운 교회와 더불어 모든 초대 교회가 고백하며 소망하는 매우 종말론적인 신앙이다.

> 그러나 우리의 시민권은 하늘에 있는지라 거기로부터 구원하는 자 곧 주 예수 그리스도를 기다리노니.(빌 3:20)

> 너희 관용을 모든 사람에게 알게 하라 주께서 가까우시니라.(빌 4:5)

---

21 "내가 자유인이 아니냐 사도가 아니냐 예수 우리 주를 보지 못하였느냐*ophthe* 주 안에서 행한 나의 일이 너희가 아니냐"(고전 9:1), "형제들아 내가 너희에게 알게 하노니 내가 전한 복음은 사람의 뜻을 따라 된 것이 아니니라 이는 내가 사람에게서 받은 것도 아니요 배운 것도 아니요 오직 예수 그리스도의 계시로 말미암은 것이라."(갈 1:11-12)

또 죽은 자들 가운데서 다시 살리신 그의 아들이 하늘로부터 강림하실 것을 너희가 어떻게 기다리는지를 말하니 이는 장래의 노하심에서 우리를 건지시는 예수시니라.(살전 1:10)

바울은 매우 임박한 종말론자로 알려져 있다. 신약성서에서 임박한 종말론과 더불어 지연된 종말론, 실현된 종말론 등 다양한 종말론이 존재한다. 신약성서의 종말론을 한마디로 "이미 그러나 아직already but not-yet"의 긴장 관계에 있다고 말할 수 있다. 다시 말해서 신약성서는 종말의 "현재"와 "미래"의 두 차원 사이에서 오는 긴장을 내포하고 있다는 것이다. 초기 기독교는 유대교의 묵시사상의 토양에서 태동하여 예수의 임박한 재림을 기다리는 신앙 공동체였다. 초대 교회는 시간의 흐름과 함께 예수 재림의 지연에 대한 설명을 해야만 했고, 그에 대한 신학적 응답이 종말의 지연과 종말의 현재성을 강조하는 것이다. 종말을 먼 미래에 갖다 놓는 방법과 현재로 끌어들이므로 임박한 종말론을 재해석할 수 있기 때문이다. 종말을 시간적인 개념으로 본다면 임박한 종말과 지연된 종말은 아직 종말이 오지 않은 "미래적인 종말론futuristic eschatology"에 속하고, 이미 과거의 사건을 통해서 미래의 일어날 종말을 현재의 시간에서 해석하는 종말론은 시간적으로 "현재적인 종말론 present eschatology"이라고 볼 수 있다. 신약성서 안에는 이 두 가지 종말론이 모두 내포되어 있다. 그 중에 어느 하나를 더 강조하느냐가 특정한 책의 특별한 종말론을 결정한다고 볼 수 있다. 그러나 종말의 때와 관계없이 예수 그리스도의 다시 오심을 기다리는 신앙은 동일하다고 볼 수 있다.

바울은 임박한 종말론적 신앙을 증거한다. "만일 누구든지 주를 사랑하지 아니하거든 저주를 받을지어다 **주께서 임하시느니라**"(고전 16:22, 개역한글판) 이 구절에서 진한 글씨 "주께서 임하시느니라"는 아람어 마라나타*maranatha*의 그리스어 음역을 번역한 것이다.[22] 마라나타는 초대교회에서 주님의 다시 오심을 기다리는 공통된 단어라 할 수 있다. 마라나타와 함께 주님의 다시 오심에 대하여 신학화 하고 개념화 한 용어는 강림(파루시아*parousia*)이라는 단어다.

> 아담 안에서 모든 사람이 죽은 것 같이 그리스도 안에서 모든 사람이 삶을 얻으리라 그러나 각각 자기 차례대로 되리니 먼저는 첫 열매인 그리스도요 다음에는 **그가 강림***parousia***하실 때에** 그리스도에게 속한 자요 그 후에는 마지막이니 그가 모든 통치와 모든 권세와 능력을 멸하시고 나라를 아버지 하나님께 바칠 때라.(고전 15:22-24)

> 우리가 주의 말씀으로 너희에게 이것을 말하노니 **주께서 강림***parousia***하실 때까지** 우리 살아 남아 있는 자도 자는 자보다 결코 앞서지 못하리라 **주께서 호령과 천사장의 소리와 하나님의 나팔 소리로 친히 하늘로부터 강림하시리니** 그리스도 안에서 죽은 자들이 먼저 일어나고 그 후에 우리 살아 남은 자들도 그들과 함께 구름 속으로 끌어 올려 공중에서 주를 영접하게 하시리니 그리하여 우리가 항상 주와 함께 있으리라.(살전 4:15-17)

---

[22] *maranatha*를 읽는 방법은 두 가지다. *marana*주여 *tha*오소서, 혹은 *maran*주님 *atha*오셨다. 후자는 주는 알렙(아람어의 첫 글자)과 타우(마지막 글자)이시다로 번역되기도 한다. 그리스어로 하면 주는 알파와 오메가다.(계 1:8, 22:13 참조) 신약에서 마라나타는 주로 *marana*주여 *tha*오소서로 음역하며, "주 예수여 오시옵소서"와 동일시되어 사용한다.(계 22:20 참조)

환난을 받는 너희에게는 우리와 함께 안식으로 갚으시는 것이 하나님의 공의시니 **주 예수께서 자기의 능력의 천사들과 함께 하늘로부터 불꽃 가운데에 나타나실 때에** 하나님을 모르는 자들과 우리 주 예수의 복음에 복종하지 않는 자들에게 형벌을 내리시리니 이런 자들은 주의 얼굴과 그의 힘의 영광을 떠나 영원한 멸망의 형벌을 받으리로다 **그 날에 그가 강림**parousia**하사** 그의 성도들에게서 영광을 받으시고 모든 믿는 자들에게서 놀랍게 여김을 얻으시리니.(살후 1:7-10)

그리스도의 오심을 의미하는 강림降臨을 그리스어로 파루시아라고 한다. 파루시아는 예수 그리스도의 재림을 가리키는 고유명사가 되었다. 파루시아의 날을 다른 말로 예수 그리스도의 날(고전 1:8; 고후 1:14; 빌 1:6; 살전 5:2; 벧후 3:10)이라고 한다. 주의 날에 일어나는 그리스도의 재림은 다른 말로 세상의 종말을 의미한다. 그 날은 아무도 알지 못하며 갑작스럽게 임하신다고 하여 도둑같이 임한다고 증거하고 있다. 그 날은 오직 하나님 아버지만 아신다.(막 13:32; 마 24:36; 행 1:7 참조)

그리스도의 다시 오심은 심판을 의미한다. 마지막 날이 종말의 심판을 내포하고 있으며, 이는 모든 사람이 그리스도의 심판대 혹은 하나님의 심판대 앞에 선다는 것을 말한다. 만물의 심판자이신 그리스도의 심판 앞에서 그리스도인뿐만 아니라 어떠한 사람도 예외가 있을 수 없다.[23]

---

23 심판자이신 그리스도에 대한 다른 구절들을 참조하라. "진실로 진실로 너희에게 이르노니 죽은 자들이 하나님의 아들의 음성을 들을 때가 오나니 곧 이 때라 듣는 자는 살아나리라 아버지께서 자기 속에 생명이 있음 같이 아들에게도 생명을 주어 그 속에 있게 하셨고 또 **인자됨으로 말미암아 심판하는 권한을 주셨느니라** 이를 놀랍게 여기지 말라 무덤 속에 있는 자가 다 그의 음성을 들을 때가 오나니 선한 일을 행한 자는 생명의 부활로, 악한 일을 행한 자는 심판의 부활로 나오리라"(요 5:25-29), "우리에게 명하사 백성에게 전도하되 **하나님이 살아 있는 자와 죽은 자의 재판장으로 정하신 자가** 곧 이 사람인 것을 증언하게 하셨고"(행

네가 어찌하여 네 형제를 비판하느냐 어찌하여 네 형제를 업신여기느냐 우리가 **다 하나님의 심판대 앞에 서리라**.(롬 14:10)

이는 **우리가 다 반드시 그리스도의 심판대 앞에 나타나게 되어** 각각 선악간에 그 몸으로 행한 것을 따라 받으려 함이라.(고후 5:10)

그리스도의 강림은 이와 같이 그리스도의 심판을 예고하고 있다. 바울 서신에서 그리스도의 심판은 영생과 영벌의 심판을 포함한다. 영생에 해당하는 것이 믿는 자의 부활이다.

그리스도가 다시 오실 때 우리에게 부활이 일어난다. 그리고 우리의 부활은 그리스도의 부활을 따른다. 다시 말해서 그리스도의 부활은 마지막 때 사람들의 부활의 모델이 된다.

만일 우리가 그의 죽으심과 같은 모양으로 연합한 자가 되었으면 또한 그의 부활과 같은 모양으로 연합한 자도 되리라.(롬 6:5)

그리스도께서 죽은 자 가운데서 다시 살아나셨다 전파되었거늘 너희 중에서 어떤 사람들은 어찌하여 죽은 자 가운데서 부활이 없다 하느냐 만일 죽은 자의 부활이 없으면 그리스도도 다시 살아나지 못하셨으리라.(고전 15:12-13)

10:42), "하나님 앞과 **살아 있는 자와 죽은 자를 심판하실 그리스도 예수** 앞에서 그가 나타나실 것과 그의 나라를 두고 엄히 명하노니 너는 말씀을 전파하라 때를 얻든지 못 얻든지 항상 힘쓰라 범사에 오래 참음과 가르침으로 경책하며 경계하며 권하라"(딤후 4:1-2) 이상의 구절들을 보면 초대 교회가 하나님은 심판주審判主이시며 그리스도는 심판자審判者로 고백하고 있음을 알 수 있다.

그 날에 일어날 부활의 사건에 대하여 다음 구절은 구체적으로 설명·해주고 있다.

> 그는 만물을 자기에게 복종하게 하실 수 있는 자의 역사로 우리의 낮은 몸을 자기 영광의 몸의 형체와 같이 변하게 하시리라.(빌 3:21)

우리 부활의 구체적인 내용은 이미 부활하신 예수 그리스도의 몸인 영광의 몸의 형체*morphe*와 "같은 형체(쉼모르포스*symmorphos*)"[24]로 변화하는 것이다. 우리의 낮은(타페이노시스*tapeinosis*) 몸이란 제한적이고 불완전한 이 세상에 속한 몸을 의미한다. 태초부터 존재했던 신적인 존재가 사람의 모양으로 오신 것이 자기를 낮춘(타페이노오*tapeinoo*) 것을 의미한다.(빌 2:8) 다른 차원의 세계에서 인간의 역사로 들어오는 것이 낮춤의 의미다. 그러므로 우리의 낮은 몸이란 이 땅의 형체에 속해 있다는 것을 가리킨다.

영광의 몸으로의 변화는 우리의 낮은 몸이 온전한 하늘의 신령한 몸으로 변형되는 것이다. 이 몸은 썩지 않는 몸이며 다시는 죽음이 없는 새로운 몸이다. 신령한 몸, 즉 하늘에 속한 몸이 영원한 하나님의 나라를 유업으로 받을 몸이다.

> 하늘에 속한 형체*soma*도 있고 땅에 속한 형체*soma*도 있으나 하늘에 속한 것의 영광이 따로 있고 땅에 속한 것의 영광이 따로 있으니 해

---

[24] 이 단어는 "함께", "같이"를 의미하는 전치사 *syn*과 "형체의"라는 형용사 *morphos*가 합성된 단어다.

의 영광이 다르고 달의 영광이 다르며 별의 영광도 다른데 별과 별의 영광이 다르도다 죽은 자의 부활도 그와 같으니 썩을 것으로 심고 썩지 아니할 것으로 다시 살아나며.(고전 15:40-42)

형제들아 내가 이것을 말하노니 혈과 육은 하나님 나라를 이어 받을 수 없고 또한 썩는 것은 썩지 아니하는 것을 유업으로 받지 못하느니라 보라 내가 너희에게 비밀을 말하노니 우리가 다 잠 잘 것이 아니요 마지막 나팔에 순식간에 홀연히 다 변화되리니 나팔 소리가 나매 죽은 자들이 썩지 아니할 것으로 다시 살아나고 우리도 변화되리라.(고전 15:50-52)

우리가 다 수건을 벗은 얼굴로 거울을 보는 것 같이 주의 영광을 보매 그와 같은 형상으로 변화하여 영광에서 영광에 이르니 곧 주의 영으로 말미암음이니라.(고후 3:18)

위의 구절들에서 공통적인 것은 사람들이 변화, 즉 몸이 변형(메타모르포시스)된다는 것이다. 그리스도의 변형이 우리에게 일어나는 것이다.[25] 우리의 부활 즉 몸의 변형을 두 단계로 증거하고 있다.

주께서 호령과 천사장의 소리와 하나님의 나팔 소리로 친히 하늘로

---

[25] 김세윤은 이것을 변화-구원론이라고 한다. 『바울 신학과 새 관점』(서울: 두란노, 2002), 281. 김세윤이 말하는 변화는 모르페의 변화를 의미한다. 이에 대해서 6장 공동체의 구원과 심판에서 자세하게 다룰 것이다. 그리스도의 몸인 공동체의 구원에 대해서는 다음 논문을 참조하라. 현경식, "공동체의 구원을 위하여: 바울의 몸 사상을 중심으로," 「신약논단」제9권 1호(2002년 봄), 183-206.

부터 강림하시리니 그리스도 안에서 죽은 자들이 먼저 일어나고 그 후에 우리 살아 남은 자들도 그들과 함께 구름 속으로 끌어 올려 공중에서 주를 영접하게 하시리니 그리하여 우리가 항상 주와 함께 있으리라.(살전 4:16-17)

부활의 때에 먼저 죽은 자가 일어난다. 다음 단계는 살아 있는 자는 구름 속으로 끌러 올려 공중에서 변화된다. 죽은 자가 먼저 일어난다는 것은 죽은 자가 먼저 신령한 몸을 입는 것이다. 다음으로 살아 있는 자는 공중으로 끌어 올려 몸이 변화된다. 이것은 환생이 아니며 소생도 아니다. 그리스도의 부활에 그리스도인들이 참여하는 것이다. 그리스도의 부활이 단순히 죽은 자가 살아나는 것이 아니라 새로운 몸을 입는 것이기 때문에 우리의 부활 역시 산 자든 죽은 자든 새로운 몸을 입게 된다.

그렇다면 누가 이러한 부활에 참여하는 자인가를 물을 수 있다. 그리스도의 사람들, 즉 그리스도에게 속한 사람들이다.

> 그러나 이제 그리스도께서 죽은 자 가운데서 다시 살아나사 잠자는 자들의 첫 열매가 되셨도다 사망이 한 사람으로 말미암았으니 죽은 자의 부활도 한 사람으로 말미암는도다 아담 안에서 모든 사람이 죽은 것 같이 그리스도 안에서 모든 사람이 삶을 얻으리라 그러나 각각 자기 차례대로 되리니 먼저는 첫 열매인 그리스도요 **다음에는 그가 강림하실 때에 그리스도에게 속한 자요**.(고전15:20-23)

부활에 참여할 수 있는 자를 그리스도에게 속한 자로 증거하는 것은 시사하는 바가 크다. 믿는 자들이라고 모두 부활에 참여하는 것이 아님을 암시하고 있다. 이는 믿음의 공동체 내에서도 멸망 받을 자가 있다는 구절과 상응한다.(고전 3:17; 마 7:21 참조) 바울조차 마지막 때의 부활에 참여하고 싶은 간절한 소망을 강하게 표현한다.

> 내가 그리스도와 그 부활의 권능과 그 고난에 참여함을 알고자 하여 그의 죽으심을 본받아 **어떻게 해서든지 죽은 자 가운데서 부활에 이르려 하노니** 내가 이미 얻었다 함도 아니요 온전히 이루었다 함도 아니라 오직 내가 그리스도 예수께 잡힌 바 된 그것을 잡으려고 달려가노라.(빌 3:10-12)

바울이 마지막 부활의 사건에 참여하고 싶은 간절한 소망을 고백하는 것은 부활의 주체가 하나님이기 때문이다. 바울은 하나님의 능력을 신앙하는 것이다. 그리스도를 죽은 자 가운데서 일으키신 하나님이 마지막 때에 그리스도의 영광의 몸의 형체와 같이 우리의 몸을 변형시키신다. 이 모든 것이 하나님의 계획과 뜻 안에서 이루어진다. 그리스도의 모르페의 변화가 결국 우리의 부활, 즉 구원이 된다. 우리의 모든 삶과 소망이 그리스도의 변형에 근거한다는 사실을 기억해야 한다.

3장 그리스도와 십자가 사건

십자가 위의 그리스도가 누구인가에 대해서 형체morphe의 변형을 통해서 2장에서 알아보았다. 3장에서는 그리스도께서 하신 일, 즉 그리스도께서 인간의 형체를 입으시고 하신 일인 십자가 사건의 의미를 연구하려고 한다. 바울은 그리스도와 그가 행하신 일에 대해서 다음과 같이 구분한다.

> 내가 너희 중에서 **예수 그리스도와 그가 십자가에 못 박히신 것** 외에는 아무 것도 알지 아니하기로 작정하였음이라.(고전 2:2)

> 그러나 내게는 **우리 주 예수 그리스도의 십자가** 외에 결코 자랑할 것이 없으니 그리스도로 말미암아 세상이 나를 대하여 십자가에 못 박히고 내가 또한 세상을 대하여 그러하니라.(갈 6:14)

하나님의 독생하신 아들로서 예수 그리스도가 누구인가에 대한 인격Person에 대한 것과 그가 하신 일Work을 구분하는 것은 매우 중요하다. 누가 무슨 일을 했느냐는 질문에서 어느 하나만을 강조해서는 안 된다. 인간의 구원을 위해서 두 가지 모두 필요충분조건이기 때문이다. 십자가는 주님이 하신 주님의 일, 그리스도가 하신 그리스도의 일, 하나님의 아들이 하신 아들의 일이기 때문이다.

서론에서 언급했듯이 바울의 신앙과 신학의 중심이 그리스도의 십자가인 이유는 그리스도에게 부활이 일어났기 때문이다. 구원의 완성인 부활이 그리스도 안에 있기 때문에 그리스도의 십자가는 죄 사함의 유일한 사건이 된다. 그리스도의 십자가를 붙들면 죄 사함을 받게 되고, 그로 인하여 마지막에 부활이 약속되어 있다. 부활은 죄 사함의 완성이다.

> 곧 우리가 원수 되었을 때에 그의 아들의 죽으심으로 말미암아 하나님과 화목하게 되었은즉 화목하게 된 자로서는 더욱 그의 살아나심으로 말미암아 구원을 받을 것이니라.(롬 5:10)

이 구절은 그리스도의 죽음과 부활의 의미를 명확하게 설명해 준다. 그리스도의 죽으심은 하나님과의 화목(카탈라게 *katallage*)을 가져오는 사건이다. 그리스도를 영접하고 믿는다는 것은 하나님과의 관계가 조정된다는 것을 의미한다. 다시 말해서 죄 때문에 하나님과 원수 된 관계를 해결하고 화목의 관계를 가져오는 사건이 그리스도의 죽음의 사건이다. 이는 그리스도의 죽음이 죄 사함의 사건이며 이것을 증명하는 것이 그리스도의 부활이다. 부활은 죄 사함의 완성인 구원을 의미하기 때문이다.

> 예수는 우리가 범죄한 것 때문에 내줌이 되고 또한 우리를 의롭다 하시기 위하여 살아나셨느니라.(롬 4:25)

이 구절은 그리스도의 죽음이 우리의 죄 때문이며 그의 부활은 우리의 의롭다 하심을 위한 것임을 증거한다. 의롭다 하심(디카이오시스 *dikaiosis*)의 궁극적 의미는 마지막 날에 하나님의 심판의 결과로서 변죄 받는 것을 말한다. 종말론적 면죄는 죄 없음의 판단을 받는 것, 즉 구원을 의미한다. 이러한 면죄는 하나님과 화목된 자에게 주어지는 은총이며, 이런 자는 그리스도의 죽음의 은혜를 시인하고 영접한 자를 말한다.(롬 5:10) 그러므로 그리스도의 부활은 그리스도의 죽음이 죄 사함의 효력이 있음을 인정하는 것이며, 부활이 없이는 우리의 믿음도 헛된 것이며 죄의 문제를 해결할 수 없다. "그리스도께서 다시 살아나신 일이 없으면 너희의 믿음도 헛되고 너희가 여전히 죄 가운데 있을 것이요." (고전 15:17)

선재하셨던 그리스도께서 인간의 형체를 입고 이 땅에 오셔서 행하신 십자가 사건은 세상을 구원하기 위한 유일한 대속의 사건이다. 십자가 없이는 인간의 구원을 이룰 수 없는 것이 하나님의 뜻이고 계획이다. 그러므로 인간의 죄와 연관하여 십자가의 의미를 먼저 살펴보아야 한다. 다음으로 바울 서신에서 가장 많이 사용되는 용어들인 믿음, 영, 의를 통해서 십자가 사건의 의미를 더 폭넓게 이해하려고 한다.

1. 십자가 사건과 죄

그리스도의 죽음이 죄 사함의 능력이 있음은 그의 부활이 죄 사함의 완성이라는 점을 강조했다. 이것을 다른 말로 표현하면 그리스도의 죽음과 부활이 하나님의 뜻과 계획 안에 있음을 의미한다. 그리스도께서 세상에 오신 것은 우리를 구원하기 위함이며 그것은 하나님의 뜻이다.[1]

때가 차매 하나님이 그 아들을 보내사 여자에게서 나게 하시고 율법

---

1 요 3:17, 6:38; 히 10:9; 요일 4:9 참조.

아래에 나게 하신 것은 율법 아래에 있는 자들을 속량하시고 우리로 아들의 명분을 얻게 하려 하심이라.(갈 4:4-5)

하나님의 뜻인 구원의 계획은 그리스도를 통하여 세상을 향하여 하신 하나님의 약속이다. 이 약속을 '새 언약New Testament', 즉 '신약新約'이라고 한다. "복음은 하나님이 선지자들을 통하여 그의 아들에 관하여 성경에 미리 약속하신 것이라."[2](롬 1:2) 하나님의 구원의 뜻은 죄와 죽음으로부터의 해방을 의미하며 그것은 그리스도의 십자가 위에서 완성된다. 이 단락에서는 바울 서신에 나타난 인간의 죄와 연관된 십자가 사건의 의미를 세 가지, 다시 말해서 속죄, 속량, 화목으로 나누어 살펴본다.

1) 십자가 사건과 속죄

예수 그리스도의 십자가는 속죄贖罪의 십자가다. 속죄atonement의 의미는 제물을 드려 죄를 면제받는 것을 말한다. 이는 우리의 죄를 대신하여 용서를 빈다는 대속代贖과 대가를 지불하고 구원해 내는 구속救贖과 같은 용어로 사용된다. 속죄의 의미를 가장 잘 나타내는 용어는 속죄를 위한 제물이다. 여기에는 대속물(뤼트론lytron)로[3] 번역되는 단어와 화목제물(힐라스테리온hilasterion)이라는 단어가 사용된다.[4]

---

2 히 9:15 참조. "이로 말미암아 그는 **새 언약**의 중보자시니 이는 첫 언약 때에 범한 죄에서 속량하려고 죽으사 부르심을 입은 자로 하여금 영원한 기업의 약속을 얻게 하려 하심이라."
3 "인자가 온 것은 섬김을 받으려 함이 아니라 도리어 섬기려 하고 자기 목숨을 많은 사람의 대속물lytron로 주려 함이니라."(막 10:45; 마 20:28 비교)
4 힐라스모스hilasmos도 화목 제물로 번역된다. "그는 우리 죄를 위한 화목 제물hilasmos이니 우리만 위할 뿐 아니요 온 세상의 죄를 위하심이라."(요일 2:2; 4:10 참조) 히 2:17 하반부, "……백성의 죄를 **구속하려 하심이라**"에서 진한 글씨 단어는 동사 힐라스코마이hilaschomai를 번역한 것이다. 화목 제물이라는 단어 안에 죄를 구속하는 의미가 들어있음을 알 수 있다.

> 이 예수를 하나님이 그의 피로써 믿음으로 말미암는 화목제물 *hilasterion*로 세우셨으니 이는 하나님께서 길이 참으시는 중에 전에 지은 죄를 간과하심으로 자기의 의로우심을 나타내려 하심이니.(롬 3:25)

이러한 속죄제물의 용어들은 그리스도께서 자신의 죄를 위한 것이 아니라, 우리의 죄를 사하기 위해서 자신이 직접 제물이 되셨음을 증거하는 것이다. 그러므로 속죄의 핵심은 죄 사함에 있다고 할 수 있다.

> 우리가 그리스도 안에서 그의 은혜의 풍성함을 따라 그의 피로 말미암아 구속 곧 죄 사함을 받았으니(엡 1:7, 개역한글판)

> 그 아들 안에서 우리가 구속 곧 죄 사함을 얻었도다.(골 1:14, 개역한글판)

위 구절들에서 죄 사함은 구속과 동일한 의미를 갖는다. 여기서 구속은 그리스어 아포뤼트로시스*apolytrosis*다. 그리스도의 피는 우리를 죄로부터 구원하기 위한 대가다. 이것은 속죄의 십자가를 말한다.

죄 사함의 다른 표현은 의롭다 함을 얻는 것이다. 칭의稱義(디카이오시스*dikaiosis*), 즉 의롭다 함을 얻는 것은 하나님의 종말론적인 심판의 행위다. 다시 말해서 죄인을 그리스도로 말미암아 죄 없다고 죄의 면제를 선포하는 하나님의 법정적 심판의 선포다. 그러므로 사람은 그리스도의 십자가를 통해서 의롭다 함을 얻게 된다.

그런즉 한 범죄로 많은 사람이 정죄에 이른 것 같이 한 의로운 행위로 말미암아 많은 사람이 의롭다 하심을 받아 생명에 이르렀느니라.(롬 5:18)

사람이 의롭게 되는 것은 율법의 행위로 말미암음이 아니요 오직 예수 그리스도를 믿음으로 말미암는 줄 알므로 우리도 그리스도 예수를 믿나니 이는 우리가 율법의 행위로써가 아니고 그리스도를 믿음으로써 의롭다 함을 얻으려 함이라 율법의 행위로써는 의롭다 함을 얻을 육체가 없느니라.(갈 2:16)

죄 사함의 능력이 오직 그리스도의 십자가에 있다는 것은 세상의 다른 종교, 혹 유대교의 율법이나 세상의 철학으로 의롭다 함을 얻을 방법이 없다는 것을 말한다. "또 하나님 앞에서 아무도 율법으로 말미암아 의롭게 되지 못할 것이 분명하니 이는 의인은 믿음으로 살리라 하였음이라."(갈 3:11) 죄의 용서, 즉 하나님의 의를 얻어 의롭게 되는 길은 오직 그리스도의 십자가를 통해서다. 다른 것으로는 하나님의 의를 얻을 길이 없다. "하나님의 의를 모르고 자기 의를 세우려고 힘써 하나님의 의에 복종하지 아니하였느니라."(롬 10:3, 9:30 참조) 왜냐하면 오직 그리스도의 십자가 사건에 하나님의 의가 나타났기 때문이다. "복음에는 하나님의 의가 나타나서 믿음으로 믿음에 이르게 하나니 기록된 바 오직 의인은 믿음으로 말미암아 살리라 함과 같으니라."(롬 1:17, 3:21 참조)

그리스도의 십자가가 우리의 죄를 위한 속죄의 십자가이기 때문에 우리의 죄와 연관된 그리스어 전치사들이 사용된다. 바울 서신에서 속죄와 연관된 전치사들은 다음과 같다. 우리 죄를 위하여 혹은 대신하여

(휘페르*hyper*: 롬 14:15; 고전 15:3; 고후 5:21; 갈 1:4, 3:13; 엡 5:2; 살전 5:10; 딛 2:14; 요일 3:16 참조)[5], 나를 위하여(*hyper*: 갈 2:20), 모든 사람을 위하여(*hyper*: 롬 8:32; 고후 5:14-15; 딤전 2:6; 히 2:9 참조), 교회를 위하여(*hyper*: 엡 5:25), 죄에 대하여(3격 명사, 롬 6:10), 범죄 함 때문에(디아*dia*: 롬 4:25) 등. 이러한 구절들을 통하여 그리스도의 죽음의 의미가 인간의 죄를 위한 특정한 목적과 이유를 갖고 있으며 그에 대한 대가를 지불하고 있음을 알게 해준다.

더 나아가 그리스도의 죽음의 의미를 "내어준다(파라디도미*paradidomi*)"는 단어를 사용하므로 인간의 죄를 속죄하기 위하여 자신을 버리는 희생의 의미를 강조한다. "우리가 범죄한 것 때문에 **내줌이 되고**"(롬 4:25), "모든 사람을 위하여 **내주신**"(롬 8:32), "나를 위하여 자기 자신을 **버리신**"(갈 2:20), "우리를 위하여 자신을 **버리사**"(엡 5:2), "교회를 위하여 자신을 **주심 같이**"(엡 5:25) 파라디도미는 인간의 죄를 해결하기 위한 목적의 수단이 된다. 즉 자기 생명을 내어주는 희생의 죽음을 통해서 목적을 해결하는 것이다. 이는 그리스도께서 하나님의 뜻에 죽기까지 순종한 사건이다.(빌 2:8) 하나님의 뜻은 인간의 구원을 위하여 자기 아들을 세상에 죽음으로 내어주는*paradidomi* 것이다.(롬 8:32)[6] 바울은 이 죽음의 사건을 그리스도께서 우리를 위하여 저주를 받았다고 증거하고 있다. "그리스도께서 우리를 위하여*hyper* 저주를 받은 바 되사 율법의 저주에서 우리를 속량하셨으니 기록된 바 나무에 달린 자마다 저주 아래에 있는 자라 하였음이라."(갈 3:13) 저주 아래 있는 자들을 위해서 그리스도께서

---

5 요한일서에서는 휘페르*hyper* 대신에 페리*peri*를 주로 사용한다. "그는 우리 죄를 위한*peri* 화목제물이니 우리만 위할*peri* 뿐 아니요 온 세상의 죄를 위하심*peri*이라."(요일 2:2, 4:10 참조)

6 "자기 아들을 아끼지 아니하시고 우리 모든 사람을 위하여*hyper* **내주신***paradidomi* 이가 어찌 그 아들과 함께 모든 것을 우리에게 주시지 아니하겠느냐."(롬 8:32)

저주를 받은 것이다. 이 그리스도 사건이 우리를 위하여 자신을 내어주는 *paradidomi* 속죄의 사건이다.

모든 사람의 속죄를 위한 그리스도의 죽음이 십자가 위에서 유일회적으로 이루어졌다는 점에서 "단번에(에파팍스*ephapaks*)", 혹은 "한번에(하팍스*hapaks*)"라는 단어가 사용되기도 한다. "그가 죽으심은 죄에 대하여 **단번에***ephapaks* 죽으심이요 그가 살아 계심은 하나님께 대하여 살아 계심이니"(롬 6:10)[7], "자기를 **단번에***hapaks* 제물로 드려."(히 9:26-28; 유 1:3 참조) 이러한 용어들은 속죄의 십자가로서 그리스도의 죽음의 특성을 잘 설명해 주고 있다. 이제는 인간의 죄를 해결하기 위해 날마다 드리는, 혹은 해마다 동물의 피를 드리는 제사가 필요 없음을 의미한다. 그리스도의 죽음은 모든 인간의 죄를 대속하고도 남음이 있는 하나님의 사랑이며 승리의 사건이다.

속죄의 두 번째 의미는 해방이다. 우리의 죄를 대신하여 그리스도께서 제사의 제물이 되었다는 점에서 십자가를 제물의 관점에서 먼저 해석하였다. 그렇다면 십자가의 결과는 당연히 죄와 사망으로부터의 해방이다.

> 죄로부터 해방되어 의에게 종이 되었느니라.(롬 6:18)

> 그러나 이제는 너희가 죄로부터 해방되고 하나님께 종이 되어 거룩함에 이르는 열매를 맺었으니 그 마지막은 영생이라.(롬 6:22)

---

[7] "그는 저 대제사장들이 먼저 자기 죄를 위하고 다음에 백성의 죄를 위하여 날마다 제사 드리는 것과 같이 할 필요가 없으니 이는 그가 **단번에***ephapaks* 자기를 드려 이루셨음이라."(히 7:27, 10:10 참조)

이는 그리스도 예수 안에 있는 생명의 성령의 법이 죄와 사망의 법에
서 너를 해방하였음이라.(롬 8:2)

그 바라는 것은 피조물도 썩어짐의 종 노릇 한 데서 해방되어 하나
님의 자녀들의 영광의 자유에 이르는 것이니라.(롬 8:21)

위 구절들에서 "해방되다"로 번역된 그리스어는 엘류테로오*eleutheroo*
로서 자유롭게 하다는 의미를 가지고 있다. 이는 신분의 변화를 상징한
다. 노예제도가 있었던 당시 사회에서 신분은 대물림되었다. 종의 신분
에서 자유자의 신분으로 옮겨간다는 것은 결코 쉬운 일이 아니었으며,
자유를 얻기 위해서는 전쟁이나 돈을 지불하는 값비싼 대가를 치러야
했다.[8] 종은 반드시 주인이 있으며 주인이 종을 다스린다. 다시 말해서
범죄하는 자마다 죄 아래 있으며 죄의 종이 된다. "너희 자신을 종으로
내주어 누구에게 순종하든지 그 순종함을 받는 자의 종이 되는 줄을 너
희가 알지 못하느냐 혹은 죄의 종으로 사망에 이르고 혹은 순종의 종으
로 의에 이르느니라."(롬 6:16; 요 8:34 참조) 결국 그리스도의 십자가만이
죄의 문제를 해결한다. 죄의 해결이란 죄의 종으로부터 자유함을 주는
것이다. 즉, 죄로부터의 해방이다. 이는 다음 구절에서 더 명확해진다.

그리스도께서 우리를 **자유롭게 하려고***eleutheroo* 자유*eleutheria*를 주셨
으니 그러므로 굳건하게 서서 다시는 종의 멍에를 메지 말라.(갈 5:1)

---

[8] 신약 시대의 노예들은 주로 가정노예, 관노, 노동노예들이 있었다. 고대 노예제도와 초기 기독
교의 연관성에 대해서 다음 책을 참조하라. 라우프, 『고대 노예제도와 초기 그리스도교』, 박영
옥 옮김(서울: 한국신학연구소, 1988).

해방(뤼시스*lysis*)이라는 그리스어 명사의 동사는 뤼오*lyo*다. 사실 이 동사가 앞서 속죄와 연관된 대속물*lytron*과 대속하다(뤼트로오*lytroo*) 단어의 어근으로서 노예를 풀어주고, 자유를 주는 의미를 갖고 있는 단어다. 뤼오 동사가 그리스도의 죽음과 연관되어 정확하게 사용된 구절은 계시록에서 찾을 수 있다. "또 충성된 증인으로 죽은 자들 가운데에서 먼저 나시고 땅의 임금들의 머리가 되신 예수 그리스도로 말미암아 은혜와 평강이 너희에게 있기를 원하노라 우리를 사랑하사 그의 피로 우리 죄에서 우리를 **해방하시고***lyo*."(계 1:5) 그리스도의 십자가는 죄로부터의 자유, 곧 해방을 의미한다.

그리스도의 죽음은 우리를 죄와 사망으로부터의 해방뿐만 아니라 세상의 악한 세대와 흑암의 권세로부터의 해방을 의미한다. "그리스도께서 하나님 곧 우리 아버지의 뜻을 따라 이 악한 세대에서 우리를 **건지시려고**(엑세오마이*ekseomai*) 우리 죄를 대속하기 위하여 자기 몸을 드리셨으니"(갈 1:4), "그가 우리를 흑암의 권세에서 **건져내사**(뤼오마이*rhyomai*) 그의 사랑의 아들의 나라로 옮기셨으니."(골 1:13) 진한 글씨 단어들은 모두 구출해 내고, 구원하는 것을 의미한다. 이렇듯 속죄의 십자가란 해방의 의미와 함께 자유와 구원의 의미를 내포하고 있다.

2) 십자가 사건과 속량

십자가 사건은 바울 서신에서 속량贖良의 사건으로 증거된다. 속량이란 포로나 노예 된 자를 되사거나 구하기 위해 지불되는 값을 말한다. 보상 혹은 배상한다는 구약의 속건贖愆의 의미와 비슷하다.(레 5:15-19 참조) "속량하다"는 그리스어로 엑사고라조*eksagorazo*다. 이 단어는 장소를 나타내는 전치사 에크*ek*와 시장이나 광장에서 물건을 사다의 뜻을 가진 아고라조*agorazo*의 합성어로서 무엇을 사기 위해 값을 지불하다의 뜻을 갖고 있다. 이 단어는 그리스도의 십자가와 연관하여 바울 서신에서 두 번 사용된다.[9]

> 그리스도께서 우리를 위하여 저주를 받은 바 되사 율법의 저주에서 우리를 **속량하셨으니***eksagorazo* 기록된 바 나무에 달린 자마다 저주 아래에 있는 자라 하였음이라.(갈 3:13)

> 율법 아래에 있는 자들을 **속량하시고***eksagorazo* 우리로 아들의 명분을 얻게 하려 하심이라.(갈 4:5)

두 구절 모두 율법의 저주 아래 있는 자들을 위해 값을 지불하시고 사셨다는 의미를 갖는다. 첫 번째 사용은 우리로 하여금 약속을 받게 하기 위함이고(갈 3:14), 두 번째 사용은 우리로 하여금 하나님의 아들의 명분(양자를 의미함)을 얻게 하기 위함이다.(갈 4:5-6) 그리스도의 죽음이 우리를 위해 값을 지불하는 분명한 목적과 이유가 있음을 보여준다.

속량하다는 단어가 내포하는 것 중 하나가 노예의 몸값이다. 그래서 신약성서에서 몸값을 지불하여 사거나, 몸값 자체를 의미하는 뤼트로시스*lytrosis*가 속량으로 번역되기도 한다.[10] 이 단어에서 파생된 안티뤼트론 *antilytron*은 속전贖錢으로서 주로 노예의 해방을 위해 지불되는 값을 말한

---

9 엡 5:16과 골 4:5에서 사용된 엑사고라조는 시간을 "아끼라"는 의미로 사용된다. 시간을 사다는 의미가 내포되어 있다.
10 뤼트로시스가 다음과 같이 번역되었다. 속량(눅 1:68), 구속(눅 2:38, 개역한글판), 속죄(히 9:12) 등.

다.(딤전 2:6 참조)[11] 이와 같이 속량의 한 면이 값을 의미한다면, 다른 한 면은 사는 행위를 강조한다. 다음은 그리스어 동사 "사다*agorazo*"와 그리스도의 십자가와 연관된 구절들이다.

> 값으로 산*agorazo* 것이 되었으니 그런즉 너희 몸으로 하나님께 영광을 돌리라.(고전 6:20)

> 너희는 값으로 사신*agorazo* 것이니 사람들의 종이 되지 말라.(고전 7:23)

위 구절들 모두 그리스도의 죽음이 우리를 위해 치룬 대가요 값이라는 속전의 의미와 함께 죄와 사람들의 종으로부터 자유함을 부여하는 것을 말한다.

구약에서 속량은 노예 혹은 가축, 토지를 금전 지불로 본래의 소유자에게 반환하는 의미를 갖는다.(신 7:8, 13:5; 출 13:13 참조)[12] 그리스도께서 우리를 속량하셨다 즉 사셨다는 의미는 그리스도가 우리의 소유자가 되었다는 말이다.

> 우리가 살아도 주를 위하여 살고 죽어도 주를 위하여 죽나니 그러므로 사나 죽으나 **우리가 주의 것이로다.**(롬 14:8)

---

11 "그가 모든 사람을 위하여 자기를 **속전***antilytron*으로 주셨으니 기약이 이르면 증거 할 것이라."(딤전 2:6, 개역한글판)
12 속량하다로 사용된 히브리어는 파다*padah*다.

너희 몸은 너희가 하나님께로부터 받은 바 너희 가운데 계신 성령의 전인 줄을 알지 못하느냐 **너희는 너희 자신의 것이 아니라**.(고전 6:19)

하나님의 성전과 우상이 어찌 일치가 되리요 우리는 살아 계신 하나님의 성전이라 이와 같이 하나님께서 이르시되 내가 그들 가운데 거하며 두루 행하여 나는 그들의 하나님이 되고 **그들은 나의 백성이 되리라**.(고후 6:16)

"너희는 너희의 것이 아니라," "주의 것"이며 하나님의 소유된 백성이다.[13] 우리는 그리스도께서 값으로 산*agorazo* 것이 되었으니 우리는 그리스도의 소유가 되었다.[14] 이는 그리스도인이 자신의 유익을 위해 살 수 없으며 주의 영광을 위해 살아야 하는 당위성을 갖게 된다.(고전 6:20) 결국 그리스도의 십자가는 우리를 "속량하신 분(뤼트로테스*lytrotes*; 행 7:35 참조)", 즉 그리스도를 위해 사는 삶이 되어야 함을 역설한다. "그가 모든 사람을 대신하여*hyper* 죽으심은 살아 있는 자들로 하여금 다시는 그들 자신을 위하여 살지 않고 오직 그들을 대신하여*hyper* 죽었다가 다시 살아나신 이를 위하여 살게 하려 함이라."(고후 5:15) 속량의 십자가는 우리

---

13 구약 이사야에서도 구속은 소유와 직결된다. "야곱아 너를 창조하신 여호와께서 지금 말씀하시느니라 이스라엘아 너를 지으신 이가 말씀하시느니라 너는 두려워하지 말라 내가 너를 구속*gaal*하였고 내가 너를 지명하여 불렀나니 **너는 내 것이라**."(사 43:1) 여기서 히브리어 가알 *gaal*은 "몸값을 지불하고 사다"라는 속량의 의미를 가지고 있다.

14 그리스도의 죽음과 연관된 아고라조*agorazo*의 구절들을 참조하라. "자기들을 **사신** 주를 부인하고"(벧후 2:1), "사람들을 피로 **사서** 하나님께 드리시고"(계 5:9), "땅에서 **속량함을** 받은 십사만 사천……."(계 14:3) 이외에도 행 20:28에서는 구매하다, 사다의 의미를 가진 페리포이에오마이*peripoieomai*를 사용하여 그리스도의 피 값의 의미를 증거한다. "하나님이 자기 피로 **사신** 교회를 보살피게 하셨느니라."

의 삶을 위한 것이다. 그러므로 살아도 주를 위하여 살고, 죽어도 주를 위하여 죽는 그리스도인의 삶은 그리스도의 종의 삶을 규정한다.(롬 14:8)

우리의 소유권이 그리스도에게 있음은 우리가 그리스도의 종이 되었음을 인정하고 선포하는 것이다. 사람들의 종(고전 7:23), 죄와 죽음의 종(롬 6:17, 8:2)에서 자유함을 얻은 우리는 그리스도의 종이 되었다.(롬 8:21; 고전 7:22; 갈 5:1) 종의 소유권이 누구에게 있느냐에 따라서 그 주인에게 순종하게 되어 있다. "너희 자신을 종으로 내주어 누구에게 순종하든지 그 순종함을 받는 자의 종이 되는 줄을 너희가 알지 못하느냐 혹은 죄의 종으로 사망에 이르고 혹은 순종의 종으로 의에 이르느니라."(롬 6:16) 그리스도를 주로 고백하는 성도들의 모임인 교회의 주인도 구속을 위하여 속전을 지불하신 그리스도와 하나님이 된다. "너희는 그리스도의 것이요 그리스도는 하나님의 것이니라."(고전 3:23) 바울 서신에서 교회를 "하나님의 교회" 혹은 "그리스도의 교회"라 칭하는 것도 그리스도의 속량을 통한 소유의 개념을 반영하는 것이다.[15]

3) 십자가 사건과 화목

그리스도의 십자가는 죄와 연관하여 화목和睦의 십자가로 증거된다. 화목(카탈라게katallage)의 원뜻은 누군가에 "의해서(카타kata)", 혹은 무엇에 "따라서kata" 관계를 "다르게 하는(알라소allasso)" 것을 말한다. 그리스도의 십자가와 연관하여 화목이란 하나님과 인간 사이의 관계를 화해

---

[15] 그리스도의 교회(롬 16:16)와 하나님의 교회(고전 1:2, 11:16, 22, 15:9; 고후 1:1; 살전 1:1; 살후 1:4)를 참조하라.

reconciliation의 관계로 만드는 것을 의미한다.

> 곧 우리가 원수 되었을 때에 그의 아들의 죽으심으로 말미암아 하나님과 **화목하게 되었은즉**(카탈라소*katallasso*) 화목하게 된 자로서는 더욱 그의 살아나심으로 말미암아 구원을 받을 것이니라.(롬 5:10)

> 곧 하나님께서 그리스도 안에 계시사 세상을 자기와 **화목하게 하시며***katallasso* 그들의 죄를 그들에게 돌리지 아니하시고 화목하게 하는 말씀을 우리에게 부탁하셨느니라.(고후 5:19)

하나님과 인간의 화목은 하나님이 그리스도를 통하여 먼저 시작하셨다. 하나님의 계획은 오직 그리스도 안에서 자신과 화목할 수 있으며, 하나님 자신이 그것을 원하고 있음을 보여주고 있다. 이것이 그리스도 안에 있는 하나님의 뜻이다.

> 또 십자가로 이 둘을 한 몸으로 하나님과 **화목하게 하려**(아포카탈라소*apokatallasso*) 하심이라 원수 된 것을 십자가로 소멸하시고.(엡 2:16)

> 그의 십자가의 피로 화평을 이루사 만물 곧 땅에 있는 것들이나 하늘에 있는 것들이 그로 말미암아 자기와 화목하게 되기를(아포카탈라소 *apokatallasso*) 기뻐하심이라.(골 1:20)

그리스도의 십자가는 먼저 하나님과 인간과의 관계를 화목하게 한다. "너희는 하나님과 화목하라."(고후 5:20; 골 1:20 참조) 다음에 인간과의 관계에서 막힌 담을 허무시고 그 관계를 화목하게 하신다.(엡 2:16, 골 1:22) 그리스도의 십자가만이 하나님을 향하여, 인간을 향하여 화해의 관계를 만드는 원리가 된다. 이는 죄를 대신하여 비는 속죄와, 죄의 값을 치루는 속량의 경우에도 마찬가지다. 속죄, 속량, 화목의 십자가는 먼저 하나님께 행해져야 하며, 다음에 믿음의 공동체와 사람들의 관계에서 이루어져야 한다.

이와 같은 속죄, 속량, 화목의 십자가를 "화평(에이레네eirene)의 복음 euaggelion"이라고 부른다.[16] 그리스어 에이레네는 우리말로 화평, 평화, 평강 등으로 번역된다. 특별히 그리스도와 연관되어 사용될 때 오직 그리스도만이 주시는 평화로 증거된다.

> 그러므로 우리가 믿음으로 의롭다 하심을 받았으니 우리 주 예수 그리스도로 말미암아 하나님과 화평eirene을 누리자.(롬 5:1)

하나님과 우리 사이의 화평의 관계를 만드는 분은 예수 그리스도다. 예수 그리스도가 화평의 주체라는 의미다. 여기서 화평이란 믿음으로 의롭게 됨dikaiosis, 즉 죄의 문제를 해결한 이후에 주어지는 결과다. 다음의 구절들은 그리스도의 화평의 개념을 잘 설명해준다. "그는 우리의 **화평**이신지라"(엡 2:14), "그의 십자가의 피로 **화평**을 이루사"(골 1:20) 등.[17]

그리스도의 십자가를 통해서 죄와 죽음의 문제를 해결하고 주어지는

---

16 행 10:36을 참조하라. "만유의 주 되신 예수 그리스도로 말미암아 **화평의 복음**(토 유앙겔리온 테스 에이레네스to euaggelion tes eirenes)을 전하사 이스라엘 자손들에게 보내신 말씀."
17 요한복음에서는 예수 그리스도께서 주시는 평화는 세상이 주는 평화와 전혀 다름을 증거한다.(요 14:27, 16:33 참조)

상태가 곧 평화의 상태다. 더 나아가 그리스도의 평화를 소유한 믿음의 공동체는 이 평화를 유지하고 전해야 하는 사명을 갖는다. "그리스도의 평강이 너희 마음을 주장하게 하라 너희는 평강을 위하여 한 몸으로 부르심을 받았나니"(골 3:15), "**평안의 복음***to euaggelion tes eirenes*이 준비한 것으로 신을 신고."(엡 6:15) 그리고 이 평화는 믿음의 삶을 위해 늘 간구해야 하는 기도가 된다. "**평강**의 주께서 친히 때마다 일마다 너희에게 **평강**을 주시고 주께서 너희 모든 사람과 함께 하시기를 원하노라."[18](살후 3:16) 그리스도의 평화는 그리스도의 십자가를 통해서 주어지는 결과이므로 십자가 외에는 얻을 수 없는 평화다.

바울 서신의 처음과 마지막에 빠지지 않고 등장하는 전형적인 인사말 가운데 은혜(카리스*charis*)와 평강*eirene*의 단어가 항상 있다.[19] "하나님 우리 아버지와 주 예수 그리스도로 좇아 은혜와 평강이 있기를 원하노라." 십자가와 우리의 죄와 연관하여 속죄, 속량, 화목의 결과로 얻어지는 열매가 그리스도의 평화임을 앞서 설명하려고 했다. 평화가 그리스도만이 주시는 평화라면, 은혜 역시 그리스도만이 주시는 은혜다. 십자가의 은혜는 한마디로 하나님께서 우리에게 "값없이(도레안*dorean*)" 주시는 은혜다.

> 그리스도 예수 안에 있는 **속량***apolytrosis*으로 말미암아 하나님의 **은혜***charis*로 **값 없이** *dorean* 의롭다 하심을 얻은 자 되었느니라.(롬 3:24)

---

18 평강*eirene*의 하나님을 참조하라.(롬 15:33, 16:20; 고전 14:33; 빌 4:7, 9; 살전 5:23)
19 롬 1:7; 고전 1:3; 고후 1:2; 갈 1:3; 엡 1:2; 빌 1:2; 골 1:2; 살전 1:2; 살후 1:2 참조.

그리스도의 보혈로 구속, 곧 죄 사함을 얻은 것은 하나님의 은혜다. 은혜라는 말 자체가 "값없이"라는 말과 동일한 것이다. "값없이"라는 그리스어 도레안은 선물(도레아*dorea*)이라는 단어의 대격으로서 부사로 사용되는 단어다. 그러므로 그리스도의 속죄, 그로 말미암은 의롭게 됨, 즉 구원은 하나님의 은혜요 선물이다.

> 너희는 그 **은혜***charis*에 의하여 믿음으로 말미암아 구원을 받았으니 이것은 너희에게서 난 것이 아니요 하나님의 **선물**(도론 *doron*)이라.(엡 2:8)

이 구절은 구원의 출처를 분명히 증거하고 있다. 그리스도로 말미암은 구원이 선물*doron*이요[20] 은혜*charis*라는 사실이다. 그리스도의 십자가가 값없이 주신 대속의 은혜이기 때문에 가치가 없고, 값싼 것이라고 생각하는 것은 구속의 십자가의 의미를 모르기 때문이다. 바울은 예수 그리스도와 그의 십자가의 은혜를 가장 고상하게 여겼다.(빌 3:8) 가장 고상하게 여기는 것일수록 마음의 중심을 차지하게 된다. 그리스도 중심의 신앙은 여기서 시작한다.

그리스도의 십자가만이 구속, 곧 죄 사함의 능력을 가진 이유는 그의 부활에 있음을 1장에서 논증했다.(롬 4:25, 6:10 참조) 바울이 그리스도의 십자가만을 붙잡는 것은 그리스도에게서 이미 죄 사함의 완성인 부활이 선취되었기 때문이다. 이 말은 그리스도의 십자가를 붙든 자들이 마지막에 부활에 참여한다는 의미다. 하나님으로부터 의롭게 됨의 판단, 즉

---

20 *dorea*는 여성명사, *doron*은 중성명사로서 둘 다 선물의 뜻을 가지고 있다.

구원에 이른다는 말이다. "곧 우리가 원수 되었을 때에 그의 아들의 죽으심으로 말미암아 하나님과 화목하게 되었은즉 화목하게 된 자로서는 더욱 그의 살아나심으로 말미암아 구원을 받을 것이니라."(롬 5:10) 이제 그리스도의 화평의 십자가가 속죄, 속량, 화목의 능력을 가졌음을 믿는 자들은 부활의 소망 즉 구속의 완성에 대한 소망을 갖고 산다.

> 이뿐 아니라 또한 우리 곧 성령의 처음 익은 열매를 받은 우리까지도 속으로 탄식하여 양자 될 것 곧 우리 **몸의 구속**_apolytrosis_**을 기다리느니라** 우리가 소망으로 구원을 얻었으매 보이는 소망이 소망이 아니니 보는 것을 누가 바라리요 만일 우리가 보지 못하는 것을 바라면 참음으로 기다릴찌니라.(롬 8:23-25, 개역한글판)

> 하나님의 성령을 근심하게 하지 말라 그 안에서 너희가 **구원**_apolytrosis_**의 날까지** 인치심을 받았느니라.(엡 4:30)

구원의 완성 즉 구속의 완성은 마지막 날에 일어나며 이는 부활에 참여하는 것이다. 그리스도인들은 이 약속으로 인하여 인내하며 소망 가운데 사는 것이다. 이 소망이 없으면 우리의 믿음도 헛것이며, 이 소망 가운데 사는 자들에게 그리스도의 약속이 모두 이루어질 것이다.

> 소망의 하나님이 모든 기쁨과 평강을 믿음 안에서 너희에게 충만하게 하사 성령의 능력으로 소망이 넘치게 하시기를 원하노라.(롬 15:13)

2. 십자가 사건과 믿음, 영, 의

이 장의 앞부분에서 십자가 사건과 죄와 연관하여 그 의미를 살펴보았다. 구원에 있어서 죄 사함의 문제가 가장 우선되기 때문이다. 이 부분에서는 과거와 현재를 막론하고 교회와 교인들 사이에서 가장 많이 사용되는 용어들 중에서 믿음, 의, 영의 개념이 십자가 사건과 어떠한 연관성을 가지고 있는가를 알아보려고 한다.

1) 십자가 사건과 믿음

바울이 말하는 믿음을 이해하기 위해서 가장 먼저 인식해야 할 것은 믿음은 개인의 사유물이 아니라는 것이다. 바울은 먼저 믿음을 십자가 사건으로 이해한다. "다만 우리를 박해하던 자가 전에 멸하려던 **그 믿음**을 지금 전한다 함을 듣고."(갈 1:23) 여기서 그 믿음이란 여러 가지로 해석이 가능하다. 예수 그리스도 자신도 가능하고 그의 복음 즉 십자가 사건으로 대체되는 것 역시 가능하다.[21] 예수 그리스도의 오심이나 그의 복음은 그리스도 사건Christ Event이라고 불리는 십자가 사건 없이는 설명할 수 없다. 다시 말해서 그리스도의 오심은 십자가 사건을 위해서이고 복음이란 곧 그의 십자가 사건을 의미하는 것이다. 바울은 이러한 예수 그리스도의 십자가 사건을 피스티스*pistis* 곧 믿음이라고 부른 것이다. 이것은 다음 구절들에서 더욱 명확해진다.

---

21 이러한 믿음의 개념은 사도행전에서 나타난다. 사도행전에서 도道로 번역되는 단어들이 길, 말씀, 믿음 등 세 가지가 있다. 길*hodos*(9:2, 18:28, 19:23, 22:4, 24:14, 22), 말씀*logos*(7:38, 8:21, 11:19, 14:25), 믿음*pistis*(6:7). 이 단어들은 같은 의미를 갖는 것으로서 그리스도 혹은 십자가의 복음인 종교로서의 기독교를 의미한다.

믿음이 오기 전에 우리는 율법 아래에 매인 바 되고 계시될 **믿음의 때**까지 갇혔느니라.(갈 3:23)

믿음이 온 후로는 우리가 초등교사 아래에 있지 아니하도다.(갈 3:25)

믿음이 오기 전과 믿음이 온 후라는 표현은 예수 그리스도의 십자가 사건의 전과 후를 분명히 말해주고 있다.

유대교의 율법이 모세의 시내산 사건에서 발생했다면 기독교의 복음은 예수의 십자가 사건으로부터 시작된다.(갈 4:23-31) 바울은 유대교의 율법의 기능과 한계를 구분 짓는다. 율법은 그리스도가 오기 전까지 어린아이의 공부를 도와주는 초등교사(파이다고고스 paidagogos)에 불과하다는 것이다. 이제 예수 그리스도가 오심으로 율법으로부터 자유함을 얻게 되었다. 십자가 사건을 통해서 하나님의 자녀가 되는 새로운 길이 열린 것이다. 바울은 이 분기점을 믿음의 때로 설명하고 있다.(갈 3:23-25) 언급한대로 위 구절들에서 믿음은 예수 그리스도 자신이나 그의 오심으로 대체가 되어도 전혀 해석상의 지장이 없다. 예수 그리스도의 오심은 십자가 사건을 의미하고 십자가 사건이 곧 믿음이다.

바울에게 있어서 노모스 *nomos*(여기서는 유대교를 의미하는 율법)와 피스티스는 의롭게 됨 혹은 구원의 두 가지 방법으로서 하나의 원리요 기준으로 대조된다.[22] 이제는 '노모스 외에(코리스 노무 *choris nomou*) 즉 유대교라는 노모스와 상관없이 하나님의 의가 십자가 사건에 나타났으며(롬 3:21), 어떤 사람이라 할지라도 모든 사람이 의롭게 되는 것은 십자가 사

---

22 롬 4:16; 갈 3:12; 엡 4:5 참조. R. Bultmann, "*Pistis*," *TDNT* VI (Grand Rapids: Eerdmans Publishing Co., 1975), 213.

건인 피스티스를 통해서 이루어진다는 것이다.(롬 3:28; 갈 2:16) 피스티스는 하나님께서 그리스도를 화목 제물로 삼으시어 구원의 새로운 길을 이루시는 객관적 사건이다.(롬 3:25) 예를 들어, "이 예수를 하나님이 **그의 피로써 믿음으로** 말미암는 화목제물로 세우셨으니 이는 하나님께서 길이 참으시는 중에 전에 지은 죄를 간과하심으로 자기의 의로우심을 나타내려 하심이니"(롬 3:25)에서 진한 글씨 "디아 피스테오스 엔 토 아우투 하이마티*dia pisteos en to autou haimati*"를 직역하면 "그의 피 안에 있는 (혹은 그의 피로써) 믿음을 통해서"라고 번역된다. 이 구절은 하나님의 의가 드러나는 그리스도의 십자가 사건을 설명해주고 있는 구절이다. 여기서 피스티스는 그리스도께서 피를 흘리신 십자가 사건을 의미하며 아직 신자들의 믿음과 연결이 안 되고 있다. 다시 말해서 바울은 그리스도가 곧 복음이요 복음은 십자가 사건이며 십자가 사건이 피스티스임을 분명히 하고 있다.(갈 1:11, 23; 고전 15:1-3)

십자가 사건 즉 역사적 사건으로서의 믿음을 인정한다면 지금까지 해석하는데 많은 논쟁이 되었던 "그리스도의 믿음(피스티스 투 크리스투 *pistis tou Christou*)에 대한 구절들도[23] 이러한 관점에서 해결할 수가 있다. 지금까지 논쟁의 핵심은 이 구절을 전통적으로 그리스도를 믿는 신자의 믿음으로 해석할 것이냐 아니면 그리스도 자신이 소유한 믿음 즉 그리스도가 하나님을 향하여 가진 신실함으로 해석할 것이냐 하는 것이다.[24]

---

23 롬 3:22, 갈 2:16a(예수 그리스도의 믿음), 그리스도의 믿음(빌 3:9), 하나님의 아들의 믿음(갈 2:20), 예수의 믿음(롬 3:26), 그리스도의 믿음(갈 2:16b), 예수 그리스도의 믿음(갈 3:22). 이 구절들은 대개 그리스어 전치사 *dia*(through), *ek*(from, by)와 함께 사용되고 있다.

24 믿음에 대한 바울의 다양한 용법들이 연구되는 가운데 "그리스도의 믿음*pistis tou Christou*"에 대한 연구도 발표되고 있다. 박익수, "*pistis tou Christou*는 그리스도의 믿음인가? 혹은 그리스도에 대한 믿음인가?," 「신학과 세계」41(2000년 가을), 87-127; 서동수, "그리스도의 믿음인가 아니면 그리스도에 대한 믿음인가?," 「신약논단」제9권 3호(2002년 가을), 671-96; 최

전자는 "그리스도의*tou Christou*"라는 소유격을 문법적으로 목적격적 소유격으로 해석한 것이고, 후자는 주격적 소유격으로 해석한 것이다. 그러나 이 두 가지 경우 모두 믿음을 신자나 그리스도에게 속한 요소로서 다루고 있다는 점에서 공통점이 있다. 위에서 언급한 대로 믿음을 십자가 사건으로 본다면 "그리스도의 믿음"은 "그리스도의 십자가 사건"이 된다. 역사적 사건으로서 피스티스의 독립적인 용법을 감안한다면 문법적으로 그리스도의 믿음은 동격의 소유격으로 해석이 가능하기 때문이다.[25] 그러므로 그리스도가 십자가 사건이며 십자가 사건이 믿음이라고 한다면 그리스도의 믿음을 단순히 그리스도의 십자가 사건으로 해석할 수 있다.

우리의 믿음: 바울에게 있어서 피스티스의 선 개념이 십자가 사건이라는 역사적 사건을 의미한다면 그에 대한 인간의 응답으로서의 우리의 믿음은 피스티스의 후 개념이라고 할 수 있다. 예수 그리스도의 십자가 사건에 응답하는 우리의 응답은 크게 두 가지로 구분할 수 있다. 하나는 인간의 내적인 행위inward act로서 사람들의 내면의 세계에서 일어나는 영접과 수용의 믿음이고, 다른 하나는 외적인 행위outward act로 나타나는 실천과 따름으로서의 믿음이다.

십자가 사건에 대한 인간의 응답은 가장 먼저 그 사건이 무엇을 의미하는지에 대한 확신으로 나타난다. 바울은 복음을 부끄러워하지 아니하

홍식, "바울서신에 나타난 *erga nomou*와 *pistis Chrisou* 반제에 대한 새 관점," 「신약논단」제12권 4호(2005년, 겨울), 805-54 참조.

25 동격의 소유격을 나타내는 가장 좋은 예는 롬 1:5의 '믿음의 순종(휘파코에 피스테오스 *hypakoe pisteos*)'이다.(살전 1:3 참조) 이를 대부분 믿음과 순종을 동일하게 보는 '믿음인 순종'으로 해석할 수 있다. Bultmann, "*pistis*," 217; V. P. Furnish, *Theology and Ethics of Paul* (Nashville: Abingdon Press, 1988), 187.

고 예수의 십자가 사건만이 모든 믿는 자에게 주시는 하나님의 능력임을 확신한다.(롬 1:16) 우리의 확신으로서의 믿음은 복음에 대한 수용을 의미하며 십자가 사건의 가치를 인지認知, perceiving하는 것을 전제로 한다. 갈라디아서 2장 16절을 보면 아는 것과 믿는 것의 일치를 볼 수 있다.

> 사람이 의롭게 되는 것은 율법의 행위로 말미암음이 아니요 오직 예수 그리스도를 믿음으로 말미암는 줄 **알므로** 우리도 그리스도 예수를 **믿나니** 이는 우리가 율법의 행위로써가 아니고 그리스도를 믿음으로써 의롭다 함을 얻으려 함이라 율법의 행위로서는 의롭다 함을 얻을 육체가 없느니라.

이 구절에서 바울은 사람이 즉 이 세상에 누구든지 의롭게 되는 것은 예수 그리스도의 십자가 사건으로 말미암아 된다는 것을 "안다(오이다 oida"고 말한다. 그리고 그 지식을 통해 예수를 믿는다(피스튜오pisteuo)고 고백한다. 여기서 안다는 것은 어떠한 정보를 갖고 있다는 의미가 아니라 어떠한 사실에 대해 온전히 인정하고 그것의 의미와 가치를 온전히 수용한다는 것을 말한다. 하나님의 의와 연관하여 인간이 의롭게 되는 길이 오직 십자가 사건을 통해 이루어짐을 확고부동하게 인정하는 것이 믿음인 것이다. "그러므로 사람이 의롭다 하심을 얻는 것은 율법의 행위에 있지 않고 믿음으로 되는 줄 우리가 인정하노라."(롬 3:28) 여기서 인정한다(로기조마이logizomai)라는 말은 확실하게 받아들이고 인지한다는 것을 의미한다. 이와 같이 인간의 믿음은 예수 그리스도의 십자가 사건이 인간을 구원하시는 하나님의 은혜의 사건이며 우리의 죄를 씻어 주는 구속의 사건임을 깨닫고 받아들이므로 시작이 된다.

인식론적으로 말하면 "알다"로부터 오는 신자의 믿음은 예수 그리스도를 아는 지식이다.(고후 10:5, 11:6; 빌 3:8) 이 지식은 예수 그리스도가 누구이며 예수 그리스도가 무슨 일을 했으며 그 일의 의미가 무엇인지를 아는 지식이다. "내가 너희 중에서 예수 그리스도와(누구) 그가 십자가에 못 박히신 것(일) 외에는 아무 것도 알지 아니하기로 작정하였음이라."(고전 2:2) 바울에게 있어서 이것은 복음의 내용이며 진리에 관한 지식이다. 바울은 이 지식의 유일성과 고귀함을 다음과 같이 고백한다. "또한 모든 것을 해로 여김은 내 주 그리스도 예수를 아는 지식이 가장 고상하기 때문이라 내가 그를 위하여 모든 것을 잃어버리고 배설물로 여김은 그리스도를 얻고."(빌 3:8) 바울의 증거는 바울의 신앙적 고백(호모로기아 *homologia*)이다. 이러한 고백은 모든 그리스도인들이 예수 그리스도를 영접한 이후에 실행하는 공통적인 고백이 된다.(갈 3:26-29 참조) 이러한 점을 감안하면 그리스도인들의 믿음은 예수 그리스도와 그의 십자가 사건을 인지하는 과정 안에 있다고 할 수 있다.

그렇다면 역사적 사건으로서의 믿음이 우리의 믿음으로 옮겨지는 과정은 어떻게 이루어지는가? 그것은 전도자의 복음 전파에 근거한다. "그런즉 그들이 믿지 아니하는 이를 어찌 부르리요 듣지도 못한 이를 어찌 믿으리요 전파하는 자가 없이 어찌 들으리요."(롬 10:14; 고전 3:5; 고후 11:4, 7 참조) 복음 전파는 말씀의 선포이며 들음의 사건이다. "그러므로 믿음은 들음에서 나며 들음은 그리스도의 말씀으로(선포) 말미암았느니라."(롬 10:17), "하나님의 지혜에 있어서는 이 세상이 자기 지혜로 하나님을 알지 못하므로 하나님께서 전도의 미련한 것으로 믿는 자들을 구원하시기를 기뻐하셨도다."(고전 1:21) 우리의 믿음은 복음의 들음을 통해 형성된다. 바울은 갈라디아 교인들이 교회를 형성하는 초기에 영의 체험을 상기시키면서 다음과 같이 말하고 있다. "내가 너희에게서 다만 이것을 알려 하노니 너희가 성령을 받은 것이 율법의 행위로냐 혹은 **듣고 믿음으로냐**."(갈 3:2) 여기서 "듣고 믿음으로(엑스 아코에스 피스테오스*eks akoes pisteos*)"라는 구절이 해석의 문제가 된다. 직역을 하면 "믿음의 들음으로"라고 해석이 된다. 듣고 믿음으로 하면 믿음이 갈라디아 교인들의 믿음이 되고 믿음의 들음으로 하면 "복음을 듣고"로 해석이 되면서 믿음이 그리스도 사건을 의미하게 된다. 후자로 해석을 하면 사람은 믿음(복음)의 들음을 통해서 믿음을 갖게 되는 것이다. 바울은 로마서 1장 17절에서 그의 독특한 수사학적인 표현을 통해서 이러한 믿음의 전이 과정을 잘 설명해주고 있다. "복음에는 하나님의 의가 나타나서 **믿음으로 믿음에 이르게 하나니** 기록된 바 오직 의인은 믿음으로 말미암아 살리라 함과 같으니라." 믿음에서(에크 피스테오스*ek pisteos*) 믿음으로(에이스 피스틴*eis pistin*)라는 말은 역사적 사건으로서의 믿음에서 우리의 믿음으로 전이되는 것을 의미한다.[26] 이것을 "전가된 믿음transferred faith"이라고 할 수 있다. 십자가 사건으로서의 믿음은 전도자의 선포와 사람들의 들음을 통해서 그 사건을 하나님의 사랑으로 인지하는 우리의 믿음으로 전이된다. 이것이 곧 교회(=우리)의 믿음이다.

그리스도의 십자가 사건이라는 역사적 사건에 응답하는 인간의 믿음

---

[26] 그리스-로마 수사학에서 믿음*pistis*은 증명proof 혹은 논증argument으로 사용된다. 화자의 피스티스는 설득의 방법, 즉 에토스*ethos*, 파토스*pathos*, 로고스*logos*를 통해서 청중의 피스티스로 전이된다. 청중이 갖게 되는 피스티스의 결과에 따라서 화자의 수사학적 능력을 측정할 수 있다. 이러한 점에서 바울의 "믿음에서 믿음으로"라는 피스티스의 전이적 표현은 매우 수사학적이라고 할 수 있다. 현경식·이성호, 『수사학적 성경 해석의 이론과 실제』(서울: 성서연구사, 2000), 78ff.

의 차원은 인간의 내면에서 일어나는 인식적 차원뿐만 아니라 외적인 행동을 의미하는 윤리적 차원을 동시에 갖고 있다. 예수의 십자가를 따르는 것이 곧 우리의 믿음이라고 해도 틀린 말이 아니다. 바울은 이것을 "사랑으로 역사하는 믿음(피스티스 디 아가페스 에네르구메네*pistis di agapes energoumene*)"이라고 표현한다. "그리스도 예수 안에서는 할례나 무할례나 효력이 없으되 사랑으로써 역사하는 믿음뿐이니라."(갈 5:6) 여기서 역사役事라는 그리스어 단어 "에르곤*ergon*"은 바울 서신 내에서 다양하게 사용된다. 이 단어는 주로 역사, 일, 행위 등으로 번역된다. 유대교의 율법을 준수하는 행위를 가리킬 때나(롬 3:28; 갈 2:16), 그리스도를 따르는 믿음의 행위를 가리킬 때도(갈 5:6; 살전 1:3; 살후 1:11) 같은 단어인 에르곤을 사용한다. 믿음의 역사(에르곤 테스 피스테오스*ergon tes pisteos*)라는 표현은 믿음이 깨닫고 인정하는 내적인 범위에서 끝나는 것이 아니라 반드시 그리스도의 십자가의 사랑을 외적으로 실천하는 역동적인 따름의 행위임을 증명해 주는 것이다.(살전 1:3; 살후 1:11) 즉 믿음은 역사다.

에르곤과 더불어 실천과 따름으로서의 믿음을 표현하는 가장 중요한 단어 중의 하나는 순종(휘파코에*hypakoe*)이다. "그로 말미암아 우리가 은혜와 사도의 직분을 받아 그의 이름을 위하여 모든 이방인 중에서 믿어 순종하게 하나니."(롬 1:5) "믿어 순종하게 하나니"의 그리스어는 "휘파코에 피스테오스*hypakoe pisteos*"인데, 직역하면 "믿음의 순종"이 된다. 피스티스의 소유격인 피스테오스를 동격의 소유격으로 해석하면 앞서 강조했던 것처럼 "믿음인 순종으로"가 가능하다.[27] 믿음은 순종이다. 순종이란 그리스도의 십자가를 상징하는 가장 중요한 단어다. "사람의 모양

---

27 V. P. Furnish, *Theology and Ethics of Paul*, 186–87.

으로 나타나사 자기를 낮추시고 죽기까지 복종하셨으니 곧 십자가에 죽으심이라."(빌 2:8) 하나님의 사랑은 말로만 이루어진 것이 아니라 그리스도의 십자가를 통해서 그 사랑을 확증하셨다.(롬 5:8) 십자가는 말과 입으로 끝나는 머릿속의 상상이 아닌 순종의 행위다.(롬 5:19) 우리는 예수 그리스도의 십자가처럼 그리스도를 따르는 순종의 종으로 하나님의 의에 이르며(롬 6:15-18), 이러한 순종의 삶으로 구원을 이루며 산다.(빌 2:12)

그리스도의 믿음에 응답한 그리스도인들의 믿음은 믿음의 공동체 안에서 살아가는 삶의 방법이 된다. 공동체의 삶 속에 있는 믿음이야말로 진정 그리스도를 따르는 믿음이 된다.[28] 이 삶은 사랑으로 서로 종노릇하는 삶이며(갈 5:13), 성령을 좇아 행하는 것이며(갈 5:16, 22-23; 롬 8:4), 공동체 안에서 서로 짐을 지며 그리스도의 법을 성취하는(갈 6:2) 삶이다. 우리의 피스티스는 그리스도의 십자가에 대한 응답이므로 항상 십자가를 향한 삶이어야 한다. 교회를 하나 되게 하는 원리는 오직 그리스도의 십자가를 의미하는 피스티스밖에 없다.(갈 3:28; 엡 2:14) 그러므로 교회는 항상 "믿음 안에 서 있어야"(헤스타나이 엔 테 피스테이 *hestanai en te pistei*) 하며(롬 11:20; 고전 16:13; 고후 1:24; 살전 3:8), 모든 교회의 지체는 믿음 안에 서 있는가를 늘 시험하여야 한다.(고후 13:5) 그리고 언제 어디서나 그리스도의 십자가를 자랑하고(고전 2:2; 고후 10:5; 갈 6:14; 빌 3:8), 살든지 죽든지 우리를 위해 자기 몸을 내어주신 그리스도를 위해 살아야 한다.(고후 5:15; 갈 2:20; 롬 14:8-9; 살전 5:10 참조)

---

28 R. Bultmann, "*Pistis*," 218.

2) 십자가 사건과 의

> 이제는 **율법 외에** 하나님의 한 의가 나타났으니 율법과 선지자들에게 증거를 받은 것이라 곧 예수 그리스도를 믿음으로 말미암아 모든 믿는 자에게 미치는 하나님의 의니 차별이 없느니라.(롬 3:21-22)

십자가 사건인 그리스도의 믿음과 연관되어 나오는 중요한 개념 중의 하나는 "하나님의 의"(디카이오쉬네 투 테우 *dikaiosyne tou Theou*)다.(롬 1:17, 3:21-22, 3:26; 갈 2:16; 빌 3:9) 바울은 오직 예수 그리스도의 십자가 사건을 통해서 하나님의 의가 드러났음을 증거한다. 이것은 율법과 상관없이 일어난 일이다.

> 이제는 율법 외에 하나님의 한 의가 나타났으니 율법과 선지자들에게 증거를 받은 것이라 곧 예수 그리스도를 믿음으로 말미암아 모든 믿는 자에게 미치는 하나님의 의니 차별이 없느니라.(롬 3:21-22)

진한 글씨 "율법 외에(코리스 노무 *choris nomou*)"란 유대교의 율법과 상관없이 라는 의미다. 모든 사람을 구원하는 하나님의 의는 오직 예수 그리스도의 믿음 즉 십자가 사건을 통해서 드러났다.(롬 1:17, 3:22, 26) 바울은 이것을 "믿음에서 난 의"라고 한다. "그런즉 우리가 무슨 말을 하리요 의를 따르지 아니한 이방인들이 의를 얻었으니 곧 **믿음에서 난 의**요."(롬 9:30) 여기에서 "믿음에서 난 의"란 그리스어 *dikaiosyne ek pisteos*의 번역이다. 이 구절은 믿음으로 말미암는 의로서 번역되기도 한다.(롬 10:6 참조) 앞서 제시한 믿음의 선 개념을 적용하면 믿음에서 난 의는 면저 그리스도의 십자가로부터 오는 의로서 해석되어야 한다. 유대인이 아닌 이방인이 하나님의 의를 얻을 수 있는 것은 오직 믿음에서 난 의 즉 그리스도의 십자가의 은혜를 통해서만 얻을 수 있다. 바울은 다른 곳에서 "그리스도의 믿음을 통해(디아 피스테오스 크리스투*dia pisteos Christou*)", "하나님께로부터 난 의(디카이오쉬네 에크 테우*dikaiosyne ek Theou*)"를 증거한다.(빌 3:9) 믿음에서 난 의는 곧 하나님께로부터 난 의와 동일시된다. 이는 오직 예수 그리스도의 십자가 사건만이 하나님의 의와 연관된 유일한 가치임을 설명해 주는 것이다.

예수 그리스도의 믿음인 십자가 사건과 하나님의 의를 가장 잘 설명해주는 다른 구절이 있다. "이 예수를 하나님이 **그의 피로써 믿음으로 말미암는** 화목제물로 세우셨으니 이는 하나님께서 길이 참으시는 중에 전에 지은 죄를 간과하심으로 자기의 의로우심을 나타내려 하심이니." (롬 3:25) 진한 글씨를 다시 사역하면 "그의 피로 말미암은 믿음을 통해서(디아 테스 피스테오스 엔 토 아우투 하이마티*dia tes pisteos en to autou haimati*)"라고 번역할 수 있다. 이는 바로 다음 단어인 화목 제물을 설명하는 것이며, 그의 피로 말미암은 믿음은 그리스도의 죽음을 직접적으로 설명하는 것이다. 이 구절에서 우리의 믿음이 언급되어 있다는 것을 발견할 수가 없다. 그러므로 이 구절 역시 앞 단락에서 설명한 믿음에서 난 의를 동일하게 다루고 있으며 역사적 사건으로서의 그리스도의 십자가 사건에 드러난 하나님의 의가 우리 인간에게 주는 의미를 증거하고 있는 것이다.

반면에 바울은 이스라엘은 하나님의 의를 모르고 자기의 의를 구하는 자들로 규정한다.(롬 10:3) '믿음으로 말미암은 의(디카이오쉬네 에크 피스테오스*dikaiosyne ek pisteos*)'가 하나님의 의라면 이것과 상관이 없는 '율법으로 말미암은 의(디카이오쉬네 에크 노무*dikaiosyne ek nomou*)'가 있다.(롬

10:5) 율법으로 말미암은 의란 유대교의 율법을 통해서 의를 이루려는 것을 말한다. 바울이 수차례 증거하고 언급한 것처럼 율법으로는 하나님의 의를 얻을 수가 없다. 그러므로 예수 그리스도를 배척한 이스라엘이 구하는 의는 하나님의 의가 아닌 자기의 의다. 유대교의 유대인들은 예수 그리스도의 승천을 부인하며 그리스도를 끌어내려 폄하하며, 그들은 또한 그리스도의 죽음을 부인하므로 죽음을 이기신 부활의 능력을 부인한다.(롬 10:6-7) 바울 역시 회심 이전에 유대교 율법의 의를 가지려고 했던 사람이다. 난 지 팔일 만에 할례를 받고, 베냐민 지파요, 바리새인이요, 열심으로는 교회를 핍박했던 삶은 하나님의 의와는 상관없는 삶이었다. 그리스도를 영접한 이후에는 이런 모든 것들을 해로 여기고 배설물과 같이 버렸다고 고백하고 있다.(빌 3:4-6) 바울의 메시지는 분명하다. 믿음으로 말미암지 않고는 하나님의 의를 얻을 길이 없다.

우리의 의: 믿음에 있어서 전가된 믿음이 있다면 의에 있어서도 "전가된 의Transferred Righteousness"가 있다. 다시 말해서 하나님의 의는 예수 그리스도의 십자가를 통해서 모든 믿는 자에게 전가 된다. "……예수 그리스도를 믿음으로 말미암아 모든 믿는 자에게 미치는 하나님의 의니……."(롬 3:22) 바울은 이것을 '내가 가진 의' 라고 한다. "……내가 가진 의는 율법에서 난ek nomou 것이 아니요 오직 그리스도를 믿음으로(디아 피스테오스 크리스투dia pisteos Christou; 그리스도의 믿음을 통해서) 말미암은 것이니 곧 믿음으로 하나님께로부터 난ek Theou 의라."(빌 3:9) 여기서 율법과 대조되는 단어는 그리스도의 믿음이다. 내가 가진 의는 다른 어떤 율법 종교에서 온 것이 아닌 그리스도의 십자가의 은혜로 말미암아 모든 사람이 얻게 되는 하나님께로 난 의임을 보여주는

것이다.[29]

　더 나아가 믿음의 공동체로 대표되는 우리는 하나님의 의가 되어야 한다. "하나님이 죄를 알지도 못하신 이를 우리를 대신하여 죄로 삼으신 것은 우리로 하여금 그 안에서 하나님의 의가 되게 하려 하심이라."(고후 5:21) 우리가 하나님의 의가 된다는 것은 믿음의 공동체가 하나님의 의 아래 있다는 것을 말하며, 이는 교회가 하나님의 의를 소유했다는 말과 동일시된다. 우리가 하나님의 의를 소유했다는 것은 다른 말로 의롭게 됨Justification을 의미한다. 그리스도의 믿음을 통해서 하나님의 의를 소유한 자들을 하나님은 의롭게 하신다.

　하나님의 의와 "믿음으로 의롭게 됨Justification by Faith"은 불가분의 관계다. 우리는 이것을 신학적으로 이신칭의以信稱義 혹은 의인론義認論이라고 한다. 칭의의 주체는 하나님이고 대상은 우리 인간들이다. 이신칭의를 한마디로 표현하면 하나님이 믿음으로 우리를 의롭게 하신다는 것이다. 여기서 믿음이란 우리의 믿음 이전에 그리스도의 십자가 사건임을 먼저 분명히 해야 한다. 십자가 사건을 통해서 모든 사람들을 의롭게 하신다는 것이 하나님의 새로운 구원의 약속이기 때문이다. "모든 사람이 죄를 범하였으매 하나님의 영광에 이르지 못하더니 그리스도 예수 안에 있는 속량으로 말미암아 하나님의 은혜로 값 없이 의롭다 하심을 얻은 자 되었느니라."(롬 3:23-24; 5:1 참조) 이러한 해석은 '믿음으로 의롭게 됨'이 '그의 피로 의롭게 됨Justification by His Blood'을 얻는다는 증거, 즉 믿음과 그의 피를 동일시하는 표현에서 더욱 명확해진다. "그러면 이제 우리가 **그의 피로 말미암아 의롭다 하심을 받았으니**(디카이오텐

---

29 김세윤, 『바울 신학과 새 관점』, 133-37.

테스 엔 토 하이마티 아우투*dikaiothentes en to haimati autou*) 더욱 그로 말미암아 진노하심에서 구원을 받을 것이니."(롬 5:9)

칭의는 믿음에서 난 의로 말미암는다. 이것이 하나님의 약속이며 믿음의 법이다.(롬 3:27) 유대교는 율법 조문을 준수하는 행위의 종교다. 반면에 기독교는 율법을 준수하는 행위의 법이 아닌 믿음의 법이다. 십자가의 종교라는 의미다. 그러므로 사람이 의롭게 되는 것은 율법의 행위가 아닌 오직 그리스도의 믿음 즉 십자가 사건으로 말미암는다.(갈 2:16; 롬 3:28) 의롭게 됨은 또한 믿음의 공동체를 향하여 있다. "너희 중에 이와 같은 자들이 있더니 주 예수 그리스도의 이름과 우리 하나님의 성령 안에서 씻음과 거룩함과 의롭다 하심을 받았느니라."(고전 6:11)[30] 그리스도의 십자가에 나타난 하나님의 의가 우리에게 미치는 "전가된 의"를 증거하고 있는 것이다.

3) 십자가 사건과 영

하나님의 영이 있고 사람의 영이 있다는 것은 누구나 인지하며 구별할 수 있다. 더 나아가 그리스 철학에서 말하는 영의 개념까지도 하나님과 인간의 영을 구분하여 설명할 수 있다. 바울 서신에서 인간의 영(롬 1:9, 11:8, 12:11) 그리고 성령을 가리키는 하나님의 영이나 그리스도의 영을 설명할 때 분명히 구별이 된다.(롬 8:9, 11; 갈 4:6) 또한 거룩한(하기온 *hagion*) 영으로서 인격적 존재로 표현되는 경우에(롬 9:1, 14:17, 15:13, 16, 19; 고후 13:13 등) 역시 그 분류는 어렵지 않다. 그러나 이 외에 영(프뉴마

---

30 믿음의 공동체는 의롭게 됨의 대상뿐 아니라 정결과 거룩함의 대상이다. "이는 곧 물로 씻어 말씀으로 깨끗하게 하사 거룩하게 하시고 자기 앞에 영광스러운 교회로 세우사 티나 주름 잡힌 것이나 이런 것들이 없이 거룩하고 흠이 없게 하려 하심이라."(엡 5:26-27)

pnuema)이라는 단어가 거룩한(하기오스*hagios*)이라는 형용사 없이 단독으로 사용될 때 해석상 주의를 요한다. 그리스도인들에게 중요한 것은 영의 유대교적 배경이나 그리스 철학적 배경을 통한 개념보다 바울 서신 가운데 영이 어떠한 개념으로 증거되고 있느냐 하는 것을 아는 것이다. 그리스-로마 철학의 이원론적 개념에 의하면, 영의 단독적 사용에 있어서 영은 선하고, 하늘적이고, 신적인 반면에 육은 악하고, 세상적이고, 물질적이고, 동물적이다. 바울 서신에도 이런 개념의 영향이 없지 않아 있다.(고전 2:14-16; 갈 5:17 참조)[31] 그러나 바울 서신에서 영의 단독적 사용에 있어서 가장 중요한 것은 영*pneuma*을 그리스도의 십자가 사건으로 증거한다는 것이다.[32] 바울 서신에서 피스티스의 개념이 그리스도의 십자가 사건이며 곧 진리의 복음임을 강조하는 것과 같은 경우다.

바울은 로마서 7장 6절에서 하나님을 섬기는데 율법 조문의 낡음으로 하는 것이 아니라 영의 새로움으로 해야 한다고 증거한다.

> 이제는 우리가 얽매였던 것에 대하여 죽었으므로 율법에서 벗어났으니 이러므로 우리가 영의 새로운 것으로 섬길 것이요 율법 조문의 묵은 것으로 아니할지니라.

이 구절에서 율법 조문의 묵은 것은 유대교의 율법을 의미하는 반면에 영의 새로움은 십자가 사건을 의미한다. 영의 새로움은 하나님을 찾아가는 새로운 길을 의미하며 생명의 열매를 맺는 새로운 법을 의미한

---

31 J. A. T. Robinson, *The Body: A Study in Pauline Theology* (Naperville: Alec Allenson Inc., 1957), 22.
32 요한복음에서 영은 그리스도의 말씀*logos*으로 증거된다. "살리는 것은 영이니 육은 무익하니라 내가 너희에게 이른 말*logos*은 영이요 생명이라."(요 6:63)

다. 바울은 "너희도 **그리스도의 몸으로 말미암아**(디아 투 소마토스 투 크리스투*dia tou somatos tou Christou*) 율법에 대하여 죽임을 당하였으니"(롬 7:4), 이제 율법 종교가 아닌 그리스도를 통하여 하나님을 위하여 열매를 맺게 되었다고 증거한다. 그러므로 그리스도의 몸으로 말미암은 영의 새로움이란 십자가 사건을 직접적으로 말하는 것이다.

하나님을 섬기는 방법이 바뀌었다. 이제는 시내산 사건으로 말미암은 유대교의 율법이 아닌 십자가 사건인 새 언약을 통해서 신자들은 하나님을 섬긴다.(갈 4:21-31) 우리는 십자가 사건을 통해서 생명을 얻게 되었고, 십자가 사건을 통해서 새 언약의 일군이 되었다. 새 언약의 일군 된 것에 대하여 바울은 다음과 같이 증거한다. "그가 또한 우리를 새 언약의 일꾼 되기에 만족하게 하셨으니 율법 조문(그라마*gramma*)으로 하지 아니하고 오직 영*pneuma*으로 함이니 율법 조문은 죽이는 것이요 영은 살리는 것이니라."(고후 3:6) 바울은 율법 조문을 돌에 써서 새긴 것이라 하며 이는 죽게 하는 것이라고 한다.(고후 3:7) 이에 반하여 생명을 주는 새 언약은 그리스도의 십자가 사건으로 말미암은 것이며 이것이 곧 영이다.

십자가 사건으로서의 영에 대한 증거는 바울이 영을 예수 그리스도 그리고 복음과 일치시키는 구절에서 더욱 분명해진다. "만일 누가 가서 우리가 전파하지 아니한 **다른 예수**를 전파하거나 혹은 너희가 받지 아니한 **다른 영**을 받게 하거나 혹은 너희가 받지 아니한 **다른 복음**을 받게 할 때에는 너희가 잘 용납하는구나."(고후 11:4) 여기서 진한 글씨 예수, 영, 복음은 모두 동의어라고 할 수 있다. 다른 복음이란 그리스도의 십자가 사건의 유일성을 훼손하는 거짓 사도들의 복음을 의미한다.[33] 복음

---

[33] 이 구절에서 다른 복음이란 거짓 사도들에 의한 유대주의적 신학을 의미한다.(고후 11:12-22)

은 오직 그리스도의 십자가 사건이요 이로 말미암아 우리가 죄와 사망으로부터 자유를 얻게 되는 것이다. 믿음의 공동체는 이 복음을 통해서 이루어진다. 다시 말해서 그리스도의 십자가인 영으로 시작하는 것이다. "너희가 이같이 어리석으냐 성령*pnueuma*으로 시작하였다가 이제는 육체로 마치겠느냐"(갈 3:3) 바울 서신에서 십자가 사건을 의미하는 영의 의미는 자명해진다. 우리에게 생명을 주는 법, 이것이 그리스도의 법이며 영의 법인 것이다. "이는 그리스도 예수 안에 있는 생명의 **성령의 법**(호 노무스 투 프뉴마토스*ho nomos tou pnuematos*)이 죄와 사망의 법에서 너를 해방하였음이라."(롬 8:2) 진한 글씨 성령의 법은 문자적으로 영의 법이다. 영의 법이 생명을 주는 것이므로 우리는 그 영을 좇아 행해야 하며(롬 8:4), 영의 생각으로 하나님의 법을 순종하며 하나님을 기쁘시게 할 수 있다.(롬 8:6-8)

우리의 영: 거룩한*hagios*이라는 형용사 없이 단순히 한 단어로 표현되는 영*pneuma*이 그리스도의 십자가 사건을 증거하는 것과 더불어 한 가지 더 독특한 영의 개념을 찾아볼 수가 있다. "우리의 영" 즉 공동체가 소유한 영의 개념이다.[34] 우리의 영에 대해서는 다음 몇 구절에서 분명히 나타난다. 바울은 예수를 주로 고백하는 믿음의 공동체가 갖고 있는 영을 "믿음으로부터 온 영"(갈 5:5) 혹은 "믿음의 영"(고후 4:13)이라고 표현했다. 여기서 믿음은 앞서 설명했듯이 그리스도 사건 즉 십자가 사건을 의미한다.(갈 3:23, 25) "믿음으로부터 온 영(프뉴마 에크 피스테오스*pneuma ek pisteos*)"의 개념이 없기 때문에 "성령으로 믿음을 따라"(개역개정)라고 번

---

34 Gordon D. Fee, *Paul, the Spirit and the People of God* (Peabody: Hendrickson, 1999), 5ff.

역하고 있다. 믿음의 영(프뉴마 테스 피스테오스*pneuma tes pisteos*)도 같은 의미이지만 십자가 사건으로부터 온 영의 개념이 없기 때문에 "믿음의 마음"(개역개정)으로 번역하고 있다.[35] 분명한 것은 우리의 영은 믿음으로부터 받은 것이다.[36] 이러한 이해를 근거로 믿음의 공동체가 갖고 있는 영은 십자가 사건으로부터 온 영이라고 말할 수 있다. 이 영은 유대교 율법의 문자를 따르며 하나님을 섬기는 낡은 정신이 아니고 그리스도의 십자가 사건으로 형성된 믿음의 공동체를 통하여 하나님을 섬기는 전혀 새로운 영이다.

교회는 반드시 십자가로부터 온 이 영을 갖고 있어야 하며 이 영을 따라 살아가야 한다. 예수 그리스도의 십자가 사건의 결과로 믿음의 공동체가 형성되었기 때문이다. 바꾸어 말하면 그리스도의 십자가의 영이 없는 공동체는 교회가 아니다. 바울이 "……우리가 같은 정신*pneuma*으로 살고 같은 방식으로 행하지 않았다는 말입니까?"(고후 12:18, 표준새번역)[37]라고 할 때의 같은 정신은 십자가로부터 온 영 곧 공동체의 영을 의미하는 것이다. 더 나아가 공동체의 영은 공동체와 일치되기도 한다. 바울의 축복문 중의 하나인 갈라디아서 6장 18절을 개역개정판 성경은 "형제들아 우리 주 예수 그리스도의 은혜가 **너희 심령***pneuma*에 있을지어다 아멘"으로 번역하고 있다. 여기에서 "너희 심령(메타 투 프뉴마토스 휘

---

35 David J. Lull, *The Spirit in Galatia*(Chico: Scholars Press, 1980), 193ff 참조. 룰은 갈라디아서의 영을 연구하면서 이 영은 예수의 십자가 사건의 선포와 관련이 있으며(갈 3:1-2), 새로운 삶의 시작(3:3, 25)과 세례를 통해 이루어지는 갈라디아 교회의 형성과 밀접한 연관성이 있음을 강조한다.(3:26-27)
36 E. Schweizer, *"Pneuma,"* TDNT VI (Grand Rapids: Eerdmans Publinshing Co., 1975), 426.
37 "……우리가 동일한 성령*pneuma*으로 행하지 아니하더냐 동일한 보조로 하지 아니하더냐."(개역개정)

몬*meta tou pneumatos hymon*)은 너희들의 영으로서 너희는 복수이고, 심령으로 번역한 프뉴마는 단수다. 그러므로 프뉴마는 개인의 영을 가리키는 심령이 아니고 공동체의 영을 의미하며 공동체와 동일시된다. 즉 "여러분의 영"은 개인을 의미하는 것이 아니라 교회를 의미한다. 개인은 공동체의 구성원일 뿐이다. 빌레몬서 1장 25절의 축복문에서도 마찬가지다. "우리 주 예수 그리스도의 은혜가 **너희 심령**과 함께 할지어다."[38] 이 구절에서 "너희 심령"은 너희들의 영 즉 공동체의 영을 의미한다. 이것은 비록 같은 의미라 할지라도 바울이 서신의 마지막에서 개인의 영혼들을 위해 축복한 것이 아니라 개인들이 모여 형성한 믿음의 공동체를 위해서 축복한 것이다.

우리가 성령의 열매로 알고 있는 영의 열매는 바울이 강조하는 "영을 따라" 살아가는 믿음의 공동체의 삶을 의미한다. "내가 이르노니 너희는 **성령을 따라 행하라**(프뉴마티 페리파테이테*pneumati peripateite*) 그리하면 육체의 욕심을 이루지 아니하리라."(갈 5:16) 진한 글씨를 직역하면 '영으로 걸어라' 혹은 '영을 따라 걸어라Walk by the spirit'의 뜻이 된다. 이 구절에서 영이라는 단어 앞에 거룩한*hagios*이라는 단어가 없으며, 또한 성령이라고 번역할 수 있는 인격적인 하나님의 개념이 없다. 프뉴마티 *pneumati*는 명사 프뉴마*pneuma*의 여격으로서 수단을 가리킨다. 이것을 "영으로써" 혹은 "영에 의해서"로 번역하는 것이 좋다.[39] 이는 십자가 사건을 통해서 우리에게 주신 영, 곧 믿음의 공동체의 영을 의미한다. 이 영은 믿음의 공동체를 형성하는 십자가의 능력이며, 이 영을 따라 산다

---

38 표준새번역을 참조하라. "주 예수 그리스도의 은혜가 **여러분의 영**과 함께 있기를 빕니다."
39 이와 거의 같은 표현이 롬 8:4에 "그 영을 따라 행하는(페리파투신 카타 프뉴마*peripatousin kata pneuma*)"으로 나타난다. 영은 3격이 아닌 전치사 카타*kata*와 함께 "성령을 따라"가 아닌 "그 영을 따라"로 번역되어 있다.

는 것이 공동체를 위한 삶이 된다. 영을 따라 사는 삶은 그에 합당한 열매를 맺는다. "오직 성령의 열매는 사랑과 희락과 화평과 오래 참음과 자비와 양선과 충성과 온유와 절제니 이같은 것을 금지할 법이 없느니라."(갈 5:22-23)[40]

공동체의 영을 따라 살아가는 법은 이제 모든 신자가 따라가야 하는 새로운 법이 되었다. 바울은 그것을 "그리스도의 법"(갈 6:2) 혹은 "영의 법"(롬 8:2)이라고 했다. 이것은 새로운 공동체 안에서 새롭게 창조된 자들이 따라야 할 새로운 기준을 의미한다.(갈 6:15-16) 영의 법을 파괴하는 것이 육(사르크스sarks)이다. 바울은 생명과 평화를 주는 영의 개념과 개인주의적이고 부정적인 육의 개념을 믿음의 공동체에 그대로 대비시켰다.[41] 더 나아가 영과 육의 대립은 공동체에 속한 지체들의 형태를 구분하는 용어로 사용된다.[42] 바울에게 있어서 이 영만이 믿음의 공동체를 형성하고 보존하는 하나님의 능력이며 지체들이 살아가야 하는 원리를 제공한다.[43]

---

40 영의 열매는 그리스 철학에서 미덕virtue의 목록과 일치한다. 믿음의 공동체가 맺어야 하는 윤리적 요소들과 그리스 철학의 연관성에 대해 다음을 참조하라. David E. Aune, *The New Testament in Its Literary Environment* (Philadelphia: The Westminster Press, 1989), 195f.; Abraham J. Malherbe, *Moral Exhortation, A Greco-Roman Sourcebook* (Philadelphia: The Westminster Press, 1986), 41-46; Wayne A. Meeks, *The Moral World of the First Christians* (Philadelphia: Fortress Press, 1986), 79.
41 영과 육의 대조는 많은 구절에서 나타난다. 롬 7:21-25, 8:5-8, 13:14; 갈 5:19-23; 빌 2:1-4; 고전 6:9-11; 고후 12:20ff; 골 3:5ff. 참조. 공동체 내의 육의 개념과 정체에 대해서 다음 글을 참고하라. 현경식, "공동체의 구원을 위하여: 바울의 몸 사상을 중심으로," 「신약논단」 제9권 1호(2002년 봄), 183-206.
42 Alan F. Segal, *Paul the Convert: The Apostolate and Apostasy of Saul the Pharisee* (New Haven: Yale University Press, 1990), 140. 바울 서신에서 공동체의 문제를 논쟁할 때마다 등장하는 영과 육의 대조는 한 공동체 안에 있는 개인들의 성향과 관련이 있다. Daniel Boyarin, *A Radical Jew: Paul and the Politics of Identity* (LA: University of California Press, 1994), 69 참조.
43 Graydon F. Snyder, *First Corinthians: A Faith Community Commentary* (Macon: Mercer Univ. Press, 1992), 256-57.

그러므로 교회의 삶 속에서 십자가의 영이 드러나야 하며 이런 교회가 영이 살아 있는 교회가 된다. 이러한 전가된 영의 개념을 통해서 우리는 교회 안에서 주어지는 영의 직분(고후 3:8-9)이라든가 신령한 자(고전 3:1; 갈 6:1)에 대한 명확한 근거와 의미를 부여할 수 있다.

4장 그리스도와 교회

1. 십자가 위의 그리스도의 몸과 교회

3장에서 그리스도의 십자가 사건과 우리의 죄와 연관하여 연구하였다. 그리스도의 십자가는 분명히 우리를 위한, 우리의 죄를 대신하는 십자가다.[1] 이는 그리스도의 십자가는 교회를 위한 십자가라는 사실과 동일한 증언이다. 그리스도의 죽음이 교회를 위한 죽음이라는 것이다. 이에 대한 증거는 다음 구절에서 분명해진다. "남편들아 아내 사랑하기를 그리스도께서 교회를 사랑하시고 그 교회를 위하여 자신을 주심 같이 하라"[2](엡 5:25) 우리를 위한 것은 교회를 위한 것이다. 우리가 교회와 동일한 공동체가 되기 때문이다. 개인을 의미하는 "나"는 교회의 일원이기 때문에 나를 위한(갈 2:20) 십자가는 교회를 위한 십자가와 또한 동일시 될 수 있다. 그리스도의 십자가는 "모든 사람을 위하여" 지신 십자가지만(롬 8:32; 고후 5:14-15; 딤전 2:6; 히 2:9 참조), 구원의 대상은 믿는 사람들 즉 교회를 향하여 있음을 암시해 주고 있다.

교회라는 믿음의 사람들 입장에서 보면 그리스도께서 그리스도의 몸 soma 된 교회를 세우기 위하여 이 땅에 오셨다.(엡 4:9-12) 그렇다면 왜 교회가 그리스도의 몸인가? 혹은 왜 교회를 그리스도의 몸이라 고백하는가? 이 질문들에 대한 답은 매우 중요하다. 교회론을 정립하는 데 있

---

1 롬 14:15; 고전 15:3; 고후 5:21; 갈 1:4, 3:13; 엡 5:2; 살전 5:10; 딛 2:14; 요일 3:16 참조.
2 행 20:28에도 이와 같은 내용이 있다. "여러분은 자기를 위하여 또는 온 양 떼를 위하여 삼가라 성령이 그들 가운데 여러분을 감독자를 삼고 **하나님이 자기 피로 사신 교회**를 보살피게 하셨느니라."

어서 가장 중요한 신학적 기초가 되기 때문이다. 많은 사람들이 "그리스도의 몸 된 교회"라는 표현을 유기체적인 믿음의 공동체인 교회를 설명하기 위한 하나의 비유parable 혹은 은유metaphor라고 말하기도 한다. 또한 이것을 하나의 설교의 형태로 설명할 수도 없다. 증거된 말씀은 단순한 언어의 기교가 아니라 실제로 존재하는 교회가 그리스도의 몸이라는 실체를 다루고 있다. 몸 된 교회는 몸의 부활과 같은 종말론적 구원론과 연결되어 있으며, 이는 구원론의 중심에 교회가 있다는 사실을 보여주고 있는 것이다. 고백된 말씀 그대로 "그리스도의 몸 된 교회"는 그리스도와 교회를 연결시키는 단 하나의 연결 고리가 된다. 다시 말해서 교회의 근거는 그리스도이어야 하며 교회론의 시작은 기독론에서 출발해야 됨을 명시하고 있다.

그리스도의 몸 된 교회를 설명하기 위해 교회가 그리스도의 어떤 시점의 몸을 의미하는 가를 먼저 생각해 보아야 한다. 그리스도의 몸 된 교회의 원형prototype을 다음 구절에서 찾을 수 있다.

> 그러므로 내 형제들아 너희도 **그리스도의 몸으로 말미암아** 율법에 대하여 죽임을 당하였으니 이는 다른 이 곧 죽은 자 가운데서 살아나신 이에게 가서 우리로 하나님을 위하여 열매를 맺게 하려 함이라.(롬 7:4)

이 구절에서 진한 글씨 "그리스도의 몸으로 말미암아(디아 투 소마토스 투 크리스투*dia tou somatos tou Christou*)"는 인간의 육체를 가진 그리스도를 의미한다. 율법 아래 있었던, 즉 죄와 사망 아래 죽을 수밖에 없던 우리가 "그리스도의 몸으로 말미암아" 생명을 얻었다. 여기서 그의 몸은 "그의 피로 인하여(엔 토 하이마티 아우투*en to haimati autou*)" 구원을 얻는 것과 동일한 효험을 주는 원인이 된다.(롬 5:9 참조) "우리를 위하여" 혹은 "우리 죄를 위하여"는 속죄의 신학을 펼치는데 매우 중요한 단어가 된다. 그리스도의 죽음의 목적을 설명해 주기 때문이다. 이 용어와 함께 그리스도의 몸이 동일하게 사용되고 있다. "축사하시고 떼어 이르시되 이것은 너희를 위하는 내 몸*soma*이니 이것을 행하여 나를 기념하라 하시고."(고전 11:24) 여기서도 그리스도의 몸은 "너희를 위하는*hyper hymon*" 몸이다. 하나님과의 화목도 십자가 위의 그리스도의 몸으로 말미암는다. "이제는 그의 육체의 죽음으로 말미암아 화목하게 하사 너희를 거룩하고 흠 없고 책망할 것이 없는 자로 그 앞에 세우고자 하셨으니"(골 1:22) 여기서 "육체"는 "육의 몸(소마 테스 사르코스*soma tes sarkos*)", 즉 십자가 위의 그리스도의 몸을 의미한다. 십자가 위의 몸은 육의 몸으로서 교회의 원형이 될 수 있어도 그 몸이 교회와 동일하지 않다. 교회가 그리스도의 육의 몸이 아님은 분명하기 때문이다. 그렇다면 그리스도의 몸 된 교회는 그리스도의 어느 시점의 몸을 의미하는 것인가?

이에 대해 앞서 2장에서 연구한 그리스도의 형체(모르페*morphe*)의 변형 신학만이 그 해답을 줄 수 있다. 일반적으로 교회를 그리스도의 몸과 연결시킬 때 두 차원에서 고려된다. 하나는 그리스도의 몸 된 교회를 그리스도의 부활의 몸과 동일시하기도 하며,[3] 다른 하나는 십자가 위의 그리스도의 몸과 동일시하기도 한다.[4] 전자는 육의 몸에서 신령한 몸으로 변형된 것과 같이 현재의 교회는 부활하신 그리스도의 몸의 현존이라는 것이다. 후자는 십자가에 달리신 그리스도의 몸의 계속되는 효험성 안

---

3 E. Käsemann, *Perspectives on Paul* (Philadelphia: Fortress Press, 1971), 110-13.
4 E. Käsemann, *Perspectives on Paul*, 111-12.

에서 교회의 몸과 일치한다는 주장이다. 전자의 문제는 그리스도의 부활의 몸은 이미 하나님의 나라를 영원히 유업으로 받을 몸이라는 것이다. 교회는 아직 세상에 있는 낮은 몸이며 앞으로 종말에 신령한 영광의 몸으로 변형해야 할 대상이지 이미 신령한 몸으로 변형되었다 말할 수 없다.(고전 15:51; 빌 3:21) 후자의 경우 또한 교회의 몸을 그리스도의 육의 몸과 동일시할 수는 없다. 그러나 분명한 것은 두 경우 모두 십자가 위의 그리스도의 몸이 교회의 몸의 예견prolepsis임을 보여주고 있다.[5]

예수 그리스도를 주로 고백하는 사람들의 모임이 교회다.(고전 1:2 참조) 그렇다면 이 교회가 어떻게 그리스도의 몸인가? 이것은 또 하나의 형체의 변형, 즉 몸의 변형이라고 설명할 수 있다. 십자가 위의 그리스도의 몸으로부터 부활하신 그리스도의 영광의 몸으로 변형된 것처럼, 교회라는 그리스도의 몸도 십자가 위의 그 몸으로부터 변형된 것이다. 선재하시는 그리스도의 형체가 육의 몸, 즉 인간의 형체로 변형되는 것을 성육이라고 한다. 십자가 위의 그리스도의 몸이 영광의 몸으로 변형하는 것을 부활이라고 한다. 이러한 변형들을 말씀이 증거하고 있지만, 내용적으로 이해할만한 설명을 할 수 없는 부분이다. 마찬가지로 십자가 위의 그리스도의 몸이 현존하는 교회의 몸으로 변형된 것 역시 몸의 변형으로 증거하는 것 외에 증명하거나 설명할 수 없는 부분이다. 다만 다음 구절에서 그 변형의 신학적 근거를 추측할 수 있을 뿐이다. "몸은 하나인데 많은 지체가 있고 몸의 지체가 많으나 한 몸임과 같이 **그리스도도 그러하니라**"(고전 12:12) 고린도전서 12장은 그리스도의 몸 된 교회를 증거하는 대표적인 장이다. 여기서 현재적인 교회의 실체를 그리스

---

[5] E. Käsemann, *Perspectives on Paul*, 110. 그는 이것을 교회론적 형이상학Ecclesiological Metaphysics이라고 부른다.

도의 현존과 동일시하고 있다. 진한 글씨 "그리스도도 그러하니라(후토스 카이 호 크리스토스houtos kai ho Christos)"는 그리스도 역시 실재하는 교회의 몸으로써 존재한다는 것을 의미한다. 이것은 십자가 위의 몸이 아닌 변형된 다른 형태의 몸을 증거하고 있는 것이다.

바울 서신 외에 신약의 다른 곳에서도 부활 후의 그리스도를 공동체의 언어로 고백하는 곳이 있다. 먼저는 히브리서에 나타나는 장막이다. "그리스도께서는 장래 좋은 일의 대제사장으로 오사 손으로 짓지 아니한 것 곧 이 창조에 속하지 아니한 더 크고 온전한 장막으로 말미암아"(히 9:11, 8:2 참조) 이 구절에서 이 세계의 질서 즉 첫째 창조에 속하지 않은 더 크고 온전한 장막(스케네skene)은 그리스도의 부활의 몸을 의미한다. 장막은 광야에서의 이스라엘 공동체를 상징하므로 여기에서는 그리스도의 부활을 몸 된 장막으로 보는 것이다.[6] 장막은 계시록에서 하늘의 성도들을 가리킨다.(계 13:6, 21:3) 요한계시록에서도 마찬가지로 그리스도를 신앙 공동체의 용어인 성전으로 증거한다. "성 안에서 내가 성전을 보지 못하였으니 이는 주 하나님 곧 전능하신 이와 및 어린 양이 그 성전이심이라."(계 21:22) 여기서 성전(나오스naos)은 예수께서 눈에 보이는 예루살렘 성전을 헐라 내가 사흘 동안 일으키리라 말씀하실 때 사용된 같은 단어다.(요 2:19) 이 성전은 자기의 육체soma 곧 몸을 두고 한 말씀이며(요 2:21), 제자들이 부활한 후에야 기억하고 믿었다고 증거한다.(요 2:22) 그리고 이 성전naos은 바울 서신에서 성령이 거하는 교회다. "너희는 너희가 하나님의 성전인 것과 하나님의 성령이 너희 안에 계시는 것

---

6 장막이라는 단어 스케네를 통해 그것을 덧입음으로 구원에 이르는 고후 5:1-5을 참조하라. "참으로 이 장막에 있는 우리가 짐진 것 같이 탄식하는 것은 벗고자 함이 아니요 오직 덧입고자 함이니 죽을 것이 생명에 삼킨 바 되게 하려 함이라."(고후 5:4) 여기서도 스케네는 몸을 의미한다.

을 알지 못하느냐."(고전 3:16; 고후 6:16; 엡 2:21 참조) 장막, 성전 등은 모두 공동체 용어이며 그리스도의 부활의 몸과 연관되어 사용된다는 점에서 바울의 몸 된 교회와 일치한다.

분명한 것은 십자가 위의 그리스도의 몸이 신령한 부활의 몸으로 변형된 것이 구원의 첫 열매인 것과 같이, 이 땅에 속한 교회의 몸도 그 구원의 자취를 따라 변형될 것이라는 것이다. 이것은 교회가 구원의 대상이라는 사실을 증거하는 것이다. "하나님이 우리를 세우심은 노하심에 이르게 하심이 아니요 오직 우리 주 예수 그리스도로 말미암아 구원을 받게 하심이라."(살전 5:9) 그리스도의 몸의 부활만이 영원한 생명을 얻는 것처럼 교회만이 그 부활의 몸에 참여할 수 있다.(고전 15:52)

교회가 그리스도의 몸의 변형이라는 신학적 틀 위에서 그리스도가 교회를 위하여 자기 몸을 내어 주시고 죽으셨다는 증거를 이해할 수 있다.(엡 5:25) 교회의 몸이 실재하기 이전에 교회의 원형인 십자가 위의 그리스도의 몸이 존재하기 때문이다. 그러므로 교회의 몸은 그리스도의 죽음과 부활에 근거한 몸의 연속성을 갖게 된다. 이 몸의 연속성은 그리스도가 교회를 위하여 죽으신 몸이라는 증거와 더불어 모든 교회는 이미 교회를 위하여 죽으신 그리스도의 몸에 참여한다는 사실을 증거하고 있는 것이다. 그러므로 그리스도를 영접하고 믿는다는 것은 이미 존재하는 그리스도의 몸에 참여하는 것이다. "우리가 유대인이나 헬라인이나 종이나 자유인이나 다 한 성령으로 세례를 받아 한 몸이 되었고 또 다 한 성령을 마시게 하셨느니라."(고전 12:13; 롬 6:1-5; 고전 10:16-17 참조)

2. 그리스도의 몸 된 교회

이전 단락에서 그리스도의 몸 된 교회를 그리스도의 형체morphe의 변형methamorphosis을 통해서 신학적 틀을 세워 보았다. 이제는 교회를 인간학적인 용어인 몸을 통해서 어떻게 증거되고 있는지를 전반적으로 다루려고 한다.[7] 교회(에클레시아ekklesia)의 세상적 실재는 그리스도 예수 안에서 거룩하여지고 성도라 부르심을 입은 사람들을 말한다.(고전 1:2) 에클레시아라는 단어의 뜻처럼 교회는 "에크ek"(-로부터) 그리고 "칼레오kaleo"(부르다)의 합성어로서 "-로부터 부름을 받은 사람들"이라는 의미를 가지고 있다. 교회는 한마디로 세상으로부터 부르심을 받은 사람들 즉 예수 그리스도를 주로 고백하므로 죄와 죽음으로부터 생명과 빛으로 부름을 받은 사람들의 모임을 말한다. 이러한 그리스도의 몸 된 교회는 바울 서신에서 인간의 몸을 이루는 다섯 용어와 함께 이해되어진다. 몸soma, 영pneuma, 혼psyche, 육sarks, 지체(멜로스melos) 등 5개의 단어들이 그것들이다.

교회를 위해 사용되는 5개의 인간학적인 용어들 외에 인간을 설명하는 많은 요소들이 있지만, 다른 용어들은 교회의 몸을 증거하거나 설명하는 데 사용되지 않는다. 예를 들어, 인간은 인식하고 판단하는 주체로서 이성(누스nous)을 가지고 있으며, 같은 차원에서 생각(노에마noema, 포르네이아phorneia), 양심(쉬네이데시스syneidesis) 등의 용어가 있다. 마음(카르디

---

[7] 인간 존재에 대한 다양한 구성 요소를 통한 이해는 히브리 사고보다는 그리스-로마 사고로부터 발전된 것으로 보인다. 구약에서는 몸의 개념이 전혀 나타나 있지 않다. John A. T. Robinson, *The Body: A Study in Pauline Theology* (Naperville: Alec Allenson Inc., 1957), 11-13 참조.

아(kardia)은 지성적이고 계획하는 자아보다는 감성적인 반응들을 가리키는 용어이며, 이와 연관하여 감정(파테마pathema), 심중(스플랑크논splagchnon)이라는 단어들이 사용된다. 이외에도 인간을 가리키는 용어들이 보이는 것과 보이지 않는 것들과 구분하여 다양한 용어들이 사용되고 있다. 인간의 여러 요소를 보여주는 용어들은 히브리서 4장 12절에 오히려 잘 나타나 있다. "하나님의 말씀은 살아 있고 활력이 있어 좌우에 날선 어떤 검보다도 예리하여 혼psyche 과 영pneuma과 및 관절(하르모스harmos)과 골수(뮈엘로스myelos)를 찔러 쪼개기까지 하며 또 마음kardia의 생각(엔튀메시스enthymesis)과 뜻(엔노니아ennonia)을 판단하나니." 인간을 2분법 혹은 3분법으로 이해한다는 것은 헬레니즘 사상에 근거한 것이지, 신약성서 안에는 그러한 구분을 찾아볼 수가 없다. 다만, 교회를 이해하기 위해 사용된 인간학적인 용어들이 공동체의 형성과 기능을 나타내기 위하여 쓰여졌으며 각기 특이한 개념들을 갖고 있다는 사실을 주목해야 한다. 그러므로 바울의 교회론을 보다 잘 이해하기 위해서는 이러한 인간학적인 용어들이 교회 안에서 어떻게 사용되어지고 있으며 어떤 기능들을 하고 있는가를 규명해야 한다.

바울 서신에서 몸이라는 단어가 나올 때 이 몸이 개인의 몸인지 교회를 가리키는 몸인지 잘 분별해야 한다. 예를 들어 "너희 몸이 그리스도의 지체인 줄을 알지 못하느냐?"(고전 6:15)에서 너희(휘몬hymon)는 복수이고 몸(타 소마타ta somata)도 복수다. 그리고 지체(멜레mele)도 복수다. 여기서 하나의 몸을 이루는 지체들로서의 너희의 몸들은 개인들을 의미한다. 또한 "……그의 영으로 말미암아 너희 죽을 몸도 살리시리라"(롬 8:11)에서도 너희hymon와 몸ta somata은 모두 복수이므로 개인의 몸들을 가리킨다. 반면에 "너희 몸으로 하나님께 영광을 돌리라"(고전 6:20)는 구절에서 "너희 몸으로"(엔 토 소마티 휘몬*en to somati hymon*)를 직역하면 "너희들의 몸 안에서"가 된다. 여기서 '너희들의'는 복수이고 '몸'은 단수다. 수가 일치하지 않기 때문에 몸은 하나의 공동체를 가리킨다. "여러분은 그리스도의 몸이요"(고전 12:27)라고 할 때도 여러분(휘메이스*hymeis*)은 복수이고 몸*soma*은 단수다. 여기서 몸이 개인들을 가리키려면 복수로 나와야 한다. 몸이 단수이기 때문에 이 구절에서도 몸은 믿음의 공동체인 교회를 의미한다. 그리스도 안에서 거룩하여진 성도들을 의미하는 몸이므로 너희 몸으로 하나님께 영광을 돌리라는 말씀은 개인의 몸이 아닌 신앙 공동체를 통하여 하나님께 영광을 돌리라는 말씀으로 이해되어야 옳다. 그러므로 바울 서신에서 많이 등장하는 "우리(헤메이스*hemeis*; 고전 12:13)", "너희"와 "여러분(휘메이스*hymeis*)"은 교회 공동체와 동일시되며 동시에 그리스도의 몸을 지칭함을 유의해야 한다.[8]

1) 공동체의 직책

바울에게 있어서 그리스도의 몸 된 교회는 그리스도 예수 안에서 부르심을 받은 자들, 즉 주님을 영접하여 거룩하여진 성도들의 모임인 특정한 지역의 신앙 공동체를 가리킨다.(고전 1:2) 이러한 몸을 이루는 것이

---

[8] 몸의 사상은 당대의 그리스-로마 사회의 철학적 개념에서 잘 나타난다. 당시 몸의 은유는 국가를 정치적 몸으로 보는 로마 사회의 철학적 개념이었으며, 여기서 철학적 표상은 회원들의 공동의 목표를 이루기 위해 협력하는 윤리적 일체성을 나타내는 것이었다. 조셉 피츠마이어, 『바울의 신학』, 배용덕 옮김(서울: 솔로몬, 1996), 200. 김재성은 그리스-로마 사회에서 몸과 지체의 비유가 평민들의 불만을 무마하여 효과적으로 통치하기 위한 강한 자들의 지배 이데올로기를 만들어내는 지배적 사회구조를 유지하고 조정하는 사회학적 도구로 사용되었다며 바울에게서 몸은 이러한 지배 이데올로기를 거부하고 약한 자와 작은 사람들이 존귀하게 대접을 받는 새로운 대안 공동체를 제시했다고 주장한다. "제국적 지배 이데올로기와 바울의 '그리스도의 몸'으로서의 공동체 해석," 「신학사상」 제108집 (2000 봄), 103-19. 그리스-로마 세계의 몸 메타포들과 바울의 교회의 개념과의 유사점과 차이점에 대해서 다음을 참조하라. 유승원, "그레코-로마 세계의 몸 메타포와 바울의 교회 공동체 개념," 「신약논단」 7권(2000), 149-66.

시체(melos)인네 지체는 공동체를 형성하는 개인들을 가리킨다.(고전 12:12, 27) 인간의 지체가 각기 고유한 이름을 갖듯이 공동체의 지체들도 고유한 이름을 가지며, 그 이름은 공동체의 직책을 나타낸다. 직책(디아코니아 diakonia)은 주님이 주시는 은혜(카리스charis)의 선물이며 은사(카리스마 charisma)라는 말과 상응하며(롬 12:6; 고전 12:4), 각 사람(헤카스토스hekastos) 에게 주어지는 직임이다.[9](고전 3:5, 12:7) 따라서 몸을 이루기 위한 특정한 기능을 갖는 도구로서의 지체와 그러한 지체들의 모임인 하나 된 몸을 표현하는 용어들은 분명한 구분이 된다. 또한 각 사람에게 주어지는 교회의 직분은 새 언약의 일군으로서(고후 3:5) "영의 직분"(고후 3:8)인 동시에 "의의 직분"(고후 3:9), "화목의 직분"(고후 5:18)이라고 불린다. 이는 교회가 영이며, 의인 예수 그리스도의 십자가의 터 위에 세워지기 때문이다.[10] 영의 직분과 관련하여 교회의 직임은 "신령한 것"이 된다.(고전 12:1, 14:1, 2) "신령한 것"(프뉴마티콘pneumatikon)이란 영pneuma의 중성 소유격으로서 살아 있는 인격체가 아닌 사물이나 사건을 가리킨다. 각 지체가 이러한 신령한 직분을 잘 감당할 때 그들이 믿음의 공동체 안에서 신령한 자가 된다.(고전 2:15, 3:1; 갈 6:1) 이러한 바울의 공동체 신학으로부터 가장 영적인 혹은 영의 사람은 가장 "공동체 지향적인 사람community-oriented person"으로 규정될 수 있다.[11] 그리고 영적인 사람에 의하여 주님의 몸 된 신앙 공동체는 유지 보존된다.

---

9 직책, 직임, 직분, 사역자 등으로 번역되는 디아코니아는 일꾼으로 번역된 디아코노스diakonos 와 연결되며(고후 6:4), 기능을 강조하는 프락시스praksis는 직책으로 번역되었다.(롬 12:4) 특별히, 프락시스는 롬 8:13에서 "실행"으로 번역되었다는 점에서 실천과 기능을 강조하는 직책의 의미가 내포되어 있다.
10 의, 영과 관련하여 3장에서 논의한 십자가 사건과 믿음, 의, 영을 참조하라.
11 B. J. Malina and J. H. Neyrey, *Portraits of Paul: An Archaeology of Ancient Personality* (Louisville: Westminster John Knox Press, 1996), 198-201.

직책 즉 은사의 종류는 고린도전서 12장과 로마서 12장에 집중되어 나타난다. 고린도전서 12장 8-11절에서는 9가지의 직책들이 나온다. 지혜의 말씀, 지식의 말씀, 믿음, 병 고치는 은사, 능력 행함, 예언함, 영들 분별함, 방언 말함, 방언들 통역함 등. 고린도전서 12장 27-31절에도 9가지가 나타나지만 이 중 일치하는 것도 있으나 나머지는 종류와 명칭이 다르다. 사도, 선지자, 교사, 능력을 행하는 자, 병 고치는 은사를 가진 자, 돕는 자, 다스리는 자, 방언을 말하는 자, 방언 통역자 등. 로마서 12장 5-8절에서는 7가지의 직책들이 나타난다. 예언, 섬기는 일, 가르치는 일, 위로하는 일, 구제하는 자, 다스리는 자, 긍휼을 베푸는 자 등. 이러한 직책들은 공동체 안에서 일어날 수 있는 봉사의 종류에 따라 결정되며 그 일을 맡은 사람을 지칭하기도 한다. 이러한 직분들이 "어떤 이"에게 주어진다는 것은(고전 12:8-10) 불특정한 지체들에게 즉 누구에게나 임명될 수 있음을 보여준다. 직책을 맡는 기준은 영의 나타나심을 따라(고전 12:7), 혹은 믿음의 분수대로(롬 12:6) 하나님께서 세우신다.(고전 12:28, 엡 4:7, 11) 이 외에 집사(빌 1:1; 행 6:5, 21:8; 딤전 3:8ff. 참조), 감독(빌 1:1; 딤전 3:1; 딛 1:7)의 직분이 있으며, 복음전하는 자(엡 4:11), 목사(엡 4:11)의 호칭들을 발견할 수 있다. 장로의 직분은 진정한 바울 서신 외에 많이 나타난다.(행 14:23; 딤전 4:14; 딛 1:5; 약 5:14; 벧전 5:1) 이러한 직책들을 보면 예언과 방언과 같이 확고하게 정해진 것만 있는 것이 아니라 초대 교회의 형편과 사정에 따라 직책들이 다양하게 정해지는 것을 알 수 있다.

위의 직책들 가운데 공통적으로 나타나는 직책은 예언이다. 예언은 말씀을 맡는 것을 말하고, 예언자는 말씀을 맡은 자다. 고린도전서 14장에서는 말씀을 맡은 예언의 직책과 말씀과 관련이 없는 직책의 대표격인 방언의 직책이 대조되고 있다. 더 큰 은사란(고전 12:31) 말씀을 맡는 직책을 의미한다.

또한 모든 은사와 은사자들은 그리스도의 사랑을 따라 구해야 한다.(고전 14:1) 방언의 은사자도(고전 13:1), 예언의 은사자도(고전 13:2) 그리스도의 사랑 안에서 수행해야 한다. 사랑은 은사가 아니라 모든 직책이 맺어야 할 열매다.(갈 5:22) 그 사랑이 불의 심판에도 없어지지 않는 지체들의 공적이 될 것이다. "사랑은 언제까지나 떨어지지 아니하되 예언도 폐하고 방언도 그치고 지식도 폐하리라."(고전 13:8) 그러므로 큰 은사를 사모해도 사랑을 따라 구해야 한다. "사랑을 추구하며 신령한 것들을 사모하라."(고전 14:1) 우리가 교회에서 다양한 종류의 직분을 맡아야 하는 이유가 그리스도의 사랑에 있음을 보여준다. "오직 사랑 안에서 참된 것을 하여 범사에 그에게까지 자랄지라 그는 머리니 곧 그리스도라 그에게서 온 몸이 각 마디를 통하여 도움을 받음으로 연결되고 결합되어 각 지체의 분량대로 역사하여 그 몸을 자라게 하며 사랑 안에서 스스로 세우느니라."(엡 4:15-16)

몸을 형성하는 지체 즉 개인은 몸에 속해 있지만 몸이 될 수 없다. "너희," 혹은 "우리"가 교회다. 몸이라는 공동체의 가장 작은 단위가 복수인 "둘"이기 때문이다. 이것은 아무리 큰 공동체라 할지라도 공동체를 유지하는 가장 중요한 단위는 "둘의 관계들*dyadic relations*"임을 보여준다. 이 관계를 설명해 주는 단어가 "서로(알렐로스*allelos*)"다.[12] 서신과 신약성서에서 나타나는 가장 공동체적인 용어가 "서로"다. 그리스도 안에서 서로 사랑하고, 서로 평화하고, 서로 섬기며, 서로 남의 짐을 져주고,

---

[12] 롬 12:5, 10, 14:19, 15:5, 7, 14; 고전 11:33, 12:25; 갈 5:13, 6:2; 엡 2:21, 4:2, 25, 32, 5:19; 골 3:9, 13; 살전 4:9, 18; 살후 1:3 등.

서로에게 선을 베푸는 것, 이러한 둘의 관계가 공동체 안에서 형성된다.

이런 관점으로부터 바울은 몸을 언급할 때 항상 그리스도 안에서 지체들의 연합과 통일성, 일치와 하나 됨을 강조한다.[13](롬 12:4; 고전 1:10, 12:12, 25) 이는 한 몸의 목표와 방향이기도 하다. 예를 들어, 고린도 교회는 개척자들을 중심으로 갈라진 분열과(고전 1:12-13), 교회 내 음행의 문제(고전 5:1-13), 성만찬의 오용(고전 11:17-34) 등으로 인한 교회 분열의 위기에 직면해 있었다. 이는 신앙 공동체에 참여한 사람들의 이기적인 개인주의 때문에 공동체의 거룩한 성격과 공동체의 하나 됨을 깨뜨리는 결과를 가져오게 되었다. 그래서 바울은 사람을 중심으로 분파를 이룬 자들에게는 한 마음과 한 생각을 가지라는 권면을(고전 1:10), 회개하지 않고 음행을 저지르며 신앙 공동체의 파멸을 불러오는 자에게는 과감한 축출을(고전 5:2, 13), 공동체의 성만찬에 합당하지 않게 참여하는 자는 누구든지 주님의 몸과 피를 범하는 죄를 짓고 있음을 경고하고 있다.(고전 12:27) 바울은 그리스도의 몸 안에서 그리스도인들과 그리스도의 연합의 근원뿐만 아니라 각 지체들의 관계 안에서 하나 됨의 근원도 찾고 있음을 알 수 있다. 이렇듯 몸의 통일성은 카리스마들의 상호작용으로 구성되며 몸의 은유는 지체들의 한 몸을 이루기 위한 일치와 상호의존성을 내포하고 있다.(고전 12:12)

직책을 맡은 지체들이 자신들의 기능을 발휘하는 시간이 예배의 시간이다. "그런즉 형제들아 어찌할까 너희가 모일 때에 각각 찬송시도 있으며 가르치는 말씀도 있으며 계시도 있으며 방언도 있으며 통역함도 있나니 모든 것을 덕을 세우기 위하여 하라."(고전 14:26) 지체들은 예배

---

13 E. Käsemann, *Perspectives on Paul*, 110-12.

를 통하여 그리스도의 몸 된 교회를 세우며, 동시에 그리스도의 몸에 참여하게 된다. "참여(코이노니아koinonia)"라는 말은 "나눔" 혹은 "사귐"의 의미를 갖고 있다. 그리스도의 몸에 참여하는 신앙은 그리스도의 죽음과 부활을 같이 나누는 것을 의미한다. 다시 말해서 그리스도의 죽음과 부활을 고백하는 자들이 그리스도의 몸에 참여하는 자가 되며 지체로서 직분을 감당하는 것이다.

그리스도의 몸을 이룬 교회가 행하는 가장 중요한 참여의 예식은 영적 예배를 통해서다. 몸 된 교회가 예배를 통하여 행하는 성례전 역시 그리스도의 죽음과 부활에 참여하는 영적 예배의 행위가 된다. "그러므로 형제들아 내가 하나님의 모든 자비하심으로 너희를 권하노니 너희 몸을 하나님이 기뻐하시는 거룩한 산 제물로 드리라 이는 너희가 드릴 영적 예배니라."(롬 12:1) 이 구절에서 "예배"로 번역된 그리스어는 라트레이아latreia다. 예배란 단어는 광범위한 의미로서 "섬김의 행위"라는 뜻이 내포되어 있다.(요 16:2; 히 9:1 참조) 특별히 구약의 제사장들이 희생 제물을 드리는 예식을 "라트레이아"란 단어로 대치하고 있음을 알 수 있다.(롬 9:4) 그러나 그리스도인들의 예배는 구약의 제사나 다른 종교의 예배와 구분된다. 그것이 "영적 예배"다. "영적"(로기케logike)이란 말은 문자 그대로 "말씀이 있는," "합리적인," "이성적인"이란 의미를 가지고 있다. 위의 말씀은 분명히 그리스도인들의 모임인 신앙 공동체가 드려야 할 영적 예배에 대해서 증거하고 있는 말씀이다. 영적 예배는 또한 "너희 몸"과 "거룩한 산 제물"과 연관되어 있다.

로마서 12장 1절의 "너희 몸(타 소마타 휘몬ta somata hymon)"은 "너희의 몸들"로서 두 단어 모두 복수다. 여기서 두 가지 해석이 있을 수 있다. 하나는 교회에 속해 있는 각 개인들을 의미할 수 있고, 다른 하나는 로

마에 있는 여러 교회들을 가리킬 수 있다. 후자의 의미로 해석하는 것이 좋을 것이다. 왜냐하면 몸은 신앙 공동체인 교회를 가리키는 신학적인 표현이기 때문이다. 또한 교회의 지체들인 개인을 가리킬 때 주로 "각 사람" 혹은 "각각"이라는 말을 쓰기 때문이다.[14] 그러므로 "너희 몸"은 교회들을 가리킨다고 할 수 있다.(고전 6:20, 12:12, 27; 골 1:24) 결국 그리스도의 몸 된 교회들이 하나님이 기뻐하시는 산 제물을 드려야 한다.

영적 예배와 관련된 "제물"은 그리스어 튀시아*thysia*로 표현된다. 신약성서에서 쓰이는 제사 혹은 제물의 의미는 구약에서 말하는 것과 다르다. 구약의 튀시아는 주로 희생되는 동물인 제물을 가리키거나(막 12:33 참조), 그 동물을 드리는 제사 행위를 가리킨다.(마 9:13, 12:7; 행 7:41; 히 5:1, 7:27, 9:9, 10:1 참조) 그러나 신약의 튀시아는 먼저 예수 그리스도가 우리의 죄를 위해 자기 자신을 하나님 앞에 제물로 드린 것을 의미한다.(엡 5:2; 히 9:23, 26, 10:12 참조) 성도들의 튀시아는 믿음의 공동체 안에서 이루어지는 헌신과(빌 2:17), 선교를 위한 헌금(빌 4:18), 그 이름을 증거하는 입술의 열매(히 13:15), 선행과 나눔(히 13:16) 등을 의미한다. 신약과 구약에서 같이 사용되는 단어지만 용도가 전혀 다름을 알 수 있다. 그래서 우리의 튀시아를 "산 제물"이라고 할 수 있다.

그리스도를 통해 하나님께 드리는 산 제물을 또한 "신령한 제사물"이라고 할 수 있다.[15] "신령한 제물(프뉴마티카스 튀시아스*pneumaitikas thysias*)"은 신령한 집으로 세워지는 믿음의 공동체에 의해서 드려진다. 여기서

---

14 롬 12:3, 15:2; 고전 7:7, 24, 12:7, 11, 18; 고후 9:7; 갈 6:4, 5; 엡 4:7, 16; 빌 2:4; 골 4:6; 살전 2:11; 살후 1:3 등을 참조하라.
15 벧전 2:5을 참조하라. "너희도 산 돌 같이 신령한 집으로 세워지고 예수 그리스도로 말미암아 하나님이 기쁘게 받으실 신령한 제사를 드릴 거룩한 제사장이 될지니라."

"신령한"이란 단어 프뉴마티카스는 "영적 예배"에서의 "영적 logike"과는 다른 단어다. "신령한"이라는 단어가 그리스도의 십자가 사건과 연관된 "영"의 개념에서 파생된 것이다.(롬 7:6; 고후 11:4 참조) 믿음의 공동체는 예수 그리스도로 말미암아 세워짐은 두말할 나위가 없다. 이는 로마서 12장 1절의 말씀과 상통한다. 그리스도의 몸 된 교회가 드리는 산 제물 thysia이 영적 예배가 됨을 의미한다.

영적 예배가 그리스도의 몸 된 교회가 드리는 제사라고 한다면 그 제사는 우리가 생각하는 단순한 예배 행위 그 이상의 것임을 알 수 있다.(히 13:16 참조) 영적 예배는 포괄적으로 몸 된 교회의 여러 행위들을 포함하고 있으며, 우리가 드리는 예배의식은 그 중에 하나다.(고전 14:26) 영적 예배의 의미만큼 중요한 것은 영적 예배가 오직 믿음의 공동체에 의해서 드려진다는 것이다. 이것은 우리가 속한 공동체가 어떠한 공동체가 되어야 하는지 신앙 공동체의 존재 가치를 말해 주는 것이다.

몸 된 교회는 단적으로 "예배하는 공동체"다. 예배는 교회가 하나님께 드리는 "거룩한 산 제물"을 의미한다. 그리스도를 통해서, 그리스도에 의해서, 그리스도를 위하여 드리는 예배는 교회의 예배밖에 없다. 이 예배가 우리가 드리는 "영적 예배"다. 영적 예배란 단순히 순서에 의해서 드리는 예배 의식에 국한되지 않는다. 바울 서신은 오히려 믿음의 공동체가 행하는 모든 일이 제물이 되며 예배가 됨을 증거하고 있다. 의식 儀式 가운데는 "세례"와 "성만찬"이라는 성례전이 있다. 이러한 의식과 몸 된 교회가 드리는 영적 예배는 공동체의 모든 지체들과 직분자들의 섬김과 헌신에 의해서 이루어진다.

2) 공동체의 영과 육

위에서 몸으로서의 교회와 지체에 대해서 살펴보았다. 교회와 연관된 용어로서 공동체의 영*pneuma*에 대해서는 3장에서 이미 논의하였다. 영의 종류에 대해서 다시 언급하자면, 먼저 언급할 수 있는 영의 차원은 살아 있는 인격적인 영의 차원이다. 우리가 흔히 쓰는 영의 개념이 인격적 차원의 영이다. 인격적이라는 말은 살아서 움직이고 활동하는 존재를 의미한다. 여기에는 하나님의 영과 인간의 영, 사탄 즉 악한 영 등이 있다. 하나님은 영으로 존재하실 뿐 아니라 하나님의 영이 있다. 곧 살아계신 성령(프뉴마 하기온*pneuma hagion*)이다.[16](마 4:1; 고후 13:13 참조) 성령은 살아 계신 존재이기 때문에 위의 말씀처럼 활동하는 분이다. 이외에도 성령은 요한복음에서 "진리의 영" 혹은 "보혜사"로 증거된다.(요 15:26, 14:16-17, 26, 16:7, 23) 반면에 성령을 대적하는 영은 사탄 혹은 악한 영이다.(엡 2:2) 사탄(막 1:13; 요 13:27; 고후 11:14-15; 계 12:9, 20:2)은 이세상의 지배자(고전 2:8; 골 2:15), 혹은 이 세상의 통치자(요 12:31, 14:30; 고후 4:4; 엡 6:12), 마귀(요 8:44; 행 13:10; 엡 4:27, 6:11; 벧전 5:8; 계 12:9) 등으로 표현된다. 또한 하나님께 영이 있듯이 인간에게도 영이 있다.(행 7:59; 고전 2:11, 5:4, 14:14) 인간의 영*pneuma*은 한글로 번역될 때 마음(마 26:41; 행 17:16; 고후 7:13), 혹은 심령(고후 2:13)으로 번역되기도 한다. 인간의 영은 인간의 존재를 나타내는 근원적인 요소로서 인간의 여러 다른 요소와 분명하게 구분되어 사용되고 있다.

살아 있는 존재로서의 인격적 차원의 영이 있다면 존재가 아닌 비인

---

16 "그 때에 예수께서 **성령에게 이끌리어** 마귀에게 시험을 받으러 광야로 가사 사십 일을 밤낮으로 금식하신 후에 주리신지라"(마 4:1), "주 예수 그리스도의 은혜와 하나님의 사랑과 **성령의 교통하심**이 너희 무리와 함께 있을지어다."(고후 13:13)

격적인 차원의 영이 있다. 이러한 영의 개념은 철학적 차원에서 발전되었기 때문에 철학적 영이라 부를 수 있다. 철학적 영은 고대 그리스 철학에서부터 시작된 오래된 개념으로 오늘날 현대인들도 무심코 사용하는 말이다. 다음 구절은 이런 차원의 영의 개념을 가지고 있다. "살리는 것은 영이니 육은 무익하니라……"(요 6:63), "육으로 난 것은 육이요 영으로 난 것은 영이니."(요 3:6) 여기에서 영*pneuma*의 반대어는 육*sarks*이다. 영과 육은 모두 인간을 설명하는 데 사용되는 언어지만, 그리스 철학의 이원론에서는 매우 다르게 사용되고 있다. 플라톤 철학에서 영은 이데아의 세계를 실현할 수 있는 선善에 속한 영역이고 육은 악惡에 속한 부정적인 것이다. 그리스 철학자들은 영만이 인간을 살리는 생명이고 궁극적인 행복을 가져다주는 것이라 믿었다. 반면에 육은 인간을 불행하게 하는 것이고 파멸시키는 무익한 것이다. 그러므로 그리스 철학에서 생명을 가져다주는 영은 결국 그리스 철학을 상징한다. 정신의 세계, 이성의 세계를 주관할 수 있는 지식 그리고 그 가르침이 곧 철학이며 그들은 이 철학을 통해서 궁극적인 행복과 생명에 이를 수 있다고 믿었다.

위에 언급한 영의 개념은 보편적으로 사용하는 영의 개념이다. 그러나 그리스도와 연관하여 신약에서 사용되는 전혀 다른 영의 개념이 있다. 이 영의 의미는 예수 그리스도와 연관하여 증거되고 있다는 점에서 새로운 영의 개념이다. 예를 들어, "기록된 바 첫 사람 아담은 생령이 되었다 함과 같이 마지막 아담은 살려 주는 영이 되었나니"(고전 15:45)에서 "생령"은 그리스어로 프쉬켄 조산*psychen zosan*이다. 영으로 번역되었지만 "프뉴마"가 아니고 혼이라고 번역되는 "프쉬케"다. 프뉴마는 인간만의 것이 아니지만 프쉬케는 인간만이 갖고 있는 살아 있는 생명의 요소다. 그러므로 이 구절은 아담이 흙으로부터 "산 인간"이 되었다는 것이다.(고전 15:47 참조) 반면에 마지막 아담 즉 그리스도는 살려 주는 영이 되었다. "살려 주는 영"은 그리스어로 프뉴마 조오포이운*pneuma zoopoioun*이다. 쉽게 번역하면 "생명을 주는 영life-giving spirit"이다. 다시 말해서 그리스도는 우리에게 영원한 생명을 주는 분임을 증거하고 있다. 바울은 이러한 영의 개념을 믿음의 공동체에 그대로 유비시켰다. 특별히 예수 그리스도를 주로 고백하는 믿음의 공동체가 갖고 있는 영을 "믿음으로부터 온 영"(갈 5:5) 혹은 "믿음의 영"(고후 4:13)이라고 한다.[17] 또한 새 언약인 그리스도의 십자가 사건을 통해서 우리는 하나님을 섬기게 되었으니 이것은 오직 영으로 가능하다.

그리스도와 관련된 영에 관한 말씀들을 보면 영의 개념을 잘 정립할 수 있다.

> 만일 땅에 있는 우리의 장막 집이 무너지면 하나님께서 지으신 집 곧 손으로 지은 것이 아니요 하늘에 있는 영원한 집이 우리에게 있는 줄 아느니라 참으로 우리가 여기 있어 탄식하며 하늘로부터 오는 우리 처소로 덧입기를 간절히 사모하노라 이렇게 입음은 우리가 벗은 자들로 발견되지 않으려 함이라 참으로 이 장막에 있는 우리가 짐진 것 같이 탄식하는 것은 벗고자 함이 아니요 오히려 덧입고자 함이니 죽을 것이 생명에 삼킨 바 되게 하려 함이라 곧 이것을 우리에게 이루게 하시고 보증으로 성령을 우리에게 주신 이는 하나님이

---

17 믿음에 대해서 3장을 참조하라. 믿음은 먼저 그리스도 사건 즉 십자가 사건을 의미한다.(갈 3:23, 25)

시니라.(고후 5:1 5)

만일 누가 가서 우리가 전파하지 아니한 다른 예수를 전파하거나 혹은 너희가 받지 아니한 다른 영을 받게 하거나 혹은 너희의 받지 아니한 다른 복음을 받게 할 때에는 너희가 잘 용납하는구나.(고후 11:4)

첫 번째 구절은 하늘의 처소 곧 우리의 구원을 위하여 하나님께서 보증으로 "영pneuma"을 주셨다는 것이다. 여기서 성령으로 번역된 "프뉴마"는 그리스어로 단순히 영이다. 우리가 하늘나라로 갈 수 있는 구원의 보증은 그리스도의 십자가뿐이다. 그 십자가는 하나님께서 우리에게 주신 은혜이며 기쁜 소식이다. 고린도후서 11장 4절에서도 다른 예수는 다른 영이며, 다른 예수는 다른 복음임을 증거하는 말씀이다. 예수 그리스도는 복음이며 복음은 곧 영이다. 이 영만이 우리를 살리는 하나님의 능력이며 교회는 이 영을 소유해야 한다.[18]

믿음의 공동체는 영의 새로움으로 하나님을 섬기는 사람들이다.(롬 7:4) 교회는 십자가로부터 온 영을 갖고 있어야 하며 이 영을 따라야 한다. 반면에 공동체의 육sarks은 공동체의 영과 반대되는 매우 부정적인 용어로 쓰인다. 육이 인간을 구성하는 살로 사용될 때는 전혀 부정적인 의미가 없다. 인간의 영과 반대되는 개념은 사르크스가 아닌 프쉬키코스psychikos라는 자연적, 물질적이고 육욕적이라는 뜻을 가진 단어다.(고전 2:14) 하나님의 영, 성령과 반대되는 것은 육이 아니라 마귀며 사탄이다. 그러나 공동

---

18 Gordon D. Fee, *Paul, the Spirit and the People of God* (Peabody: Hendrickson, 1999), 5ff.; David J. Lull, *The Spirit in Galatia* (Chico: Scholars Press, 1980), 193ff. 참조.

체의 영과 반대되는 것은 육sarks이다. 바울 서신에서 육과 대조가 되는 영의 구절들은 대부분이 공동체의 영을 나타내고 있다.(롬 8:1-17)

믿음의 공동체에서 육적인 자는 자기 자신만을 고려함으로써 또는 적어도 공동체적 삶의 원리와는 다른 인간성을 가지고 살아가려는 자로서 그 존재가 결정된 사람이다. 다시 말해서 육을 따라 사는 것은 자기 자신을 업적의 성취자로 보며 하나님으로부터 자신의 독립을 선언한 것을 의미한다.[19] 바울은 그들을 어린아이들로 비유한다. 그들은 교회 안에서 미성숙한 사람들 즉 시기와 다툼을 일삼는 자기중심적인 사람들이다.(고전 3:1-4) 그들은 공동체를 염두에 두지 않고 오직 개인의 욕심을 위해서 사는 삶의 원리를 가진 어린아이들이다. 또한 바울은 육을 자신의 공동체에서 교회를 형성하는 하나님의 영역에 도전하는 모든 요소들 즉 세상의 철학이나, 유대인들의 율법, 십자가 정신에 대립하는 다른 삶의 원리로 규정했다.(롬 7:5-6)

공동체 내에서 일어나는 육의 일들은 악행 목록으로 열거된다.(갈 5:19-20; 고전 6:9-10; 롬 1:29-31, 8:7-8; 고후 12:20; 골 3:5) 음행, 더러움, 호색, 우상숭배, 원수 맺음, 다툼과 시기, 분노와 이기심, 분열과 분파, 질투, 술 취함과 방탕 등. 이러한 것들은 모두 믿음의 공동체의 영을 파괴하는 공동체 분열의 원인으로 작용하고 있다.[20] 특히 음행에 있어서 바울의 권면 속에는 공동체적 관심이 전적으로 나타나 있다. 고린도전서 5-6장에서 바울의 우선적인 관심은 죄지을 수밖에 없는 개개인들에게

---

19 V. P. Furnish, *Theology and Ethics of Paul* (Nashville: Abingdon Press, 1988), 136.
20 Frank J. Matera, *Galatians* (Minnesota: The Liturgical Press, 1992), 209.

이 악행이 주는 영향에 관한 것이 아니고 전체로서의 공동체 속에 나타나는 악행으로 말미암은 결과들이다. 바울의 관심은 교회가 교회 가운데 나타나 있는 악행에 어떻게 대응할 것인가 하는 문제다. 그리고 고린도 교인들에게 나타나는 교만함과 도덕적 자기만족에 경악을 금치 못하고 있다. 그에게 있어서 창기와 합하는 악행(고전 6:15ff)이 한 사람의 마음의 순수성을 더럽힌다고 여겨지는 것이 아니라 그리스도의 지체를 손상시키고 신자들의 공동체를 오염시키는 것으로 여겨지는 것이다. 그리고 이러한 육의 일들의 특징은 자신의 욕망(에피튀미아epithymia; 롬 5:7, 갈 5:13, 5:26, 6:8)에서 나오는 이기적인 욕심으로 시작한 악한 생각들이며, 하나님께 품는 적대감이고, 하나님의 법을 따르지 않는다. 그러므로 하나님을 기쁘시게 할 수도 없다.(롬 8:6-8) 그리고 육은 죽음에 이르는 열매를 맺게 하고(롬 5:7), 하나님의 자녀가 될 수 없으며(롬 9:8), 결국 멸망을 당할 것이다.(고전 5:5) 여기에는 공동체 안에서 남을 위한 봉사나 섬김, 사랑과 희생, 공동체의 이익을 위한 나눔이 있을 수 없다. 오직 자신의 이기심을 채우기 위한 탐욕과 자기 자랑만 있을 뿐이다.

공동체의 육은 한마디로 공동체를 파괴하는 요소다. 단적으로 말해서 공동체의 영은 남을 배려하고 공동체를 우선하는 것이라면 육은 공동체보다 자신의 이익과 개인의 영광을 먼저 생각하는 것이다. 그래서 육은 죄의 정욕(롬 7:5), 교만(골 2:18), 욕망(갈 5:13, 17)과 동일시되며 특수한 인간성 즉 약함과 무상함 그리고 동시에 프뉴마에 대한 대립으로서 사용된다.(갈 1:16; 고전 15:50) 현대적인 감각으로 말한다면 자신의 유익만을 위한 극단적인 개인주의라고 할 수 있을 것이다.[21] 이 탐욕은 남을 생

---

21 Bruce J. Malina and Jerome H. Neyrey, *Portraits of Paul* (Louisville: Westminster John Knox Press, 1996), 151-57, 198-201 참조.

각하지 않는다. 더 나아가 공동체를 염두에 두지 않는다. 그러니 공동체를 염두에 두고 십자가의 영을 따라 사는 삶과 개인의 욕심을 이루는 삶과는 극과 극을 달릴 수밖에 없다. 육은 영을 거스리고, 영은 육을 거스리므로 영과 육은 서로 대적하는 관계다.(갈 5:17) 공동체 안에서 영과 육이 대적하므로 개인이 원하는 일을 할 수 없게 된다. 개인이 원하는 것은 자기의 유익을 위한 육의 일이 되기 때문이다.

갈라디아서 5장 18절을 보면 바울은 영으로 사는 것과 율법 아래 사는 것을 대조시키므로 율법 아래 사는 것을 육을 따라 사는 것과 동일시하고 있다. 그렇다면 바울은 왜 유대교의 율법을 따라 사는 것을 육을 따라 사는 것과 동일시하는 것일까? 바울은 갈라디아 교인들에게 "성령으로 시작하였다가 육체로 마치겠느냐"며 심하게 꾸중을 하며 육체는 율법을 준수하고 지키는 일과 동일시된다.(갈 3:3, 5 참조) 이러한 이유를 두 가지로 생각해 볼 수 있다. 첫째는 바울이 율법 준수를 육으로 동일시한 것은 율법 자체가 개인적으로 문자 그대로 지키는 종교이며 할례와 같이 개인의 몸에 표시를 하는 종교로 인식되기 때문이다. 둘째로 율법을 지키는 것은 이미 믿음의 공동체 안에 사는 사람들에게는 복음과 관계없는 다른 삶의 원리를 제공하며 그것이 믿음의 공동체를 파괴하는 요소가 되기 때문이다. 바울의 적대자들은 교회의 유대주의화를 계획하는 사람들이었다. 그들은 의롭게 되는 것도 율법을 지켜야 가능하다고 주장했다.(갈 2:16)

다른 복음을 전하려는 그들의 주장은 결국 율법의 준수와는 관계없이 오직 믿음으로 의롭게 됨을 가르치는 믿음의 공동체 안에서 유대인의 특권을 주장하는 지극히 욕심을 부리는 일이 된 것이고, 그것은 공동체를 분열시키는 원인이 된 것이다. 그렇다면 의롭게 됨에 있어서 유대교의 율법을 준수해야 한다고 강조하면 누가 이익을 얻겠는가? 그것은 두말할 것도 없이 유대인 그리스도인일 것이다. 만일 이방인이 율법을 준수해야 한다면 그것은 유대인으로 귀화해야 함을 의미한다. 그러므로 이방 교회 내에서 율법 준수의 문제는 인종적 문제를 가져올 수밖에 없다.(갈 2:14 참조) 바울은 교회에서 할례를 주장하는 사람들이 할례를 강요하는 것은 유대교로부터 오는 박해를 피해 보려고 교회가 유대교의 일부인양 보이려는 것으로 여긴다.(갈 6:12) 이것 또한 자신의 안일을 위한 것이므로 믿음의 공동체 입장에서 보면 교회를 파괴하는 육의 일에 속한다.

바울은 십자가 사건의 결과로 세워진 주님의 몸 된 교회가 육에 의해서 파괴되는 것을 극도로 경계한다. 믿음의 공동체를 파괴하는 자는 심판을 받을 것이라는 말씀이 그 좋은 예다.

> 너희는 너희가 하나님의 성전인 것과 하나님의 성령이 너희 안에 계시는 것을 알지 못하느냐 누구든지 하나님의 성전을 더럽히면 하나님이 그 사람을 멸하시리라 하나님의 성전은 거룩하니 너희도 그러하니라.(고전 3:16-17)

여기서 "너희"는 하나님이 함께하시는 성전, 즉 믿음의 공동체를 가리킨다. 하나님의 성전을 더럽히는 것은 다름 아닌 육이다. "하나님의 성전과 우상이 어찌 일치가 되리요 우리는 살아 계신 하나님의 성전이라 이와 같이 하나님께서 이르시되 내가 그들 가운데 거하며 두루 행하여 나는 그들의 하나님이 되고 그들은 나의 백성이 되리라."(고후 6:16)

3) 공동체의 혼

혼이라는 그리스어 프쉬케*psyche*는 목숨, 삶을 의미하며, 인간 개인, 영혼 등을 의미하는 것으로 사용된다. 프쉬케는 일반적으로 개인의 육신적인 생명을 지칭하며(롬 11:3, 16:4; 빌 2:30; 살전 2:8; 마 6:25; 눅 12:20 참조) 또한 하나의 개인적인 존재로서 사용된다.(롬 2:9, 13:1) 그러나 프쉬케가 믿음의 공동체 안에서 사용될 때는 그리스도인의 정체성을 결정해 주는 몸*soma* 조직의 개별적인 존재를 가리킨다. 원래 그리스도의 몸에 참여하는 구성원은 "지체*melos*"로 언급된다.(롬 12:4; 고전 12:12, 27) 지체가 직책과 관련된 이름을 갖는다면 프쉬케는 그 직책을 갖고 살아가는 구성원들의 개체성을 가리킨다.[22] 예를 들어, 고린도후서 12장 15절에서 "내가 너희 영혼을 위하여 크게 기뻐하므로 재물을 사용하고 또 내 자신까지도 내어 주리니 너희를 더욱 사랑할수록……"의 첫 부분인 "너의 영혼을 위하여(휘페르 톤 프쉬콘 휘몬*hyper ton psychon hymon*")는 원칙적으로 너희의 영혼들(프쉬카이*psychai*; 프쉬케의 복수)이며, 이것은 공동체의 구성원들을 의미한다.[23]

더 나아가 프쉬케는 믿음의 공동체를 통한 새로운 삶을 의미한다. 공동체의 구성원들로서의 프쉬케는 주로 복수 프쉬카이로 사용된다. 공동체는 적어도 두 명 이상의 조직망으로 구성되기 때문이다. 그렇다면 공동체를 위하여 단수로 사용되는 공동체의 프쉬케는 무엇을 의미하는가? 다음 구절에서 그 의미를 엿볼 수 있다.

---

22 G. F. Snyder, *First Corinthians,: A Faith Community Commentary*, 233.
23 E. Schweizer, "*Psyche*," *TDNT* IX, 648. 히 12:3과 13:17에도 똑같은 용어가 등장한다. 그러므로 여기서 너희는 몸 된 공동체를 의미하고 프쉬케는 구성원 개인들을 의미한다.

"오직 너희는 그리스도의 복음에 합당하게 생활하라 이는 내가 너희에게 가 보나 떠나 있으나 너희가 **한마음**으로 서서 **한 뜻**으로 복음의 신앙을 위하여 협력하는 것과."(빌 1:27)

여기에서 "한마음"의 원어는 "하나의 프쉬케(미아 프쉬케mia psyche)"이고, "한 뜻"은 "하나의 프뉴마(헨 프뉴마hen pneuma)"다. 한 프뉴마는 앞서 밝힌 대로 공동체의 영을 의미한다. 바울은 빌립보 교인들을 향하여 복음에 맞는 생활을 권면한다. 그것은 공동체의 영을 따라 사는 삶이며, 그 삶은 하나의 구성원으로서의 몸을 위해 살아가는 새로운 삶의 방식을 의미한다. 그러므로 모든 믿음의 구성원들은 하나의 영을 따라 하나의 프쉬케를 살 수 있는 것이다. 프쉬케를 교회론적으로 설명하면 그것은 믿음의 공동체 내에서 하나님께서 새롭게 주신 직책을 가지고 살아가는 새로운 삶, 즉 지체로서의 생활을 의미한다.[24]

공동체의 혼, 즉 프쉬케는 데살로니가전서 5장 23절에서 더욱 분명히 나타난다.

"평강의 하나님이 친히 너희를 온전히 거룩하게 하시고 또 **너희의 온 영과 혼과 몸**이 우리 주 예수 그리스도께서 강림하실 때에 흠 없게 보전되기를 원하노라."

여기에서 너희는 복수고 영pneuma과 혼psyche과 몸soma은 모두 단수다. 너희를 공동체로 보면 영, 혼, 몸은 개인의 영, 혼, 몸이 아니라 공동

---

24 Schweizer, *"Psyche,"* 650 참조.

체의 그것이 될 수밖에 없다.[25] 바울은 주님이 오실 때까지 데살로니가 교인들의 교회가 보존되고, 그들의 공동체를 형성하는 십자가의 영과 구성원으로서의 새로운 삶 즉 공동체의 프쉬케가 굴절되지 않고 지속되기를 간구하고 있다.

바울에게 있어서 프쉬케는 공동체적이고 교회론적이다. 프쉬케는 단순히 개인적인 생명을 의미하는 것뿐만 아니라 세례를 통하여 그리스도와 연합하여 그리스도 공동체의 한 몸의 지체가 되어 세상을 향하여 죽고 하나님 안에서 새로운 존재로서의 프쉬케를 의미한다.(롬 6:4-5, 10-11)[26] 그리스도의 공동체 안에서 한 몸의 지체가 된다는 것은 교회 안에서 하나의 직분을 맡게 된다는 것을 의미한다. 그 직분은 성령의 은사들이다. 그리고 그 지체들은 바로 성령으로부터 은사를 받은 사람들로서, 각 지체의 역할을 수행하는 신자들인데, 그들은 공동체 안에서 예언을 하거나, 혹은 공동체 생활에 봉사하는 행위에 종사하는 사람들이다.(롬 12:4-8; 고전 12:4-7, 14-26) 그러므로 프쉬케는 공동체 안에서 성령의 은사를 가진 하나의 몸의 지체로서 역할을 맡고 있는 삶이며, 이와 같은 삶을 살았을 때 진정한 몸의 구성원이 되는 것이다.(고후 12:15) 반대로 공동체의 한 구성원이 공동체를 떠나거나 직분을 버렸을 때 그는 진정한 생명을 잃어버리는 것과 같으며 저주를 받는 것과 같다.(고전 5:2, 13 참조)

---

25 박창건은 "여러분의 영, 혼, 몸"을 갈 6:18처럼 전 인간 혹은 중심적인 나로 해석을 한다. 특히 혼과 몸의 의미를 바울 서신 내에 나타나는 용법보다 창 2:7과 마 10:28에서 찾으므로 교회론적인 공동체의 사상으로 결론을 내리지 못하고 있다. "사도 바울에 있어서 신학적-인간학적 영 개념의 관계," 「신학과 세계」제8호(1982), 154-214 참조.

26 세례는 그리스도의 몸에 참여하는 성례다. 세례라는 성례를 통해서 그리스도와의 신비적 연합이나 혹은 마술적인 현상이 일어난다고 보아서는 안 된다. 그리스도와의 연합은 몸으로의 참여이지 신비적인 현상을 의미하지 않는다. 그러므로 세례는 교회의 일원이 되는 의식적 수단이 된다. 세례는 일종의 공동체의 의식이며 동시에 공동체 경험이다.(고전 12:12-13; 갈 3:28; 롬 6:3-4 참조) 조셉 피츠마이어, 『바울의 신학』, 193 참조.

그리스도인의 정체성은 그리스도의 몸 곧 신앙 공동체 안에서 결정되며 공동체의 지체로서 일원이 될 때 비로소 옛 시대 혹은 옛 사람으로 돌아가지 않는다. 교회론적으로 말하면, 바울의 "새로운 피조물," "새사람"의 신분은 오직 공동체 안에서 이루어진다.(고후 5:17; 엡 4:22-23 참조) 이런 의미에서 "그리스도 안에서(엔 크리스토*en Christo*)" 혹은 "그리스도와 연합하여(에이스 크리스톤*eis Christon*)"라는 바울의 표현은 그의 교회론의 관점에서 해석되어야 한다. 즉 "그리스도 안에서"는 눈으로 볼 수 없고 만질 수 없는 그리스도와의 신비적인 합일의 현상이라기보다는 "주님의 몸 된 공동체 안에서"라는 구체적이고 실질적인 윤리적인 삶의 표현으로 대치될 수 있다.[27](롬 6:5)

3. 그리스도의 죽음과 부활을 사는 교회

우리는 그리스도의 첫 번째 오심과 두 번째 오심 사이에 살고 있다. 교회는 이 중간기에 살아야 하는 그리스도인들의 공동체다. 특별히 교회가 그리스도의 몸이라고 증거하는 말씀은 교회론이 전적으로 기독론에 근거함을 증명하고 있다. 그리스도로 말미암아 하나님의 새로운 약속이 성취되고, 구원의 길이 열렸으며, 새로운 소망 가운데 살게 되었으므로 교회는 이 신앙을 간직해야 한다. 단적으로 말해서 교회의 새로움이란 그리스도 안에서만이 가능하다. 이와 같이 새 언약을 가리키는 그리스도의 죽음과 부활은 그리스도의 두 번째 형체*morphe*의 변형 *metamorphosis*을 말하며, 이는 몸*soma*이라는 인간학적인 용어를 통해서

---

27 Furnish, *Theology and Ethics of Paul*, 210.

증거되고 있음을 연구했다. 그리스도의 몸 된 교회는 그리스도의 새 언약 안에 있으며 이 교회가 신부로써 마지막 날에 오실 신랑 되신 그리스도를 기다리는 믿음의 공동체다.(고후 11:2)

그리스도의 죽음과 부활은 교회가 존재하는 근거가 된다. 우리를 위하여 그리스도의 몸을 내어 주셨다는 것은 '나'라고 하는 개인을 위하여 자기 몸을 내어 주셨다는 고백과 동일한 것이다. 개인은 우리라는 교회의 일원이며 지체가 되기 때문이다. 바울 서신에서 그리스도의 죽음과 우리와 연관하여 "우리를 대신하여*hyper hemon*" 혹은 "우리를 위하여 *peri hemon*"라는 표현을 많이 쓰고 있다.(롬5:8, 8:32; 고후 5:14, 15; 살전 5:10 참조) 이러한 말씀은 그리스도께서 십자가에서 피 흘리심은 우리의 죄를 위함이며 동시에 그것이 교회를 위함이라는 사실이다.

> 너희는 자기를 위하여 또는 온 양 떼를 위하여 삼가라 성령이 저들 가운데 여러분을 감독자를 삼고 **하나님이 자기 피로 사신 교회**를 보살피게 하셨느니라.(행 20:28)

> 남편들아 아내 사랑하기를 **그리스도께서 교회를 사랑하시고 그 교회를 위하여 자신을 주심 같이** 하라 이는 곧 물로 씻어 말씀으로 깨끗하게 하사 거룩하게 하시고 자기 앞에 **영광스러운 교회**로 세우사 티나 주름 잡힌 것이나 이런 것들이 없이 거룩하고 흠이 없게 하려 하심이라.(엡 5:25-27)

십자가의 그리스도의 몸은 이미 교회를 위한 몸이다. 그리고 우리는 그 몸에 참여함으로 그리스도의 몸 된 교회를 이루고 있다. 이것은 교회의 근본이 무엇인지를 설명해 주고 있는 것이다. 그래서 성경은 우리가 이루는 교회가 그리스도께서 피의 값으로 사신 것이라 증거하고 있다.

……너희는 너희 자신의 것이 아니라 **값으로 산 것**이 되었으니 그런즉 너희 몸으로 하나님께 영광을 돌리라.(고전 6:19-20)

주 안에서 부르심을 받은 자는 종이라도 주께 속한 자유인이요 또 그와 같이 자유인으로 있을 때에 부르심을 받은 자는 그리스도의 종이니라 **너희는 값으로 사신 것이니** 사람들의 종이 되지 말라.(고전 7:22-23)

그리스도의 피 값으로 사신 교회는 당연히 하나님께 속한 교회이며 하나님의 교회다. 그러므로 그리스도의 몸 된 교회를 통해서 하나님께 영광을 돌려야 하는 것은 당연한 일이다. 또한 하나님의 교회라는 의미는 교회의 주관자가 누구이며, 그것의 정체성을 말해주고 있는 것이다.

그리스도의 몸 된 교회라는 고백이 우리에게 주는 의미는 그리스도의 몸으로서의 교회가 사람들의 모임인 교회보다 먼저 존재한다는 것을 말해준다. 사람들이 모여서 형성한 교회가 먼저가 아니라 그리스도의 몸 된 교회가 먼저 존재하고 우리는 단지 그의 몸에 참여한다는 것을 의미한다.

우리가 축복하는 바 축복의 잔은 그리스도의 피에 참여함이 아니며 우리가 떼는 떡은 **그리스도의 몸에 참여함이 아니냐**.(고전 10:16)

내가 너희에게 전한 것은 주께 받은 것이니 곧 주 예수께서 잡히시던

밤에 떡을 가지사 축사하시고 떼어 이르시되 이것은 **너희를 위하는 내 몸이니** 이것을 행하여 나를 기념하라 하시고.(고전 11:23-24)

무릇 그리스도 예수와 합하여 세례를 받은 우리는 **그의 죽으심과 합하여** 세례 받은 줄을 알지 못하느냐 그러므로 우리가 **그의 죽으심과 합하여** 세례를 받음으로 그와 함께 장사되었나니 이는 아버지의 영광으로 말미암아 그리스도를 죽은 자 가운데서 살리심과 같이 우리로 또한 새 생명 가운데서 행하게 하려 함이라.(롬 6:3-4)

지상에서의 처음 교회를 우리는 사도행전 2장에 나오는 예루살렘 교회라고 여기고 있다. 그러나 요한복음 19장 25-27절은 이미 십자가 밑에 세워진 믿음의 가족을 증거하고 있다. 이 가족은 육적으로나 혈통으로나 사람의 뜻으로 나지 않은 하나님께로 난 자들이다.(요 1:13) 예수님을 바라보며 십자가 밑에까지 끝까지 따라온 사람들, 그들이 진정한 믿음의 공동체인 것이다. 그리고 이 믿음의 교회는 십자가에서 우리를 위하여 죽으신 그리스도의 몸이다. 주님께서 "(당신의) 아들이니이다"(요 19:26) 하신 것은 "바로 나입니다"라고 말씀하신 것과 같다.[28] 그리스도의 몸이 믿음의 공동체가 되는 것이다. 그렇다면 그리스도의 몸에 참여하는 교회는 어떤 교회인가를 살펴보자.

1) 새 사람의 교회

새 언약인 그리스도의 십자가는 그의 첫 번째 메타모르포시스와 두

---

28 요한복음에 나타난 그리스도와 그리스도의 몸 된 교회의 연관성에 관해서 다음 논문을 참조하라. 현경식, "십자가 밑에 세워진 교회,"「기독교사상」(2005년 6월), 154-64.

번째 메타모르포시스의 전환점이다. 십자가는 그의 죽음과 부활을 모두 포함하고 있다. 그리고 이것이 모든 믿는 자들의 구원의 소망인 동시에 이 땅에 살아가는 공동체 형성의 기준이 된다. 모르페의 변화로 제시된 기독론은 이제 교회라는 존재 혹은 실체의 기초가 된다. 여기에서는 그리스도의 몸 된 새 교회를 이루는 지체의 정체성에 대해서 다루고자 한다.

앞에서 이미 현실에서의 그리스도의 몸 된 교회는 그리스도의 형체 morphe의 변화임을 전제했다. 여기서 몸은 육의 몸이 아닌 그리스도의 변형된 몸을 의미한다. 먼저, 그리스도의 몸 된 교회의 지체는 그리스도 안에서 새롭게 창조된 자들이다. 새롭게 창조된 자들이란 다른 말로 존재의 변형methamorphosis을 전제한다. 다시 말해서 그리스도 안에서 새롭게 변화된 자들이 새 교회의 구성원이 된다.

사람들은 오직 그리스도 안에서 새롭게 창조된다.

> 할례나 무할례가 아무 것도 아니로되 오직 **새로 지으심을 받는 자**만 이 중요하니라.(갈 6:15)

위 구절에서 "새로 지으심을 받는 자"는 그리스어로 카이네 크티시스 *kaine ktisis*다. 크티시스는 창조와 피조물의 뜻을 모두 가지고 있다.[29] 피조물은 창조의 결과이기 때문이다. 교회론적으로 말하면 교회 안에서는

---

29 우리말 성경에서 카이네 크티시스는 피조물의 의미를 가진 새로 지으심을 받은 자라고 번역되었지만, 대부분의 영어 번역은 새로운 창조new creation로 번역하고 있다.(NRSV, NKJV, NIV 참조) 고후 5:17에서도 같은 단어인 카이네 크티시스를 우리말 번역은 새로운 피조물로, 영어 번역은 새로운 창조로 번역한다.

오직 그리스도로 말미암은 새로운 창조가 모든 것임을 분명히 하는 것이다. "하나님을 따라 의와 진리의 거룩함으로 지으심을 받은 새 사람을 입으라."(엡 4:24) 새 사람이 되는 길은 오직 하나님의 섭리에 의하여 계획되어졌다. 오직 의와 거룩함이 되시는 그리스도에 의해서 "지으심을 받아야" 한다.(고전 1:30 참조) "지음심을 받다"라는 단어는 그리스어로 크티조*ktizo*다. 창조*ktisis*의 동사인 셈이다. 창조라는 단어는 또한 변형의 과정을 내포하고 있다. 그러므로 새 창조는 그리스도 예수 안에서의 변형을 의미한다.

특별히 위의 구절이 있는 갈라디아서는 유대교의 율법과 혼합된 신학은 다른 복음이며(갈 1:6-10), 이는 구원, 즉 의롭게 됨에 있어서 아무런 효력이 없다는 것을 강하게 증거하고 있다. 하나님의 자녀가 되며, 죄로부터 속량의 은혜를 얻는 길은 오직 예수 그리스도 안에서만 가능하다.(갈 4:4-6) 새로운 존재는 그리스도로 옷 입은 자들이며, 그리스도 안에 있는 새로운 존재만이 하나님의 아들이 될 수 있다.(갈 3:26-27) 교회는 이런 사람들의 모임이다. 할례, 식탁법, 안식일법, 세상의 철학 혹은 그리스도 없이 지키는 세상의 날과 달과 해의 절기로는 구원의 효력이 없으며, 새로운 존재가 될 수가 없다.(갈 4:8-10, 5:6) 새로운 존재는 오직 예수 그리스도의 십자가로 말미암으며(갈 6:14), 교회는 이것을 고백하여 그리스도와 합하여 새 옷을 입은 자들에 의하여 형성되는 것이다.(갈 3:27) 이런 지체들을 새로 지으심을 받은 자들이라고 하며, 이들을 그리스도 예수 안에서 새롭게 변형*metamorphosis*된 자들이다. 이러한 사람들의 교회를 그리스도의 형상*morphe* 혹은 형체를 이룬 교회라고 한다.(4:19) 그러므로 교회는 그리스도의 새로운 창조라고 할 수 있다.

바울 서신은 예수 그리스도가 새로운 창조임을 증거한다. 2장에서 다룬 그리스도의 부활체가 하나님의 새로운 창조이며 영원한 나라를 유업으로 받는 피조물의 형체*morphe*가 된다. 그리스도가 부활의 첫 열매인 것은 새로운 창조의 "첫 열매(아파르케*aparche*)"라는 의미다.(고전 15:20) 부활의 첫 열매는 죽은 자들 가운데서 "먼저 나신 자(프로토토코스*prototokos*)"와 동일한 의미다.(골 1:18) 부활 자체가 새로운 창조의 서막임을 알리고 있는 것이다. 그리고 마지막 그리스도의 부활에 참여하는 자들은 그리스도에게 붙어 있는 우리들이다.(고전 15:23) 부활과 연관된 이러한 하나님의 새로운 창조의 신학은 일반 서신과 요한계시록에 나타난다. 대표적인 관용구가 "새 하늘과 새 땅"이다.(벧후 3:13; 계 21:1-5) 새 하늘과 새 땅은 변동하여 없어질 처음 창조에 속한 것이 아니며(히 9:11, 12:27), 만물을 새롭게 한 새로운 에덴과 같은 곳이며(계 21:5, 22:1-5), 그 중심에는 하나님과 어린 양의 보좌가 있다.(계 22:3) 지상에 있는 그리스도의 몸 된 교회는 마지막 하나님의 새로운 창조에 참여하기 위해서 이 땅에서 그리스도 안에서 새로운 창조를 먼저 체험하는 특권을 가지고 있다. 그러므로 교회는 종말론적 부활, 즉 새로운 창조의 예시이며, 그리스도 안에서 새로운 존재로의 변화를 체험하는 유일한 공동체가 된다.

그리스도 안에서 새롭게 창조된 자들을 다른 서신의 다른 구절들에서 새 사람을 입는 것으로 증거하고 있다.

> 그런즉 누구든지 그리스도 안에 있으면 **새로운 피조물***kaine ktisis*이라 이전 것은 지나갔으니 보라 **새 것**이 되었도다.(고후 5:17)

> 하나님을 따라 의와 진리의 거룩함으로 **지으심을 받은***ktizo* **새 사람을 입으라.**(엡 4:24)

새 사람을 입었으니 이는 자기를 창조하신 이의 형상을 따라 지식에 까지 새롭게 하심을 입은 자니라.(골 3:10)

새로운 창조와 가장 밀접한 개념으로 "입다(엔뒤오 *endyo*)"라는 단어가 제시되고 있다.[30] 새 사람을 입는 것은 곧 그리스도 안에서 새롭게 창조되는 것이다. 형체의 변화는 옷을 바꿔 입는 것과 동일하다. "오직 주 **예수 그리스도로 옷 입고** 정욕을 위하여 육신의 일을 도모하지 말라."(롬 13:14) "누구든지 그리스도와 합하기 위하여 세례를 받은 자는 **그리스도로 옷 입었느니라**."(갈 3:27) "그러므로 너희는 하나님이 택하사 거룩하고 사랑하신 자처럼 긍휼과 자비와 겸손과 온유와 오래 참음을 **옷 입고**."(골 3:12) 이것이 세상 사람과 차별되는 진정한 새 사람으로의 변형이며 새 교회의 모습이다.

더 나아가 그리스도 안에 새로운 피조물이 된 자들을 "살아 있는 자"로 증거한다. 이는 그리스도를 따르는 자들이 그리스도의 죽음과 부활의 의미를 현실에서 실천해야 한다는 의미를 가지고 있다. 산 자는 죽었다가 다시 산 자를 말한다. "살아 있는 자"라는 단어 안에 이미 변형이라는 전제가 내포되어 있는 것이다. 그리스도 예수 안에서 산 자는 반드시 죽어야 하며 다시 살아야 한다. 이러한 자들은 죽어야 할 곳과 살아야 할 곳을 아는 사람들이다.

그의 죽으심은 죄에 대하여 단번에 죽으심이요 그의 살아 계심은 하나님께 대하여 살아 계심이니 이와 같이 너희도 너희 자신을 **죄에 대**

---

30 롬 13:12, 14; 고전 15:53-54; 고후 5:3; 갈 3:27; 엡 4:10, 6:11; 골 3:10. 이 구절들에서 나오는 "입다"는 그 시제가 현재든 미래의 종말이든 존재의 변형을 가리키고 있다.

하여는 죽은 자요 그리스도 예수 안에서 하나님께 대하여는 **살아 있는 자로 여길지어다.**(롬 6:10-11)

내가 율법으로 말미암아 율법에 대하여 **죽었나니** 이는 하나님에 대하여 **살려 함이라.**(갈 2:19)

교회는 이렇게 그리스도 안에서 하나님을 향하여 살아 있는 자들의 모임이 되어야 한다. 적어도 살아 있는 자들을 만들어 내는 교회가 되어야 한다. 세상과 죄에 대하여 죽지 않은 자들은 그리스도의 몸 된 교회를 이룰 수 없다. 반드시 그리스도의 모르페의 변화처럼 우리도 그리스도 안에서 모프페의 변화가 있어야 한다. 이 변화는 그리스도의 몸 된 교회 안에서 가능하다.

2) 신령한 자의 교회

새로운 피조물, 새 사람의 형체*morphe*를 유지하는 것은 복음, 곧 영이다. 주님의 몸 된 교회를 유지하기 위해서 영*pneuma*이 살아 있는 교회가 되어야 한다. "그가 또한 우리를 새 언약의 일군 되기에 만족하게 하셨으니 **율법 조문으로** 하지 아니하고 **오직 영으로** 함이니 율법 조문은 죽이는 것이요 영은 살리는 것이니라."(고후 3:6) 우리가 하나님의 새 언약의 일꾼 된 것은 율법 조문 즉 유대교의 율법을 통해서 된 것이 아니라 오직 영 즉 그리스도로 말미암아 된 것이다. 교회는 이 영이 살아 있어야 한다. 교회란 세상의 철학이나 원리가 아닌 오직 이 영으로 세워질 때 진정한 주님의 몸 된 교회가 된다. 다른 영은 다른 복음이며, 다른 예수다.(고후 11:3 참조) 교회는 반드시 이 영으로 시작해야 한다.(갈 3:3) 영이 살아 있는 교회는 속 사람을 새롭게 하는 말씀이 살아 있는 교회다.(고후 4:16) 이 영을 따르는 사람들이 영의 사람들 즉 신령한 자들이다. 교회는 곧 신령한 자들의 교회가 된다.

> 형제들아 내가 **신령한 자들을** 대함과 같이 너희에게 말할 수 없어서 육신에 속한 자 곧 그리스도 안에서 어린 아이들을 대함과 같이 하노라.(고전 3:1)

> 만일 누구든지 자기를 선지자나 혹 **신령한 자**로 생각하거든 내가 너희에게 편지하는 이 글이 주의 명령인 줄 알라.(고전 14:37)

> 형제들아 사람이 만일 무슨 범죄한 일이 드러나거든 **신령한 너희는** 온유한 심령으로 그러한 자를 바로잡고 너 자신을 살펴보아 너도 시험을 받을까 두려워하라. 너희가 짐을 서로 지라 그리하여 그리스도의 법을 성취하라.(갈 6:1-2)

그리스도 안에서 새로운 존재는 오직 영으로 가능하다. 새 사람은 영의 생각 혹은 영의 마음으로 시작한다. 영의 생각은 그리스도의 마음과 동일하다. 즉 십자가의 생각이다. "육신의 생각은 사망이요 영의 생각은 생명과 평안이니라."(롬 8:6) 이는 우리의 마음nous을 바꾸어야(메타모르포오metamorphoo) 가능하며, 생각(프로네마phronema)의 중심을 새롭게 하므로 가능하다. 우리가 잘 알고 있는 에베소서 4장 23-24절의 말씀이 이를 잘 증거해 주고 있다. "오직 너희의 **심령이** 새롭게 되어 하나님을 따라 의와 진리의 거룩함으로 지으심을 받은 새 사람을 입으라" 여기서 진한 글씨 심령이의 원어는 "영*pneuma*의 마음*nous*" 영어 번역으로 "the mind of spirit"으로 해석될 수 있다. 새롭게 되는 변화는 오직 영의 마음으로 가능하다. "너희는 이 세대를 본받지 말고 오직 마음*nous*을 새롭게 함으로 변화를 받아*metamorphoo* 하나님의 선하시고 기뻐하시고 온전하신 뜻이 무엇인지 분별하도록 하라."(롬 12:2)

그리스도를 영접하고 교회의 일원이 되어 새 사람 된 자들은 이제 영을 따라 살아야 한다. 영을 따르는 교회가 계속하여 신령한 자의 교회가 될 수 있기 때문이다. "기록한 바 내가 믿었으므로 말하였다 한 것 같이 우리가 같은 믿음의 마음(*pneuma*, 영)을 가졌으니 우리도 믿었으므로 또한 말하노라."(고후 4:13) 그러므로 영을 따르는 교회가 그리스도의 형상을 세우는 교회가 되며 새 교회의 모습을 갖게 된다. "육신을 따르지 않고 **그 영을 따라 행하는** 우리에게 율법의 요구가 이루어지게 하려 하심이니라."(롬 8:4) "내가 이르노니 너희는 **성령**(*pneuma*, 영)**을 따라 행하라** 그리하면 육체의 욕심을 이루지 아니하리라."(갈 5:16) "내가 디도를 권하고 함께 한 형제를 보내었으니 디도가 너희의 이득을 취하더냐 우리가 **동일한 성령**(*pneuma*, 영)**으로 행하지** 아니하더냐 동일한 보조로 하지 아니하더냐."(고후 12:18) 영이 살아 있어야 교회가 영을 따르는 교회가 될 수 있으며 신령한 자를 세울 수 있다. 그러므로 교회는 언제나 이 영을 유지, 선포해야 하며, 세상으로부터 온 영으로 바꾸어서도 안 된다.(고전 2:12) 오직 영으로 세워지는 신령한 자의 교회여야 한다.(고후 3:6)

조금 더 나아가 그런 삶을 사는 성도인 "신령한 자"와 그렇지 못한 "육적인 자"에 대해서 비교하려고 한다. 공동체 안에서 영에 속한 사람, 즉 신령한 자는 항상 육에 속한 사람인 육직인 자와 대조가 된다.

육에 속한 사람psychikos은 하나님의 성령의 일들을 받지 아니하나니 이는 그것들이 그에게는 어리석게 보임이요 또 그는 그것들을 알 수도 없나니 그러한 일은 영적으로 분별되기 때문이라 **신령한 자** pneumatikos는 모든 것을 판단하나 자기는 아무에게도 판단을 받지 아니하느니라 누가 주의 마음을 알아서 주를 가르치겠느냐 그러나 우리가 그리스도의 마음을 가졌느니라.(고전 2:14-16)

형제들아 내가 **신령한 자들**pneumatikos을 대함과 같이 너희에게 말할 수 없어서 **육신에 속한 자**sarkinos 곧 그리스도 안에서 어린 아이들을 대함과 같이 하노라.(고전 3:1)

너희가 아직도 **육신에 속한 자**sarkikos로다. 너희 가운데 시기와 분쟁이 있으니 어찌 육신에 속하여 사람을 따라 행함이 아니리요.(고전 3:3)

    육에 속한 사람은 두 종류가 있다. 그리스어로 프쉬키코스psychikos는 믿음이 없는 불신자 즉 교회 밖에 있는 자들을 말한다.(고전 2:14) 그러나 사르키노스sarkinos나 사르키코스sarkikos는 같은 의미로서 교회 안에서 믿음이 적은 사람 즉 주님을 따르지 않는 사람들을 말한다. 교회의 지체가 되었어도 육의 욕심(에피튀미아epithymia)을 따르면 육에 속한 자가 된다. 이는 교회 안에서조차 신령한 자와 육적인 자가 공존함을 의미한다. 다만 우리의 중심이 항상 영에 있다면 육의 사람이 되는 것을 이겨낼 수 있다.
    신령한 자는 그리스도의 마음을 가진 자다.(고전 2:15-16) 여기서 마음이란 그리스어로 이성, 생각 등을 가리키는 누스nous다.[31] 그리스도의 마음은 하나님의 뜻에 죽기까지 순종하고 십자가에서 죽으신 마음이다. 그러므로 영이신 그리스도의 십자가를 따르는 영적인 자는 그리스도의 마음을 가진 자다. 신령한 자가 모든 것을 판단한다는 것은(고전 2:15) 모든 것을 그리스도 기준으로 분별한다는 의미다. 그리스도의 지각nous이 온 마음을 지배하게 되면 그 사람은 판단을 받지 않는다. 왜냐하면 나의 생각이 없기 때문입니다. 그러므로 신령한 자는 마음nous을 그리스도로 새롭게 한다. "너희는 이 세대를 본받지 말고 오직 마음nous을 새롭게 함으로 변화를 받아 하나님의 선하시고 기뻐하시고 온전하신 뜻이 무엇인지 분별하도록 하라."(롬 12:2) 그리스도의 마음은 빌립보서 2장 5-11절에서 더욱 분명해진다. "너희 안에 이 마음(프로네마phronema)을 품으라 곧 그리스도 예수의 마음이니."(빌 2:5) 이 구절은 교회의 지체들에게 그리스도 안에서 마음phronema을 같이하여 한마음phronema을 가지라는 권면에서 시작한다.(빌 2:1-2) 우리가 가져야 할 그리스도의 마음은 결국 자기-부인(빌 2:5), 자기-비움(2:7), 자기-낮춤(2:8), 자기-복종(2:8), 자기-죽음(2:8) 등으로 증거된다.

더 나아가 신령한 자는 믿음의 공동체 안에서 그리스도의 법을 성취하는 자다. "형제들아 사람이 만일 무슨 범죄한 일이 드러나거든 **신령한 너희**는 온유한 심령으로 그러한 자를 바로 잡고 너 자신을 살펴보아

---

31 모든 사람의 생각과 계획이 이 누스에 나는 것이며 흔히 인간의 감정의 장소인 마음으로 번역되는 가슴은 다른 단어인 카르디아kardia를 사용한다. 카르디아는 주로 누스의 지배를 받는다. 이 말은 카르디아는 누스에 따라서 결정되며 결국 누스의 연장선 상에 있음을 말해준다. 신약성서에 나오는 누스(롬 7:23, 25, 12:2; 고전 1:10, 2:16; 엡 4:23; 빌 4:7 – 마음, 심령, 지각)의 파생어들은 다음과 같은 것들이 있다. 프로네마phronema(롬 8:5, 6, 7; 고전 13:11; 빌 2:2, 5; 골 3:2 – 마음, 깨달음, 생각), 노에마noema(고후 2:11, 4:4, 5:10, 11:3; 빌 4:7 – 생각, 궤계, 마음), 디아노이아dianoia(엡 2:3, 4:18; 골 1:21; 히 8:10, 10:16; 요이 5:20 – 마음, 총명, 지각) 등.

너도 시험을 받을까 두려워하라 너희가 짐을 서로 지라 그리하여 **그리스도의 법**을 성취하라."(갈 6:1-2) 그리스도의 법(고전 9:21)이란 그리스도의 십자가로 말미암아 살아야 하는 새로운 원리를 의미한다. 그리스도의 법은 영의 법이며(롬 8:2), 그리스도의 마음을 중심으로 살아가는 법이니 마음*nous*의 법이요(롬 7:25), 믿음*pistis*의 법이며(롬 3:27), 하나님의 약속으로 세우셨으니 하나님의 법이다.(롬 7:22) 이렇듯 신령한 자들은 그리스도의 마음을 품고 그를 바라보며 그의 십자가, 즉 영을 따르는 삶을 사는 자들이다. 이는 그리스도를 "본받는" 것과 동일하다.[32] 그리스도를 모르고 그의 은혜를 모를 때는 세상을 본받고 세상의 원리대로 살아갔지만 지금은 그리스도를 기준으로 그리스도를 본받는 삶을 살기 위하여 부름 받은 자들이다.[33]

교회의 진정한 모습은 오직 그리스도 안에서 가능하다. 다시 말해서 복음 안에서만, 영의 새로움 안에서만 가능하다. 복음은 문화가 아니다. 복음을 전하는 자의 문화가 복음이 아니며, 복음을 따르며 형성되는 교회의 문화도 복음이 아니다. 복음은 예수 그리스도이며, 예수 그리스도의 십자가 사건이다. 이 사건이 없이는 영성도 없고, 영의 직분도 없고, 신령한 자도 생각할 수 없다. 하나님의 뜻대로 부르심을 입은 자들은 그

---

[32] 신약성서에서 "본받는"다는 용어는 그리스어로 크게 네 가지로 나타난다. 1) 미메테스 *mimetes*: 모방imitation의 의미; 고전 4:16, 11:6; 빌 3:17; 살전 1:6, 롬 15:5. 2) 튀포스*typos*: 유형*type*의 의미; 롬 6:17; 빌 3:17; 살전 1:7. 3) 휘포데이그마*hypodeigma*: 모본 혹은 범례 example의 의미; 요 13:15; 히 4:11, 8:5, 9:23; 약 5:10. 4) 휘포그라모스*hypogrammos*: 복사copy의 의미; 벧전 2:21. 이 단어들은 모두 본 혹은 모본 등으로 번역되고 있으며, 따라야 할 목표는 오직 한 분 예수 그리스도다.

[33] "이를 위하여 너희가 부르심을 받았으니 그리스도도 너희를 위하여 고난을 받으사 너희에게 **본***hypogrammos*을 끼쳐 **그 자취***ichnos*를 따라 오게 하려 하셨느니라."(벧전 2:21) 그 영을 따라 걷는 자들은 그리스도의 자취(이크노스*ichnos*)를 따르기 위하여 부름 받은 자들과 동일하다.

리스도와 그의 십자가를 본받게 하기 위해서 부르심을 입은 사람들이다. "하나님이 미리 아신 자들을 또한 그 아들의 형상을 본받게 하기 위하여 미리 정하셨으니 이는 그로 많은 형제 중에서 맏아들이 되게 하려 하심이니라."(롬 8:29) 세상의 가르침과 처세술, 철학, 도덕을 따르는 교회는 그리스도 안에서 신령한 자의 교회가 될 수 없다. 이 세대를 따르고, 세대의 흐름에 빠져 있는 교회는 영이 살아 있고, 영의 생각으로 충만한 교회로 변화될 수 없다. 이런 교회는 바울이 말한 것처럼 그리스도의 형상morphe을 이루기 위해 다시 한 번 해산의 고통이 필요할 것이다. "나의 자녀들아 너희 속에 그리스도의 형상morphe을 이루기까지 다시 너희를 위하여 해산하는 수고를 하노니."(갈 4:19)

4. 하나님 나라와 교회

하나님의 나라는 종말론적인 용어다. 신약성서에 나타나는 모든 종말론적인 용어들이 현재와 미래의 시상을 동시에 갖는 이중적 의미를 갖고 있듯이 하나님의 나라 역시 마찬가지다. 복음서에서 예수 그리스도의 오심과 더불어 선포된 하나님의 나라는(막 1:15) 현재 우리의 삶 속에서 보고 느끼며 소유하여 체험할 수 있고,[34] 구하고 받을 수 있는 나라로 증거되고 있다.(마 6:10, 33; 눅 12:31-32) 우리에게 "임하는 나라" 즉 우리에게 오는 하나님의 나라는 현실 가운데 그 나라가 실현될 수 있음을

---

34 막 12:34; 마 11:12, 12:28; 눅 11:20, 17:20. 특히 막 4장, 마 13장, 눅 8장의 하나님 나라의 비유는 현실 가운데 존재하는 하나님의 나라의 특성을 설명해주고 있다. 씨 뿌리는 비유, 자라는 씨의 비유, 겨자씨의 비유 등에서 나타나는 하나님 나라의 특성은 영접성(열매), 성장성(비밀), 개방성(평등) 등이 있다.

보여주고 있다.(막 1:15; 마 6:10; 눅 12:32) 다른 표현인 가는 나라 즉 우리가 "들어가는 나라"는 현재적 하나님의 나라의 백성의 자격과 조건을 구체적으로 제시하고 있다.[35] 복음서 안에는 하나님 나라의 현재적 차원과 더불어 미래적 차원에 대한 강조가 줄어들지 않는다. 예수의 가르침과 비유 가운데 드러나는 하나님 나라의 현재적 요소와 미래적 요소는 정도의 차이는 있지만 긴장을 이루며 잘 분포되어 있다. 미래적 요소는 대부분 예수 그리스도의 재림 그리고 마지막 심판과 관련되어 있다.(막 9:1, 14:25; 마 25장; 눅 9:27) 이렇듯 복음서에서 증거되는 하나님의 나라는 현재적이든 미래적 차원이든 예수 그리스도와 분리하여 생각할 수 없으며 그리스도의 통치와 동일시된다고 할 수 있다.(막 11:10; 마 21:9; 눅 19:38 참조)

복음서와 비교하여 바울 서신에 등장하는 하나님 나라의 표현은 그리 많지 않다. 총 12개 절에서 12회 나타난다.[36] 이는 하나님의 나라에 해당하는 아들의 나라(골 1:13), 그리스도의 나라(엡 5:5), 자기 나라(살전 2:12; 살후 1:5) 등의 표현을 포함한 것이다. 복음서에 나타난 하나님의 나라가 현재와 미래의 이중적 의미가 긴장을 이루는 반면에 바울 서신에서는 현재적 하나님의 나라가 체험적으로 강조되고 있다. 즉 현재적 하나님의 나라는 미래의 나라를 준비하는 나라로 연결되어 있다는 것이다. 복음서의 하나님의 나라가 예수 그리스도의 존재와 떨어져 생각할 수 없다면 바울 서신에서는 믿음의 공동체와 떨어져 생각할 수 없다. 사실 이 표현은 같은 의미라고 할 수 있다. 왜냐하면 바울 신학에서 믿음

---

35 막 10:14-15, 10:23-25; 마 5:3, 10, 20, 7:21, 18:3, 19:14, 21:31, 23:13; 요 3:3, 5.
36 롬 14:17; 고전 4:20, 6:9-10, 15:24, 50; 갈 5:21; 엡 5:5; 골 1:13, 4:11; 살전 2:12; 살후 1:5.

의 공동체인 교회는 그리스도의 몸으로 증거되고 있기 때문이다.

바울에게 있어서 현재적 하나님의 나라는 믿음의 공동체 안에 존재한다. 이러한 이유로 교회가 하나님 나라의 용어를 대신했다고 볼 수도 있다. 여기에서는 믿음의 공동체가 하나님의 나라를 유업으로 받기 위해서 어떻게 세워져야 하는가에 관심을 가지려 한다. 실제로 바울 서신에 나타나는 하나님 나라의 본문들은 믿음의 공동체 즉 교회가 어떻게 하면 하나님의 나라를 유업으로 받을 수 있는 공동체가 되느냐에 집중되어 있다.(고전 6:9-10, 15:50; 갈 5:21; 엡 5:5) 이러한 이해를 바탕으로 바울 서신을 통해서 믿음의 공동체와 하나님 나라의 관계를 분석하려고 한다.

바울 서신에서 하나님의 나라는 하나님의 아들의 나라 즉 그리스도의 나라와 동일시된다. 고린도전서 15장 24절에 의하면 아들은 최후 종말의 때에 나라를 아버지께 바치는 것으로 증거되고 있다. "그 후에는 마지막이니 그가 모든 통치와 모든 권세와 능력을 멸하시고 **나라**를 아버지 하나님께 바칠 때라." 이 사상은 묵시문학적 사고에 근거한 것이다. 그리스도께서 세상과 악에 속한 모든 권세와 능력을 물리치고 그의 나라가 온전히 다시 세워졌을 때 그 나라를 아버지께 넘겨드리는 것이며, 종말로 그리스도의 나라는 하나님의 나라로 대체되는 것이다.[37] 미래의 한 시점에 일어날 이 사건을 통해서 바울은 아들의 나라를 최후 종말에 세워지는 하나님의 나라 이전의 잠정적인 나라로 성격 지었다.(고

---

37 이 같은 아들의 나라에 대한 묵시문학적 사고는 계 20:6의 그리스도의 천년왕국의 개념과 거의 같다고 할 수 있다. 바레트, 『고린토전서』, 한국신학연구소 번역실 옮김(서울: 한국신학연구소, 1989), 407 참조. 반면에 그리스도의 나라기 그의 재림 이후에 영원한 종국적 상태를 의미하는 구절도 바울 서신 외에서 찾아볼 수 있다. 벧후 1:11; 딤후 4:18.(마 16:28; 눅 22:30 참조)

전 15:24-28) 부활의 소망을 다루는 고린도전서 15장에서 아들의 나라는 부활에 참여한 자들이 들어가는 나라요(15:23), 그리스도가 다스리는 나라다.(15:25) 이러한 아들의 나라가 영원한 하나님의 나라로 이어진다는 점에서 아들의 나라는 하나님의 나라와 동일시해도 무방할 것이다.

고린도전서 15장 24절의 아들의 나라가 미래 종말론적으로 완성될 하나님의 나라를 보여준다면 골로새서 1장 13절에 나오는 아들의 나라는 우리에게 다른 면을 시사해 주고 있다. "그가 우리를 흑암의 권세에서 건져내사 **그의 사랑의 아들의 나라**로 옮기셨으니." 이 구절에서는 흑암의 권세가 아들의 나라와 대조가 된다. 흑암의 권세는 세상을 말하며 악의 영역을 의미한다.(엡 6:12 참조) 아들의 나라는 아들이 통치하는 나라며 아들의 권세 아래 있는 공간과 영역을 말한다. 이 구절은 그리스도인들이 세상과 악이 다스리는 권력의 영역에서 그리스도가 다스리는 권력의 영역으로 옮겨졌음을 고백하고 있는 것이다. 성도들이 흑암에서 빛으로 공간 이동한 것은 그들의 성품의 변화를 의미하는 것이 아니라 통치자의 교체를 의미한다. "옮기셨으니(메테스테센*metestesen*)"는 동사 "옮기다(메티스테미*methistemi*)"의 과거형이다. 성도들은 이미 아들의 통치 아래 있으며 아들의 통치에 순종하는 백성들임을 보여주고 있다. 이는 모두 하나님의 능력으로 고백된다. 하나님께서 우리를 그의 사랑의 아들의 나라로 옮기신 것이다.

현실 세계에서 아들의 통치가 있는 영역과 공간은 어디인가? 본문 가운데 아들의 나라가 교회라고 명시되고 있지 않지만 아들의 나라는 교회로 유추된다. 더 나아가 아들의 나라는 다음 구절에서 속량과 죄 사함으로 해석된다. "그 아들 안에서 우리가 속량 곧 죄 사함을 얻었도다."(골 1:14) 속량과 죄 사함 그리스도의 보혈로 말미암아 얻어지는 하나님의 은혜다.(골 1:10; 엡 1:7) 이 용어들은 명백하게 회심의 용어며 세례의 식과 연관된 용어들이다.(골 2:12-13 참조)[38] 회심이란 그리스도를 영접하는 것이며 회심과 함께 이어지는 세례는 그리스도께서 우리의 죄를 깨끗하게 하시며 우리를 구원하시는 구세주로 고백하는 입교 의식이며 공동체의 일원이 되는 의식이다.(롬 6:4; 갈 3:27 참조) 더 나아가 세례는 그리스도의 죽음과 부활에 참여하는 예식으로서(롬 6:3) 그리스도의 죽으심과 함께 옛사람을 장사 지내는 것이요 또한 그의 살아 계심과 같이 새 생명 가운데 새롭게 태어나는 것을 축하하는 예식이다.(롬 6:4, 6) 사람들은 회심과 세례를 통해서 우리는 흑암의 권세에서 빛의 권세 아래로 옮겨졌음을 체험한다. 흑암의 권세 아래 있었던 것은 옛사람이며(골 3:9; 엡 4:22; 롬 6:6), 빛이신 예수 그리스도 안에 있는 존재는 새사람이자(골 3:10; 엡 4:24), 새로운 피조물이다.(고후 5:17) 이것을 세상으로부터 우리를 부르신 하나님의 부르심이라고 한다.(살전 2:12) 하나님은 우리를 그의 나라로 부르셨다. 이 부르심에 응답하는 것이 곧 그의 통치를 인정하는 것이요 그의 통치에 순종하는 것이다.[39]

교회는 그러므로 하나님과 그리스도의 통치의 영역이며 그 통치에 순종하는 사람들의 모임이다. 교회는 앞으로 미래에 완성될 하나님 나라를 유업으로 받을 수 있는 아들의 나라가 되어야 한다. 지금now, 여기here, 이 땅에earthly 그리고 현재present 존재하는 아들의 나라라 할지라도 언제나 장차 올 온전한 하나님 나라에 대한 소망과 긴장감을 놓칠

---

38 에두아르트 슈바이처,『골로사이서』,한국신학연구소 번역실 옮김(서울: 한국신학연구소, 1983), 64.
39 Cf. K. L. Schmidt, "*Basileia*," *TDNT* I, ed. G. Kittel (Grand Rapids: Eerdmans Publishing Co., 1976), 587.

수 없는 이유가 여기에 있다. 골로새서에서는 이 미래에 대한 소망을 위에 있는 세계로서 증거하고 있다.(골 3:2) 위에 있는 세계는 하나님이 종말에 성취하는 세계다. 혹은 교회가 지향하는 아들의 나라가 이미 위에 존재하고 있음을 암시하고 있다.(3:1) 교회는 하나님 나라의 현재와 미래의 중간에 있는 연결체다.[40] 그리스도는 교회의 주님이시고 주님은 하늘 보좌 우편에 올리우신 분이다. 교회가 그리스도의 통치를 받는다는 것은 교회가 지리적 위치나 세상의 사회-문화적 상황에 의존하지 않는다는 것을 의미한다. 오히려 교회는 하늘에 계신 그리스도의 명령과 뜻에 복종하는 그리스도의 몸이 되어야 한다. 문제는 교회가 아직 실현되지 않은 위에 있는 세계를 실제적으로 체험하며 선취할 수 있는 믿음의 공동체가 되어야 한다는 것이다. 그렇다면 오늘날 우리는 교회의 지체로서 어떻게 하나님의 나라를 공동체 안에 이뤄야 하는가에 관심을 가져야 한다. 골로새서에 의하면 모든 교회는 인종과 성, 계급과 민족, 신분의 차별을 그 안에서 종식시킨 하나님 나라의 한 형상이 되어야 한다.(골 3:11; 갈 3:28)

1) 하나님 나라를 세우는 요소

지상에 있는 모든 시대와 모든 사회의 교회가 하나님의 나라를 온전히 세웠느냐는 질문에 예라고 확신 있게 대답할 사람은 없을 것이다. 왜냐하면 예수 그리스도의 말씀처럼 하나님의 나라는 열정적으로 끊임없이 "구해야*zeteo*" 하기 때문이다.(마 6:33; 눅 12:31 참조) 구한다는 것은 가

---

[40] A. T. Lincoln, *Paradise Now and Not Yet: Studies in the Role of the Heavenly Dimension in Paul's Thought with Special Reference to His Eschatology* (Cambridge: Cambridge Univ. Press, 1981), 29-32를 참조하라.

만히 있는 것이 아니다. 목적과 의도를 가지고 갈망하고 찾는 것을 말한다.(마 7:7; 롬 2:7; 고전 14:12) 하나님의 나라는 구하고 찾지 않으면 세워지지 않는다. 이 단락에서는 어떻게 하면 교회가 하나님의 나라를 세우며 무엇이 교회 안에서 하나님의 나라를 유업으로 받을 수 없게 만드는 가를 다룰 것이다.

바울 서신에 나타나는 교회론의 중심은 몸의 신학이라고 할 수 있다.[41] 이것은 바울의 최대 관심사가 그리스도의 몸 된 교회에 있고 그의 소명이 교회를 세우는 것임을 말해 주고 있는 것이다. 바울은 이러한 신학적인 관점으로 믿음의 공동체인 교회가 하나님의 나라가 되어야 함을 증거한다. 즉 종말론적 하나님의 나라는 이 세상의 교회 안에서 이루어진다. "하나님의 나라는 먹는 것과 마시는 것이 아니요 오직 성령 안에 있는 의와 평강과 희락이라."(롬 14:17) 하나님의 나라가 오직 성령 안에 있는 의와 평강과 희락이라는 것은 성령의 도우심으로 의와 평강과 희락이 하나님의 나라를 세운다는 것을 의미한다.[42]

바울은 로마서 12장부터 교회를 어떻게 세울 것인가에 대해서 본격적으로 논의하고 권면한다. 교회의 직분(프락시스 $praksis$)을 세우고(롬 12:2-8), 모든 지체들이 그리스도의 사랑으로 선을 행하여 악을 이기고(12:9-21), 주님을 소망하는 가운데 육 $sarks$의 일을 도모하지 말고 빛의 갑옷을 입고 깨어 있을 것을 권면한다.(13:8-14) 또한 로마 교회 안에서 믿음이 약하여 무엇을 먹을지, 무엇을 먹지 말아야 할지를 가지고 고민하

---

[41] John A. T. Robinson, *The Body: A Study in Pauline Theology* (Naperville: Alec Allenson Inc., 1957), 9.
[42] K. L. Schmidt, "*Basileia*," *TDNT* I, ed. G. Kittel (Grand Rapids: Eerdmans Publishing Co., 1976), 583.

는 사람들과 그렇지 않은 사람들과의 서로 비방하고, 차별하고, 판단하는 일들을 다루고 있다.(롬 14-15장) 하나님의 나라를 제시한 로마서 14장 17절은 이와 같이 교회를 어떻게 세워야 하는가를 다루는 맥락에서 나타난 것이다. 이제 교회론적인 관점에서 하나님 나라를 세우는 요소가 어떠한 의미를 갖고 있는지 살펴보도록 하자.

의義(디카이오쉬네*dikaiosyne*): 하나님 나라의 요소로서의 의는 하나님의 의를 말한다. 하나님의 의는 복음에 나타나 있다.(롬 1:17) 복음은 그리스도이며 그리스도의 십자가 사건이다. 하나님의 의는 율법의 종교인 유대교와 상관이 없는 것이며, 그리스도의 십자가 사건에 나타난 의로서 모든 믿는 사람에게 미치는 의다.(롬 3:21-22) 다시 말해서 십자가는 하나님의 의가 드러난 은혜의 사건이다.(롬 5:18, 3:21) 우리가 "믿음으로 의롭다 하심을 받았다 함"은(롬 5:1) 예수 그리스도의 "피로 말미암아 의롭다 하심"을 받았다는 것이다.(롬 5:9) 믿음은 예수 그리스도의 십자가이며 십자가는 그의 피를 의미한다. 의롭게 됨이란 예수의 피로 인하여 모든 사람들이 하나님의 의를 얻게 되었다는 것이다. 만일 사람이 의롭게 되는 것이 율법 종교에 있다면 예수 그리스도의 죽음은 헛된 것이다.(갈 2:21) 예수 그리스도의 십자가의 피 이외에는 의롭게 되는 길이 없으며 십자가 사건을 통하여 하나님이 우리를 향한 사랑을 확증하신 것이다.(롬 5:8)

물론 하나님의 의와 상관이 없는 의가 있다. "믿음으로 말미암은 의(디카이오쉬네 에크 피스테오스*dikaiosyne ek pisteos*)"가 하나님의 의라면 이것과 상관이 없는 "율법으로 말미암은 의(디카이오쉬네 에크 노무*dikaiosyne ek nomou*)"가 있다.(롬 10:5) 율법으로 말미암은 의란 유대교의 율법을 통해서 의를 이루려는 것을 말한다. 바울이 수차례 증거하고 언급한 것처럼 율법으로는 하나님의 의를 얻을 수가 없다. 유대교가 추구하는 의는 자기 의를 세우려고 하나님의 의를 복종하지 않는 종교라고 규정하고 있다.(롬 10:3) 믿음으로부터 난 의는 십자가 사건에서 드러난 하나님의 의를 말한다.[43] 이 십자가 사건을 통해서 이방인을 포함한 모든 사람이 하나님의 의를 얻게 되었다.(롬 9:30) 바울은 이를 내가 가진 의라고 말하며(빌 3:9) 우리 즉 교회의 의라고 말한다.(고후 5:21)

그렇다면 하나님 나라의 요소인 하나님의 의를 가진 믿음의 공동체는 어떠한 공동체인가? 단적으로 말해서 믿음으로 말미암은 의에는 차별이 없다. 믿음의 의는 예수 그리스도가 모든 사람의 주가 되심을 선포하기 때문에 그 안에는 인종적, 성적, 계급적 차별이 없다.(롬 10:12, 3:22) 하나님의 의는 누구든지 그리스도 예수의 이름을 부르는 자가 구원을 얻는다는 것이다.(롬 10:13) 누구든지라는 말은 모든 사람을 말한다. 하나님의 구원 앞에는 어떠한 제한도 차별의 벽도 없음을 말한다. 모든 사람이 그리스도의 십자가 앞에서 평등하다. 그러므로 하나님의 의가 되는 믿음의 공동체는 차별이 없는 평등의 공동체가 되어야 한다. 교회의 지체들은 이를 위하여 의의 도구로 하나님께 드려야 하며(롬 6:13, 17) 의의 직분을 감당해야 한다.(고후 3:9)

평강平康(에이레네*eirene*): 평강, 평화 혹은 화평으로 번역되는 그리스어는 '에이레네'다. 우리는 예수 그리스도의 십자가로 인하여 의롭게 되었은즉 하나님과 화평을 누린다.(롬 5:1, 10) 예수 그리스도를 통한 하나님과의 화평은 하나님과의 화해 즉 화목(카탈라게*katallage*)의 결과다.(롬

---

[43] 3장에서 십자가 사건과 믿음을 참조하라.

5:10; 골 1:20) 그러므로 하나님은 화평의 하나님이요(롬 15:33, 16:20; 고전 14:33; 살전 5:23) 그리스도 또한 화평의 그리스도다.(엡 2:14-15) 하나님과의 화평을 누리는 것은 관계의 변화를 의미한다. 하나님과 상관이 없는 원수 된 관계에서 이제 하나님과 가깝게 될 뿐만 아니라(엡 2:13-16) 하나님을 아빠 아버지라 부를 수 있는 부자의 관계가 된 것이다.(롬 8:15; 갈 4:5-6; 엡 1:5) 죽을 수밖에 없는 원수의 관계에서 하나님과 화평하게 된 자로의 변화는 또한 신분의 변화를 의미한다. 예수 그리스도의 죽으심이 우리의 신분을 바꾸는 능력이다.

이러한 하나님의 평강은 하나님의 나라를 세우는 요소가 된다. 믿음이 강하든 약하든(롬 14:1, 15:1), 어떠한 직책을 갖고 있든지 서로 비판하지 말고, 싸우지 말고 서로 화해해야 한다.(롬 14:19; 엡 2:17) 우리는 이 화평을 통해 하나님의 나라를 세우기 위해 부름을 받았고(골 3:15), 화목의 직책과(고후 5:18) 화목의 말씀을 맡은 자들임을(고후 5:19) 알아야 한다. 이런 점에서 화평은 공동체를 매는 줄이며(엡 4:3) 공동체의 질서를 세워준다.(고전 14:33)

희락喜樂(카라chara): 그리스도인들은 그리스도의 십자가의 은혜charis로 진정한 기쁨chara 가운데 사는 사람들이다. 이 기쁨은 세상이 주는 기쁨과 다른 기쁨이다. 그리스도의 피로 인하여 죄로부터 해방되어 속죄함을 받은 기쁨, 그 피로 인하여 종의 신분에서 아들의 신분으로 바뀐 신분의 변화를 통해 얻는 기쁨이다. 이 기쁨은 겉으로 웃는 실소나 조소가 아닌 심령 깊숙한 곳에서 뿜어져 나오는 하나님을 바라는 영혼의 웃음과 즐거움이다.(롬 5:2, 11) 이것을 간직한 사람들이 진정 예수 그리스도의 은혜를 아는 사람들이요, 그로 말미암아 진정한 자유를 얻은 사람들이다.

믿음의 공동체는 이 기쁨으로 충만해야 한다.(롬 15:13) 근심 가운데서도(고후 6:10), 환난과 시련 가운데서도 기뻐해야 한다.(롬 12:12; 고후 7:4; 살전 1:6) 하나님의 나라를 세우는 중요한 방법이 주 안에서 기뻐하는 것이다.(빌 4:4) 주 안에서 기뻐한다는 것은 주의 은혜 charis로 인하여 공동체의 지체들과 함께 기뻐하는 것이다. 주님의 십자가의 은혜를 생각하면 항상 기뻐하지 않을 수가 없다.(고후 13:11; 빌 3:1; 살전 5:16) 주님의 말씀이 선포되니 기쁘고 하나님의 나라인 주님의 몸 된 교회가 서게 되니 기쁜 것이다.(빌 1:18, 3:1)

로마서 14장 17절에서 바울이 제시하는 하나님의 나라의 세 요소 중 평강과 희락은 성령의 열매와 일치하며(갈 5:22) 의는 빛의 열매와 일치한다.[44](엡 5:9) 평강은 영 pneuma의 생각이다.(롬 8:6) 특별히 갈라디아서 5장 22절과 로마서 8장 6절의 평강과 희락은 "영을 따라 행하라(페리카테오 카타 프뉴마 peripateo kata pneuma)"는 구체적인 그리스도인의 삶의 방법과 함께 소개되고 있다.[45](롬 8:4; 갈 5:16, 25 참조) 영은 곧 예수 그리스도의 십자가 사건을 의미한다.(롬 7:6; 고후 3:6, 11:4 참조) 바울은 하나님을 섬기는데 있어서 율법 종교에서 벗어나 그리스도의 십자가의 은혜로 말미암아 하나님을 섬길 수 있게 됨을 증거하고 있다. "이제는 우리가 얽매였던 것에 대하여 죽었으므로 율법에서 벗어났으니 이러므로 우리가 영의 새로운 것으로 섬길 것이요 율법 조문의 묵은 것으로 아니할지니라."(롬

---

44 3장의 십자가와 영을 참조하라.
45 롬 8:4에서는 "페리카테오 카타 프뉴마(그 영을 좇아 행하는)", 갈 5:16에서는 "페리카테이테 프뉴마티 peripateite pneumati(성령을 좇아 행하라)", 갈 5:25에서는 "자오 프뉴마티 카이 스토이케오 프뉴마티 zao pneumati kai stoicheo pneumati(성령으로 살면 성령으로 행할지니)"로 번역되어 있다. peripateo와 stoicheo는 모두 "걷다"의 뜻을 가지고 있다. kata pneuma는 "영을 따라"로 3격인 pneumati는 "영으로써, 영으로, 영과 함께"등의 번역이 가능하지만 두 경우 같은 의미를 갖는다.

7:6) 영의 새로움이란 그리스도의 십자가 사건을 말하는 것이며 율법 조문의 묵은 것은 율법 종교인 유대교를 상징한다. 우리는 십자가를 통해서 하나님께 나아가며 하나님을 섬긴다. 그러므로 예수 그리스도의 십자가는 생명의 법이며 영의 법이다.[46](롬 8:2) 우리는 영의 법 즉 그리스도의 십자가로 인하여 죄와 사망의 법에서 해방되었다.(롬 8:2) 영을 따르라는 말은 다시 말해서 그리스도의 십자가를 따르라는 말이다. 십자가는 하나님의 법이요(롬 7:22), 성령의 법이며(롬 8:2), 또한 그리스도의 법이다.(갈 6:2) 그러므로 교회의 지체들이 모두 십자가인 영을 따를 때 맺는 열매들이 하나님 나라의 요소인 의와 평강과 희락이다.[47]

2) 하나님의 나라를 유업으로 받지 못하는 요소

하나님의 나라를 세우는 요소가 있는가 하면 하나님의 나라를 무너뜨리는 요소가 있다. 이는 바울 서신에서 하나님의 나라를 유업으로 받을 수 없는 것들로 나타난다.

> 불의한 자가 하나님의 나라를 유업으로 받지 못할 줄을 알지 못하느냐 미혹을 받지 말라 음행하는 자나 우상 숭배하는 자나 탐색하는 자나 남색하는 자나 도적이나 탐욕을 부리는 자나 술 취하는 자나 모욕

---

46 우리말 성경에서 성령의 법이라고 번역했지만, 엄밀히 말하면 영의 법이다. 롬 8:2 안에 거룩한*hagios*이라는 말이 없고 단지 영*pnueuma*이라는 단어만 있다. 이어지는 구절에서 영은 하나님이 자기 아들을 보내신 십자가 사건을 설명해주고 있다.(롬 8:3) 그러므로 십자가는 영의 법으로 번역해야 일관성이 있고 잘 이해할 수가 있다

47 Robin Scroggs, "Paul and the Eschatological Body," *Theology and Ethics in Paul and His Interpreters* (Nashville: Abingdon Press, 1996), 14-29 참조. 스크로그스는 개인의 신체는 종말론적인 하나님 나라에 들어갈 수 없으나 공동체의 몸이 영의 열매를 맺을 때(갈 5:22-23) 하나님의 나라를 유업으로 받을 수 있는 종말론적인 몸이 될 수 있음을 강조한다.

하는 자나 속여 빼앗는 자들은 **하나님의 나라를 유업으로 받지 못하리라**.(고전 6:9-10)

육체의 일은 분명하니 곧 음행과 더러운 것과 호색과 우상숭배와 주술과 원수 맺는 것과 분쟁과 시기와 분냄과 당 짓는 것과 분열함과 이단과 투기와 술 취함과 방탕함과 또 그와 같은 것들이라 전에 너희에게 경계한 것 같이 경계하노니 이런 일을 하는 자들은 하나님의 **나라를 유업으로 받지 못할 것이요**.(갈 5:19-21)

너희도 정녕 이것을 알거니와 음행하는 자나 더러운 자나 탐하는 자 곧 우상 숭배자는 다 그리스도와 **하나님의 나라에서 기업을 얻지 못하리니**.(엡 5:5)

위의 세 구절에서 공통적인 것은 하나님의 나라를 "유업으로 받지(클레로노메오kleronomeo)" 못하는 요소들이다. 고린도전서 6장 9-10절에 10개 요소, 갈라디아서 5장 19-21절에서 15개, 에베소서 5장 5절에서 3개가 나타난다.[48] 이것들은 갈라디아서 5장 19절에서 "육체" 혹은 "육sarks"의 일로 소개되고 있으며, 고린도전서 6장 9절에서는 불의한 자(아디코스adikos)의 일로, 에베소서 5장 5절은 성도가 따르지 말아야 할 것들로 소개된다.(엡 5:3) 이 요소들 가운데 음란, 우상숭배는 세 구절에서 동시에 나타나고 나머지 요소들은 다음의 바울 서신에 중복되어 사용된

---

48 이러한 요소들은 그리스 철학의 악덕vice 목록과 대부분 일치한다. 그리스 철학자들과 윤리학자들에게 악덕 목록은 미덕의 그것보다 더 익숙하고 자연스럽다. 그들은 대체로 개인의 악을 다루는 반면에 바울 서신의 악덕 요소들은 당시의 사회적 악을 향하고 있는 것으로 보인

다. 로마서 1장 28-31절(하나님을 마음에 두기 싫어하는 자들의 일), 8장 7절(육의 생각), 13장 13-14절(정욕을 위한 육의 일), 고린도전서 3장 3절(육에 속한자의 일), 5장 11절(교회 안에서 버려야 할 일), 고린도후서 12장 20-21절(교회 안에서 버려야 할 일), 에베소서 4장 31절(교회를 세우는데 소용없는 일), 5장 3절(성도가 마땅히 버려야 할 일), 골로새서 3장 5절(땅에 있는 옛사람의 일) 등. 이 모든 것들이 교회 안에서 일어나는 문제들과 직접적으로 연관되어 있다.

하나님 나라를 유업으로 받지 못하는 많은 요소들이 대부분 육의 일들로 증거되고 있다. 육은 인간학적인 용어지만 바울 서신 안에서 전반적으로 나타나는 교회론적 용어로 사용되고 있다. 하나님 나라와 관련하여 육은 한마디로 믿음의 공동체를 파괴하는 사탄적인 요소다. 육의 열매로 얻어지는 것들은 믿음의 공동체를 파괴하는 공동체 분열의 원인으로 작용하고 있다.[49] 육의 일 가운데 특히 음행과 우상숭배에 대한 바울의 공동체적 관심이 전적으로 나타나 있다. 음행은 개개인들에게 이 악행이 주는 영향에 관한 것이 아니고 전체로서의 공동체 속에 나타나는 악행으로 말미암은 결과들이다.[50](고전 5:1-13, 6:9-13, 10:7-10) 그에게 있어서 창기와 합하는 악행(고전 6:15ff)이 한 사람의 마음의 순수성을 더럽힌다고 여겨지는 것이 아니라 그리스도의 지체를 손상시키고 신자들의 공동체를 오염시키는 것으로 여겨지는 것이다.[51]

바울은 공동체 안에서 작용하는 육으로서의 지체뿐만 아니라 자신

다. David E. Aune, *The New Testament in Its Literary Environment* (Philadelphia: The Westminster Press, 1989), 194-95; Wayne A. Meeks, *The Moral World of the First Christians* (Philadelphia: Fortress Press, 1986), 79를 참조하라.
49 Frank J. Matera, *Galatians* (Minnesota: The Liturgical Press, 1992), 209.
50 음행(포르네이아*porneia*)이 실질적인 성적인 문제이기도 하지만(고전 5:1), 하나님의 뜻과 명령을 불순종하는 배반의 행위를 상징하기도 한다.(고전 6:13, 10:8)
51 4장 공동체의 영과 육을 참조하라.

안에서 스스로 육과의 갈등과 싸움을 증거한다. 바울은 로마서 7장에서 마음*nous*의 법과 싸우는 또 다른 법이 있음을 말하며 그것이 자신의 속사람이 원하지 아니하는 악을 행하는 죄의 법임을 밝히고 있다.(롬 7:20) 바울은 마음의 법과 함께 공존하는 죄의 법으로 인하여 괴로워한다. "오호라 나는 곤고한 사람이로다 이 사망의 몸에서 누가 나를 건져내랴." (롬 7:24) 바울은 죄의 법을 따르는 것은 자신의 마음이 아니라 육*sarks*이라고 말한다. "그런즉 내 자신이 마음으로는 하나님의 법을 육신*sarks*으로는 죄의 법을 섬기노라."(롬 7:25) 바울의 고민은 하나님의 법을 따르는 마음과 죄의 법을 따르는 육이 동시에 내 안에 공존한다는 것이다. 둘이 전쟁을 하는 것이다. 그러나 바울은 이 전쟁으로 인하여 하나님께 감사하고 있다.(롬 7:25) 이 사탄적인 육과의 전쟁에서 승리할 수 있는 원인은 오직 예수 그리스도뿐이기 때문이다. 우리의 마음의 중심인 그리스도의 십자가만이 승리의 주체가 된다.

이런 관점에서 바울 서신에 나타나는 "나 자신(에고 아우토스*ego autos*)"에 대한 해석에 주의를 기울여야 한다. 나 자신이 둘로 나누어짐을 전제하면 바울이 교회를 향하여 늘 권면하는 "나를 본받으라"는 윤리적 명령은 자기 명예를 위한 교만한 육의 생각이 아니다.(고전 4:16; 빌 3:17, 4:9; 살전 1:6; 살후 3:9) "나를 본받으라"의 나는 로마서 7장 25절에서처럼 마음의 법 즉 하나님의 법을 따르는 자신을 가리킨다.[52] 바울을 본받는 것은 결국 그리스도를 본받는 것이다. 왜냐하면 바울은 그리스도를 본받는

---

52 그리스 철학자들도 자신을 본받으라는 강조를 많이 한다. 그들은 자신의 명예와 덕을 세우기 위하여 자신을 본받으라고 하지만, 바울은 하나님의 부르심에 합당한 종말론적 공동체를 세우기 위하여 권면하는 것이다. Abraham J. Malherbe, *Paul and the Thessalonians* (Philadelphia: Fortress Press, 1987), 59.

자의 모범이 되기 때문이다. "내가 그리스도를 본받는 자가 된 것 같이 너희는 나를 본받는 자가 되라."(고전 11:1) 바울은 그리스도를 본받고 교회가 바울을 본받는다면 바울과 교회 모두가 그리스도를 본받는 것이다.(고전 4:22-23; 살전 1:6-7) 나 자신이 그리스도를 향하여 있는 자는 육을 위하여 살지 않는 것뿐만 아니라 결국 나 자신을 위하여 살지 않으며 우리를 위해 자기 몸을 내어주신 자를 위하여 살게 되어 있다.(갈 2:20; 고후 5:15)

미래에 온전한 하나님의 나라를 유업으로 받기 위해서는 이 땅의 교회에서 하나님의 나라를 세워야 한다. 하나님의 나라를 세우는 것이 영 *pneuma*의 요소라고 한다면, 하나님의 나라를 방해하는 것은 육*sarks*의 요소다. 육은 그리스도의 몸 된 교회를 무너뜨리는 요소일 뿐 아니라 세워진 하나님의 나라도 무너뜨린다. 바울은 육의 요소를 믿음의 공동체로부터 잘라내기를 권면하고(고전 5:2, 5) 상종하지 말라고 한다.(고전 5:11) 바울의 이러한 육을 다루는 방법은 하나님 나라를 세우는 것이 엄청난 희생과 노력이 필요함을 보여주고 있다. 교회론적인 입장뿐만 아니라 개인적으로도 육과 싸워야 한다. 하나님 나라의 세움을 위하여 두 가지 방법이 필요하다. 소극적으로는 육을 제거하는 방법이요, 적극적으로는 영을 따르는 일이다. 그래서 주님 오시는 날에 믿음의 공동체가 추구하는 그 영의 삶이 온전히 보전되어야 한다.(살전 5:23)

5장 바울의 신학과 공동체 윤리

바울의 윤리는 근본적으로 신학적이며 신학의 한 단면이라고 할 수 있다.[1] 이것은 그가 실천적으로 행했던 윤리적 행위들이 그의 신학적 확신 가운데서 출발하기 때문이다. 간혹 바울의 신학과 윤리는 연관성이 없이 이분되어 있고 윤리는 신학적이기보다 그리스 문화적임이 강조되기도 한다.[2] 그러나 바울의 윤리가 그리스 문화적 배경에서 기원되었다 하더라도 그것은 이미 바울의 신학화 혹은 그리스도화 과정을 거친 것을 전제해야 한다.[3] 헬레니즘에서 윤리란 철학적 사상이나 사고가 반영된 일상의 삶의 원칙을 말한다. 그리스 철학의 목표가 인간의 행복(에우다이모니아eudaimonia)이라면 그것의 윤리는 이 행복을 얻기 위한 삶의 지표를 제공한다. 그래서 매일의 삶에서 행복을 얻기 위하여 미덕(아레테 arete)을 이루라고 강조한다. 미덕은 주로 자연nature, 우정friendship, 정직honesty, 국가통치statecraft 등의 주제에 집중되어 있었다. 이런 점에서 헬레니즘의 윤리는 목적론적 성격을 가진 행복의 윤리라고 할 수 있다. 이에 반해 바울의 윤리는 예수 그리스도의 십자가 사건 안에 이루어

---

[1] Willi Marxen, *New Testament Foundations For Christian Ethics* (Minneapolis: Fortress Press, 1993), 21; 퍼니쉬, 『바울의 신학과 윤리』, 김용옥 옮김 (서울: 대한기독교출판사, 1982), 236.
[2] Leander E. Keck and V. P. Furnish, *The Pauline Letters* (Nashville: Abingdon Press, 1989), 82; Eduard Lohse, *Theological Ethics of the New Testament* (Minneapolis: Fortress Press, 1991), 16-18.
[3] Richard B. Hays, *The Moral Vision of the New Testament: Community, Cross, New Creation* (New York: Harper Collins Publications, 1996), 10-12.

진 하나님의 인간의 구원을 위한 계획과 뜻에 근거되어 있기 때문에 목적론이라기보다 결과론에 더 중점을 두고 있다.[4] 그리스도 사건에 대한 고백, 확증의 서술 다음에 윤리적 권면이 주어지기 때문이다.[5]

이런 점에서 바울의 윤리는 신학적 준거 틀framework을 가지고 있다고 할 수 있다. 여기서 신학적 근거란 윤리적 체계를 결정하는 중요한 근거가 된다. 이 말은 신학에 의해서 윤리적 체계가 변경 혹은 변화될 수 있다는 것을 말한다. 실제로 바울의 윤리는 다마스쿠스 사건을 기점으로 바리새인의 윤리에서 기독교의 윤리로 변경되었다. 신학의 변화 즉 신앙의 중심의 변화가 윤리적 체계의 변화를 가져온 것이다.

기독교 역사를 통해서 시대와 교단에 따라서 신론의 변화와 교리의 변화에 따라서 윤리적 체계의 변화를 가져온 것도 사실이다.[6] 그러나 바울의 윤리를 연구하면서 신론과 교리의 변화를 통해서 윤리의 변화에 중점을 두지 않을 것이다. 그것보다는 오히려 시대와 교단의 변화와 다양성에도 불구하고 변하지 않는 신학적 근거를 둔 윤리적 체계를 다루려고 한다. 여기서 신학적 근거란 하나님께서 그리스도 안에서 그리스도를 통하여 행하신 사실, 즉 십자가 사건을 말하며 이를 십자가 신학이라고 부른다. 윤리란 그리스도 안에 부름 받은 자들이 이런 신학적 근거를 바탕으로 어떻게 살아야 하는가를 다루는 삶의 원칙을 다루게 된다. 또한 십자가의 신학이 신앙 공동체 형성의 근거이기 때문에 그리스도인의 윤리는 신앙 공동체 안에서 이루어지며, 신앙 공동체를 위하여 행해

---

4 Wolfgang Schrage, *The Ethics of the New Testament*, tr. T. E. Green (Philadelphia: Fortress Press, 1988), 170-71.
5 바울 서신의 윤리 부분이 접속사 "그러므로(운oun)" 다음에 펼쳐지는 것에 유의하라. 롬 12:1; 살전 4:1; 갈 5:1 참조.
6 Willi Marxen, *New Testament Foundations For Christian Ethics*, 8-10.

진다는 것을 다룰 것이다.

신앙 공동체의 윤리적 체계는 이 공동체가 하나님의 공동체인가 혹은 우상의 공동체인가를 결정하는 중요한 기준이 된다. 만일 그리스도를 대신한 세속적 윤리가 공동체에 들어와 공동체의 삶과 행동을 결정한다면 그것은 우상의 윤리요, 우상의 공동체가 될 것이다.[7] 지체들 가운데 우상의 습관이 남아 있는 사람들이 있기 때문에 이 문제는 공동체 안에서 다루어야 할 중요한 요소다.[8] 이런 점에서 십자가 신학이 공동체를 위한 윤리적 명령의 유일한 근거가 되어야 한다. 그리스도의 십자가 안에 인간의 구원을 위한 하나님의 계획과 뜻과 사랑이 있으며 이로 인해 믿음의 공동체가 존재하기 때문이다.

바울에게 있어서 십자가 신학은 하나님의 사랑에 대한 단순한 사고의 훈련이나 변화에서 끝나는 것이 아니다. 십자가 신학과 신앙은 항상 믿음의 공동체를 세우기 위한 윤리적 도구 혹은 삶의 원리로서 작용한다. 이것은 그리스도의 몸 된 지체의 어떤 행위에 대한 윤리적 체계다. 다시 말해서 윤리적 결단의 동기와 원인이며, 반복되는 윤리적 실천을 통해서 공동체 삶의 양식이 형성된다. 그러므로 바울 신학에서 가장 기초가 되는 십자가 신학은 항상 신앙 공동체 윤리와 병행되고 있다. 이러한 신학과 윤리의 연관성을 근거로 이 장에서는 앞서 논의한 바울의 십자가 신학을 중심으로 그에 따른 공동체의 윤리를 다루고자 한다.

---

7 Willi Marxen, *New Testament Foundations For Christian Ethics*, 8.
8 고전 8:7을 참조하라. "그러나 이 지식은 모든 사람에게 있는 것은 아니므로 어떤 이들은 지금까지 우상에 대한 습관이 있어 우상의 제물로 알고 먹는 고로 그들의 양심이 약하여지고 더러워지느니라."

1. 십자가 신학과 윤리

바울 신학의 중심이 예수 그리스도의 십자가인 것을 3장에서 다루었다. 바울 서신에 나타난 십자가의 의미를 온전히 다룬다는 것은 매우 힘든 일이다. 다만 구원과 연관된 인간의 죄의 문제를 해결하는 관점에서 십자가 사건을 연구하였다. 특별히 십자가 사건을 속죄, 속량, 화목의 세 차원으로 구분하여 신학적 체계를 구성하려고 했다. 이에 대하여 바울은 십자가의 그리스도가 믿는 자들에게 주는 의미를 다음과 같이 증거한다.

> 너희는 하나님으로부터 나서 그리스도 예수 안에 있고 예수는 하나님으로부터 나와서 우리에게 지혜와 의로움과 거룩함과 구원함이 되셨으니.(고전 1:30)

이 구절에서 지혜(소피아sophia)는 구원자이신 그리스도의 의미인 의로움dikaiosyne, 거룩함(하기아스모스hagiasmos), 구속함(아포뤼트로시스apolytrosis)을 설명하는 포괄적인 개념을 갖는다.[9] 십자가에 못 박힌 그리스도는 부르심을 받은 자들에게 하나님의 구원하시는 능력(뒤나미스dynamis)과 지혜sophia가 된다.(고전 1:23-24) 예수 그리스도와 그의 십자가에 대한 말씀은 하나님께서 계획하신 우리를 구원하는 하나님의 지혜가 되며(고전 1:21), 영접하지 못하는 자들에게는 미련한 것이지만 구원을 얻는 자들에게는 하나님의 능력이 된다.(고전 1:18)

---

9 고전 1:30의 사역. "너희는 하나님께로부터 나서 그리스도 예수 안에 있고 그는 하나님께로부터 나서 우리에게 지혜가 되셨으며 또한 의로움과 거룩함과 구속함도 되셨느니라."

하나님으로부터 나온 그리스도가 믿는 자들에게 세 가지 의미로 축약된다. 의로움, 거룩함, 구속함. 세 용어는 인간의 구원을 설명하기 위한 필수적인 개념들이다. 이 가운데 구속함apolytrosis은 속죄apolytrosis와 동의어다.[10] 이 단어는 우리의 죄를 대신하여 비는 대속의 의미를 가지고 있다.(엡 1:7; 골 1:14) 거룩함hagiasmos은 값을 치루고 샀다는 개념의 속량(엑사고라조eksagorazo), 혹은 속전(안티뤼트로시스antilytrosis)의 의미와 상통한다. 또한 의로움dikaiosyne은 관계의 회복과 관련된 화목katallage의 의미를 내포하고 있다. 이것은 인간이 구원의 최종 상태인 구속함과 거룩함, 의로움을 얻기 위해서는 예수 그리스도의 십자가를 통해서만이 가능하다는 것을 보여주고 있는 것이다. 그러므로 십자가는 하나님의 지혜이며 하나님의 능력이 된다.

십자가의 신학에서 출발한 구원의 세 가지 요소는 다음 구절에서 더욱 분명해진다.

> 너희 중에 이와 같은 자들이 있더니 주 예수 그리스도의 이름과 우리 하나님의 성령 안에서 씻음과 거룩함과 의롭다 하심을 받았느니라.(고전 6:11)

이 구절에서 씻음(아포루오apolouo)은 구속apolytrosis의 동사형이며, 거룩함(하기아조hagiazo)과 의롭다 하심(디카이오오dikaioo) 모두 앞서 설명한 거룩hagiasmos과 의로움dikaiosyne의 동사형이다. 예수 그리스도가 십자가를 통해서 구원의 완성인 구속과 거룩함과 의로움이 되셨으니, 그를 영

---

10 속죄의 개념에 대해서는 3장에서 논의한 십자가 사건과 속죄 부분을 참조하라.

접하고 믿는 자는 오직 그를 통해서 정결함과 거룩함과 의롭다 하심을 얻게 된다. 바울 서신을 통해서 예수 그리스도 안에 부름을 받은 성도들에 대해서 이러한 세 가지 구원의 형태 안에서 증거되는 구절들을 발견할 수 있다. "이는 곧 물로 **씻어** 말씀으로 **깨끗하게 하사 거룩하게 하시고** 자기 앞에 영광스러운 교회로 세우사 티나 주름 잡힌 것이나 이런 것들이 없이 거룩하고 흠이 없게 하려 하심이라."(엡 5:26-27) "이제는 그의 육체의 죽음으로 말미암아 **화목하게 하사** 너희를 **거룩하고** 흠 없고 책망할 것이 없는 자로 그 앞에 세우고자 하셨으니."(골 1:22) 이 외에도 많은 구절들이 있지만 윤리 부분을 다루는 아래 부분에서 자세하게 다룰 것이다.

그리스도 안에 있는 모든 신앙 공동체 윤리가 십자가 신학에 근거한다는 전제는 공동체의 "연쇄적 소속성serial belonging"에서도 알 수 있다.

> 바울이나 아볼로나 게바나 세계나 생명이나 사망이나 지금 것이나 장래 것이나 다 너희의 것이요 너희는 그리스도의 것이요 그리스도는 하나님의 것이니라.(고전 3:22-23)

교회는 그리스도에게 속한 것이며 그리스도는 하나님께 속한 것이다. 이러한 신학적 사고는 교회가 세상에 존재하고 있지만 하나님께로 난 자들이며(고전 1:30), 구원의 근원이 되는 그리스도 역시 위로부터 온 분임을 증거하는 것이다.(빌 2:6-11; 골 1:15-20) 그러므로 이 세상에 생존해야 하는 그리스도의 몸 된 교회는 그리스도의 형상morphe을 가져야 한다.(갈 4:19) 교회가 그리스도의 형상을 이루기 위해서 구체적인 윤리적 실천이 요구된다. 이것이 윤리가 신학적이라는 말의 의미이며, 신학적 근거의 가장 근원적인 것은 하나님의 구원의 종말론적인 행동인 그리스도의 십자가 사건이다.[11] 이제부터 십자가 신학의 근거를 토대로 하여 공동체를 향한 윤리적 명령이 어떠한 형태로 주어지는지 살펴볼 것이다.

1) 구속함과 윤리

십자가의 속죄의 능력은 그리스도가 믿는 자에게 구속함이 된다는 사실을 밝혔다.(엡 1:7) 십자가를 통한 속죄, 즉 구속, 대속의 의미는 그리스도께서 우리의 죄를 대신하여 빈다는 의미이며 그 결과로서 죄의 씻음을 받을 수 있음을 말한다. 죄 씻음을 받은 성도들이 정결한 공동체를 이루게 된다. 다시 말해서 속죄, 즉 구속의 신학은 신앙 공동체의 정결성을 유지하게 만든다.

구속함이 되시는 그리스도를 따르는 성도들은 구속, 즉 속죄의 윤리적 실천을 요구 받는다. 교회의 모든 지체들 사이에서 죄를 자백하고 회개해야(메타노에오 *metanoeo*) 한다.[12] (롬 2:4; 고후 7:9-10, 12:21; 엡 3:4, 20 참조) 또한 그리스도께서 우리를 용서하신 것과 같이 우리도 서로 용서해야(카리조마이 *charizomai*) 한다. "서로 친절하게 하며 불쌍히 여기며 서로 용서하기를 하나님이 그리스도 안에서 너희를 용서하심과 같이 하라."[13] (엡

---

11 W. Schrage, *The Ethics of the New Testament*, 167.
12 이 구절들에서 회개해야 하는 윤리적 요구는 명령법 imperative으로 나타나지 않고 주로 직설법 indicative으로 나타난다. 윤리적 요구로서의 명령법은 항상 그리스도 안에 있는 구원의 확증에 대한 직설법적 서술에 근거를 둔다. 두 경우 모두 실천적 당위성의 요구는 동일하다고 볼 수 있다. Allen Verhey, *The Great Reversal: Ethics and the New Testament* (Grand Rapids: Eerdmans Publishing Co., 1984), 104 참조.
13 서로 죄를 시인하고 용서하는 공동체의 모습은 야고보서에 잘 나타난다. "그러므로 너희 죄를 서로 고백하며 병이 낫기를 위하여 서로 기도하라 의인의 간구는 역사하는 힘이 큼이니라."(약 5:16)

4:32; 골 3:13; 고후 2:7, 10, 12:13 참조) 이것은 서로 실수하고, 부족한 것을 참고 용납하는(아넥조마이 *aneksomai*) 행위다. "원하건대 너희는 나의 좀 어리석은 것을 용납하라 청하건대 나를 용납하라."(고후 11:1)

믿음의 공동체 안에서 서로 회개하고 용서하는 것은 그리스도를 통해서 하나님이 우리를 자녀로 받아 주시는 것과 같다. "누가 누구에게 불만이 있거든 서로 용납하여 피차 용서하되 주께서 너희를 용서하신 것 같이 너희도 그리하고."(골 3:13; 고전 4:12; 엡 4:2; 살후 1:4 참조) 그러므로 믿음의 지체들은 믿음이 강하거나, 약하거나 혹은 크거나 작거나 서로 배척하거나 정죄하거나 판단하지 말고 서로 받아들여야(프로스람바노 *proslambano*) 한다. "그러므로 그리스도께서 우리를 받아 하나님께 영광을 돌리심과 같이 너희도 서로 받으라."(롬 15:7, 14:1, 3 참조) 회개하는 것은 비단 하나님을 향해서 뿐만 아니라 지체들 사이에서 이루어져야 한다. 진정한 공동체의 정결성, 구속의 공동체는 이러한 속죄의 윤리적 실천에 의해서 이루어진다.

그리스도의 속죄의 은총은 그리스도 자신을 위한 것이 아니라 우리의 죄를 위한 것이다. 이러한 속죄의 신학은 지체들로 하여금 남을 위한 윤리적 실천을 요구하는 근거가 된다. 이것은 믿음의 공동체 안에서 남의 기쁨을 위하여 혹은 남의 유익을 위하여 요구되는 실천적 행위다. 공동체의 지체들은 서로 남을 기쁘게 해야(아레스코 *aresko*) 한다. "우리 각 사람이 이웃을 기쁘게 하되 선을 이루고 덕을 세우도록 할지니라."(롬 15:2) 여기서 이웃(플레시온 *plesion*)은 공동체 안에서 가까운 형제자매, 곧 지체들을 의미한다. 다른 사람을 기쁘게 하는 것이 십자가의 속죄의 원리이기 때문이다. "그리스도께서도 자기를 기쁘게 하지 아니하셨나니 기록된 바 주를 비방하는 자들의 비방이 내게 미쳤나이다 함과 같으니

라."(롬 15:3)

그리스도의 사랑이 자기의 유익(쉼페론symperon)을 구하는 것이 아니라 남의 유익을 구하는 것이므로, 이 역시 모든 지체에게 요구된다. "누구든지 자기의 유익을 구하지 말고 남의 유익을 구하라."(고전 10:24; 고전 9:19-23, 13:5 참조) 여기서 유익이란 그리스도 안에서 얻는 신앙의 모든 유익을 말한다. 그러므로 지체들 사이에서 공동체를 생각하지 않고 개인적인 욕심으로 서로를 넘어뜨리고 실족하게 하는 일을 조심해야 한다.(롬 14:13; 고전 8:13, 10:32 참조) 오히려 지체들의 남의 유익을 위한 윤리적 행위가 또 다른 지체들로 하여금 그리스도 안에서 생명을 얻는 동기가 되어야 한다. "나와 같이 모든 일에 모든 사람을 기쁘게 하여 자신의 유익을 구하지 아니하고 많은 사람의 유익을 구하여 그들로 구원을 받게 하라."(고전 10:33) 신앙 공동체의 윤리가 상대방의 기쁨과 유익을 향하여 있다는 것은 공동체를 세우기 위한 매우 중요한 윤리의 원칙이 된다. 일반 사회의 윤리는 자신의 덕과 명예를 세우는 것이 목표인 것과 다르다고 할 수 있다.

그리스도 안에서 형제자매 곧 남의 기쁨과 유익을 위하는 것이 곧 하나님을 기쁘게 하는 것이다. 그리스도의 속죄의 십자가가 인간의 구원을 위한 하나님의 뜻과 계획이었다. 그리스도는 하나님 아버지의 뜻과 계획에 죽기까지 순종하시므로 아버지를 기쁘게 하셨고 영광을 돌리셨다.(빌 2:8-11) 이러한 십자가의 원리로부터 속죄의 공동체는 하나님을 기쁘게 할 것이 무엇인가에 관심을 가져야 한다. "주를 기쁘시게 할 것이 무엇인가 시험하여 보라."(엡 5:10) "너희가 염려 없기를 원하노라 장가 가지 않은 자는 주의 일을 염려하여 어찌하여야 주를 기쁘시게 할까 하되."(고전 7:32) 이러한 중심으로부터 하나님이 기뻐하시는 제사(롬

12:1; 히 13:16 참조)와 제물(빌 4:18)이 무엇이며, 기뻐하시는 뜻을 분별하여 (롬 12:2), 기뻐하시는 일을 마땅히 어떻게 해야 하는지를 힘써(살전 4:1), 하나님의 기뻐하심을 받는 지체들로서 세워지는 공동체가 될 수 있다.(롬 14:18) 이것은 또한 공동체 윤리의 목적이 될 수 있다. "오직 하나님께 옳게 여기심을 입어 복음을 위탁 받았으니 우리가 이와 같이 말함은 사람을 기쁘게 하려 함이 아니요 오직 우리 마음을 감찰하시는 하나님을 기쁘시게 하려 함이라."[14](살전 2:4)

이 단락은 속죄의 신학으로부터 믿음의 공동체가 어떠한 형태의 윤리적 명령을 요구 받는지 살펴보았다. 속죄는 먼저 죄 씻음의 의미를 갖기 때문에 공동체는 정결의 공동체가 되어야 한다. 이를 위해서 그리스도의 이름으로 죄를 자백하고 용서하는 공동체가 먼저 되어야 한다. 이 과정에서 신앙의 대소, 강약에 따라 서로 용납하고 받아들이는 일이 요구된다. 공동체의 정결성은 여기에서 끝나는 것이 아니라 더 나아가, 속죄의 십자가의 원리를 따라 남의 기쁨과 유익을 구하는 윤리적 실천을 강조하며, 이러한 지체들의 윤리적 삶을 통하여 하나님을 기쁘시게 하는 공동체로 세워져 간다. 결과적으로 속죄의 신학적 관점으로부터 교회의 모든 지체에게 그것에 근거한 윤리적 실천이 요구되고 있다는 사실을 발견할 수 있다.

2) 거룩함과 윤리

공동체의 정결성이 속죄의 신학에 근거했다면, 거룩성hagiasmos은 속

---

14 하나님을 기쁘게 하는 삶이 신앙 윤리의 원칙과 목적이 되는 것에 대해서 갈 1:10을 참조하라. "이제 내가 사람들에게 좋게 하랴 하나님께 좋게 하랴 사람들에게 기쁨을 구하랴 내가 지금까지 사람들의 기쁨을 구하였다면 그리스도의 종이 아니니라."

량의 신학에 근거한다. 속량*eksagorazo*의 의미가 노예를 사는 값을 의미하는 것처럼, 그리스도의 속량은 우리를 세상과 죄의 노예로부터 값을 치루고 샀음을 의미한다. "너희 몸은 너희가 하나님께로부터 받은 바 너희 가운데 계신 성령의 전인 줄을 알지 못하느냐 너희는 너희 자신의 것이 아니라 값으로 산 것이 되었으니 그런즉 너희 몸으로 하나님께 영광을 돌리라."(고전 6:19-20) 그러므로 속량은 소유의 문제가 된다. 그리스도께서 값을 치루셨으니 성도들은 이제 세상의 것이 아니라 그리스도의 것이다. 세상, 죄, 어두움의 소유로부터 그리스도의 속량을 통해서 하나님을 아빠 아버지로 부르는 자들이 되었다.(롬 8:14-15; 갈 4:5-6) 거룩함 *hagiasmos*이란 이러한 세상, 죄, 어두움과의 분리를 의미한다. 세상과 완전히 분리되었음을 설명하는 용어가 거룩함이다. 그러므로 그리스도 안에서 거룩함을 입은 자들은 하나님과 그리스도의 종이며 다시는 세상처럼 사람들의 종이 되어서는 안 된다는 강한 요구를 받게 된다. "너희는 값으로 사신 것이니 사람들의 종이 되지 말라."(고전 7:23) 거룩함이란 그리스도 안에서 새로운 존재가 되는 것이다. "하나님을 따라 의와 진리의 거룩함으로 지으심을 받은 새 사람을 입으라."(엡 4:24)

믿음의 공동체는 예수 그리스도의 속량의 은혜로 거룩함에 이르게 된다. 세상에 존재하지만 세상에 속해서는 안 되는 공동체의 특성을 말해주고 있다. 그러므로 공동체의 거룩성은 항상 죄와 세상의 종이 되는 것을 불허한다. 지체들은 이러한 그리스도의 속량의 은총으로 얻은 거룩함이 하나님의 뜻임을 깨달아야 한다. "하나님이 우리를 부르심은 부정하게 하심이 아니요 거룩하게 하심이니."(살전 4:7) 뿐만 아니라 늘 그리스도의 종으로서 거룩함을 유지하며, 공동체의 정체성을 지키기 위해 애써야 함도 잊어서도 안 된다.

> 너희 육신이 연약하므로 내가 사람의 예대로 말하노니 전에 너희가 너희 지체를 부정과 불법에 내주어 불법에 이른 것 같이 이제는 너희 지체를 의에게 종으로 내주어 거룩함에 이르라.(롬 6:19)

그리스도의 속량의 결과로서 얻어진 공동체의 거룩함의 특성을 가장 잘 설명해 주는 개념이 자유 곧 해방(엘류테리아eleutheria)다. "그러나 이제는 너희가 죄로부터 해방되고 하나님께 종이 되어 거룩함에 이르는 열매를 맺었으니 그 마지막은 영생이라."(롬 6:22) 하나님의 뜻대로 그리스도 안에서 거룩해진 성도들은 이제 그리스도 없이 살던 옛 시대를 마감했다.(갈 1:4) 그러므로 옛 시대로 부터의 자유란 다시는 과거로 돌아가서는 안 되는 것이며, 현재 그리스도 안에서 누리는 자유의 상태를 유지해야 한다. "그 바라는 것은 피조물도 썩어짐의 종 노릇 한 데서 해방되어(엘류테로오eleutheroo) 하나님의 자녀들의 영광의 자유eleutheria에 이르는 것이니라."(롬 8:21) 공동체의 모든 지체는 이러한 속량의 신학으로부터 강한 윤리적 요구를 받게 된다. "그리스도께서 우리를 자유롭게 하려고 자유를 주셨으니 그러므로 굳건하게 서서 다시는 종의 멍에를 메지 말라."(갈 5:1)

그리스도의 속량이 우리로 하여금 소속의 변화, 즉 신분의 변화를 가져왔다. 앞서 언급했듯이 이것은 존재의 변화를 의미하는 동시에 옛 시대로 돌아가서는 안 된다는 것을 요구한다. 믿음의 공동체가 세상에 존재하는 동안 그것의 거룩성을 유지하기 위해서 실천해야 하는 최소한의 요구다. 이와 관련된 윤리적 요구는 먼저 새로운 존재를 향한 깨달음과 요구로 이어진다. 그리스도의 속량의 은혜 아래 있는 자들은 새로운 존재가 되었다. "그런즉 누구든지 그리스도 안에 있으면 새로운 피조물이라 이전 것은 지나갔으니 보라 새 것이 되었도다."(고후 5:17) 성도들은 그리스도의 은혜로 말미암아 변화된 자신의 정체성을 깨닫고 인지해야 한다. "새 사람을 입었으니 이는 자기를 창조하신 이의 형상을 따라 지식에까지 새롭게 하심을 입은 자니라."(골 3:10) 더 나아가 새로운 존재의 모습을 유지해야 하는 요구를 받는다. "하나님을 따라 의와 진리의 거룩함으로 지으심을 받은 새 사람을 입으라."(엡 4:24)

이러한 존재의 변화는 옷을 갈아입는 것과 같다. 다시 말해서 새 사람을 입는 것은 그리스도로 옷 입는(엔뒤오*endyo*) 것이다. "누구든지 그리스도와 합하기 위하여 세례를 받은 자는 그리스도로 옷 입었느니라."(갈 3:27) "오직 주 예수 그리스도로 옷 입고 정욕을 위하여 육신의 일을 도모하지 말라."[15](롬 13:14) 존재의 변화는 생각의 변화를 동반한다. 사고의 중심이 변하지 않고는 진정한 존재의 변화를 생각할 수 없기 때문이다. 그래서 새 사람을 입는 것은 새로운 마음*nous*을 갖는 것과 같다. "너희는 이 세대를 본받지 말고 오직 마음을 새롭게 함으로 변화를 받아 하나님의 선하시고 기뻐하시고 온전하신 뜻이 무엇인지 분별하도록 하라."(롬 12:2) 여기서 마음은 하나님의 생각과 뜻을 알 수 있는 그리스도의 마음이다.(고전 2:16; 빌 2:5) 그리스도의 마음이 우리의 중심이 될 때 우리의 속사람이 하나님의 법을 즐거워하는 마음의 법 안에 있게 된다.(롬 7:22-23) 그리스도 안에 있는 새로운 존재는 항상 그리스도 중심으로 살아가는 마음의 변화를 요구 받는다.

그리스도 안에서 새사람이 된 자들은 옛사람은 그리스도와 함께 죽은 것이다.

---

15 새로운 존재와 그에 상응하는 "옷 입다*endyo*"의 개념은 믿음의 공동체를 나타내는 중요한 개념이다. 이에 대해서는 4장 "그리스도와 교회" 부분을 참조하라.

우리가 알거니와 우리의 옛 사람이 예수와 함께 십자가에 못 박힌 것은 죄의 몸이 죽어 다시는 우리가 죄에게 종 노릇 하지 아니하려 함이니 이는 죽은 자가 죄에서 벗어나 의롭다 하심을 얻었음이라 만일 우리가 그리스도와 함께 죽었으면 또한 그와 함께 살 줄을 믿노니.(롬 6:6-8)

그러므로 그리스도가 없는 불신앙과 불순종의 옛 시대로의 회귀를 불허한다. 하나님을 알지 못했던 환경으로 돌아가서는 안 되지만 그리스도의 십자가를 포기하고 돌아간다면, 이는 다시 세상의 종이 되는 것이다. "이제는 너희가 하나님을 알 뿐 아니라 더욱이 하나님이 아신 바 되었거늘 어찌하여 다시 약하고 천박한 초등학문으로 돌아가서 다시 그들에게 종 노릇 하려 하느냐."(갈 4:9) 믿음의 공동체를 향하여 요구되는 윤리적 강령은 세상에서 온 것이 아니다. 지체들에게 요구되는 구체적인 삶의 원리가 그리스도의 십자가에서 온 것임을 깨닫지 못하면, 몸은 교회 안에 있으나 삶은 세상의 원리를 따르는 세상의 종이 되어 버리고 만다. 그리스도께서 값을 지불하고 사신 속량의 공동체는 이 사실을 간과해서도, 놓쳐서도 안 될 것이다. "너희가 세상의 초등학문에서 그리스도와 함께 죽었거든 어찌하여 세상에 사는 것과 같이 규례에 순종하느냐 (곧 붙잡지도 말고 맛보지도 말고 만지지도 말라 하는 것이니 이 모든 것은 한때 쓰이고는 없어지리라) 사람의 명령과 가르침을 따르느냐."(골 2:20-22) 만일 옛 시대로 돌아간다면 그 사람은 그리스도의 죽음을 헛되이 만드는 것과 다름없다.[16](갈 2:21)

---

16 과거로 돌아가는 것에 대한 경고로서 히 6:5-6을 참조하라. "하나님의 선한 말씀과 내세의 능력을 맛보고도 타락한 자들은 다시 새롭게하여 회개하게 할 수 없나니 이는 그들이 하나님의 아들을 다시 십자가에 못 박아 드러내 놓고 욕되게 함이라."

바울 서신에서 그리스도 없이 살았던 옛 시대를 "전에(포테pote)"라는 용어와 현재 그리스도의 은혜 아래 있는 "이제(눈nun)"의 용어로 대조한다. "너희가 전에는 하나님께 순종하지 아니하더니 이스라엘이 순종하지 아니함으로 이제 긍휼을 입었는지라."(롬 11:30; 롬 6:19 참조) 우리는 그리스도를 알기 전에 하나님의 법을 깨닫지 못하였고(롬 7:9; 갈 4:8), 율법 아래 메인 바 되었으며(갈 3:23, 4:3), 육체의 정욕대로 행하는 본질상 진노의 자녀였으며(엡 2:3), 어두움이었다.(엡 5:8) 전에는 하나님과 멀리 있었고(엡 2:13, 17), 원수되었지만(골 1:21; 롬 5:10) 이제는 빛의 자녀가 되었다. 빛의 자녀로서 새로운 존재가 된 자들이 그리스도로 "옷 입는endyo" 것이라면 이제 옛 것, 혹은 옛사람은 "벗어 버려야(아펙두오마이 apekduomai, 혹은 아포티테미apotithemi)" 한다. "밤이 깊고 낮이 가까웠으니 그러므로 우리가 어둠의 일을 벗고 빛의 갑옷을 입자."(롬 13:12) 벗는 것은 그리스도 없이 살던 때의 악한 습관들을 버리는 것이다. "이제는 너희가 이 모든 것을 **벗어 버리라** 곧 분함과 노여움과 악의와 비방과 너희 입의 부끄러운 말이라 너희가 서로 거짓말을 하지 말라 옛 사람과 그 행위를 **벗어 버리고**."(골 3:8-9) "너희는 유혹의 욕심을 따라 썩어져 가는 구습을 따르는 옛 사람을 **벗어 버리고**."(엡 4:22) 전에pote 입었던 옷을 벗어 버리고 이제nun 새 옷을 입었으니 그 신분에 맞는 삶을 요구 받는다. "너희가 전에는 어둠이더니 이제는 주 안에서 빛이라 빛의 자녀들처럼 행하라."(엡 5:8)

교회는 그리스도의 피 값으로 산 것이니 세상과 분리된 거룩한 공동체다. 공동체의 거룩성을 유지하는 가장 강한 윤리적 명령은 그리스도 안에서 "서로 사랑하라"는 것이다. 바울 서신에 나타나는 사랑 윤리는 항상 그리스도의 사랑으로 공동체 안에서 실천되는 방법으로 나타난다.[17](롬 13:8-10; 갈 5:13; 살전 4:9 참조) 서로 사랑에 대한 사랑 윤리가 같은 형태로 나타나는 신약성서의 책은 요한복음이다.(요 13:34-35, 15:17) 바울의 사랑 윤리와 병행구를 이루고 있는 요한복음의 사랑 윤리는 예수 그리스도의 새 계명으로 소개하고 있으며, 바울 전승에 의존하고 있는 것으로 보인다.[18]

신약성서 외에서도 사랑 윤리는 당시에 공동체를 위한 윤리로 널리 퍼져 있었던 것이 사실이다. 주후 1세기경 왕성했던 스토아 학파, 플라톤 학파, 에피쿠로스 학파 등이 모두 필리아philia(사랑)와 코이노니아 koinonia(교제)를 중요하게 여기고 가르쳤다. 특히 에피쿠로스 학파에서는 삶의 목적을 즐거움에 두었고 필리아는 가장 근본적인 즐거움이라고 가르쳤다.[19] 이러한 가르침으로 헬레니즘 철학 학교들은 서로 사랑하는 공동체로 발전되었다.[20] 주후 1세기 고대 근동지역의 생활과 관습은 헬레

---

17 벧전 1:22, 4:8에서도 요 13:34, 15:12에서 사용된 사랑 계명이 똑같이 언급되고 있다.
18 D. M. Smith, "The Love Command: John and Paul?," *Theology and Ethics in Paul and His Interpreters*, eds. E. H. Lovering and J. L. Sumney (Nashville: Abingdon Press, 1996), 210. 퍼니쉬는 요한의 사랑 계명이 공관복음의 큰 계명에서 유래했다고 보고 있다. V. P. Furnish, *The Love Commandment in the New Testament* (Nashville: Abingdon Press, 1972), 151. 공관복음에 나타나는 사랑 계명에는 두 가지가 있다. 하나는 황금률이라고 부르는 "원수를 사랑하라"(마 5:44; 눅 6:35)이고, 다른 하나는 큰 계명으로 불리는 "너의 하나님을 사랑하고 이웃을 사랑하라"(막 12:30-32; 마 22:37-39; 눅 10:27-28)이다. 요한의 사랑 명령이 구약으로부터 왔다면, 그것은 "새 계명"이 될 수가 없다. 또한 요한은 공관복음과 같이 신명기 6:5(하나님을 사랑하라)과 레위기 19:18(이웃을 사랑하라)의 합작된 계명을 소개하지 않는다. 공관복음과 요한복음의 사랑 계명은 예수로부터 직접적으로 전승된 명령이지만 다른 형태로 소개되고 있다.
19 E. Ferguson, *Backgrounds of Early Christianity* (Grand Rapids: Eerdmans Publishing Co., 1993), 353f. 에피쿠로스 Epicurus(342~270 BCE)에게 있어서 필리아는 윤리적 충동의 표현이었고 철학적 동기였다. 스토아 학파의 세네카Seneca, 에픽테투스Epictetus, 플루타르코스Plutarch 등도 자신의 이익을 구하지 않는 진정한 필리아에 대해서 가르쳤다.
20 A. Malherbe, *Moral Exhortation: A Greco-Roman Sourcebook* (Philadelphia: The Westminster Press, 1986), 64, 127.

니즘의 문화와 사고의 영향을 염두에 둔다면 사랑 윤리가 얼마나 일반적이었는지 짐작할 수 있다.[21] 그러나 바울의 사랑 윤리와 헬레니즘 철학 학교를 포함한 일반 사회의 사랑 윤리는 근본적으로 내용이 다르며, 다른 체계를 가지고 있다. 그리스도의 속량의 은혜에 근거한 사랑 윤리와 철학적 가르침에 근거한 사랑 윤리는 말은 같다 하더라도 그 목적과 내용이 전혀 다른 것이다.

바울 서신에서 사랑 윤리란 그리스도의 사랑이 공동체와 각 지체를 지배할 수 있도록 실천하는 삶이 공동체의 거룩성을 나타내는 방법이 된다. 앞서 언급한 옛 시대로 돌아가 세상의 철학에서 가르치는 원리를 따르거나, 초등학문의 지배를 받거나, 사람들의 종이 된다면 공동체의 거룩성은 이루어질 수 없다. 형제자매들이 서로 사랑하는 것은 오직 그리스도 안에서 가능하며, 그리스도만이 사랑의 원리가 된다. 사랑의 윤리를 통하여 공동체는 온전히 거룩한 공동체로서 여김을 받게 되며 "흠이 없는(아모모스amomos)" 공동체가 된다. "자기 앞에 영광스러운 교회로 세우사 티나 주름 잡힌 것이나 이런 것들이 없이 거룩하고 흠이 없게 하려 하심이라."(엡 5:27; 엡 1:4; 빌 2:15; 골 1:22 참조)[22] 더 나아가 흠이 없는 공동체의 거룩성은 주님이 다시 오실 때까지 유지 되어야 한다. "너희 마음을 굳게 하시고 우리 주 예수께서 그의 모든 성도와 함께 강림하실 때에 하나님 우리 아

---

21 M. Hengel, The 'Hellenization' of Judea in the First Century after Christ (London: SCM Press, 1989), 19ff.를 참조하라.
22 "거룩한hagios"이라는 단어와 "흠 없는amomos"이라는 단어는 대부분 구절에서 함께 등장하며 같은 의미로 사용된다. 흠이 없는 제물이 가장 거룩한 제물이라는 의미다. 엡 5:27과 더불어 다음 구절들을 참조하라. "곧 창세 전에 그리스도 안에서 우리를 택하사 우리로 사랑 안에서 그 앞에 **거룩하고 흠이 없게 하시려고**"(엡 1:4), "이제는 그의 육체의 죽음으로 말미암아 화목하게 하사 너희를 **거룩하고 흠 없고** 책망할 것이 없는 자로 그 앞에 세우고자 하셨으니."(골 1:22)

버지 앞에서 거룩함에 흠이 없게 하시기를 원하노라"(살전 3:13)[23]

믿음의 공동체가 사랑의 공동체인 것은 그리스도께서 피 값으로 치루신 속량의 은혜 때문이다. 속량의 은총으로 거룩한 백성이 된 지체들은 이제 그리스도 사랑 가운데 행하라는 요구를 받는다. "그리스도께서 너희를 사랑하신 것같이 너희도 사랑 가운데서 행하라 그는 우리를 위하여 자신을 버리사 향기로운 제물과 생축으로 하나님께 드리셨느니라"(엡 5:2) 공동체의 지체들 사이에서 그리스도의 사랑의 실천이 약화되면 약한 지체들이 믿음 위에 설 수가 없다. "만일 식물을 인하여 네 형제가 근심하게 되면 이는 네가 사랑으로 행치 아니함이라 그리스도께서 대신하여 죽으신 형제를 네 식물로 망케 하지 말라."(롬 14:15)

그러므로 모든 지체들은 직분의 크고 작음에 상관없이 모두 그리스도의 사랑 안에서 서로를 사랑해야 한다. "사랑에는 거짓이 없나니 악을 미워하고 선에 속하라 형제를 사랑하여 서로 우애하고 존경하기를 서로 먼저 하며."(롬 12:9-10, 롬 13:8; 살전 4:9; 살후 1:3 참조) 방언을 하고 예언을 하는 자도, 능력을 행하고 권면하는 자도 모두 이 사랑 안에서 행해야 믿음의 공동체가 그리스도의 터 위에 바로 세워진다. "그에게서 온 몸이 각 마디를 통하여 도움을 받음으로 연결되고 결합되어 각 지체의 분량대로 역사하여 그 몸을 자라게 하며 사랑 안에서 스스로 세우느니라."(엡 4:16) "우상의 제물에 대하여는 우리가 다 지식이 있는 줄을 아나 지식은 교만하게 하며 사랑은 덕을 세우나니."(고전 8:1; 고전 13장 참조) 그러므로 모든 지체들은 공동체 안에서 사랑을 따라 구해야 하며(고전 14:1)

---

[23] 살전 5:23의 진한 글씨 부분을 참조하라. "평강의 하나님이 친히 너희를 **온전히 거룩하게** 하시고 또 너희의 온 영과 혼과 몸이 우리 주 예수 그리스도께서 강림하실 때에 **흠 없게 보전되기를** 원하노라."

모든 일을 사랑으로 행해야 함을 요구 받는다.(고전 16:4; 골 3:14) 사랑의 공동체는 이제 더 이상 세상의 종이 아니라 그리스도의 사랑 때문에 믿음의 형제자매들에게 자발적으로 종 노릇 하는 자들이다. "형제들아 너희가 자유를 위하여 부르심을 입었으나 그러나 그 자유로 육체의 기회를 삼지 말고 오직 사랑으로 서로 종 노릇 하라."(갈 5:13)

지금까지 거룩함과 관련된 윤리를 살펴보았다. 거룩함의 윤리란 그리스도의 속량의 신학에서 출발하며, 그 의미대로 우리 죄를 위해 값을 치루어 샀다는 내용을 함축하고 있다. 이러한 관점에서 출발하여 세상과 죄로부터의 자유와 해방에 관한 윤리적 명령, 세상의 종이 되지 말라는 윤리적 요구, 더 나아가 새로운 존재를 유지해야 하는 요구 등이 윤리적 실천으로 나타난다. 또한 옛 시대로 돌아가서는 안 된다는 요구와 함께 늘 새롭게 마음의 변화를 요구하는 변화 혹은 변형의 윤리가 공동체에게 주어진다. 공동체의 지체들이 왜 이런 일을 해야 하나? 왜 이런 실천을 해야 하나? 바울 서신에 나타난 신학과 윤리는 이러한 질문들에 대한 답이 오직 그리스도 안에 있음을 보여주고 있다. 결과적으로 공동체의 거룩성을 유지하는 윤리는 서로 사랑하라는 사랑 윤리로 나타난다. 사랑 윤리는 공동체의 유지 보존뿐만 아니라 믿음의 공동체의 가치를 부여하는 중요한 요소가 된다. 사랑 윤리의 성공은 우리를 향한 그리스도의 사랑을 얼마만큼 알고 깨닫느냐에 달려 있다.(엡 3:17-19, 4:15)

3) 의로움과 윤리

그리스도의 구속함으로 우리가 씻음을 얻었고, 그의 거룩함으로 우리가 거룩하게 되었으며, 그의 의로움으로 우리가 의롭다 함을 얻었다.(고전 1:30, 6:11) 앞선 단락에서 구속함과 거룩함과 연관된 윤리적 요구들을 살펴보았다. 이 단락에서는 그리스도의 의와 연관된 윤리적 요구를 살펴볼 것이다.[24] 그리스도의 십자가는 우리에게 의로움dikaiosyne이 되셨고, 우리는 그로 말미암아 의롭다 함을 받았다. 하나님은 그리스도의 십자가를 통해서 자기의 의를 나타내셨고, 예수 믿는 자들을 의롭게 여기셨다.

> 이 예수를 하나님이 그의 피로써 믿음으로 말미암는 화목제물로 세우셨으니 이는 하나님께서 길이 참으시는 중에 전에 지은 죄를 간과하심으로 자기의 의로우심을 나타내려 하심이니 곧 이 때에 자기의 의로우심을 나타내사 자기도 의로우시며 또한 예수 믿는 자를 의롭다 하려 하심이라.(롬 3:25-26)

이 구절에서 의로움과 연관하여 가장 중요한 요소는 그리스도를 통하여 하나님과 우리의 관계가 의의 관계가 되는 것이다. 그리스도의 의로 말미암아 갖게 된 하나님과의 새로운 관계를 화목(카타라게katallage; 동사는 카탈라소katallasso)의 관계라고 한다.[25] 예수를 믿고 하나님과 화목된 자가 결국 마지막 부활에 참여하며 영생을 얻게 된다. "곧 우리가 원수 되었을 때에 그의 아들의 죽으심으로 말미암아 하나님과 화목하게 되었은즉katallasso 화목하게 된 자로서는 더욱 그의 살아나심으로 말미암아 구원을 받을 것이니라."(롬 5:10) 결국 그리스도가 우리에게 의로움이 되셨다는 것은(고전 1:30) 우리가 하나님과 화목하게 되었다는 것이며 동시에 우리가 의롭다 함을 받았다는 것을 의미한다.(롬 5:9; 고전 6:11) 그러므

---

24 십자가 사건과 의에 대해서 3장을 참조하라.
25 십자가 사건과 화목에 대해서 3장을 참조하라.

로 우리에게 구원을 가져오는 화목의 관계는 하나님의 계획이며 뜻이다. "그의 십자가의 피로 화평을 이루사 만물 곧 땅에 있는 것들이나 하늘에 있는 것들이 그로 말미암아 자기와 화목하게 되기를 기뻐하심이라."(골 1:20; 고후 5:18; 엡 2:16; 골 1:22 참조)

화목의 신학으로부터 믿음의 공동체가 요구 받는 것은 지체들로 하여금 하나님과 화목의 관계를 유지하라는 것이다. "그러므로 우리가 그리스도를 대신하여 사신이 되어 하나님이 우리를 통하여 너희를 권면하시는 것 같이 그리스도를 대신하여 간청하노니 너희는 하나님과 화목하라."(고후 5:20) 이는 모든 믿음의 지체들은 그리스도 안에서 십자가의 말씀을 반드시 붙들어야 함을 요구하는 것과 상응한다.(고전 1:18-24 참조) 그러나 다른 복음에 미혹되거나, 옛 사람으로 돌아가는 경우에 화목의 관계는 깨지고 만다는 것을 전제하고 있다. 그러므로 "하나님과 화목하라"는 명령은 그리스도 안에서 그의 의를 붙들라는 요구가 된다.(고후 5:21)

믿음의 공동체는 화목의 말씀을 맡은 공동체이며(고후 5:19), 화목의 직책을 수행하여 많은 사람들을 하나님과 화목하게 하는 사명을 갖고 있다.(고후 5:18) 화목의 신학으로부터 믿음의 공동체는 화목의 공동체를 세워야 하는 의무를 갖게 된다. 이것이 윤리적 명령으로 공동체에게 주어진다. "그들의 역사로 말미암아 사랑 안에서 가장 귀히 여기며 너희끼리 **화목하라**."(살전 5:13) 이 구절에서 진한 글씨 "화목하라(에이레뉴에테 eireneuete)"는 "화평하게 하다(에이레뉴오 eireneuo)"는 동사의 명령형이다. 화평 혹은 평화로 번역되는 그리스어 에이레네는 그리스도의 십자가 복음을 설명하는 매우 중요한 용어다.[26] 그리스도의 십자가를 통해서 우리

---

26 십자가 사건과 화평에 대해서 3장을 참조하라.

에게 최종적으로 주어지는 상태가 곧 평화다. 이 평화는 하나님과 더불어 누리는 평화를 말한다.[27](롬 5:1) 이런 이유로 복음을 평화의 복음이라고 부르며(엡 6:15), 하나님은 평화의 하나님이며(빌 4:7-9), 그리스도 역시 평화의 그리스도이시며(골 3:15), 우리는 이 평화를 위해서 부름 받은 것이다.(골 3:15) 하나님과의 진정한 화목 katallage의 관계는 그리스도가 이루신 화평 eirene을 통해서 이루어지는 것과 같다.

> 그의 십자가의 피로 화평을 이루사 만물 곧 땅에 있는 것들이나 하늘에 있는 것들이 그로 말미암아 자기와 화목하게 되기를 기뻐하심이라.(골 1:20)

그러므로 믿음의 지체들은 그리스도 안에서 모든 사람으로 더불어 화평의 관계를 갖도록 노력하며 화평의 일들에 힘써야 한다. "아무에게도 악을 악으로 갚지 말고 모든 사람 앞에서 선한 일을 도모하라 할 수 있거든 너희로서는 모든 사람과 더불어 화목하라."(롬 12:17-18; 롬 14:19 참조) 화평을 위한 윤리적 실천을 통해서 믿음의 공동체는 그리스도의 평강 eirene이 다스리는 공동체를 만들 수 있다. "그리스도의 평강이 너희 마음을 주장하게 하라 너희는 평강을 위하여 한 몸으로 부르심을 받았나니 너희는 또한 감사하는 자가 되라."(골 3:15)

그리스도의 의로움과 연관된 중요한 개념 중의 하나는 하나님의 구원에 있어서 인종이나 성, 계급의 차별이 없다는 것이다.(롬 1:16) 십자가

---

27 평화는 그리스도로 말미암아 회복된 우리와 하나님의 관계를 상징한다. "그러므로 우리가 믿음으로 의롭다 하심을 받았으니 우리 주 예수 그리스도로 말미암아 하나님과 화평 eirene을 누리자."(롬 5:1)

에 나타난 하나님의 의는 구원의 평등함이 내포 되어 있다. "유대인이나 헬라인이나 차별이 없음이라 한 분이신 주께서 모든 사람의 주가 되사 그를 부르는 모든 사람에게 부요하시도다 누구든지 주의 이름을 부르는 자는 구원을 받으리라."(롬 10:12-13) "곧 예수 그리스도를 믿음으로 말미암아 모든 믿는 자에게 미치는 하나님의 의니 차별이 없느니라."(롬 3:22) 그리스도로 말미암지 않고는 하나님의 의를 얻을 수 없고, 그리스도를 믿지 않고서는 의롭게 됨이 있을 수 없다. 모든 믿는 자들은 그리스도 안에서 차별이 없으며 모두 하나라는 사실을 인식해야 한다. "너희는 유대인이나 헬라인이나 종이나 자유인이나 남자나 여자나 다 그리스도 예수 안에서 하나이니라."[28](갈 3:28) 그러므로 믿음의 공동체는 지체들을 외모로 판단해서는 안 된다.(고후 5:12, 10:7)[29] 외모(프로소폰 *prosopon*)로 번역된 단어는 "얼굴"이라는 단어로서, 외모를 취한다는 것은 사람의 얼굴을 먼저 본다는 의미를 가지고 있다. 이것은 사람의 부와 배경, 지식과 학력, 인종과 계급을 먼저 보고 사람을 차별한다는 것을 의미한다.[30] 만약에 믿음의 공동체가 외모로 사람을 차별한다면 진정한 그리스도의 십자가의 의미를 모르는 것뿐만 아니라 하나님을 모르는 것과 같다.(롬 2:11; 갈 2:6; 골 3:25 참조) 십자가의 은혜는 모든 시대, 모든 사회, 모든 인종과 지역에 관계없이 모든 믿는 자에게 동일하게 주어지는 은혜. 이러한 그리스도의 지식을 통해서 믿음의 공동체는 차별이 없는 평등의

---

28 다음 구절들을 참조하라. "우리가 유대인이나 헬라인이나 종이나 자유인이나 다 한 성령으로 세례를 받아 한 몸이 되었고 또 다 한 성령을 마시게 하셨느니라."(고전 12:13) "거기에는 헬라인이나 유대인이나 할례파나 무할례파나 야만인이나 스구디아인이나 종이나 자유인이 차별이 있을 수 없나니 오직 그리스도는 만유시요 만유 안에 계시니라."(골 3:11)
29 약 2:1을 참조하라. "내 형제들아 영광의 주 곧 우리 주 예수 그리스도에 대한 믿음을 너희가 가졌으니 사람을 차별하여 대하지 말라."
30 믿음의 공동체 안에서 부자와 가난한 자를 차별하는 예는 약 2:1-9에 잘 나타나 있다.

공동체를 세우도록 윤리적 요구를 받는다.

그리스도의 의로움 안에서 화목하게 된 지체들은 믿음의 공동체 안에서 하나가 되어야 한다. 화목의 신학이 믿음의 공동체에게 요구하는 또 하나의 윤리는 하나 됨의 윤리다. 하나 됨의 윤리는 바울 서신 여러 곳에서 나타난다. 특별히 공동체 가운데 분열의 문제가 생긴 경우에 하나 됨의 윤리는 강하게 요구된다.

> 형제들아 내가 우리 주 예수 그리스도의 이름으로 너희를 권하노니 모두가 같은 말을 하고 너희 가운데 분쟁이 없이 같은 마음과 같은 뜻으로 온전히 합하라.(고전 1:10)

여기서 하나 됨의 요구는 "온전히 합하라(카타르티조katartizo)"는 윤리적 권면으로 주어진다. 이 단어는 모두가 연합하여 하나 됨을 회복하라는 의미를 갖고 있다. 믿음의 공동체 안에서 하나 됨을 이루기 위하여 세 가지 차원에서 실천할 것을 요구한다. 즉, 같은 말logos, 같은 마음nous, 같은 뜻(그노메gnome) 안에서 온전히 합하는 것이다. 세상으로부터 온 것을 가지고서는 하나가 될 수가 없다.(고전 2:12) 교회의 지도자들을 따라 당 짓는 것 역시 믿음의 공동체를 하나 되게 할 수 없다.(고전 1:12) 오직 그리스도의 말씀logos과(고전 1:18), 그리스도의 마음nous(고전 2:16)으로 하나님을 영화롭게 하고자 하는 뜻과 목적gnome(고전 6:20)만이 공동체의 하나 됨을 이루어낼 수 있다.

바울은 로마 교회를 위해서도 하나가 되어 하나님께 영광을 돌리도록 권면한다.

이제 인내와 위로의 하나님이 너희로 그리스도 예수를 본받아 서로 뜻이 같게 하여 주사 한마음과 한 입으로 하나님 곧 우리 주 예수 그리스도의 아버지께 영광을 돌리게 하려 하노라.(롬 15:5-6)

이 구절에서도 세 분야를 통해 하나 됨을 강조한다. 같은 뜻(프로네오 phroneo), 한마음(호모튀마돈homothymadon), 한 입(스토마stoma). 용어는 다르지만 하나가 되는 방법은 전혀 다르지 않다. 같은 뜻phroneo으로 번역된 이 단어는 생각을 같이 한다는 의미로서 한마음nous과 통하며, 한마음 homothymadon에서 마음은 같은 열정을 의미하는 그리스어로서 같은 목표를 보고 달려가는 같은 뜻gnome을 의미하며, 한 입stoma은 한 언어, 즉 같은 말씀logos을 말한다는 의미를 가지고 있다. 빌립보 교회의 경우도 마찬가지다. 바울은 공동체의 하나 됨을 권면하며 동시에 요구한다. "마음을 같이하여 같은 사랑을 가지고 뜻을 합하며 한마음을 품어."(빌 2:2) 이 구절에서도 마음phroneo을 같이하여는 같은 생각을 하라는 말이다. 같은 사랑agape은 그리스도의 사랑을 의미하며, 뜻(쉼프쉬코스sympsychos)을 합하라는 말은 같은 정신으로 같은 삶을 추구하라는 말이다. 이를 통해서 지체들은 한마음phroneo을 품은 하나 됨의 공동체를 형성할 수 있다. 또한 그리스도 안에서 이 하나 됨을 지켜야 한다.(엡 4:3) 결국 믿음의 공동체가 하나가 되는 원리는 그리스도를 통해서, 그리스도에 의해서, 그리스도를 위하여 있다.

지금까지 의로움과 관련된 윤리적 요구를 살펴보았다. 그리스도가 믿는 자에게 의로움이 되셨다는 것은 우리가 그리스도의 십자가를 통하여 하나님의 의를 얻었다는 것을 말한다.(빌 3:9) 믿음으로 말미암아 하나님의 의를 가진 자는 하나님으로부터 의롭다 하심을 얻게 된다.(롬

5:9) 이런 이유로 그리스도의 의로움은 우리와 하나님과의 관계를 원수의 관계에서 의의 관계로 회복시켜 주심을 말한다. 이것을 화목의 관계라고 부르며 믿음의 지체들은 늘 하나님과 화목의 관계를 유지해야 함을 요구 받는다.(고후 5:20) 즉 그리스도의 말씀 안에 항상 거하여 그의 의로움을 붙들고 살아야 함을 요청하는 것이다. 이러한 신학적 관점으로부터 파생되는 윤리적 실천은 다양하게 나타난다. 먼저 그리스도의 의로움으로 말미암은 화목한 삶의 형태는 모든 지체들과 더불어 평화의 관계를 유지하고 형성하는 것이다.(살전 5:13) 이 화평 아래서 믿음의 공동체는 하나가 된다.(엡 4:3) 그리스도의 의로움 안에서 믿음의 지체들은 하나 됨의 윤리를 실천해야 한다.(고전 1:10; 빌 2:2) 더 나아가 사람을 외모로 판단하여 차별하는 일이 없어야 한다.(고후 5:12, 17) 바울 서신은 이러한 윤리적 요구들을 실천해야 믿음의 공동체는 진정한 의로움의 공동체가 됨을 증거하고 있다.

2. 공동체와 세움의 윤리

십자가의 신학이 그리스도인들의 구체적인 삶의 윤리를 제공하고 있음을 알아보았다. 또한 십자가의 신학이 그리스도의 몸 된 교회를 세우는 터가 됨을 앞서 연구하였다.[31] 앞선 단락에서 십자가의 신학의 중요한 요소들, 즉 구속함, 거룩함, 의로움이 이미 믿음의 공동체의 중요한 윤리적 기준이 됨을 연구하였다. 이 단락에서는 십자가의 신학이 그리스도의 몸 자체를 세우는 근거이며 뿌리가 됨을 중요시하여 그리스도의

---

31 십자가와 몸 된 교회에 대해서 4장 "그리스도와 교회"를 참조하라.

몸을 세우는 윤리를 분리하여 다루려고 한다. 이것을 그리스도의 몸을 세우는 "세움(오이코도메*oikodome*)의 윤리"라고 부를 것이다.

십자가의 신학의 중심은 기독론이다. 기독론은 다시 교회론으로 연결된다. 바울의 교회론은 몸의 신학으로 집중되어 있다. 다시 말해서 몸의 신학은 그리스도의 죽음과 직접적으로 연관되어 있고, 몸의 신학을 실천하는 것은 하나님의 교회를 세우는 것이다. 이 일은 주님 오실 날을 소망하면서 이 땅에서 지속되어야 한다. 이런 점에서 세움의 윤리는 그리스도 사건으로부터 나왔으며 윤리적 명령은 바울의 신학적 진술에 근거를 둔 것이다.[32]

바울의 믿음의 공동체를 위한 오이코도메 윤리는 이 땅에서의 완전한 오이코도메를 추구하는 것은 아니다. 다만 온전한 것이 올 때까지 실천해야 하는 윤리적 명령이다. "만일 땅에 있는 우리의 장막 집이 무너지면 하나님께서 지으신 집 곧 손으로 지은 것이 아니요 하늘에 있는 영원한 집이 우리에게 있는 줄 아느니라."(고후 5:1) 여기에서 세움의 마지막 형태는 "하나님께서 세우신 집" 즉, "하나님의 오이코도메(오이코도메 에크 테우*oikodome ek theou*)"가 될 것이다. 이 땅에서의 공동체의 세움은 결국 마지막 구원을 위한 것이다. "하나님이 우리를 세우심은 노하심에 이르게 하심이 아니요 오직 우리 주 예수 그리스도로 말미암아 구원을 받게 하심이라."(살전 5:9) 이러한 점에서 바울 신학이 그러하듯이 오이코도메 윤리 역시 종말론적이다.[33]

하나님께서 값을 치르고 사신 교회이기 때문에(고전 5:7, 6:20, 7:23) 교

---

32 페린·덜링, 『새로운 신약성서개론(상)』, 316-17 참조.
33 Otto Michel, "*Oikodome*," *TDNT* V, ed. G. Kittel (Grand Rapids: Eerdmans Publishing Co., 1976), 146-47 참조.

회는 예수 그리스도의 십자가의 연속선상에 있다. 다시 말해서 예수께서 십자가에 죽으시고 승천하시면서 이 땅에 남겨 놓으신 것이 그의 몸 된 교회인 것이다. 예수를 주로 고백하고 예수 그리스도의 이름으로 세례를 받는 것은 신앙 공동체의 일원이 되는 것을 의미한다.[34] 그리스도의 이름으로 행해지는 축복의 잔과 빵을 떼는 성례전도 그리스도의 몸에 참여하는 즉 한 몸을 이루는 교회 구성원들의 성스러운 예식이 된다.[35] 이렇듯 교회는 살아계신 그리스도가 현존하는 방법이며 성령의 전이기 때문에(고전3:16, 6:19) 그리스도의 몸 된 교회를 형성하고 세우는 것이 바울의 진정한 선교적 소명이었다. 바울에게 있어서 신앙 공동체 자체를 세우는 것이 선교의 최우선 목표요 대상이라고 할 수 있다.[36]

바울은 자신의 직분과 그 권위까지도 교회를 세우기 위한 그것으로 강조한다.

> 주께서 주신 권세는 너희를 무너뜨리려고 하신 것이 아니요 **세우려고** 하신 것이니 내가 이에 대하여 지나치게 자랑하여도 부끄럽지 아니하리라.(고후 10:8)

그러므로 내가 떠나 있을 때에 이렇게 쓰는 것은 대면할 때에 주께서

---

34 "우리가 유대인이나 헬라인이나 종이나 자유인이나 다 한 성령으로 세례를 받아 한 몸이 되었고 또 다 한 성령을 마시게 하셨느니라."(고전 12:13; 롬 6:3; 갈 3:27 참조) 여기서 한 몸은 신앙 공동체인 교회를 의미한다.
35 "우리가 축복하는 바 축복의 잔은 그리스도의 피에 참여함이 아니며 우리가 떼는 떡은 그리스도의 몸에 참여함이 아니냐 떡이 하나요 많은 우리가 한 몸이니 이는 우리가 다 한 떡에 참여함이라."(고전 10:16-17)
36 Robin Scroggs, *Paul for a New Day* (Philadelphia: Fortress Press, 1977), 39; Otto Michel, "*Oikodomeo*," 140.

> 너희를 넘어뜨리려 하지 않고 **세우려 하여** 내게 주신 그 권한을 따라
> 엄하지 않게 하려 함이라.(고후 13:10)

여기서 너희는 교회를 의미하며 세우는 것은 교회를 세우는 것을 말한다. 바울의 사도적 권위가 공동체 형성을 위하여 봉사하는 것처럼 공동체 구성원의 모든 행위도 "너희의 세움을 위하여(휘페르 테스 휘몬 오이코도메스*hyper tes hymon oikodomes*)" 봉사하고 헌신할 것을 명령한다.

> 그런즉 형제들아 어찌할까 너희가 모일 때에 각각 찬송시도 있으며
> 가르치는 말씀도 있으며 계시도 있으며 방언도 있으며 통역함도 있
> 나니 모든 것을 덕을 세우기 위하여 하라.(고전 14:26)

바울 서신에서 세움*oikodome*이라는 단어를 번역할 때 번역의 문제를 다루어야 할 필요가 있다. 고린도전서 14장 26절에서, "모든 것을 덕을 세우기 위하여 하라(판타 프로스 오이코도멘 기네스토*panta pros oikodomen ginestho*)"를 자세히 보면, 모든 것을*panta* 세움을 위하여*pros oikodomen* 되게 하라*ginestho*[37]로 직역할 수 있다. 모든 것이란 말씀, 기도, 찬송과 같이 공동체의 지체들이 직분을 가지고 봉사하는 활동을 말한다. 이러한 활동들이 오직 교회를 세우기 위하여 존재하게 하라는 엄격한 명령을 하고 있는 것이다.[38] 그러나 "프로스 오이코도멘"을 "덕을 세우기 위하

---

37 기네스토는 "되다," 혹은 "있다"로 번역되는 기노마이*ginomai*의 현재 명령형이다.
38 직분에 맞는 행위뿐만 아니라 지체들의 말까지도 교회의 세움을 위하여 염두에 두어야 한다. "무릇 더러운 말은 너희 입 밖에도 내지 말고 오직 **덕을 세우는 데**(*pros oikodomen*, 세움을 위하여)소용되는 대로 선한 말을 하여 듣는 자들에게 은혜를 끼치게 하라."(엡 4:29)

여"로 번역한다면 자칫 개인의 덕을 함양하기 위한 목적으로 오해될 여지가 있다. 다음 구절에서도 세움은 반드시 교회를 세우기 위한 것이어야 한다. "그러므로 너희도 영적인 것을 사모하는 자인즉 **교회의 덕을 세우기 위하여** 그것이 풍성하기를 구하라."(고전 14:12) 진한 글씨 구절 역시 덕이라는 단어를 빼고 단순히 "교회의 세움을 위하여(프로스 텐 오이코도멘 테스 에클레시아스*pros ten oikodomen tes ekklesias*)"로 번역하면 그 의미가 온전히 전달된다.

교회라는 믿음의 공동체와 개인은 세움의 윤리에서도 구별이 된다. 개인이라는 자기 자신을 세우는 것과 공동체인 교회를 세우는 일은 다르게 나타난다. "방언을 말하는 자는 자기의 덕을 세우고 예언하는 자는 교회의 덕을 세우나니."(고전 14:4) 방언은 남들이 알아들을 수 없으므로 공동체를 세우기보다 자기 자신만의 영적인 성품을 세우는(오이코도메오 *oikodomeo; oikodome*의 동사) 일에 적합하다. 반면에 예언은 지체들이 서로 듣고 깨달으며, 신앙의 깊이를 더할 수 있으므로 이는 공동체를 세우는 일이라 할 수 있다. 이러한 구분은 다음 구절에서도 발견할 수 있다. "나는 너희가 다 방언 말하기를 원하나 특별히 예언하기를 원하노라 만일 방언을 말하는 자가 통역하여 교회의 덕을 세우지 아니하면 예언하는 자만 못하니라.[39]"(고전 14:5) 공동체의 각 지체는 오히려 교회를 세우기 위하여 서로 힘써야 한다. "우리 각 사람이 이웃을 기쁘게 하되 선을 이

---

[39] 이상 언급된 모든 구절들에서 오이코도메를 "덕을 세우는" 것으로 번역하는 대신에 "덕"이라는 불필요한 단어를 제외하고 단순히 "세우는" 것으로 번역하는 것이 적합할 것이다. 고전 14:5의 "교회의 덕을 세우기 위하여(히나 헤 에클레시아 오이코도멘 라베*hina he ekklesia oikodomen labe*)"를 직역하면, "교회가 세움을 취하기 위하여"로 번역된다. 여기서 "라베*labe*"는 "취하다", "받다"로 번역되는 "람바노*lambano*"의 가정법, 3인칭 단수 동사다. NRSV의 번역을 참조하라. "so that the church may be built up." 세움의 목적이 교회에 있음을 분명히 하고 있다.

루고 **덕을 세우도록**(pros oikodomen, 세움을 위하여) 할지니라."(롬 15:2) 그리스도의 몸을 세우는 것, 이것이 주님이 이 땅에서 우리에게 주신 사명이다. "이는 성도를 온전하게 하여 봉사의 일을 하게 하며 그리스도의 몸을 세우려 하심이라."(엡 4:12)

이제 바울 서신 중에서 특별히 고린도전서에 나타난 세움의 윤리를 구체적으로 살펴봄으로써 그 중요성을 강조하려고 한다. 고린도전서에 나타난 고린도 교회의 상황은 한마디로 한 몸 된 공동체의 통일성이 파괴되고 있는 상태다. 고린도 교회는 먼저 분열의 문제가 심각했다.(고전 1:10-17, 3:1-9) 그들은 바울, 아볼로, 게바, 그리스도파 등으로 나뉘어 누구의 이름으로 세례를 받았느냐는 것으로 자랑을 삼았고(1:14-17) 인간적인 지혜와(1:26-30, 3:18-23) 특별한 은사(2:12)와 특별한 지식(8:1-3)을 자랑했다. 자신의 계모와 살림을 차리고 사는 음행의 문제도 공동체를 파괴하는 심각한 문제였다.(5장) 바울의 언어 능력과(2:3-5) 사도권에 대한 도전도 야기되었다.(4:18-21, 9:1-2) 그 외에도 송사 문제(6:1-8), 우상 제물에 바친 음식 문제(8, 10장), 예배 시 여성 지도자들의 문제(11:2-16), 성만찬 오용의 문제(11:17-34) 등으로 몸의 일치와 정체성이 심각한 위기를 맞게 되었다. 바울은 이러한 문제들을 왜 심도 있게 다루는가? 그것은 몸의 파괴를 막기 위해서다. 더 나아가 바울이 교인들을 설득하고 논증하는 것은 올바른 몸을 세우자는 것이다. 신앙 공동체의 하나 됨과 거룩성이 파괴되는 상황 속에서 바울은 그리스도의 몸 된 교회를 올바로 세우기 위해서 서신을 썼다는 것은 의심의 여지가 있을 수 없다. 이것이 고린도전서의 수사학적 긴급성Rhetorical exigence이다.[40]

---

40 특정한 연설문이나 담론 혹은 서신이 쓰여진 위급한 동기를 수사학적 긴급성이라고 한다. 고린도전서 본문이 쓰여진 결정적 위기 상황을 공동체의 분열과 파괴로 보고 올바른 공동체 세

바울은 고린도 교회의 제반 문제를 언급하면서 그리스도의 십자가 사건에 의해서 형성된 공동체의 의미를 몸의 신학을 강조하므로 다시금 환기시키고 있다. 그래서 몸의 신학은 서신 전반에 걸쳐 나타난다. 몸의 신학과 더불어 교회의 파괴적 문제들은 주로 고린도전서 1-11장 사이에서 다루어진다. 바울의 궁극적 목적은 결국 믿음의 공동체를 올바로 세우는 것인데, 이 논증은 고린도전서 12-14장에 집중적으로 나타난다.

고린도전서 1-11장에서의 오이코도메: 몸 된 공동체의 하나 됨을 파괴하는 문제들 중에서 분열의 문제를 다루면서 바울은 서신의 가장 중요한 주제인 몸-세우기 즉 건축의 비유(3:10-17)를 말하고 있다.[41] 공동체를 파괴하는 시기와 싸움으로 인한 분열은 육의 사람들이나 하는 일이다.(3:3-4) 반면에 바울과 아볼로는 몸을 세우기 위하여 하나님의 인도하심으로 씨를 심고 물을 주는 일을 하였다.(3:6-7) 바울은 이 일을 하나님의 은혜에 힘입은 지혜로운 건축자의 일이라고 했다.(3:10) 바울과 아볼로의 봉사(3:5)와 수고(3:8)는 신앙 공동체의 세움oikodome을 위한 것이었다. 그래서 바울은 교인들을 향하여 너희는 하나님의 집oikodome이라고 한다. 세움oikodome의 마지막 형태는 온전한 하나님의 집oikodome이다. 이것을 거룩한 하나님의 성전(나오스naos)이라고도 한다.(3:16) 종말론적인 그리스도의 몸 된 교회는 하나님의 영이 거하시는 하나님의 집이며 하나님의 성전인 것이다.[42]

움이 바울의 설득력 있는 전술로 가정한다면, 이는 충분히 서신의 수사학적 긴급성으로 진단될 수 있다. 현경식·이성호, 『수사학적 성경 해석의 이론과 실제』(서울: 성서연구사, 2000), 134-38 참조.
41 건축 비유에 대해서 벧전 2:4-8, 사 28:16을 참조하라.
42 고전 3:16에서 "너희는 너희가 하나님의 성전인 것과 하나님의 성령이 너희 안에 계시는 것

건축 비유에서 가장 중요한 것은 각 사람이 올바르게 그리고 든든하게 집을 세워야 한다는 것이다.(3:12) 이 집의 터는 오직 예수 그리스도밖에 없다.(3:11) 오직 하나의 터 위에 집을 세우는 공적(에르곤 ergon)만이 마지막에 남을 것이며 그 업적에 의해서 각 사람은 그 날에 보상을 받게 된다.(3:14-15) 믿음의 공동체 안에서 마지막까지 남을 업적은 공동체를 세우기 위해 애쓴 업적뿐이다. 바울에게 있어서 종말의 날까지 세상의 시련을 견디어 낼 수 있는 것은 그리스도의 십자가를 통해 세워진 교회와 공동체를 세우는 삶이다.[43] 바울의 사역이 종말론적인 사역이었다는 것은 이러한 종말론적인 그리스도의 몸 된 교회를 세우는 일에 전력을 다했다는 의미다. 그러므로 하나님의 성전인 교회를 세우지 못 할망정 분열과 파당 싸움으로 파괴한다는 것은 적그리스도이며 반십자가의 행위인 것이다.[44] 건축 비유는 이러한 자들을 향한 경고로 끝을 맺는다. "누구든지 하나님의 성전을 더럽히면 하나님이 그 사람을 멸하시리라 하나님의 성전은 거룩하니 너희도 그러하니라."(3:17)

고린도전서 5장에 나타난 교회의 음행(포르네이아 porneia)의 문제는 공동체를 파괴하는 심각한 문제였다.(5:1-13) 자신의 계모를 데리고 사는 일이 하나님을 모르는 세상 사람들 가운데서도 볼 수 없는 일임에도 교회 안에서 벌어진 것이다. 바울은 이러한 악한 음행을 저지른 남자를 공동체를 파괴하는 암적인 요소 즉 육 sarks으로 규정하고 그를 공동체로부

을 알지 못하느냐?"며 교인들에게 던지는 반어법적인 수사학적 질문은 그들이 이미 교회의 의미를 알고 있다는 사실을 전제하고 있다. 바울은 이 전제 위에 자신의 오이코도메 윤리를 위한 논증을 설득력 있게 끌어낼 수 있었을 것이다.
43 G. F. Snyder, *First Corinthians, A Faith Community Commentary*, 41.
44 여기서 성전은 교인 한 사람 한 사람을 의미하는 것이 아니라 신앙 공동체인 교회를 염두에 둔 것이다. 바레트, 『고린토전서』, 한국신학연구소 번역실(서울: 한국신학연구소, 1989), 116.

터 축출할 것을 명령한다.(5:2, 13) 고린도 교회는 그리스도의 희생으로 세워진 것이기에(5:7) 공동체의 영*pneuma*을 파괴하는 육을 없애고 그 영을 새롭게 세워서 주님의 날을 기다리는 것이 바울에게 가장 급선무였을 것이다.(5:5)[45] 바울에게 있어서 십자가 사건을 통해 얻어진 구속적 성취가 상실되는 것은 가장 위험한 일로 간주되었다. 이것으로부터 바울의 윤리적 과제는 공동체의 구성원들의 구원이 상실되는 것을 방지하기 위한 도구로 사용된다.[46]

6장에서도 송사의 문제를 다루면서 교회 내에서 불의한 일을 저지르는 사람들을 책망하며 호소한다.(6:1-11) 바울은 모든 것을 할 수 있는 자유를 말하지만(6:12), 공동체를 위해서 해서는 안 될 육의 일들을 경고한다.(6:9-10) 육의 일들은 몸 된 공동체의 분열과 파괴를 향하여 죄를 짓는 부도덕한 일*porneia*이며,[47] 이것은 공동체가 하나님의 성전*naos*인 것과 (6:19) 그리스도께서 십자가를 통하여 값을 치루고 산 교회임을(6:20) 망각한 사람들의 죄 된 일이다. 여러분의 몸 즉 공동체를 통하여 하나님께 영광을 돌리라는 것은 공동체를 바로 세우라는*oikodomeo* 바울의 윤리적 명령이라고 할 수 있다. "값으로 산 것이 되었으니 그런즉 너희 몸으로 하나님께 영광을 돌리라."(6:20)

앞선 문제들과 비교하여 덜 심각하지만 8장과 10장에서는 우상에게 바친 음식을 먹을 수 있다는 교인들과 없다는 교인들 사이에 일어나는

---

45 여기서 영은 그 남자의 영이 아니라 공동체의 영을 말한다. Synder, *First Corinthians: A Faith Community Commentary*, 62; 현경식, "공동체의 구원을 위하여: 바울의 몸 사상을 중심으로," 201-2 참조. 영의 구원에 대해서 6장에서 다룰 것이다.
46 벳츠, 『갈라디아서』, 한국신학연구소 번역실 옮김(천안: 한국신학연구소, 1987), 520-21 참조.
47 6:12-18에 나오는 음행*porneia*이 5:1-5에서처럼 고린도 교인들의 실제적인 성적인 문란인지 아니면 하나님을 배반하는 부도덕한 죄의 행위를 상징하는 것인지(10:8 참조) 본문 안에서 명확하지 않지만 여기서는 후자를 따른다.

분열의 문제를 다룬다. 우상은 아무것도 아니기 때문에(8:4) 그 앞에 놓인 제물도 아무것도 아니며(10:19) 땅에 충만한 것들이 모두 주님의 것이기에 (10:26) 무엇이든지 먹어도 된다는 지식과 자유를 가진 교인들이 있다.(8:7, 9) 그러나 아직 믿음이 약한 자들은(8:11) 우상에게 바친 제물을 먹어서는 안 된다고 생각하고(8:7) 오히려 죄를 짓는다고 생각한다.(8:11) 신앙 공동체에서 누군가가 누군가에 의해서 실족하여 넘어진다면, 이것 역시 하나님께 영광이 안 되며 몸 된 공동체가 바로 세워지는 것이 아니다.(8:13, 10:31) 공동체를 세우는 일 중의 하나는 공동체 안의 약한 자를 세우고 배려하는 것이다. 즉 오이코도메의 윤리는 다른 사람의 유익을 구하는 것과 상응한다.(10:23-24) 이것은 지식에 의해서 되는 것이 아니고 오직 십자가의 사랑으로 가능하다. "우상의 제물에 대하여는 우리가 다 지식이 있는 줄을 아나 지식은 교만하게 하며 사랑은 덕을 세우나니*oikodomeo*."(8:1) 바울은 모든 것을 할 수 있는 자유를 말하지만 그 자유가 다른 사람을 실족하게 하는 경우에는 공동체가 분열될 뿐이며[48] 바로 서지 못함을 분명히 한다. 몸 된 지체들의 행위는 공동체를 세우기 위한 목적에 의해 제한 받을 수밖에 없다. "모든 것이 가하나 모든 것이 유익한 것은 아니요 모든 것이 가하나 모든 것이 덕을 세우는 것은*oikodomeo* 아니니."(10:23)

고린도전서 11장에서 논의되는 여성 지도자들의 민머리 문제와(11:1-16) 성만찬 오용의 문제는(11:17-34) 하나님의 교회를 올바로 세우는데 걸림돌이 되었던 문제들이다. 바울은 고린도 교회에 전하여준 교회의 전통(파라도시스*paradosis*)을 말하는 가운데(11:2), 공적으로 기도와 예언을 하

---

[48] 이러한 분열은 11:17-22에서 다루는 성만찬의 오용에 의해서 공동체 안에서 가난한 자와 부유한 자가 나누어지는 분열과 같다.

는 여성 지도자들의 민머리 문제를 지적하였다.(11:5-6) 여 사제들의 민머리 전통은 성적으로 타락한 이교도 신전의 관습이므로, 교회 여성 지도자들의 모습은 조금은 광신적으로 보였을 가능성이 있기에, 바울은 이방 신전의 여 사제들과 다른 모습을 보이는 것이 당연했을 것이다.[49] 이에 바울은 교회의 여성 지도자들을 위한 전통은 긴 머리 전통임을 분명히 하고 있다.(11:15) 세속적 이방 신전과 차별화 되는 하나님의 교회를 세우기 위한 규례(쉬네테이아synetheia)를 강조하는 것이다.(11:16) 고린도전서 11장 16절에서의 규례synetheia는 그리스어 함께라는 의미를 가진 전치사 syn과 윤리라는 뜻의 에토스ethos의 합성어로서, 모든 교회가 함께 지켜야 하는 윤리적 원칙을 보여주는 단어다.

성만찬 오용의 문제는 공동체 안에서 십자가의 의미를 모르고 부자가 가난한 자를 차별하므로 하나님의 교회를 업신여기는 데서 오는 문제를 다루고 있다.(11:22) 성만찬의 원형은 지체들이 교회로 모일 때 각자 먹을 것을 가져와 함께 공동 식사를 하는 것이었다. 그러나 좋은 음식을 가져 올 수 있는 넉넉한 자들이 먼저 먹고, 음식을 가져 올 수 없는 빈궁한 자들이 주의 만찬에 참여할 수 없는 상황이 벌어진 것이다. 바울은 이런 합당하지 않은 만찬은 주의 몸에 죄를 범하는 것임을 경고한다.(11:27) 주의 몸을 분별하지 못하고 먹고 마시는 문제는 주님의 몸 된 교회가 어떤 의미를 갖고 있는지를 모르는 것과 같다.(11:29) 이런 모든 문제들을 그리스도 안에서 해결할 때 그리스도의 몸 된 교회가 바로 세워지는oikodomeo 것임을 보여준다.

---

49 W. Schrage, *The Ethics of the New Testament*, 224; Ben Witherington III, *Conflict & Community in Corinth: A Socio-Rhetorical Commentary on 1 and 2 Corinthians* (Grand Rapids: Eerdmans Publishing Co., 1995), 235-37.

고린도전서 12-15장에서의 오이코도메: 11장까지는 공동체를 파괴하는 육의 문제를 다루면서 몸의 신학에 근거한 오이코도메 윤리를 강조하였다면, 12장부터는 적극적인 몸 세우기 설득으로 들어간다. 몸은 여러 지체들로 이루어져 있다.(12:12, 20, 27) 몸의 각 지체는 바르게 기능해야 하며 자기의 위치에 따라 몸의 명칭을 가지며 그것을 공동체의 직분 곧 은사*charisma*라고 한다.(12:1, 4) 지체는 몸을 세우기 위해서 필요 불가결한 요소다. 다시 말해서 은사는 공동체를 세우기 위한 절대적인 요소가 되며 성령이 원하시는 대로 각 사람에게 나누어주시는 은혜의 선물이다.(12:11) 바울은 은사가 주어지는 것은 유익을 위한 것임을 분명히 강조한다.(12:7) 다른 지체 혹은 많은 지체들의 유익을 구하는 것이 곧 공동체의 유익을 구하는 것이다.(10:24, 33 참조)

지체가 다양하듯이 공동체의 직분도 다양하다.[50](12:8-11, 27-30) 공동체의 일원이 되는 것은 예수를 주로 고백하여(12:3), 세례를 통하여(12:13) 그리스도의 몸 된 교회의 지체가 되는 것이다. 거기에는 인종의 차별도 계급의 차별도 있을 수 없다.(12:13) 지체의 종류가 다양하고 그 기능이 다르지만 모든 지체가 존귀하고 한 몸을 이루는 아름다운 지체들이다.(12:21-26) 바울은 공동체를 형성하는 다양한 직책들을 다루면서 더 큰 은사를 사모하라고 권면한다.(12:31) 은사가 다른 지체들의 유익을 위한 것이기 때문에(12:7) 더 큰 은사를 구하는 것은 공동체 안에서 다른 지체들을 위하여 더 많은 봉사와 희생을 사모하는 것이다.[51] 이 논증은 은

---

50 직분에 대해서 4장을 참조하라.
51 공동체의 모든 지체들은 희생과 사랑으로 봉사하여 서로 결합되어 그리스도의 몸을 세워나간다. "그에게서 온 몸이 각 마디를 통하여 도움을 받음으로 연결되고 결합되어 각 지체의 분량대로 역사하여 그 몸을 자라게 하며 사랑 안에서 스스로 세우느니라."(엡 4:16)

사의 기능이 공동체 안에서 반드시 사랑으로 나타나야 한다는 13장으로 이어진다.

모든 은사는 사랑을 드러내야 한다. 다른 지체의 유익을 구하기 위해 은사가 주어졌다는 것은(12:7) 다른 지체들과의 관계에서 사랑의 열매를 맺어야 한다는 것이다. 방언을 하는 직책도 사랑이 있어야 하고(13:1) 예언을 하는 직책도 사랑이 있어야 한다.(13:2) 이러한 점에서 은사와 사랑은 확연히 구분된다. 다양한 은사의 목적이 한 가지, 곧 사랑이어야 한다. 그러므로 사랑은 은사들이 맺어야 하는 영의 열매다.(갈 5:22참조) 그래서 바울은 "사랑을 따라 구하라"고 말한다.(14:1) 오직 사랑만이 믿음의 공동체를 바로 세우기 때문이다.(8:1; "너희 모든 일을 사랑으로 행하라" 16:14 참조)

바울은 교인들에게 특별히 예언하기를 사모하라고 말한다.(14:1) 그는 많은 양을 예언과 방언의 은사를 예로 들면서(14:1-25), 방언의 은사는 자기 자신을 세우는 *oikodomeo* 직책이고 예언의 은사는 교회를 세우는 *oikodome* 직책이기 때문에(14:3) 예언(말씀을 맡음)의 중요성을 논증하는 것이다. 방언으로 하는 말은(14:2) 통역이 없이는 아무도 알아듣지 못하기 때문에 그 은사는 남의 유익을 구하지 못하고 남을 세우지 못하고 자신의 유익을 구하는 것이 되고 만다.(14:6, 17, 10:24 참조) 자신의 유익을 구하는 것은 공동체를 세우는데 큰 도움이 되지 못한다. 반면에 예언은 다른 사람들에게 말씀을 전하는 직책이기에(14:3) 남의 유익을 구하는 일이 되며 동시에 교회를 세우는 일이 된다.(14:4) 교회의 직책은 개인의 명예나 이익을 위한 것이 아닌 오직 "교회의 세움을 위하여*pros ten oikodomen tes ekklesias*" 주어져야 한다.(14:12) 이것은 오이코도네 윤리가 개인을 위한 개인주의적인 윤리가 아닌 공동체의 세움을 위한 공동체 윤리임을 분명히 말해주는 것이다.

공동체 세움을 위하여 은사와 사랑을 논하였다. 더 나아가 바울은 신앙 공동체를 바로 세우기 위해서는 예배의 질서가 서야 함을 주장한다.(14:26, 40) 예배에는 찬송과 기도(방언 기도)와 말씀(예언)이 있다. 방언 기도는 통역과 함께 순서대로 하고 통역이 없이 방언하는 자는 잠잠해야 하고(14:27-28), 예언하는 이들도 두, 세 명이 하되 나중 사람을 위하여 먼저 예언하는 자들이 잠잠하고(14:29-30), 예언과 기도를 하는 지도자 여성들도 질서를 지키지 못할 때는 잠잠해야 한다.(14:34, 36, 40, 11:5 참조) 고린도전서 14장 34절에서 "여자는 교회에서 잠잠하라"는 명령을 교회의 모든 여성들에게 일반적으로 적용해서는 안 된다. 잠잠해야 하는 대상은 앞서 질서를 지키지 못하는 남성 지도자들에게도 해당되는 것이다. 여기서 여성들은 예배의 무질서를 가져온 교회의 말씀을 맡은 고린도 교회의 특정한 여성들을 향하고 있다.[52](14:36) "잠잠하라(시가오 *sigao*)"는 것은 단적으로 공동체의 질서를 구하라는 것이다. 예배의 질서 역시 남을 세우고 남의 유익을 구할 때 세워지는 것임을 보여주고 있는 것이다. 바울은 공동체 안에서 모든 것을 공동체를 세우기 위해서 하라며 오이코도메 윤리를 다시 한 번 강조한다. "그런즉 형제들아 어찌할까 너희가 모일 때에 각각 찬송시도 있으며 가르치는 말씀도 있으며 계시도 있으며 방언도 있으며 통역함도 있나니 모든 것을 덕을 세우기 *oikodome* 위하여 하라."(14:26)

바울이 꿈꾸는 신앙 공동체는 결국 주님의 날을 기다리며 마지막까지 유지 보존되는 소망의 공동체다.(15장) 우리가 주님의 날을 기다린다

---

52 Willi Marxen, *New Testament Foundations For Christian Ethics*, 185.

는 것은 공동체가 그날을 기다린다는 것을 의미한다.(1:7, 3:13, 5:5 참조) 주님의 날을 기다린다는 것은 부활을 소망하는 것이다. 15장은 그 증거와 내용이 부활이 없다고 말하는 사람들 때문에 야기되었지만(15:12) 그리스도를 주로 고백하는 교회의 모습은 결국 종말론적 공동체가 되어야 함을 논증하는 것이다. 부활의 소망과 부활의 신앙을 가진 공동체가 실천해야 하는 삶은 결국 오이코도메 윤리다. 바울은 부활의 신앙을 증거하면서 마지막에 우리가 부활의 소망을 갖고 있기 때문에 주의 일을 더욱 많이 하는 수고를 강조하였다.(15:58) 주님의 그 일*ergon*은 그리스도의 터 위에 교회를 세우는 일이고(3:10-15 참조), 마지막 날에 헛되지 않은 너희의 그 수고(코포스*kopos*) 역시 공동체를 세우는*oikodome* 수고다.(3:8 참조)

고린도전서에서 보았듯이 오이코도메 윤리는 몸의 신학을 바탕으로 주님의 몸 된 교회를 세우는 공동체 윤리다. 공동체의 세움을 위한 세움의 윤리 안에서 파생되는 윤리적 명령들이 많이 나타나는 것도 알 수 있다. 오이코도메 윤리뿐만 아니라 바울의 모든 윤리는 항상 그리스도 사건과 연관하여 그가 세우려고 하는 특정한 그리스도인 신앙 공동체를 위한 윤리다.[53] 이러한 공동체 윤리의 특징은 항상 지체들의 관계에서 일어난다는 것이다. 공동체의 가장 작은 단위는 둘이다. 다시 말해서 공동체는 둘의 관계가 서로 엮어진 유기체적인 조직이라 할 수 있다. 오이코도메 윤리는 "둘의 관계*dyadic relationship*"[54] 즉 양자兩者 관계에서 출발

---

[53] Leander E. Keck and V. P. Furnish, *The Pauline Letters* (Nashville: Abingdon Press, 1989), 82.
[54] "Dyad"라는 말은 "둘"을 의미하며 이 용어는 사회-인류학적인 용어로서 개인들 사이에서 형성되는 둘의 관계가 특정한 공동체나 그룹을 형성하는 기본 단위로서 사회 문화적인 중요성을 갖는다. "Dyadic," *Webster's Third New International Dictionary*, 1981; Peter H. Rossi, "On Sociological Data," *Handbook of Sociology*, ed. Neil J. Smelser (Newbury Park: Sage Publications, 1988), 144 참조.

한다. 이는 앞에서 논의한 것처럼 오이코도메 윤리는 공동체 안에서 자신의 유익*sympheron*이 아니라 남의 유익을 구하는 것과 일치한다는 것에서 잘 나타나 있다.(10:23-24, 10:33, 12:7) 오이코도메 윤리는 먼저 남을 세우는 윤리이고, 남을 세우는 과정을 통해서 믿음의 공동체를 바로 세우는 공동체 윤리가 되는 것이다.

바울은 양자 관계를 "서로*allelon*"라는 말로 표현한다.[55] 서로라는 말을 사용할 때 공동체를 위한 말씀과 관계가 있다. "몸 가운데서 분쟁이 없고 오직 여러 지체가 서로 같이 돌보게 하셨느니라."(12:25; 롬 12:5 참조) 서로라는 말은 일방적인 것이 아닌 양방향적*reciprocal*이고 상호적*mutual*인 것이다. 공동체 안에서 서로 사랑하고, 서로 섬기고, 서로 화평하고, 서로 남을 낫게 여기며, 서로 남의 짐을 져 주며, 서로 봉사한다는 것은 특정한 사람에게 정해진 것이 아닌 누구나가 다 실천해야 할 윤리가 된다. 신앙 공동체 안에서 서로의 관계를 통하여 서로를 세우는 오이코도메 윤리는 궁극적으로 구성원들로 하여금 "양자적인 인성(*dyadic personality* 혹은 *dyadic mentality*)"을 갖게 한다. 양자적 인성은 남의 유익을 먼저 구하는 성품이며 이는 공동체를 먼저 생각하는 성품이 된다.[56] 양자적 인성은 결국 공동체적인 인성*communal personality* 즉 집단적인 성품 *corporate mentality*의 근거가 된다.[57] 이러한 점에서 그리스도의 몸을 세우

---

55 고전 11:33, 12:25; 롬 12:5, 10:16, 13:8, 14:19, 15:5, 7, 14; 갈 5:13, 15, 26, 6:2 등.
56 제롬 네이레이에 의하면 1세기경 지중해 연안 사회에서 모든 개인들은 그들의 둘dyads의 관계를 통하여 자신이 알려지고 자신의 가치가 주어졌다. Jerome H. Neyrey, "Dyadism," *Biblical Social Values and Their Meaning*, ed. J. J. Pilch and B. J. Malina (Peabody: Hendrickson, 1993), 51.
57 B. J. Malina and J. H. Neyrey, *Portraits of Paul: An Archaeology of Ancient Personality* (Louisville: Westminster John Knox Press, 1996), 13. Corporate Personality는 개인주의적인 인성Individualistic Personality과 상반되는 말이다. 개인주

는 오이코도메 윤리는 양자적 관계들*dyadic relations*에서 출발한다. 이는 구성원으로 하여금 몸 된 교회를 항상 먼저 생각하게 하는 "몸적인 사고 방식*Corporate Personality*"을 형성하게 한다.[58]

그리스도의 몸 된 교회를 올바로 세우기 위한 오이코도메 윤리는 공동체의 지체들에게 구체적으로 실천적 지침을 주고 있다는 것을 살펴보았다. 바울에게 있어서 오이코도메 윤리는 전형적인 공동체 윤리이며 공동체의 삶에 있어서 목적론적 방향을 설정해 주는 가장 기본적인 역할을 한다.[59] 오이코도메 윤리는 먼저 공동체 형성을 위한 윤리가 됨과 동시에 공동체의 유지 보존을 위한 윤리가 된다. 이 윤리는 언제나 교인들로 하여금 교회를 세우기 위한 실천적 결단들로 인도하는 원리가 되며 또한 믿음의 공동체 안에서의 삶을 통해서만 이루어진다는 것이 전제된다. 그러므로 그리스도인들은 몸으로 하나님께 영광을 돌려야 한다.(6:20) 이런 점에서 몸으로 행한 일과(고후 5:10), 믿음의 공동체 안에서 지체들의 공적(3:13)이 중요함을 간과할 수 없다.

3. 공동체와 영의 윤리

몸의 신학과 관련하여 오이코도메 윤리는 단적으로 "세움의 행위"다.

의individualism에 반하는 집단주의collectivism적 차원에서의 Corporate Personality에 관해서는 다음을 참조하라. J. A. T. Robinson, *The Body: A Study in Pauline Theology*, 15ff. Corporate Personality의 히브리 개념은 다음을 참조하라. H. Wheeler Robinson, *Corporate Personality in Ancient Israel* (Edinburgh: T&T Clark, 1964); L. Levy-Bruhl, *The Notebooks on Primitive Mentality*, tr. P. Riviere (New York: Harper & Row, 1975).

58 Corporate Personality를 여러 가지 말로 번역할 수 있지만 바울의 몸의 신학과 관련하여서 몸적인 인성 혹은 몸적인 사고방식으로 번역하는 것이 좋다고 생각한다.

59 Otto Michel, "*Oikodome*," 144.

이 세움의 행위는 실질적인 건물을 세우는 것이 아니라 그리스도의 십자가를 따르는 자들의 모임을 세운다는 점에서 모든 윤리적 명령과 연결되어 있다고 할 수 있다. 앞서 연구한 "세움의 윤리"에 이어서 이 단락에서는 "영의 윤리"를 논하려고 한다. 영의 윤리는 크게 보아서 세움의 윤리의 연장선에 있으며, 공동체 윤리의 한 부분이라고 볼 수 있다. 단지 바울 서신에 나타나는 영의 개념이 특별하고 깊은 의미를 갖고 있기 때문에 영의 윤리를 분리하여 다루려는 것이다. 십자가 사건과 영에 대해서는 이미 앞에서 다루었기 때문에 여기서는 영과 관련된 윤리적인 면을 다룬다.[60]

공동체 윤리는 공동체의 영*pneuma*을 따르는 삶을 추구한다.[61] 그리스도의 십자가로부터 "전가된 영"을 소유하고 있는 모든 교회는 이 동일한 영을 따라 살아야 한다. 십자가의 그리스도는 우리를 살리는 영이며(고전 15:45) 우리는 이 영으로 말미암아 하나님을 섬기는 자녀가 되었다.(롬 7:4) 이제 모든 그리스도인들이 영의 법 아래 있으며(롬 8:2), 영의 생각으로 살아야 하는 것은 자명한 일이다.(롬 8:6) 이러한 영과 관련하여 "그 영을 따라 행하라"는 윤리적 요구는 초대 교회에서 자주 사용되는 용어다.

> 내가 이르노니 너희는 **성령*pneuma*을 따라 행하라** 그리하면 육체의 욕심을 이루지 아니하리라.(갈 5:16)

---

60 십자가 사건과 영에 대해서 3장을 참조하라.
61 공동체의 영에 대해서 4장을 참조하라.

진한 글씨 성령으로 번역된 단어는 단순히 영이다. 이 구절에서의 영은 지금까지 살펴본 영, 즉 십자가의 영을 의미한다. 같은 단어를 영으로 번역한 구절이 있다. "육신을 따르지 않고 **그 영**pneuma**을 따라 행하는** 우리에게 율법의 요구가 이루어지게 하려 하심이니라."(롬 8:4) "영을 따라 행하라"는 구절을 직역하면 "영으로 걸어라," 혹은 "영을 따라 걸어라"(프뉴마티 페리파테이테pneumati peripateite)[62]는 의미다. 이것을 사역하면, "내가 말한다. 영을 따라 걸어라. 그러면 육의 욕망을 이루지 않을 것이다"로 할 수 있다. 여기서의 영과 육은 바울의 교회론에서 언급한대로 공동체의 영과 육을 의미한다. "영을 따라"는 프뉴마pneuma의 3격 프뉴마티pneumati를 번역한 것이다. 이 단어는 수단의 3격으로 "영으로써" 혹은 "영에 의해서"로 번역할 수도 있다. 십자가 사건을 통해서 우리에게 주신 영, 그것이 곧 공동체의 영이다. 이 영은 믿음의 공동체를 형성하는 능력이며 이 영을 따라 산다는 것이 공동체의 삶이 된다.

이러한 영의 윤리적 요구를 충족하는 삶은 그리스도 안에서 동일한 삶이 된다. "······우리가 **동일한 성령**pneuma**으로 행하**지 아니하더냐 동일한 보조로 하지 아니하더냐."(고후 12:18) 진한 글씨 "동일한 성령으로 행하다"는 우리가 "같은 영으로 걷는다peripateo"는 말이다. 여기에서도 성령으로 번역된 말은 단순히 영을 의미한다. 지역과 시간을 넘어서서 영을 따르는 사람들은 모두 같은 영을 따라 걷는 동일한 삶을 살게 되어 있다. 이것이 믿음으로 행하는 것과 동일하다. "이는 우리가 믿음으로 행하고 보는 것으로 행하지 아니함이로라."(고후 5:7) 이 구절에서도 "행하고peripateo"는 영을 따라 걸으라는 단어와 일치한다. "믿음으로dia

---

[62] NRSV의 번역을 참조하라. "Walk according to the Spirit."

pisteos"는 "믿음을 통하여" 혹은 "믿음으로써"로 직역할 수 있다. 다시 말해서 믿음으로써 걸으라는 말이다. 왜냐하면 하나님께서 우리에게 "영의 보증"을 주셨기 때문이다.(고후 5:4) 그러므로 영을 따라 걷는 것은 믿음으로 걷는 것이며 이는 모든 그리스도의 몸 된 교회가 지향하는 공동체의 모습이다.

우리가 진정 그 영을 따라 살고자 하면 영을 따라 걸어야 한다. "만일 우리가 성령*pneuma*으로 살면 또한 성령*pneuma*으로 행할지니."(갈 5:25) 영을 따라 걷고자 하는 자는 영의 인도함을 받는 것이다. 그러므로 교회는 이 영이 살아 있어야 한다. 십자가의 영이 살아 있어야 영을 따라 걸을 수가 있다. 실제로 "영을 따라 걸어라"는 요구는 "믿음으로 걸어라"(고후 5:7)는 말씀과 같은 요구다. 이 명령은 예수께서 요구하신 "나를 따르라"는 명령과 같은 내용의 말씀이다.[63] 영을 따라 사는 것은 다른 복음, 즉 다른 영으로는 불가능하며(고후 11:4), 오직 십자가를 통해 주어진 영의 새로움만이 가능하게 한다.(롬 7:4) 다시 말해서, 영의 윤리에 앞서 영의 신학, 즉 십자가의 신학이 바로 서야 함을 말해준다.

믿음의 공동체 안에서 모든 지체들이 십자가의 영을 따르면 영의 열매를 맺는다. 영이 살아 있는 공동체와 그 영을 따라 사는 삶의 증거는 그 열매를 통해 증명된다. "오직 성령의 열매는 사랑과 희락과 화평과 오래 참음과 자비와 양선과 충성과 온유와 절제니 이같은 것을 금지할 법이 없느니라."(갈 5:22-23) 널리 알려져 있는 성령의 열매가 곧 영의 열매다.[64] 영의 열매의 내용은 지체들의 삶 속에 나타나는 삶의 결과다. 이

---

63 막 8:34을 참조하라. "무리와 제자들을 불러 이르시되 누구든지 나를 따라오려거든 자기를 부인하고 자기 십자가를 지고 나를 따를 것이니라."
64 영의 열매에 대해서 3장에서 "십자가 사건과 영", 4장에서 "공동체의 영과 육"을 참조하라.

열매들은 공동체의 지체들이 십자가의 주님을 바라보며 서로 봉사와 섬김의 삶을 사는 가운데서 나타나는 아름다운 열매들이다.

바울 서신에서 영의 열매는 빛의 열매, 선한 열매, 의의 열매 등과 같은 열매로서 나타난다. "**빛의 열매**는 모든 착함과 의로움과 진실함에 있느니라"(엡 5:9), "예수 그리스도로 말미암아 **의의 열매**가 가득하여 하나님의 영광과 찬송이 되기를 원하노라"(빌 1:11), "주께 합당하게 행하여 범사에 기쁘시게 하고 모든 **선한 일에 열매**를 맺게 하시며 하나님을 아는 것에 자라게 하시고."(골 1:10)[65] 고린도전서 13장에서 보여주듯이 공동체의 모든 지체들은 자신의 직분charisma을 가지고 사랑의 열매를 실천하는 것이 오이코도메 윤리다. 고린도전서 13장 4-7절에서 사랑과 연관된 열매들은 다양하다. 인내, 온유, 겸손, 무례히 행하지 아니함, 자기의 유익을 구하지 아니함, 신뢰 등. 이 목록들은 갈라디아서 5장 22-23절에 나오는 영의 열매들과 거의 일치한다.[66] 바울은 이러한 열매는 영을 따라 행할(프뉴마티 페리파테이테pneumati peripateite; 갈 5:16) 때 얻을 수 있다고 강조한다. 중요한 것은 이러한 열매가 신앙 공동체를 바로 세우게 되며 서로의 관계에서 행해지는 윤리적 실천에 의해서 얻어진다는 사실이다.

영pneuma을 따라 사는 삶과 정반대의 삶인 육sarks의 삶이 있다. 육의 삶이란 개인의 욕심과 탐욕인 육을 따라 행하는 것으로서 이러한 삶은

---

65 다음 구절들을 참조하라. "오직 위로부터 난 지혜는 첫째 성결하고 다음에 화평하고 관용하고 양순하며 긍휼과 **선한 열매**가 가득하고 편견과 거짓이 없나니 화평하게 하는 자들은 화평으로 심어 **의의 열매**를 거두느니라"(약 3:17-18), "그러므로 너희가 더욱 힘써 너희 믿음에 덕을, 덕에 지식을, 지식에 절제를, 절제에 인내를, 인내에 경건을, 경건에 형제 우애를, 형제 우애에 사랑을 더하라 이런 것이 너희에게 있어 흡족한즉 너희로 우리 주 예수 그리스도를 알기에 게으르지 않고 **열매** 없는 자가 되지 않게 하려니와." (벧후 1:5-8)
66 사랑, 희락, 화평, 인내, 자비, 양선, 온유, 절제, 충성 등. 고전 13:13; 살전 1:3, 5:8을 참조하라.

공동체를 파괴하는 요소들이 된다.(고전 6:9-11; 갈 5:19-20) 공동체를 파괴하는 공동체의 육이란 개인적인 정욕(롬 7:5), 교만(골 2:18), 욕망(갈 5:13, 17)과 동일시된다.[67] 한마디로 공동체를 염두에 두지 않고 개인의 유익을 추구하는 탐욕의 실체라고 할 수 있다. 공동체 안에서 영의 열매가 있듯이 육의 열매가 있으며 육의 열매들도 서로의 관계에서 일어난다.[68] 육은 믿음의 공동체가 버려야 할 악한 요소이기 때문에 바울 서신은 육에 대하여 그 정의와 함께 강한 경고를 한다. "그리스도 예수의 사람들은 육체sarks와 함께 그 정욕과 탐심을 십자가에 못 박았느니라."(갈 5:24) 만일 지금도 육의 사람이라면 불신앙의 사람과 마찬가지임을 분명히 한다. "전에는 우리도 다 그 가운데서 우리 육체sarks의 욕심을 따라 지내며 육체와 마음의 원하는 것을 하여 다른 이들과 같이 본질상 진노의 자녀이었더니."(엡 2:3)

영을 따르는 윤리가 적극적인 윤리적 강령이라면 육을 따르지 말라고 하는 것은 소극적이지만 반드시 믿음의 공동체가 조심스럽게 행해야 할 일이다. 믿음의 지체들은 자신의 탐욕(에피튀미아epithymia)을 따라 육을 따라서는 안 된다.

> 오직 주 예수 그리스도로 옷 입고 정욕epithymia을 위하여 육신sarks
> 의 일을 도모하지 말라.(롬 13:14)

---

67 공동체의 육에 대해서 4장에서 이미 논의하였으므로 여기서는 윤리적 면만 다룬다.
68 갈 5:19-21을 참조하라. "**육체sarks의 일**은 분명하니 곧 음행과 더러운 것과 호색과 우상 숭배와 주술과 원수 맺는 것과 분쟁과 시기와 분냄과 당 짓는 것과 분열함과 이단과 투기와 술 취함과 방탕함과 또 그와 같은 것들이라 전에 너희에게 경계한 것 같이 경계하노니 이런 일을 하는 자들은 하나님의 나라를 유업으로 받지 못할 것이요." 그 외에 고전 6:9-11; 롬 1:29-31, 8:7-8; 고후 12:20; 골 3:5 참조.

공동체 안에 두 가지 삶이 공존하는 것이 가능하기 때문에 지체들은 언제나 조심해야 한다. 공동체를 향하여 항상 하나님의 뜻과 섭리는 영의 생각을 가지고 영을 따르는 자를 통해서 이루어짐이 강조된다.(롬 8:4-8) 영의 소욕과 육의 소욕은 반드시 대적하며(갈 5:17), 영을 따르는 자가 영생을 얻게 될 것이기 때문이다. "자기의 육체sarks를 위하여 심는 자는 육체로부터 썩어질 것을 거두고 성령pneuma을 위하여 심는 자는 성령으로부터 영생을 거두리라.[69]"(갈 6:8)

바울은 특별히 영과 유대교의 율법을 연관하여 권면한다. "너희가 영으로써 살아간다면 너희는 더 이상 율법 아래 있지 않는다"(갈 5:18, 사역) 여기서 "영으로써"는 프뉴마의 3격인 프뉴마티를 번역한 것이다. 바울은 영으로 사는 것과 율법 아래 사는 것을 대조시키므로 율법 아래 사는 것을 육을 따라 사는 것과 동일시한다. 갈라디아서 3장 3절에서도 바울은 갈라디아 교인들에게 영으로 시작했다가 육으로 끝을 맺으려 하느냐며 심하게 꾸중하고 있다. 갈라디아서 3장 3절에서 육은 율법을 준수하고 지키는 일과 동일시된다.(갈 3:5 참조) 갈라디아 교인들과 유대교의 율법은 사실 아무런 관계가 없다. 율법을 지키는 것은 이미 믿음의 공동체 안에 사는 사람들에게는 복음과 관계없는 다른 삶의 원리를 제공하는 것이 되고, 믿음의 공동체의 신앙과 윤리적 체계에 혼선을 가져온다. 십자가 신학에 근거한 윤리적 체계를 생각한다면 유대교의 율법은 다른 복음을 전하는 자들, 즉 교회의 유대주의화를 계획하는 사람들의 가르침이었다.[70]

---

69 롬 8:13을 참조하라. "너희가 육신sarks대로 살면 반드시 죽을 것이로되 영pneuma으로써 몸의 행실을 죽이면 살리니."
70 Frank J. Matera, *New Testament Ethics: The Legacies of Jesus and Paul* (Louisville: Westminster John Knox Press, 1996), 165.

그들은 의롭게 되는 것도 율법을 지켜야 가능하다고 억지를 부리며 복음의 진리를 왜곡했다.(갈 2:16) 바울은 그들이 이런 다른 복음을 주장하는 이유를 유대교 사회로부터의 핍박을 면하기 위한 것이라고 본다.(갈 6:12) 자신의 무사안일을 위해 복음을 왜곡했으므로 바울의 적대자들은 다른 복음으로 믿음의 공동체를 분열시키는 원인이 된 것이다. 그러므로 그들이 구원의 조건으로 주장하는 유대교의 율법은 진리의 복음을 무너뜨리는 육이 될 수밖에 없다. 믿음의 공동체의 영을 따라 사는 사람은 유대교의 율법을 따라 사는 것과 전혀 관계가 없음을 보여주고 있다.

바울은 믿음의 공동체 안에 있는 지체들은 모두 영을 따르는 자가 되어야 함을 권면한다. 육이 아닌 영을 따르는 자가 오직 그리스도를 따르는 자다. "하나님의 성령으로 봉사하며 그리스도 예수로 자랑하고 육체 sarks를 신뢰하지 아니하는 우리가 곧 할례파라."(빌 3:3) 영의 윤리는 앞서 논의한 공동체 윤리와 중복되는 것이 많다. 이는 영의 윤리가 믿음의 공동체를 세우는 강한 윤리적 명령의 형식을 갖고 있기 때문이다. 영과 육의 윤리가 다른 윤리적 명령과 긴밀하게 연결되어 있음을 보여준다. "우리가 세상에서 특별히 너희에 대하여 하나님의 거룩함과 진실함으로 행하되 육체*sarks*의 지혜로 하지 아니하고 하나님의 은혜로 행함은 우리 양심이 증언하는 바니 이것이 우리의 자랑이라."(고후 1:12) 믿음의 지체들은 그리스도로 말미암은 은혜를 개인의 이익을 따르는 육의 기회로 삼아서는 안 되며, 오직 영을 따르는 지체들이 되어야 하는 의무가 있다.(갈 5:13)

공동체의 영을 따라 영의 열매를 맺는 삶을 통해서 영적인 사람들(호이 프뉴마티코이*hoi pneumatikoi*)을 만든다.(갈 6:1; 고전 2:15 참조) 반면에 육을 따라 사는 사람들은 육적인 사람들을 만든다.(고전 3:1) 바울 서신에서는 두 부류가 "신령한 자"와 그렇지 못한 "육적인 자"로 비교된다. "형제들아 내가 **신령한 자들**을 대함과 같이 너희에게 말할 수 없어서 **육신에 속한 자** 곧 그리스도 안에서 어린 아이들을 대함과 같이 하노라."(고전 3:1, 3:3, 14:37; 갈 6:1 참조) 교회의 지체가 되었어도 육의 욕심을 따르면 육에 속한 자가 된다. 다만 항상 마음의 중심이 십자가의 영에 있다면 육의 사람이 되는 유혹을 이겨낼 수 있을 것이다. 그래서 신령한 자는 그리스도의 마음nous을 가진 자로 표현되고 있다.[71](고전 2:14-16; 빌 2:5 참조) 영과 그리스도의 마음이 일치하기 때문이다. 더 나아가 영의 법(롬 8:2)은 하나님의 법인 마음의 법이 되며(롬 7:22-23), 이는 모두 그리스도의 법이다.(고전 9:21; 갈 6:2) 영을 따라 행하는(갈 5:16) 신령한 자는 곧 그리스도의 법을 성취하는 것이다.(갈 6:2) 그러므로 공동체의 모든 지체는 신령한 자가 되어야 하며 그리스도의 법을 성취해야 하는 요구를 받는다. "형제들아 사람이 만일 무슨 범죄한 일이 드러나거든 신령한 너희는 온유한 심령으로 그러한 자를 바로잡고 너 자신을 살펴보아 너도 시험을 받을까 두려워하라 너희가 짐을 서로 지라 그리하여 그리스도의 법을 성취하라."(갈 6:1-2)

이 단락에서는 바울 신학에서 중요한 개념을 갖고 있는 영의 개념으로부터 바울 서신에 나타난 영의 윤리를 살펴보았다. 바울 신학에서 중요한 것은 세상에서 영의 개념이 어떠하든지 그리스도인들에게 있어서 가장 중요한 영의 개념은 그리스도의 십자가 사건이라는 것이다.(롬 7:4; 고전 2:12; 고후 11:4 참조) 그리스도의 십자가만이 영의 윤리의 처음이며 마지막이다. 이런 이유로 십자가 사건이 없이는 영성도 없고, 영의 직분

---

71 신령한 자와 그리스도의 마음에 대해서 4장을 참조하라.

도 없고, 신령한 자도 생각할 수 없다. 사실 영의 열매를 보면 그리스 철학의 윤리나 현대 사회의 윤리에서 나오는 내용과 중복되는 것을 발견할 수 있다. 일반 사회에서 말하는 윤리와 도덕, 혹은 타종교에서의 영성까지도 교회의 그것과 공유되는 것이 있을 수 있다. 그럼에도 불구하고 교회의 윤리와 세속적 윤리는 전혀 다른 윤리적 체계를 가지고 있다.[72] 만일 그리스도의 교회가 일반 세속적인 윤리와 공유할 수 있는 연계성, 혹은 대화를 위하여 표면에 나타난 윤리적인 동일성의 측면만을 강조한다면, 윤리적 체계의 뿌리가 되는 십자가 신학이 사라진 윤리로 갈 가능성이 크다. 이것은 신학이 없는 윤리가 되고 만다. 그리스도가 없는 교회의 도덕성만 남게 되는 것이다. 그리스도의 몸 된 교회가 윤리, 도덕의 공동체로 변질되는 가장 조심해야 할 부분이다. 공동체 윤리로서의 영의 윤리가 중요하지만 왜 그런 윤리적 실천을 해야 하는지, 그 원인과 근본을 아는 것이 더 중요하다. 바울 서신을 통해서 얻을 수 있는 결론은 십자가의 신학을 알아야 영이 살아 있는 교회를 세울 수 있다는 것이다.

4. 공동체와 종말론적 윤리

바울 신학의 뿌리는 십자가 신학이며, 윤리는 십자가 신학에 기초하고 있음을 알아보았다. 또한 바울의 윤리적 명령은 모두 믿음의 공동체를 위한 윤리임을 강조하였다. 바울에게 있어서 그리스도의 몸 된 교회는 주님의 다시 오심을 기다리는 종말론적인 신앙 공동체다.(고전 1:7,

---

72 W. Marxen, *New Testament Foundations For Christian Ethics*, 21-22.

3:13-15; 빌3:20 참조) 이러한 신앙 공동체의 형성에 강조점을 두는 것은 바로 예수의 죽음과 부활에 근거한 공동체로 의미를 부여하기 때문이다.[73] 부활의 소망을 기다리는 신부와 같은 믿음의 공동체는 현실에서 존재해야만 하는 실존적인 공동체이며, 강력한 윤리적 명령을 요구 받는다. 이러한 공동체 윤리를 사탄의 지배 아래 있는 현 시대와 완전한 종말론적 하나님의 나라인 다가올 시대의 중간에 있다고 하여 "중간 윤리Interim ethics"라고 부른다.[74] 바울의 윤리는 공동체 윤리이며, 동시에 중간 윤리로서 종말론적 윤리의 특성을 보여주고 있다. 이 단락에서는 미래적 소망을 품고 있는 공동체 안에서 종말과 연관된 윤리적 요구가 현재에 지체들에게 어떤 형태로 나타나는지를 살펴볼 것이다. 종말은 공동체 윤리의 강한 동기를 부여한다. 분명한 것은 종말론적인 윤리도 공동체의, 공동체를 위한 종말론적인 윤리임을 간과해서는 안 된다.

신앙 공동체는 그리스도에 의해 씻겨지고, 거룩해지고, 의롭게 된 공동체다.(고전 1:30, 6:11) 뿐만 아니라 교회는 주님의 그날을 기다리는 종말론적인 공동체로서 세상의 다른 그룹과 다른 존재의 이유와 실천의 윤리적 원칙을 갖고 있다. 바울이 강조하는 공동체 윤리는 해도 되고 안 해도 되는 선택의 문제가 아니다. 바울의 윤리는 신앙 공동체를 주님 오실 영광의 그날까지 바르게 세워 유지 보존해야 한다는 필연적 사명이다. 동시에 공동체 한 사람 한 사람이 종말론적인 그리스도의 몸 된 교회와 어떠한 관계를 갖느냐, 그리고 마지막 부활에 참여할 그 궁

---

73 4장 "그리스도와 교회"를 참조하라.
74 "중간 윤리"란 용어는 알베르트 슈바이처Albert Schweitzer에 의해서 사용된 용어다. 예수 그리스도의 윤리직 교훈이 종말론적인 하나님 나라를 향하여 있기 때문에 종말론에 비추어 그것을 이해해야 한다는 입장에서 중간 윤리를 사용하였다. Rudolf Schnackenburg, *The Moral Teaching of the New Testament* (New York: Seabury Press, 1965), 278 참조.

극적인 몸 안에서 서로 어떠한 관계를 맺고 있는가를 묻는 실질적인 요청이 된다.

신약성서의 종말론적인 용어들 가운데 대표적인 단어들, "심판", "하나님의 나라", "강림", "부활", "멸망", "구원", "때", "진노" 등이 바울서신 전반에 나타난다. 바울의 종말론적인 윤리를 다루기 전에 종말에 대한 이해를 먼저 정의하는 것이 필요하다. 믿음의 공동체가 기다리는 종말, 즉 마지막 날은 주님이 강림하시는 날이며(고전 15:51; 살전 4:15-16; 살후 1:10), 심판대 앞에 서는 심판의 날이며(롬 14:10; 고후 5:10), 하나님의 나라를 영원히 유업으로 받는 몸의 부활에 참여하는 때다.(고전 15:12, 52; 고후 13:4; 빌 3:21; 살전 4:17 참조) 이 가운데서 믿음의 공동체가 믿음을 지키며 인내하는 삶을 사는 가장 큰 목적은 주님이 다시 오실 그때에 부활에 참여하는 일일 것이다. 이런 점에서 종말론적 윤리는 매우 목적론적 윤리의 특징을 갖고 있다. 종말론적 부활의 소망을 기다리는 믿음의 공동체에 주어지는 윤리적 요구가 무엇인지를 먼저 살펴보려고 한다.

부활에 관한 대표적인 구절은 고린도전서 15장이다. 바울은 그리스도의 부활이 하나님의 은혜이며, 나의 나 된 은혜임을 증거한다.(고전 15:10) 부활이 없으면 우리의 믿음도 소용없으며 우리가 여전히 죄 가운데 있을 것이다.(15:17) 그 이유는 부활이 죄 사함, 즉 구원의 완성이기 때문이다.(롬 4:25) 부활의 첫 열매가 되신 그리스도의 부활과 마찬가지로 그에게 붙어 있는 우리도 부활에 참여하여 하나님의 나라를 유업으로 받게 될 것이다.(고전 15:23, 50-52) 바울은 종말론적 부활에 참여하고 싶은 개인적인 소망을 고백하기도 한다. "내가 그리스도와 그 부활의 권능과 그 고난에 참여함을 알고자 하여 그의 죽으심을 본받아 어떻게 해서든지 죽은 자 가운데서 부활에 이르려 하노니."(빌 3:10-11) 이러한 종말론적인 부활의 소망은 믿음의 공동체를 향한 윤리적 권면으로 이어진다. "그러므로 내 사랑하는 형제들아 견실하며 흔들리지 말고 항상 주의 일에 더욱 힘쓰는 자들이 되라 이는 너희 수고가 주 안에서 헛되지 않은 줄 앎이라."(고전 15:58) 공동체의 지체들은 주의 일에 더욱 힘써야 하는 이유를 부활의 소망에서 찾았을 것이다. 몸 된 교회가 종말론적인 공동체가 되어야 종말론적인 윤리를 실행할 수 있는 이유가 여기에 있다. 믿음의 공동체가 종말론적인 부활의 소망을 기다리기 때문에 종말론적인 윤리는 그 공동체의 상황 가운에 주어진다.[75]

종말론적인 부활의 소망이 공동체 윤리로 바로 이어지는 예는 데살로니가전서 4장과 5장에서도 찾아볼 수 있다. 데살로니가전서 4장 13-18절은 그리스도가 강림하실 때에 자는 자들과, 살아남은 자들이 어떻게 그를 영접하는지 자세하게 증거하고 있다. 모두 부활에 참여하여 그리스도와 함께 영원히 함께하는 미래적 소망을 구체적으로 설명하는 단락이다. 이 단락의 마지막 절은 종말론적 윤리로 마무리되고 있다. "그러므로 이러한 말로 서로 위로하라."(살전 4:18) 소망이 없는 자들은 세상으로부터 오는 슬픔과 어려움을 견디기 힘들 것이다.(살전 4:13) 그러나 믿음의 지체들은 인내하며 믿음을 지킬 이유와 목적을 충분히 갖고 있는 것이다. 부활의 소망인 구원이 있기 때문이다.(살전 5:9) 이런 이유로 믿음의 지체들은 서로 위로하라는 요구를 받는다. 더 나아가 믿음의 공동체는 적극적인 믿음의 삶을 살 것을 구체적으로 요청받는다. "자지 말고 오직 깨어 정신을 차릴지라"(살전 5:6), "정신을 차리고 믿음과 사랑의

---

75 Wayne A. Meeks, *The Origins of Christian Morality* (New Haven: Yale University Press, 1993), 182.

호심경을 붙이고 구원의 소망의 투구를 쓰자"(5:8), "피차 권면하고 서로 덕을 세우기를 너희가 하는 것 같이 하라 "(5:11) 등. 종말론적인 윤리 역시 믿음의 공동체를 바로 세우는*oikodomeo* 일과 연관이 된다.

다음으로 다룰 수 있는 종말론적인 윤리는 심판과 구원에 연관된 것이다. 바울의 종말론적 심판과 구원은 외부인보다 주로 믿음의 공동체를 향하여 있다.[76](고전 5:9-10, 13 참조) 바울은 믿음의 공동체가 모두 하나님의 심판대 혹은 그리스도의 심판대 앞에 반드시 서게 될 것을 증거한다. "네가 어찌하여 네 형제를 비판하느냐 어찌하여 네 형제를 업신여기느냐 우리가 다 하나님의 심판대 앞에 서리라."(롬 14:10) 이런 종말론적 심판과 연관된 공동체 윤리는 심판(크리시스*krisis*)과 연관되어 있다. "믿음이 연약한 자를 너희가 받되 그의 의견을 비판하지 말라"(롬 14:1), "먹는 자는 먹지 않는 자를 업신여기지 말고 먹지 못하는 자는 먹는 자를 판단하지 말라 이는 하나님이 저를 받으셨음이니라."(롬 14:3, 개역한글판) 두 구절에서, 비판하고(디아크리노*diakrino*), 판단하는(크리노*krino*) 일 자체를 경고하고 있다. 공동체 안에서 믿음이 강한 자와 약한 자 사이에 음식의 문제로 분리되는 것을 막는 윤리적 명령이라 할 수 있다. 믿음의 지체들이 모두 주를 위하여 먹고 마신다면 서로 이해하지 못하고 받아들이지 못할 이유가 없다.(롬 14:8) 우리가 어떻게 행동했는지, 어떤 일을 했는지에 대해서 마지막에 하나님께 직고할 것이며 그에 대한 심판은 하나님께 속해 있다.(롬 14:12) 이러한 종말론적인 경고는 고린도 교회를 향해서 요구되고 있다. "이는 우리가 다 반드시 그리스도의 심판대 앞에

---

76 공동체의 구원과 심판에 대해서는 6장에서 다룰 것이다. 이 장에서는 그것과 연관된 윤리적인 측면을 강조한다.

나타나게 되어 각각 선악간에 그 몸으로 행한 것을 따라 받으려 함이라."(고후 5:10) 믿음의 지체들은 하나님의 심판으로 인하여 주를 위한 삶을 살아야 하며(롬 14:8), 이는 주를 기쁘시게 하는 삶을 사는 것이다. "그런즉 우리는 몸으로 있든지 떠나든지 주를 기쁘시게 하는 자가 되기를 힘쓰노라."(고후 5:9)

공동체의 심판에 관한 대표적인 말씀이 고린도전서 3장 11-17절에 나타난다. 여기에서는 교회의 지체들의 공적(에르곤 *ergon*)이 마지막에 불 시험을 받을 것을 증거한다. "각 사람의 공적이 나타날 터인데 그 날이 공적을 밝히리니 이는 불로 나타내고 그 불이 각 사람의 공적이 어떠한 것을 시험할 것임이라."(고전 3:13) 또한 하나님의 성전을 더럽힌 자는 멸망 받을 것이다. "누구든지 하나님의 성전을 더럽히면 하나님이 그 사람을 멸하시리라 하나님의 성전은 거룩하니 너희도 그러하니라."(고전 3:17) 마지막 심판의 경고와 함께 여기에서도 아무것도 판단하지 말라고 요구한다. "그러므로 때가 이르기 전 곧 주께서 오시기까지 아무 것도 판단하지*krino* 말라 그가 어둠에 감추인 것들을 드러내고 마음의 뜻을 나타내시리니 그 때에 각 사람에게 하나님으로부터 칭찬이 있으리라."(고전 4:5) 바울은 자기 자신을 판단하실 분은 오직 주님이시며(고전 4:4), 다른 사람에 의해서 판단 받는 행위가 교회의 종말론적 윤리가 아님을 강조하고 있다.(고전 4:3) 종말론적 공동체는 사람을 판단하여, 사람을 자랑하고, 사람을 따라 분열하고 당 짓는 공동체가 되어서는 안 된다.(고전 3:4, 21 참조) 지체에게 구할 것은 오직 주님을 향한 충성뿐이다.(고전 4:2)

윤리적 명령으로서의 심판이 전혀 다르게 사용되는 경우가 있다. 교회 안에서 도저히 수습할 수 없는 음행하는 자, 즉 아비의 아내를 취한 자에 대해서 바울은 내쫓으라고 명령한다. "밖에 있는 사람들은 하나님이 심판하시러니와 이 악한 사람은 너희 중에서 내쫓으라."(고전 5:13) 바울은 이 사람에 대해서 이미 판단하였다고 말한다. "내가 실로 몸으로는 떠나 있으나 영으로는 함께 있어서 거기 있는 것 같이 이런 일 행한 자를 이미 판단하였노라*krino*."[77](고전 5:3) 오히려 이런 자를 심판하지 못한 고린도 교회를 교만하다고 꾸짖는다.(고전 5:2) 그리고 공동체 안에서 판단의 행위를 잘 할 것을 권면한다. "밖에 있는 사람들을 판단하는 것이야 내게 무슨 상관이 있으리요마는 교회 안에 있는 사람들이야 너희가 판단하지*krino* 아니하랴."(고전 5:12) 심판에 대한 공동체 윤리가 이렇게 상반되게 나타나는 것은 공동체의 특수한 상황 속에서 상대적으로 사용되기 때문이다.[78] 이런 경우에 음행하는 자로 인하여 교회가 세속의 사람들도 하지 않는 음행의 교회가 되어 버렸으며, 교회의 어떤 권면도 듣지 않기 때문에 받아들일 수 없을 뿐 아니라, 공동체를 완전히 파괴할 수 있는 육적인 자. 적은 누룩이 온 덩어리에 퍼지듯이 이 사람은 공동체의 암적인 존재다.(고전 5:6) 바울은 공동체의 구원을 위해서(고전 5:5) 이런 자를 심판하여 과감히 내버리라고 명령한다. "너희는 누룩 없는 자인데 새 덩어리가 되기 위하여 묵은 누룩을 내버리라 우리의 유월절 양 곧 그리스도께서 희생되셨느니라."(고전 5:7)

종말론적 윤리 가운데 공동체 안에서 누리는 종말론적 자유가 있다. 그러나 종말론적인 자유는 절대로 방종이 되어서는 안 된다. 그리스도 안에 부르심을 받은 자들은 세상의 모든 것으로부터 자유를 얻었고, 그 누구로부터 제재를 받지 않는다. "모든 것이 내게 가하나 다 유익한 것

---

77 고전 2:15을 참조하라. "신령한 자는 모든 것을 판단하나 자기는 아무에게도 판단을 받지 아니하느니라."
78 Wayne A. Meeks, *The Origins of Christian Morality*, 188.

이 아니요 모든 것이 내게 가하나 내가 무엇에든지 얽매이지 아니하리라."(고전 6:12; 고전 9:1, 10:23; 갈 5:1 참조) 특별히 고린도 교회에 있었던 열광주의자들은 "모든 것이 가하다"라고 주장하는 극단적 자유주의자들이었다.[79](고전 6:12, 10:23) 바울은 이런 지체들에게 모든 것이 가하지만 모든 것이 유익한 것이 아니요, 모든 것이 세우는 것이 아님을 권면한다. 특히 음식 문제에 있어서 자유주의자들은 음식은 배를 위하고, 배는 음식을 위한다고 지체들의 먹는 자유를 주장한다. 그러나 바울은 하나님이 배와 음식, 이것 저것 다 폐하시리라고 경고하면서 주를 위한 삶의 중요성을 경고한다.(고전 6:13) 육체적 자유가 있다 할지라도 영적 제제를 받아야 함을 요구한 것이다.

자유에는 해야 할 자유, 하지 않을 자유가 있다. 자유를 느끼는 것도 사람마다 다르다. 자유는 사실 선택의 문제가 된다. 그러므로 그리스도인들은 세상의 종이 되는 것이 아니라 그리스도의 종이 되는 자유를 선택해야 한다.(고전 7:22-23) 더 나아가 이 자유는 그리스도의 몸 된 공동체 안에서 사랑으로 서로 종 노릇 하는 자유가 되어야 한다.(갈 5:13; 고전 9:19) 바울은 여러 분야에 걸쳐서 자유와 연관하여 윤리적 권면을 하고 있다. 음식(롬 14-15; 고전 6:12-13), 결혼과 물질(고전 7장), 우상과 제물(고전 8장, 10장), 복음 전하는 일(고전 9장), 할례(고전 7:18-19; 갈 6:15), 인종과 계급(롬 10:12; 고전 12:13; 갈 3:28; 골 3:11) 등. 이와 같은 것들은 세상에 속한 요소들이며 결국 종말에 모두 사라지게 될 것이다. "세상 물건을 쓰는 자들은 다 쓰지 못하는 자 같이 하라 이 세상의 외형은 지나감이니라."(고전 7:31) 종말론적 공동체의 지체들은 세상에 속한 것들에 가치를

---

79 V. P. Furnish, *The Moral Teaching of Paul* (Nashville: Abingdon Press, 1985), 30f.

두어서는 안 된다는 말이다. 할례도 아무것도 아니며(고전 7:19; 갈 6:15), 우상도 아무것도 아니며(고전 8:4), 세상의 모든 것이 그렇다. 그렇다고 해서 이래도 되고 저래도 되는 것은 아니다. 어찌하든지 주를 기쁘시게 하기 위하여(고전 7:32; 고후 5:9), 하나님의 영광을 위하여(고전 10:31), 주 안에서 행해야 한다.(고전 7:39; 고후 5:15; 갈 2:20)

주님이 오실 때(카이로스*kairos*)가 단축하여진 고로 이 세상의 외형에 대해서 종말론적인 윤리가 요구되고 있다. 이 윤리적 요청은 자유와 연관하여 "호스 메*hos me*(없는 것 같이)" 구절로 나타난다. "형제들아 내가 이 말을 하노니 그 때가 단축하여진 고로 이 후부터 아내 있는 자들은 **없는 자 같이***hos me* 하며 우는 자들은 울지 **않는 자 같이** 하며 기쁜 자들은 기쁘지 **않은 자 같이** 하며 매매하는 자들은 없는 자 같이 하며."(고전 7:29-30) 그리스도의 강림을 기다리는 이런 종말론적인 공동체는 세상과 구별될 것이며, 세상이 감당할 수 없는 믿음의 공동체가 될 것이다.[80]

결혼에 대해서 바울은 과부와 홀아비들에게 자신과 같이 지내기를 권면하지만(고전 7:8) 재혼해도 된다고 말하고 있다.(고전 7:9) 혼인 적령기에 있는 딸을 둔 부모들에게는 "원하는 대로 하라"고 자유를 준다.(고전 7:36) 그러나 어떠한 결정도 "주 안에서" 해야 한다.(고전 7:39) 재물에 대해서도 원하는 대로, 자기 임의대로 할 수 있는 자유를 주고 있다. 그러나 헌물에 대해서 마음에 정한대로 해야지(고후 9:7) 주를 속이거나 거짓

---

80 "호스 메"의 삶을 사는 이 땅의 믿음의 지체들에게 주어지는 "호스 카이*hos kai*(같으나)"의 축복이 있다. "영광과 욕됨으로 그러했으며 악한 이름과 아름다운 이름으로 그러했느니라 우리는 속이는 자 **같으나***hos kai* 참되고 무명한 자 **같으나** 유명한 자요 죽은 자 **같으나** 보라 우리가 살아 있고 징계를 받는 자 **같으나** 죽임을 당하지 아니하고 근심하는 자 **같으나** 항상 기뻐하고 가난한 자 **같으나** 많은 사람을 부요하게 하고 아무 것도 없는 자 **같으나** 모든 것을 가진 자로다."(고후 6:8-10)

말해서는 안 된다.[81](행 5:4 참조) 음식에 관해서도 우상의 제물과 상관없이 시장에서 파는 것은 무엇이든지 먹을 수 있는 자유가 있지만(고전 10:26), 항상 공동체의 약한 사람들이 넘어지지 않도록 조심해야 한다. "그런즉 너희의 자유가 믿음이 약한 자들에게 걸려 넘어지게 하는 것이 되지 않도록 조심하라."(고전 8:9; 롬 14:13; 고전 10:32 참조) 이러한 윤리들을 보면 종말론적 윤리 역시 종말론적 공동체 안에서 지체들이 어떠한 연관성을 같느냐에 중점을 두고 있다.

믿음의 공동체가 종말에 영생을 얻기 위하여 때 kairos를 기다리고 있다.(갈 6:6-10) "우리가 선을 행하되 낙심하지 말지니 포기하지 아니하면 때가 이르매 거두리라."(갈 6:9) 그때를 기다리며 믿음의 공동체 안에서 행할 윤리적 요구 중의 하나는 말씀을 가르치는 자와 배우는 자와의 관계다. "가르침을 받는 자는 말씀을 가르치는 자와 모든 좋은 것을 함께 하라"(갈 6:6) 여기서 "좋은 것(아가토스 agathos)"은 선한 일이나 선한 것을 말한다. 선한 일이란 바울 서신에서 믿음의 행위를 말한다.[82] 다시 말해서 말씀을 배우고 공동체 안에서 말씀대로 실천하는 일들을 의미한다. 때가 가까이 왔기 때문에 공동체의 선한 일에 열중해야 하는 것이다. 선한 일과 관련된 이 윤리적 명령은 양과 염소의 비유를 기억나게 한다.(마 25:31-46 참조) 그러므로 종말론적 윤리는 공동체 안에 있는 믿음의 가정들을 향하여 있다. "그러므로 우리는 기회 있는 대로 모든 이에게 **착한 일** agathos을 하되 더욱 믿음의 가정들에게 할지니라."(갈 6:10)

---

81 "땅이 그대로 있을 때에는 네 땅이 아니며 판 후에도 **네 마음대로** 할 수가 없더냐 어찌하여 이 일을 네 마음에 두었느냐 사람에게 거짓말한 것이 아니요 하나님께로다."(행 5:4)
82 롬 7:21, 12:27; 고후 13:7; 엡 2:10, 6:8; 빌 1:10; 골 1:10; 살전 5:15; 살후 1:11; 2:17, 3:13 등을 참조하라.

공동체의 종말론적 윤리 중에서 가장 중요한 윤리 중의 하나는 예수 그리스도를 본받는 것이다. 예수 그리스도께서 강림하실 때에 그가 우리를 하나님의 노하심에서 건지실 것이다.(살전 1:10) 여기서 "우리"란 주를 본받고, 복음 전하는 자를 본받아서, 모든 믿는 자의 본이 된 데살로니가 교회를 말하고 있다. "또 너희는 많은 환난 가운데서 성령의 기쁨으로 말씀을 받아 우리와 주를 **본받은 자**(미메테스 *mimetes*)가 되었으니 그러므로 너희가 마게도냐와 아가야에 있는 모든 믿는 자의 **본**(튀포스 *typos*)이 되었느니라."(살전 1:6-7) 바울은 항상 나를 본받는 자가 되라고 권면한다. "그러므로 내가 너희에게 권하노니 너희는 나를 **본받는 자** *mimetes* 가 되라."(고전 4:16) 바울 자신이 그리스도를 본받는 자가 되었기 때문이다. "내가 그리스도를 **본받는** 자가 된 것 같이 너희는 나를 **본받는 자**가 되라."[83](고전 11:1) 그리스도는 우리가 본받아야 할 "본 *typos*"이다. 본이 있기 때문에 본받는 자가 있는 것이다.[84] 이런 점에서 그리스도가 항상 신학과 윤리의 본이 된다. 그리스도를 모르고 그의 은혜를 모를 때는 세상을 본받고 세상의 원리대로 살아갔지만, 지금은 그리스도를 기준으로 그리스도를 본받는 종말론적 공동체의 삶을 살아야 함을 보여준다.

---

83 바울의 십자가 신학에서 튀포스는 그리스도의 죽음을 말한다. 미메테스는 그 죽음에 의해 형성된 것, 형성되어 왔던 것, 그리고 그 가능성이 있는 것을 의미한다. W. Marxen, *New Testament Foundations For Christian Ethics*, 10.
84 신약성서에서 "본받는" 용어와 관련하여 다음과 같이 나타난다. 1) 미메테스(본받는 자: 살전 1:6, 2:14; 고전 4:16, 11:1; 엡 5:1; 히 6:12); 미메오마이 *mimeomai*(본받다: 살후 3:7, 3:9; 히 13:7); 쉼미메테스 *symmimetes*(같이 본받는 자: 빌 3:17) 2) 튀포스(본, 유형: 롬 6:17; 빌 3:17; 살전 1:7); 휘포튀포시스 *hypotyposis*(복사, 본받음: 딤전 1:16; 딤후 1:13) 3) 호모이오마 *homoioma*(본받음, 유사, 모양: 롬 6:5; 빌 2:7; 계 9:7) 4) 메타스케마티조 *metaschematizo*(모양을 바꾸다, 본을 보이다: 고전 4:6; 빌 3:21); 쉬스케마티조 *syschematizo*(본받다, 따르다: 롬 12:2; 벧전 1:14) 5) 쉼모르포스 *symmorphos*(같은 형체의, 본받은: 롬 8:29; 빌 3:10, 21) 6) 휘포데이그마 *hypodeigma*(모본, 범례: 요 13:15, 히 4:11, 8:5, 9:23; 약 5:10) 7) 휘포그라모스 *hypogrammos*(복사, 사본, 본: 벧전 2:21) 8) 카타 *kata*(-따라서: 롬 15:5) 전치사를 본받아로 번역.

지금까지 공동체와 종말론적 윤리에 대해서 살펴보았다. 그리스도의 다시 오심과 연관된 가장 중요한 종말 신앙은 부활 신앙이라고 할 수 있다. 종말론적 부활을 소망하는 공동체는 마치 축구나 야구 리그에서 우승하기 위해 남겨 놓은 승수를 세고 있는 1위 팀과 같다고 할 수 있다. 마지막 부활의 승리를 위해 달려가고 있는 공동체가 교회다. 모든 믿음의 공동체가 소유한 종말론적 윤리는 마치 "매직넘버 1"의 삶을 사는 것이다. 매직넘버 1은 한번 만 이기면 모든 것이 끝나는 소망, 기대 그리고 흥분을 내포하고 있다. 이 소망이 팀의 성격과 목적을 지배하게 된다. 마찬가지로 부활의 소망이 공동체의 삶을 결정한다는 점에서 종말론적 윤리는 공동체의 정체성뿐만 아니라 목적 있는 삶을 부여한다. 더 나아가 종말은 하나님의 심판을 전제하고 있다. 하나님의 심판 아래 있는 공동체는 하나님의 나라를 유업으로 받든지, 멸망에 이르든지 간에 마지막에 결정되기 때문에 언제나 주님을 기쁘게 하는 삶과 주님의 영광을 위한 삶을 살아야 한다. 또한 모든 지체들에게 주어진 자유가 방종이 되어서는 안 되며, 그리스도의 종으로서 모든 것을 그리스도 안에서 결단하며 살아갈 것을 요구 받는다. 이러한 삶은 종국적으로 그리스도를 본받는 자의 삶으로 나타나게 된다. 이러한 것들이 모두 종말론과 연관된 종말론적 윤리로 나타난다. 바울의 윤리가 그러하듯이 바울 서신에 나타난 종말론적인 윤리도 항상 공동체의 윤리로 나타남을 간과해서는 안 될 것이다. 결국 종말론적인 윤리는 종말에 궁극적인 부활의 몸을 대치하는 그리스도의 몸 된 교회와 어떠한 관계를 갖느냐의 문제를 항상 갖고 있다.

바울에게 있어서 종말은 공동체의 승리를 의미한다.[85] 영원한 하나님

---

85 W. Marxen, *New Testament Foundations For Christian Ethics*, 179.

의 나라를 유업으로 받아(고전 15:50) 영원한 안식에 들어가기 때문이다.(살후 1:7) 그날에 믿음의 사람들을 환난 받게 한 자들이 환난을 받을 것이며(살후 1:6), 예수 그리스도의 복음에 복종하지 않는 자들이 형벌을 받을 것이다.(살후 1:8) 그러므로 믿음의 공동체는 그때kairos를 기다리며 항상 예수 그리스도에 대한 믿음의 역사와 사랑의 수고와 소망의 인내로 사는 삶을 하나님 아버지 앞에서 지켜내야 한다.(살전 1:3; 살후 1:3-4) 이런 믿음의 공동체는 최후의 승리를 현재의 삶 속에서 선취할 수 있다. "우리 주 예수 그리스도로 말미암아 우리에게 승리를 주시는 하나님께 감사하노니."(고전 15:57)

믿음의 공동체를 위한 윤리는 절대적인 것이 아니다. 더 나아가 윤리적으로 완전한 공동체도 없다. 거룩하고 흠 없는 온전한 공동체는 윤리에 의해서 얻어지는 것이 아니다. 그리스도의 은혜를 입고 오직 그리스도의 신앙을 지키는 공동체에게 주시는 하나님의 은혜다. 하나님의 교회는 언제나 은혜의 공동체, 즉 십자가의 은혜로 주어지는 구속의 공동체가 먼저 되어야 하는 이유가 여기에 있다. 이것은 기독교 혹은 교회가 윤리와 도덕의 종교나 공동체가 아님을 강조하는 것이다. 바울의 윤리는 공동체가 이 땅에 존재하기 위해서 필요한 실천적 혹은 기능적 행동 강령이다. 절대적인 기준은 오직 그리스도다. 세속 철학이나 타종교에서 온 윤리 체계가 아니라 그리스도가 모든 신학과 윤리의 근원이 되어야 한다. 다시 말해서 그리스도의 죽음과 부활을 상징하는 십자가 신학이 기독교 윤리의 뿌리이며 형성자shaper다. 그리스도에 대한 절대적인 믿음과 확신을 가진 자가 바울이고, 이런 바울의 신학에서 체계화 된 것이 윤리이며, 이것이 바울 서신에 나타난 초대 교회들을 위한 윤리적 체계가 되었다.

6장 공동체의 구원과 심판

1. 공동체의 구원

1) 영의 구원

바울 서신에서 나타나는 "영pneuma"의 개념은 이미 앞에서 다양한 측면에서 다루었다. 3장에서 십자가 사건과 영을 연구하면서, 영이 우리에게 생명을 주는 그리스도의 십자가 사건과 동일함을 밝혔다.(롬 7:4; 고후 11:3 참조) 또한 이 영이 믿음의 공동체인 "우리의 영"이 되어야 함을 4장에서 증명하였다.(갈 6:18; 몬 1:25) 오직 그리스도만이 우리에게 생명을 주는 영이다. "기록된 바 첫 사람 아담은 생령psyche이 되었다 함과 같이 마지막 아담은 살려 주는 영pneuma이 되었나니."(고전 15:45) 믿음의 공동체는 이 영으로 시작하며(갈 3:3), 이 영을 보유하고 있어야 한다.[1](고후 4:13; 갈 5:5) 즉 공동체의 영이 곧 십자가로부터 온 전가된 영이다. 이러한 영의 개념을 통해서 공동체가 따라야 할 영의 윤리를 5장에서 연구하였다. 공동체의 모든 지체는 이 영을 따라 걸어야 한다.(롬 8:4; 갈 5:16) 영의 윤리는 공동체가 생명을 주는 영의 법, 즉 영의 신학이 살아 있어야 함을 전제하고 있다.(롬 8:2) 믿음의 공동체는 영의 윤리를 실천하므로 주님이 기뻐하시는 믿음의 공동체를 형성하고 보존하게 된다. 이제 영의 신학과 윤리에 이어서 한 가지 영에 관한 연구가 남아 있다. 그것은 "영의 구원"에 관한 것이다.

---

[1] 영과 관련된 이 구절들의 해석은 3장을 참조하라.

바울 서신에서 영*pneuma*과 구원(소테리아*soteria*)이 직접 관련된 구절은 고린도전서 5장 5절 외에는 거의 찾아볼 수가 없다. 일반 서신에서 영혼 (프쉬케*psyche*)과 구원이 직접 연관된 네 개의 구절들이 있지만, 이 구절들은 우리가 연구하는 영의 구원과는 다른 개념이다. "우리는 뒤로 물러가 멸망할 자가 아니요 오직 **영혼을***psyche* 구원함에 이르는 믿음을 가진 자니라"(히 10:39), "그러므로 모든 더러운 것과 넘치는 악을 내버리고 너희 **영혼을***pshchai*(프쉬케의 복수) 능히 구원할 바 마음에 심어진 말씀을 온유함으로 받으라"(약 1:21), "너희가 알 것은 죄인을 미혹된 길에서 돌아서게 하는 자가 그의 **영혼을***psyche* 사망에서 구원할 것이며 허다한 죄를 덮을 것임이라"(약 5:20), "믿음의 결국 곧 **영혼의***psychai* 구원을 받음이라." (벧전 1:9) 이 구절들 가운데서 히브리서 10장 39절과 야고보서 5장 20절은 단수로서의 영혼*psyche*이고, 야고보서 1장 21절과 베드로전서 1장 9절은 복수로서 영혼들*psychai*이다. 여기서 프쉬케는 영을 의미하는 프뉴마와는 달리 개인의 생명들을 말한다.[2] 이 구절들이 모두 영혼*psyche*의 구원을 말한다는 점에서 동일하다. 그렇다면 프뉴마의 구원과 프쉬케의 구원의 차이점을 분명히 해야 한다.

바울 서신뿐만 아니라 신약 전체에서 영*pneuma*의 구원을 연구할 때 이것이 개인의 구원을 의미하는지 아닌지에 대해서는 논란의 여지가 있을 수 있다. 왜냐하면 현대 그리스도인들이 구원을 영혼의 구원이라 생각하고 있기 때문이다. 그리고 구원받는 그 영혼은 프뉴마든 프쉬케든 개인의 영혼을 의미한다. 그러나 우리의 구원은 바울 서신에 나타나 있고, 사도신경 안에도 포함되어 있듯이 "몸*soma*이 다시 사는 것과 그 몸

---

2 E. Schweizer, "*Psyche*," *TDNT* IX, 648. 프쉬케에 대해서는 4장 "공동체의 혼"을 참조하라.

이 영원히 사는 것"이다. 다시 말해서 몸의 구원이 우리의 구원이다. 몸의 구원은 영의 구원을 논한 후 다음 단락에서 다룰 것이다. 4장에서 공동체의 프쉬케를 연구하면서 이 단어의 의미는 바울 서신 내에서 몸 된 공동체의 지체들을 의미하며, 이 지체들의 생명들을 의미한다는 잠정적인 결론을 내린 바 있다. 앞서 언급된 일반 서신들에서 가져온 4개의 구절들은 모두 프쉬케의 구원을 강조한다는 점에서, 바울 신학의 관점에서 보면 지체들 개인들의 구원을 말한다고 볼 수 있다.[3] 그렇다면 프쉬케와 다른 프뉴마의 구원은 무엇을 의미하는가?

이제 고린도전서 5장 5절로 돌아와 바울 서신에서 단 하나밖에 없는 영의 구원과 연관된 구절을 살펴볼 차례다. 이 구절은 바울이 고린도 교회의 음행을 지적하면서 자신의 계모와 살면서 살림을 차린 자를 교회에서 내쫓으라고 권면하는 말씀 가운데 나타난다.

> 이런 자를 사탄에게 내주었으니 이는 육신sarks은 멸하고 영pneuma은
> 주 예수의 날에 구원을 받게 하려 함이라.(고전 5:5)

이 구절은 해석하기 매우 난해한 구절임에 틀림없다. 많은 성경 번역가들이 육신과 영을 음행을 저지른 그 남자의 육신과 영으로 번역한다.(RSV, NKJV, NIV 등) 그러나 그리스어 본문에는 "그 남자의"라는 남성대명사(아우토스autos)의 단어를 찾아볼 수 없다. 여기서 육과 영은 "그 남자의" 육과 영이 아니라 단순히 "그 육"(헤 사르크스he sarks-여성명사)과

---

[3] 그러나 이런 프쉬케의 구원과 연관된 표현들을 바울 서신에서 찾아볼 수 없다는 점은 이런 해석의 가능성과 함께 불연속성에 대해서도 감안하게 한다.

"그 영"(to pneuma-중성명사)이다. 그리스어의 성性이 일치하지 않으므로 이 구절에서 영과 육이 그 남자의 것이라는 단서를 전혀 찾을 수가 없다.⁴ 여기서의 육과 영은 공동체의 육과 영을 의미한다. 사실 4장에서 공동체의 영과 육의 개념을 정립하지 않았다면 이런 해석에 이르지 못했을 것이다. 만일 이것을 그 남자의 영과 육으로 번역한다 하여도 상식적으로 이해할 수 없는 구절이 되어 버리고 만다. 육은 사탄에 내주고 영만 구원 받는다는 논리가 있을 수 없다는 것이다. 이러한 영의 구원을 주장한다면 이는 신약성서 어디에서도 찾아볼 수 없는 희귀한 구원의 교리가 될 것이다.

고린도전서 5장 5절의 영에 대한 이런 해석을 앞의 구절들과 연관시켜 보면 더 분명해 질 수 있다. 바울은 먼저 어떤 교회의 권면과 명령도 듣지 않는 이 사람에 대하여 심판을 이미 내렸다고 고린도 교회에게 말하고 있다. "내가 실로 몸soma으로는 떠나 있으나 영pneuma으로는 함께 있어서 거기 있는 것 같이 이런 일 행한 자를 이미 판단하였노라."(고전 5:3) 이 구절에서도 몸과 영을 개인의 몸과 영으로 볼 수 있지만, 이것을 공동체라는 몸과 공동체가 소유한 영, 즉 하나님께로 온 십자가의 영이라 볼 수 있다.(고전 2:12) 다시 말해서 고린도 교회라는 몸을 떠나 다른 곳에 가 있지만, 언제 어디서나 같은 영을 바라보고 따르고 있다는 사실을 말하고 있는 것이다. 바울은 언제나 "우리가 동일한 성령pneuma으로 행하지 아니하더냐 동일한 보조로 하지 아니하더냐"(고후 12:18)를 강조하면서 "같은 영으로 걷는" 그리스도인의 삶을 강조한다.⁵

---

4 G. F. Snyder, *First Corinthians, A Faith Community Commentary*, 62.
5 5장의 "공동체와 영의 윤리"를 참조하라.

또한 이 악한 남자에 대한 축출 심판은 신령한 자의 판단에 근거를 둔다. "신령한 자는 모든 것을 판단하나 자기는 아무에게도 판단을 받지 아니하느니라."(고전 2:15) 바울은 그리스도의 마음을 가지고 세상으로부터 온 영이 아닌 하나님께로부터 온 영을 따르는 자로서 이미 교회 내에서 사람을 따라 분열한 자들을 육적인 자들로 판단하고 심판을 내렸다.(고전 3:1-4) 교회 내에서 분열한 자들은 십자가의 영을 따르는 신령한 자라고 볼 수 없다. 마찬가지로 음행을 저지른 이 남자 역시 육이 사람으로 판단 받아 마땅한 것이다. 이런 해석을 바탕으로 한다면 고린도전서 3장 3절의 영과 몸 역시 공동체의 몸과 영으로 해석이 가능하다.

이와 더불어 개인의 영이 분명하게 구분되는 구절이 있다. "주 예수의 이름으로 너희가 내 영과 함께 모여서 우리 주 예수의 능력으로."(고전 5:4) 여기서 "내 영"은 그리스어 에무 프뉴마 *emou pneuma*로서 나의 *emou* 영이라는 소유의 개념을 분명히 하고 있다. 여기서 영은 바울 개인의 영을 말한다.[6] 바울에게 있어서 영의 개념이 분명하다는 것을 알 수 있는 구절이다. 바울은 몇 절 안 되는 구절들에서 영의 다양한 표현들을 정확하게 구분하여 사용하고 있다. 개인의 영에 이어서 바울은 고린도전서 5장 5절에서 영의 구원, 즉 개인이 아닌 공동체의 구원을 증거하고 있다.

바울은 공동체 안에서 세상에서도 볼 수 없는 음행(포르네이아 *porneia*)을 저지른 자는 공동체를 파괴하는 악한 존재, 즉 공동체를 생각하지 않는 개인적인 욕망과 탐욕을 의미하는 육의 존재로 본 것이다.[7] 그리고 이 자를 공동체에서 축출하라고 명령한다. "밖에 있는 사람들은 하나님

---

6 나의 영이라는 표현에 대해서 다음 구절을 참조하라. "내가 만일 방언으로 기도하면 **나의 영**이 기도하거니와 나의 마음은 열매를 맺지 못하리라."(고전 14:14)
7 F. F. Snyder, First Corinthians, 60-61.

이 심판하시려니와 이 악한 사람은 너희 중에서 내쫓으라."(고전 5:13) 이는 공동체의 구원을 위해서 내린 명령이다. 적은 누룩이 온 덩어리에 퍼져 믿음의 공동체가 아니라 세상 사람들의 윤리로도 행하지 않는 악한 묵은 누룩의 공동체가 되기 때문이다.(고전 5:6-7) 이러한 맥락으로부터 사용된 용어들의 공동체적인 의미를 더하여 번역해 보면 쉽게 이해할 수 있을 것이다.

> 그(공동체의) 영이 주님의 날에 구원받게 하기 위하여 그(공동체의) 육의 멸망을 위해 그러한 사람을 사탄에게 넘겨주어라.(고전 5:5의 사역)

바울은 자기의 욕심만을 내세워 주님의 몸 된 교회를 생각하지 아니하고 말을 듣지 않는 이 남자를 교회에서 축출하는 것이 옳다고 판단했고 또 그렇게 권면했다.(고전 5:2, 13) 그 이유는 교회는 그리스도의 희생으로 세워진 공동체이기 때문이다.[8] 만일 이 남자의 음행으로 인해 고린도 교회가 외부적으로 음행의 공동체로 보여져 복음의 문이 막히고, 내부에서는 분열되고 파괴된다면 그리스도의 희생은 헛된 것이 되어 버리고 만다.(고전 5:7) 바울은 차라리 공동체의 이런 육적인 요소를 잘라 버리고, 즉 사탄이 지배하는 세상에 내주고 주의 몸 된 교회를 지키는 것이 옳다고 보는 것이다. 사탄에게 내준다는 것은 세상이 사탄의 지배 아래 있기 때문에 이런 권면이 나온 것이다.[9] 더불어 그리스도인들에게 가

---

8 "너희는 누룩 없는 자인데 새 덩어리가 되기 위하여 묵은 누룩을 내버리라 우리의 유월절 양 곧 그리스도께서 희생되셨느니라." (고전 5:7)
9 바울 서신에서 이 세상의 신은 사탄이다. "그 중에 이 세상의 신이 믿지 아니하는 자들의 마음을 혼미하게 하여 그리스도의 영광의 복음의 광채가 비치지 못하게 함이니 그리스도는 하나님의 형상이니라."(고후 4:4) 그 외에 고전 2:8; 골 2:15; 엡 6:12; 요 12:31, 14:30을 참조하라.

장 큰 저주 중의 하나가 교회에서 축출당하는 것임을 알 수 있다. 그렇다고 해서 교회 밖의 음행하는 자들을 멀리하라는 것은 아니다. 그들 역시 교회로 부르심을 받을 수 있는 사람들임을 분명히 한다.(고전 5:9-13) 바울은 단지 공동체의 보존을 구원을 위한 가장 중요한 목표로 삼은 것이다.

이 세상의 어떠한 원리나 정당성을 가지고서 그리스도의 몸 된 사랑의 공동체를 파괴할 수 없다. 그러한 진리도 존재하지 않고 그러한 의로움도 존재하지 않는다. 그리스도의 십자가의 죽음을 대신할 진리는 세상에 존재하지 않기 때문이다. 바울은 공동체의 영이 주님의 날에 구원받게 되기를 소망한다. 그래서 "우리 주 예수의 능력으로"(고전 5:4) "주 예수의 날에"(고전 5:5) "그(공동체) 영$pneuma$"이 구원 받게 해야 하는 것이다. 이런 점에서 개인의 구원은 공동체의 구원에 포함된다. 개인은 믿음의 공동체의 지체이기 때문이다. 공동체의 구원은 개인의 구원을 완성시킬 수가 있다.

영$pneuma$의 구원과 가장 밀접한 것은 영의 보존이다. 공동체의 영과 관련된 가장 중요한 증거가 다음 구절에 나타난다.

> 평강의 하나님이 친히 너희를 온전히 거룩하게 하시고 또 너희의 온 영과 혼과 몸이 우리 주 예수 그리스도께서 강림하실 때에 흠 없게 보전되기를 원하노라.(살전 5:23)

이 구절에서도 너희 영, 혼, 몸을 개인의 영, 혼, 몸이라 생각하여 쉽게 해석하는 경우가 많다. 여기서 "너희(휘몬$hymon$)"는 복수이지만 교회를 가리킨다. 이미 4장에서 그리스도의 몸 된 교회를 연구할 때 "너희 몸"은 공동체 자체를 가리키는 것으로 개념을 정리하였다.(고전 6:15, 20) 몸soma은 단수로 나타난다. 몸이 개인의 몸이 되려면 너희와 함께 복수로 나타나야 한다. 영pneuma과 혼psyche도 모두 단수다. 그러므로 이 구절에서 영, 혼, 몸은 모두 개인의 그것이 아닌 공동체의 영, 혼, 몸으로 보아야 한다.[10] 만일 공동체의 이런 요소들을 개인의 요소들로 간주하여도, 그리스도가 강림하실 때까지 흠 없게 보전된다는 것은 상식적으로 이해될 수 없는 해석이 되어버리고 만다. 때를 알 수 없는 그리스도의 강림의 시기까지 개인의 영, 혼, 몸을 보전하는 것이 더 납득할 수 없는 내용이 되어버리고 만다. 이런 해석과 신학은 신약성서 내에서조차 찾아볼 수 없다. 그리스도께서 강림하실 때에 지키고 보전해야 할 것은 공동체의 살아 있는 십자가의 영과, 새로운 피조물들의 섬김의 삶인 혼과, 그들이 직책을 가지고 세운 몸인 것이다.

공동체의 영을 보존하는 것은 마지막 때 그 영의 구원을 위한 것이다. "하나님이 우리를 세우심은 노하심에 이르게 하심이 아니요 오직 우리 주 예수 그리스도로 말미암아 구원을 받게 하심이라."(살전 5:9) 공동체를 세우심은 공동체의 구원을 위한 것이다. 공동체는 십자가의 영으로 세워지는 것이다. 믿음의 공동체는 영으로 시작해서 육으로 끝나는 것이 아니라 영으로 끝나야 한다. "너희가 이같이 어리석으냐 성령pneuma으로 시작하였다가 이제는 육체sarks로 마치겠느냐."(갈 3:3) 이 구절에서도 성령으로 번역된 프뉴마는 단순히 영이고 이 영은 십자가로 말미암은 영이며[11](갈 5:5), 모든 지체들이 바라보고 따라야 할 영이다.(갈 5:16)

---

10 공동체의 영, 혼, 몸에 대해서 4장을 참조하라.
11 갈 3:3의 "성령으로" 번역된 그리스어 프뉴마티pneumati는 프뉴마의 3격으로서, 정관사 없이, 성령을 가리키는 거룩한 이라는 형용사 하기오스hagios 없이 사용되었다.

공동체의 영이 살아 있고 이 영을 따르는 삶이 지속된다면 공동체를 향한 영생의 약속이 이루어질 것이다. "자기의 육체sarks를 위하여 심는 자는 육체sarks로부터 썩어질 것을 거두고 성령pneuma을 위하여 심는 자는 성령pneuma으로부터 영생을 거두리라."(갈 6:8) 바울 서신에서 육의 반대어는 항상 영이지 성령님이 아니다. 자기(헤아우토스heautos)의 탐욕을 향하여 있는 육의 마지막은 죽음이지만 그리스도와 그의 몸 된 공동체를 향하여 있는 영의 마지막은 생명이다. "너희가 육신sarks대로 살면 반드시 죽을 것이로되 영pneuma으로써 몸의 행실을 죽이면 살리니."(롬 8:13) 여기서도 구원과 연관하여 공동체의 영이 얼마나 중요한지 보여주고 있다. 그래서 바울은 공동체의 영을 보존하라는 의미에서 서신의 마지막에 공동체의 영을 향한 축복과 기도를 잊지 않는다. "형제들아 우리 주 예수 그리스도의 은혜가 너희 심령pneuma에 있을지어다 아멘."(갈 6:18) 너희 심령이라는 번역은 다분히 인간 개인의 내적 요소를 염두에 둔 번역이다. 그리스어 단수와 복수의 차이를 생각하지 못한 번역이며, 영에 대한 포괄적 이해의 부족이 빚어낸 번역이라고 볼 수밖에 없다. 빌립보서 4장 23절과 빌레몬서 1장 25절에서도 너희의hymon(복수) 심령pneuma(단수)으로 번역하고 있다. 개인을 가리킨다면 너희의 심령들pneumata이라고 해야 하며, 단수로 표기된 것은 "너희"를 교회라는 하나의 공동체로 보기 때문이다.

바울 서신에서 나타나는 영pneuma의 구원이 공동체의 구원이라는 사실을 알아보았다. 개인의 삶과 생명을 의미하는 프쉬케의 구원보다 프뉴마의 보존과 구원을 강조하고 있다는 점이 영과 관련된 구원론의 특징이라고 할 수 있을 것이다. 이제 공동체의 구원을 보다 설득력 있게 증명할 수 있는 단계로 넘어갈 필요가 있다. 그것이 다음 단락에서 다룰 몸의 구원이다.

2) 몸의 구원

그리스도의 부활(아나스타시스*anastasis*)이 몸*soma*의 부활이라는 사실은 이미 1장에서 충분히 다루었다. 그리스도의 부활은 당시 사회에서 불렀던 부활의 개념과 전혀 다른 부활이었다. 1세기 헬레니즘 사회가 생각하는 부활은 죽었던 사람이 몇 일만에 살아나는 소생과 같은 기적이나, 죽은 영혼이 사람들 앞에 나타나는 일이나, 다른 사람의 몸을 빌어 다시 태어나는 재생, 혹은 영혼 불멸과 같은 것이었다. 이러한 것들은 모두 영혼과 관련되어 있는 것이며, 당시에 종교와 서민들 사이에 가장 널리 퍼져 있던 부활의 신앙은 사실의 유무를 떠나서 영혼의 재생을 의미하는 윤회전생을 말하고 있다. 이러한 영혼*psyche*의 재생을 메템프쉬코시스라고 부른다. 영혼이 아무리 재생되어도 다시 죽을 인간의 육체를 입고 태어나는 것이다. 그리스도의 부활은 이런 영혼의 재생과 전혀 다른 몸의 부활이다. 현재 인간의 육체와 전혀 다른 몸으로 변화되는 것이다. 이러한 그리스도의 몸의 부활을 메타모르포시스라고 한다. 새로운 형태 *morphe*의 몸으로 변형되는*metamorphoo* 것을 의미한다.[12]

그리스도의 몸의 부활이 얼마나 새롭고 충격적이었는가는 신약성서

---

12 그리스도의 부활을 상징하는 사건이 복음서에 나타난다. 변화산에서의 사건이 같은 용어를 사용하고 있다. "엿새 후에 예수께서 베드로와 야고보와 요한을 데리시고 따로 높은 산에 올라가셨더니 그들 앞에서 **변형되사**."(막 9:2) 진한 글씨 **"변형되사"**는 그리스어 메타모르포오 동사로서 한 형태*morphe*에서 다른 형태로의 변형을 나타내는 동사다. 마 17:2에서도 같은 동사가 사용되었다. 변화산 사건은 그리스도의 몸의 부활의 예표prolepsis다. 이 외에도 막 16:12에 부활하신 그리스도가 두 사람에게 나타나실 때 "다른 모양(헤테라 모르페*hetera morphe*)"으로 나타나셨다는 구절도 지상의 역사적 그리스도와는 달리 부활 후의 온전히 다른 형태로 존재하는 것을 말해 주고 있다.

를 통해서 그 현상을 짐작할 수가 있다. 당시 사람들의 신앙이나 지식으로는 전혀 상상할 수 없는 부활이었다. 사도행전에서 사도들이 예수 그리스도의 부활이 죽은 자의 부활이며(행 4:2, 23:6, 24:21), 동시에 몸의 부활과(행 17:18) 더불어 그의 몸이 썩지 않는다는 것을(행 2:31) 전할 때에, 사람들이 싫어하며(행 4:2), 조롱하며(행 17:32), 이런 새 가르침이 무엇인지 의아해 했다. "그를 붙들어 아레오바고로 가며 말하기를 네가 말하는 이 새로운 가르침이 무엇인지 우리가 알 수 있겠느냐"(행 17:19), "그들이 죽은 자의 부활을 듣고 어떤 사람은 조롱도 하고 어떤 사람은 이 일에 대하여 네 말을 다시 듣겠다 하니."(행 17:32) 다시 썩지 않을 몸으로의 부활이 그리스도의 부활이다. 영원히 존재할 새로운 형태*morphe*의 몸을 입는 것이 그리스도의 부활인 것이다.[13]

바울은 그리스도의 부활을 부활의 첫 열매, 즉 부활의 시작이라고 증언한다.(고전 15:20) 그리고 다음에는 그리스도를 영접한 자들이 부활의 몸을 입게 될 것이다. "그러나 각각 자기 차례대로 되리니 먼저는 첫 열매인 그리스도요 다음에는 그가 강림하실 때에 그리스도에게 속한 자요."(고전 15:23) 우리가 마지막 부활에 참여할 때는 그리스도께서 강림*parousia*하실 때이며, 이때가 영원한 생명을 얻는 구원의 때가 된다.(살전 4:17) 마지막 때의 부활은 그리스도의 부활과 마찬가지로 몸의 부활이 일어난다. 몸의 부활이 우리에게 몸의 구원이 되는 것이다. 이는 우리의 구원이 영혼의 불멸성에 있는 것이 아니라, 사도신경에서 고백하는 것처럼 몸의 불멸성에 있는 것이다.

우리 몸의 구원, 즉 몸의 부활을 다루기 전에 몸의 부활의 본이 되는

---

13 그리스도의 부활의 몸의 특징에 대해서는 2장 "부활하신 그리스도"를 참조하라.

그리스도의 부활을 전제했다.[14] 우리의 부활이 그리스도의 부활을 그대로 따르게 되어 있기 때문이다. 몸의 부활을 연구하면서 이 시점에서 중요한 것은 몸의 부활이 개인의 몸을 말하는 것이냐, 아니면 그리스도의 몸 된 교회를 의미하느냐를 분명히 해야 한다. 결론적으로는 두 가지가 같은 의미를 갖는다. 왜냐하면 공동체의 구원이 개인의 구원을 포함하고 있기 때문이다. 몸 된 공동체의 부활 역시 개인의 몸의 부활을 포함한다. 다시 말해서 몸의 부활은 지체의 부활을 포함한다는 것이다. 개인의 몸은 믿음의 공동체에 속해 있기 때문에 우리의 몸이라는 공동체 안에 개인의 몸들이 속해 있다고 생각하면 문제가 되지 않는다. 여기에서 중요한 것은 몸의 부활이 공동체와 개인 중 무엇이 먼저이고, 둘 중에 무엇을 먼저 의미했느냐 하는 것을 밝히는 것이다. 공동체의 구원이라는 말 자체가 생소하게 들릴 수 있기 때문에 사도행전에서 몸의 부활을 처음 듣는 사람처럼 거부감이 느껴지며, 의아해 할 수가 있다. 그러나 바울 신학에서 몸의 신학이 매우 중요하며, 몸 된 교회를 먼저 중점적으로 다룬다는 것이 사실이다. 이런 관점으로부터 몸의 부활이 곧 몸 된 공동체의 부활을 의미할 수 있다는 것을 쉽게 연결할 수 있다. 앞 단락에서 영의 구원이 공동체의 구원임을 증명하여 보았듯이 여기에서도 몸의 부활이 곧 공동체의 부활을 의미한다는 것을 살펴보려고 한다.

몸의 부활과 연관하여 바울 서신에서 나타나는 가장 중요한 구절 중의 하나는 빌립보서 3장 21절이다.

---

14 행 17:31을 참조하라. "이는 정하신 사람으로 하여금 천하를 공의로 심판할 날을 작정하시고 이에 그를 죽은 자 가운데서 다시 살리신 것으로 모든 사람에게 믿을 만한 증거를 주셨음이니라 하니라."

> 그는 만물을 자기에게 복종하게 하실 수 있는 자의 역사로 우리의 낮
> 은 몸을 자기 영광의 몸의 형체와 같이 변하게 하시리라.(빌 3:21)

이 구절은 그리스도께서 강림하시는 그날에 일어날 일을 구체적으로 설명해주고 있다. 마지막 때에 우리에게 일어나는 부활의 구체적인 사건은 우리의 몸이 부활하신 예수의 몸과 같이 영광의 몸으로 변화하는 것이다.(빌 3:21) 여기에서 부활의 대상은 "우리의 몸*to soma hemon*"이다. 여기서 우리는 복수이고 몸은 중성 단수명사. 만일 개인의 몸을 가리킨다면 몸이 복수로 나타나야 한다. 그러므로 우리의 몸은 앞서 말한 믿음의 공동체인 교회를 의미한다.(고전 6:19-20, 12:27) 이 구절에서 우리의 몸을 낮은(타페이노시스*tapeinosis*) 몸으로 설명하고 있다. 낮은 몸이란 제한적이고 불완전한 세상에 속한 몸을 의미한다. 이 단어는 그리스도의 성육을 증거하는 곳에 쓰이고 있다. 하나님의 본체*morphe*이신 신적인 존재가 인간의 몸으로 오신 그리스도를 자기를 낮춘(타페이노오*tapeinoo*) 것이라고 증거하고 있다.(빌 2:8) 높은 차원의 세계에서 낮은 인간의 역사로 들어오는 것이 낮춤의 의미다. 또한 이 단어는 가치가 없고 비천한 상태를 가리킬 때 사용된다.(눅 1:48; 행 8:33 참조) 그러므로 낮은 몸이란 이 세상에 존재하는 몸, 즉 지상에 존재하는 믿음의 공동체를 의미한다. 믿음의 공동체도 영원한 가치를 부여할 수 없으며 그 형적이 지나갈 수밖에 없는 현실에 존재하는 몸이다.

빌립보서 3장 21절에서 우리의 낮은 몸은 그리스도의 영광의 몸과 대조된다. 낮은 몸이 땅의 형태이며 흙에 속한 형태라면 영광의 몸은 하늘의 형태이며 하늘에 속한 몸이다. 낮은 몸이 없어질 불완전한 형태라면 영광의 몸은 완전하고 영원한 몸이다.(고전 15:43-53 참조) 여기서 영광

의 몸은 그리스도의 부활의 몸을 의미한다. 예수 그리스도가 세상에 계실 때 가졌던 인간의 몸과 십자가에 죽으신 후 부활하신 부활의 몸은 존재하는 형태*morphe*가 다르다. 부활의 몸은 인간의 몸으로부터 변화된 것을 말한다. 존재의 방법인 형태*morphe*가 변한 것이다. 바울은 이처럼 모르페가 변한 그리스도의 부활의 몸을 영광의 몸이라고 불렀다. 하늘에 속한 영광의 몸은 우리 인간이 이해할 수 없는 몸으로서, 그 몸의 실체를 증명할 수 없기에 존재하는 방법을 묘사하는 것 외에 모른다고 말하는 것이 옳은 대답일 것이다. 그러나 부활하신 예수 그리스도의 영광의 몸이 우리의 부활의 소망이며 부활의 모델이 된다.

마지막 때에 우리의 낮은 몸이 그리스도의 영광의 몸과 같은 형체 *morphe*로 변하게 된다. 변형의 대상은 그리스도의 강림을 소망하며 기다리는 믿음의 공동체다. "그러나 우리의 시민권은 하늘에 있는지라 거기로부터 구원하는 자 곧 주 예수 그리스도를 기다리노니."(빌 3:20) 그러나 변형의 주체는 그리스도다. 빌립보서 3장 21절의 "변하게 하시리라 (메타스키마티세이*metaschimatisei*)"는 "변화시키다"(메타스키마조*metaschimazo*) 동사의 3인칭, 단수, 미래 동사다. 이 단어는 전치사 메타*meta*(-넘어서서, 함께)와 스케마*schema*(외부적인 모양, 빌 2:7)라는 단어와 합성된 단어로서 다른 형태의 모양으로 전이되는 것을 의미한다. 변형하는 모양의 형태는 부활하신 그리스도의 영광의 몸과 "같은 형체(쉼모르포스*symmorphos*)"다. "같은 형체"란 그리스어로 전치사 쉼*sym*(-같은)과 명사 모르페(형체, 형태)와 합성된 단어다. 그리스도께서 우리의 몸을 자신의 영광의 몸의 형태와 같은 모양으로 우리를 변하게 하신다는 내용이다. 주께서 강림하시는 그때에 믿음의 공동체가 마지막 부활에 참여한다는 증언이다. 몸 된 공동체의 구원이란 몸의 부활 즉 몸의 변형을 의미한다.

영광의 몸으로 변형된 몸은 그리스도의 영광doksa에 참여하게 된다. "우리 생명이신 그리스도께서 나타나실 그 때에 너희도 그와 함께 영광 중에 나타나리라."(골 3:4) 이 영광은 부활이 아니면 누릴 수 없는 영광이다. "욕된 것으로 심고 영광스러운 것으로 다시 살아나며 약한 것으로 심고 강한 것으로 다시 살아나며."(고전 15:43) 왜냐하면 그리스도의 부활 자체가 영광이기 때문이다.[15] 부활의 영광에 참여하는 소망 때문에 이 땅에서의 고난과 역경도 인내할 수 있다. "자녀이면 또한 상속자 곧 하나님의 상속자요 그리스도와 함께 한 상속자니 우리가 그와 함께 영광을 받기 위하여 고난도 함께 받아야 할 것이니라 생각하건대 현재의 고난은 장차 우리에게 나타날 영광과 비교할 수 없도다."(롬 8:17-18) 이러한 영광은 그리스도께서 주시는 영광이며, 하나님의 능력과 은총의 결과다. "또 미리 정하신 그들을 또한 부르시고 부르신 그들을 또한 의롭다 하시고 의롭다 하신 그들을 또한 영화롭게 하셨느니라."(롬 8:30)

영광의 몸이 되는 몸의 부활은 그리스도의 영광이 우리의 영광이 되는 때다. 이러한 영광의 몸을 형태morphe의 변형과 함께 형상(에이콘eikon)의 변화로 설명한다.

> 우리가 다 수건을 벗은 얼굴로 거울을 보는 것 같이 주의 영광doksa을 보매 그와 같은 형상eikon으로 변화하여 영광에서 영광에 이르니 곧 주의 영으로 말미암음이니라.(고후 3:18)

---

[15] 요한복음에서는 그리스도의 죽음과 부활이 곧 영광의 때다. "예수께서 대답하여 이르시되 인자가 영광을 얻을 때가 왔도다."(요 12:23) 부활 후라는 의미가 영광을 받으신 후라는 말과 동일하게 사용된다. "제자들은 처음에 이 일을 깨닫지 못하였다가 예수께서 영광을 얻으신 후에야 이것이 예수께 대하여 기록된 것임과 사람들이 예수께 이같이 한 것임이 생각났더라."(요 12:16)

이 구절은 바울이 증거하는 몸의 부활의 많은 것을 설명하는 구절이다. 먼저 우리가 "영광으로 영광에(아포 독세스 에이스 독산apo dokses eis doksan)" 이른다는 말은 영광이 한 곳에서 다른 장소로 옮겨지는 관용적인 표현이다. 이런 표현은 "믿음에서 믿음으로"(롬 1:17)의 관용구와 동일하다.[16] 앞서 논의한 대로 그리스도의 영광으로부터 우리가 그 영광에 이른다는 영광의 근원과 출처를 분명히 해주는 구절이다. 다음으로 중요한 단어는 "형상eikon"의 변화다. 모르페가 존재하는 방식이라면 에이콘은 그 존재가 갖는 본성 혹은 속성이라고 할 수 있다.[17] 그리스도가 하나님의 형상이라는 고백은 그리스도와 하나님의 본성이 같다는 것을 말한다.(고후 4:4; 골 1:15) 그리스도라는 말 안에 이미 하나님의 형상이 들어있는 것이다.[18] 우리가 그리스도의 형상으로 화한다metamorphoo는 말은 존재하는 방법과 함께 그리스도와 같은 본성을 갖는다는 의미다. 이 형상이 하늘에 속한 그리스도의 형상이기 때문이다.(롬 8:29; 고전 15:49)

몸의 부활에서 몸soma의 변형은 형상eikon의 변형을 수반한다. 바울에게 있어서 모르페는 존재하는 방법으로서 소마와 같은 의미를 갖는다. "하늘에 속한 형체soma도 있고 땅에 속한 형체soma도 있으나 하늘에 속한 것의 영광이 따로 있고 땅에 속한 것의 영광이 따로 있으니."(고전 15:40) 번역의 문제이지만 소마를 형체로 번역하였다. 하늘에 속한 형체는 신령한 몸으로 땅에 속한 형체는 육의 몸으로 표현된다. "육의 몸soma으로 심고 신령한 몸soma으로 다시 살아나나니 육의 몸이 있은즉 또

---

16 "믿음에서 믿음으로"도 그리스도의 믿음에서 우리의 믿음으로 전가되는 것을 의미한다. 이에 대해서 3장의 "십자가 사건과 믿음" 부분을 참조하라.
17 Bhem, *"morphe,"* TDNT IV (Grand Rapids: Eerdmans Publishing Co., 1975), 752.
18 바울은 다마스쿠스 도상에서 부활하신 그리스도를 만날 때 그 안에서 하나님의 형상eikon을 본 것이다. 김세윤, 「바울 신학과 새 관점」, 270.

영의 몸도 있느니라."(고전 15:44) "육의 몸(소마 프쉬키콘*soma psyckikon*)"은 땅에서 썩을 수밖에 없는 몸이다. 반면에 "신령한 몸(소마 프뉴마티콘*soma pneumatikon*)"은 영원히 썩지 않는 몸으로서 부활의 몸을 말한다.(고전 15:41) 그리스도의 죽음은 육의 몸의 죽음이며 그리스도의 부활은 신령한 몸으로의 변형을 의미한다.[19] 바울은 소마의 변화와 함께 에이콘의 변화가 함께 일어남을 증거한다. "우리가 흙에 속한 자의 형상*eikon*을 입은 것 같이 또한 하늘에 속한 이의 형상*eikon*을 입으리라."(고전 15:49) 몸이 하늘에 속한 몸과 땅에 속한 몸이 다른 것과 마찬가지로 형상도 존재에 따라서 다른 형상을 가지고 있다. 그러므로 우리의 몸의 부활은 형체*morphe*와 더불어 형상*eikon*의 변화를 전제한다. "보라 내가 너희에게 비밀을 말하노니 우리가 다 잠 잘 것이 아니요 마지막 나팔에 순식간에 홀연히 다 변화되리니 나팔 소리가 나매 죽은 자들이 썩지 아니할 것으로 다시 살아나고 우리도 변화되리라."(고전 15:51-52)

영원한 하나님의 나라를 유업으로 받는 조건은 이 세상에 속한 형체와 형상으로 될 수 없다. "형제들아 내가 이것을 말하노니 혈과 육은 하나님 나라를 이어 받을 수 없고 또한 썩는 것은 썩지 아니하는 것을 유업으로 받지 못하느니라."(고전 15:50) 이 구절에서 혈*haima*과 육*sarks*은 살아 있는 흙에 속한 사람을 의미한다. 이 요소는 땅에 속한 형체의 특징이다. 썩는 것*phthora*은 죽은 사람을 뜻한다. 산 사람이나 죽은 사람이나

---

[19] 골 1:22을 참조하라. "이제는 그의 육체의 죽음으로 말미암아 화목하게 하사 너희를 거룩하고 흠 없고 책망할 것이 없는 자로 그 앞에 세우고자 하셨으니." 이 구절에서 "육체"는 그리스어 토 소마 테스 사르코스*to soma tes sarkos*로서 "육의 몸"을 말한다. 고전 15:44의 "육의 몸*soma psyckikon*"은 단어가 다르지만 자연에 속한 몸을 의미한다는 점에서 같은 뜻을 내포하고 있다. 그러나 두 단어가 교회론적으로 사용될 때 다른 의미를 갖는다. 프쉬키코스 *psyckikos*는 그리스도를 영접하지 않은 불신자를 말하고(고전 2:14), 사르코스*sarkos*는 교회의 지체들 가운데 세상적인 사람들을 말한다.(고전 3:1)

모두 하나님의 나라를 유업으로 받을 수 없다는 것이다. 하나님의 나라는 다른 형태의 몸을 요구한다. 부활은 새로운 형태의 몸soma을 입는 것이다. 바울은 하나님의 나라를 유업으로 받을 수 있는 신령한 몸을 받을 수 있는 자들을 "우리"라고 했다.(고전 15:49) 곧 교회가 부활의 대상이 되는 것이며 하나님의 나라를 유업으로 받는 자들이 된다. 우리들 곧 교회는 그리스도의 몸이며(고전 12:27), 그리스도 안에서 거룩하여지고 성도라 부르심을 받은 사람들이다.(고전 1:2) 교회가 부활에 참여하며, 부활에 참여한 교회가 아들의 나라의 백성이 되며, 결국엔 영원한 하나님의 나라를 상속받게 된다. "평강의 하나님이 친히 너희를 온전히 거룩하게 하시고 또 너희의 온 영과 혼과 몸이 우리 주 예수 그리스도께서 강림하실 때에 흠 없게 보전되기를 원하노라."(살전 5:23) 결국 교회는 이 땅에서 종말론적 부활을 소망하며 영원한 하나님의 나라의 상속을 준비하는 그리스도의 몸 된 구원의 공동체가 된다. "하나님이 우리를 세우심은 노하심에 이르게 하심이 아니요 오직 우리 주 예수 그리스도로 말미암아 구원을 받게 하심이라."(살전 5:9) 이러한 몸의 변형을 통해서 우리의 구원을 설명하는 구원론을 "변형 구원론metamorphosis soteriology"이라 한다. 이는 앞 단락에서 논의한 영의 구원과 함께 공동체의 구원을 지지하는 중요한 근거가 된다.

바울은 그리스도가 강림하실 때 부활의 몸으로 변형되는 과정을 두 단계로 나누어 증거한다. 먼저는 그리스도 안에서 죽은 자들이 먼저 일어나고, 다음에는 살아 남은 자가 주를 영접하게 된다.(고전 15:52, 살전 4:16-17) 그리스도의 부활은 죽은 자들로부터의 부활이다. "죽은 자들로부터(에크 네크론ek nekron)"는 에크(-로부터) 전치사와 죽은 자들인 네크론(죽은자 nekros의 복수, 소유격)으로 이루어져 있다.[20] 그러나 우리의 부활 중에서 첫 단계에 해당하는 부활은 "죽은 자들의 부활(헤 아나스타시스 톤 네크론*he anastasis ton nekron*)", 즉 그리스도 안에서 죽은 자들이 먼저 다시 사는 것이다.[21] 그리스도 안에서 죽은 자들의 부활이 산 자들에게 앞서는 것은 그리스도의 부활에 먼저 참여하는 영광을 누리는 것이다. "우리가 주의 말씀으로 너희에게 이것을 말하노니 주께서 강림하실 때까지 우리 살아 남아 있는 자도 자는 자보다 결코 앞서지 못하리라."(살전 4:15) 또한 그리스도의 부활이 먼저 죽은 자들의 부활의 본이 된다.[22] 그 다음 단계는 살아 있는 사람들의 부활이다. 이에 대해서도 바울은 몸의 변형으로 증거한다. "나팔 소리가 나매 죽은 자들*nekroi*이 썩지 아니할 것으로 다시 살아나고 우리도 변화되리라."(고전 15:52) 이 구절에서도 죽은 자들이 먼저고 "우리"가 나중이다. "우리"는 앞서 논의한 지체들을 포함한 믿음의 공동체를 의미하고 "변화하리라*allasso*"는 메타모르포오 *metamorphoo*와 같은 의미로 "다른 형태로 변형시키다," 혹은 "다른 형태로 만들다"의 뜻을 가진 동사다. 두 단계의 부활은 그리스도 안에서 죽은 자들이나 현재 살아 있는 자들의 모임인 믿음의 공동체 역시 모두 새로운 부활의 몸을 입는다는 것을 말한다.

현재 살아 있는 자들의 부활에 대해서 바울은 더 자세하게 증거한다.

주께서 호령과 천사장의 소리와 하나님의 나팔 소리로 친히 하늘로

---

20 그리스도의 부활을 이 관용구로 증거한 구절들을 참조하라. 롬 1:4, 6:4, 13, 7:4, 8:11, 10:7, 9, 11:15; 고전 15:12; 엡 1:20; 빌 3:11; 골 1:18, 2:12; 살전 1:10.
21 "다시 살다"의 그리스어는 에게이로*egeiro*로서 "일어나다" 동사의 수동태형 번역이다. 죽은 자들이 다시 사는 구절을 참조하라. 고전 15:13, 15, 16, 29, 35, 42 52; 살전 4:16.
22 그리스도의 부활은 그리스도가 다시 오시기 전에 죽은 자들이 어떻게 다시 사느냐는 질문의 답이 된다. "누가 묻기를 죽은 자들이 어떻게 다시 살아나며 어떠한 몸으로 오느냐 하리니." (고전 15:35)

부터 강림하시리니 그리스도 안에서 죽은 자들이 먼저 일어나고 그후에 우리 살아 남은 자들도 그들과 함께 구름 속으로 끌어 올려 공중에서 주를 영접하게 하시리니 그리하여 우리가 항상 주와 함께 있으리라.(살전 4:16-17)

이 구절의 표현은 매우 구체적이다. 여기에서도 죽은 자들이 일어나는 것이 먼저다. 죽은 자들의 변형이 먼저 일어나난다는 것이다. 다음으로 살아 남은 자가 "구름 속으로(엔 네펠라이스*en nephelais*)" "끌어 올려"(하르파게소메싸*harpagesometha*) 공중에서 주를 영접하게 된다. 여기서 끌어 올린다는 하르파게소메싸는 "이끌다", "빼앗다"의 뜻을 가진 하르파조 *harpazo* 동사의 일인칭, 복수, 수동태형이다.(고전 12:2, 4; 행 8:39; 계 12:5 참조) 이 단어에서 끌어서, 들어 올린다는 뜻의 "휴거携擧"라는 한자어가 나왔다. 살아 남은 자들이 끌어 올린다는 것은 앞서 논의한 그때에 "우리도 변화하리라"는 살아 있는 자들의 변형을 구체적으로 표현한 것이다.(고전 15:52) 그러나 주를 영접하는 것은 먼저 부활의 몸을 입은 죽은 자들과 "함께(하마*hama*)" 한다는 사실이다. "함께*hama*"라는 단어는 "같이" 그리고 "동시에"라는 뜻을 가지고 있다. 죽은 자들의 부활이 먼저지만 살아서 주의 강림을 기다리는 자들도 그리스도와 같은 부활의 몸을 입는 것뿐만 아니라, 주를 영접하는 것도 같은 시간에 동시에 공중에서 일어난다. 이 모든 부활의 사건이 그리스도를 먼저 죽은 자들로부터 일으키신 하나님의 역사이며 능력이다. "그러므로 우리가 그의 죽으심과 합하여 세례를 받음으로 그와 함께 장사되었나니 이는 아버지의 영광으로 말미암아 그리스도를 죽은 자 가운데서 살리심과 같이 우리로 또한 새 생명 가운데서 행하게 하려 함이라."(롬 6:4; 8:11 참조)

공동체의 구원을 의미하는 몸의 구원을 몸의 부활과 동일시하여 살펴보았다. 이제는 공동체의 구원과 지체의 구원을 연결하는 구절에 대해서 논하려고 한다. 그리스도의 몸 된 교회가 하나님의 집이며(고전 3:9), 동시에 하나님의 성전이다.(고전 3:16) 이 집을 그리스도의 터 위에 지혜로운 건축자와 같이 잘 세워야*oikodomeo* 한다.[23] 그러면 모든 지체들이 그리스도의 몸 된 교회를 세우는 일과 관련된 세움의 공적*ergon*이 다 다를 것이다. 금·은·보석과 같이 불에 타지 않는 공적이 있을 것이고, 나무·풀·짚과 같이 불에 타는 공적이 있을 것이다.[24](고전 3:13) 문제는 후자와 관련된 문제 있는 지체들의 문제다. 이들에 대해서 바울은 다음과 같이 증언한다. "누구든지 그 공적이 불타면 해를 받으리니 그러나 자신은 구원을 받되 불 가운데서 받은 것 같으리라."(고전 3:15) 공적이 불타는 지체들은 이 구절의 맥락에 의하면 바울이 지적한 세상의 지혜로 교회를 세우려는 사람들(고전 1:19-21), 세상의 영을 따르는 육에 속한 자들(고전 2:12, 3:1)이다. 그런데 이런 사람들도 "불 가운데서(디아 퓌로스 *dia pyros*)" 얻는 것 같지만 구원을 얻는다. 이 구절은 불을 관통해서 나오면 상처와 손상을 입는 것같이 그렇게 어렵게 구원을 받는다는 것을 말한다. 믿음의 공동체를 향한 그리스도의 불의 시험 즉 심판이 내려지지만, 동시에 공동체가 구원의 대상임을 보여주는 구절이라고 할 수 있다.

고린도전서 3장 15절은 육의 사람들이라 할지라도 공동체 안에서, 몸에 붙어 있는 지체로 있어야 구원이 온다는 것을 보여준다. 물론 공동체에서 축출되는 지체들이 있을 수 있다.(고전 5:1-5) 이런 경우에는 공동

---

23 믿음의 공동체를 세우는 것에 대해서 5장의 "공동체와 세움의 윤리"를 참조하라.
24 불과 관련된 공동체의 심판은 다음 단락에서 다룬다.

체의 구원에서 제외가 될 것이다. "이런 자를 사탄에게 내주었으니 이는 육신은 멸하고 영은 주 예수의 날에 구원을 받게 하려 함이라."(고전 5:5) 그리스도의 몸 된 교회를 더럽히고, 그 공동체에서 축출 당하는 자는 구원에 이르지 못하고 멸망당할 것이다. "누구든지 하나님의 성전을 더럽히면 하나님이 그 사람을 멸하시리라 하나님의 성전은 거룩하니 너희도 그러하니라."(고전 3:17) 그러나 부족하지만 지체로서 몸 된 공동체에 붙어 있으면 회개의 기회가 있을 것이며, 신령한 자로 변화되는 기회가 있을 것이다. "하나님의 뜻대로 하는 근심은 후회할 것이 없는 구원에 이르게 하는 회개를 이루는 것이요 세상 근심은 사망을 이루는 것이니라."(고후 7:10) 이와 같은 몸 된 공동체와 지체의 관계는 요한복음에 나오는 포도나무의 비유와 흡사하다.(요 15:1-11) 지체로서의 가지는 포도나무에 붙어 있을 때 열매를 맺는 기회가 있으며 생명을 유지하게 된다. "내 안에 거하라 나도 너희 안에 거하리라 가지가 포도나무에 붙어 있지 아니하면 스스로 열매를 맺을 수 없음 같이 너희도 내 안에 있지 아니하면 그러하리라."(요 15:4) 그러므로 육의 지체들을 몸 된 교회에서 잘라내는 일도 있어야 하지만, 경우에 따라서 신령한 판단을 하여 회개의 기회를 주는 일 또한 항상 있어야 한다. "누가 이 편지에 한 우리 말을 순종하지 아니하거든 그 사람을 지목하여 사귀지 말고 그로 하여금 부끄럽게 하라 그러나 원수와 같이 생각하지 말고 형제 같이 권면하라."(살후 3:14-15) 이러한 구절들이 모두 구원의 공동체로서의 몸의 중요성을 보여주고 있다.

종말의 때에 공동체의 구원을 논의하는 가운데 바울 서신과 복음서 사이에 관계되는 구절들을 살펴볼 필요가 있다. 바울 신학의 입장에서 복음서의 종말론적 구절들과 일치하는 연속성이 있는지 해석의 가능성을 보려는 것이다. 복음서에 나오는 구절 중에 알곡과 쭉정이의 비유는 구원과 멸망이 그들에게 임할 것임을 경고한다. "손에 키를 들고 자기의 타작 마당을 정하게 하사 알곡은 모아 곳간에 들이고 쭉정이는 꺼지지 않는 불에 태우시리라."(마 3:12; 눅 3:17 참조) 이 구절과 비슷한 천국 비유에서 나오는 곡식과 가라지의 비유가 있다.(마 13:24-30) 곡식은 알곡과 쭉정이는 가라지의 운명과 같이한다. 마태복음 13장 안에 비유에 대한 설명이 나온다. 천국은 좋은 씨를 뿌린 사람, 즉 그리스도를 상징하고 있으며(마 13:37), 가라지를 심은 자는 원수 마귀다.(마 13:39) 그리고 마지막은 구원과 멸망이다. "밭은 세상이요 좋은 씨는 천국의 아들들이요 가라지는 악한 자의 아들들이요 가라지를 뿌린 원수는 마귀요 추수 때는 세상 끝이요 추수꾼은 천사들이니 그런즉 가라지를 거두어 불에 사르는 것 같이 세상 끝에도 그러하리라."(마 13:38-40) 이 구절에서 밭이 세상이라고 했으니, 천국의 아들들을 믿는 사람들로, 가라지를 불신자로 보면 바울의 공동체의 구원과 아무런 문제가 없다.

마태복음에 나오는 곡식과 가라지의 비유와 거의 동일한 수준의 비유가 양과 염소의 비유다. "모든 민족을 그 앞에 모으고 각각 구분하기를 목자가 양과 염소를 구분하는 것 같이 하여 양은 그 오른편에 염소는 왼편에 두리라."(마 25:32-33) 여기에서도 밭을 세상에 비유했듯이, 양과 염소를 모든 민족에 비유한 것은 세상을 의미하는 것과 같다. 모든 사람이 마지막 날에 심판의 대상이 된다는 것이다. 그 중에서 곡식과 양을 의인들이라 칭한 것은 그리스도를 영접한 믿음의 사람들을 가리키는 것으로서 구원의 대상, 즉 예비된 나라를 상속받게 된다.[25](마 13:43, 25:46)

---

25 "그 때에 의인들은 자기 아버지 나라에서 해와 같이 빛나리라 귀 있는 자는 들으라"(마 13:43), "그들은 영벌에, 의인들은 영생에 들어가리라 하시니라."(마 25:46)

반면에 가라지는 악한 자의 아들들이며(마 13:38), 염소는 저주 받은 자들로서(마 25:41) 풀무 불에 던짐을 당한다.(마 13:42, 25:46) 이러한 불신자들에 대한 구분과 심판은 바울 서신과 복음서가 동일하다고 할 수 있다. "진리를 믿지 않고 불의를 좋아하는 모든 자들로 하여금 심판을 받게 하려 하심이라"(살후 2:12; 롬 2:8 참조)

예외적으로, 복음서에 나오는 앞의 구절들을 통해서 곡식과 가라지, 혹은 양과 염소가 한 공동체에 같이 존재하는 무리로 생각할 수 있다. 그렇다면 공동체의 구원을 어떻게 설명할 수 있겠느냐는 것이다. 위의 구절들은 분명히 세상을 향한 심판이기 때문에 한 공동체 내의 무리라고 보기에는 무리가 있다. 오히려 곡식과 양의 무리를 믿음의 공동체에 속한 무리들로 보는 것이 더 설득력이 있다. 그러나 열 처녀의 비유가 한 공동체의 두 부류로서 해석될 가능성이 있다.(마 25:1-13) 왜냐하면 열 처녀 모두가 신랑을 기다리고 있었고, 모두 등을 갖고 있었기 때문이다. 슬기로운 다섯은 기름을 충분히 준비한 자들이며, 미련한 다섯은 기름을 준비하지 못했다. 외적으로는 신앙생활을 같이한 사람들로 보이지만, 내적으로는 전혀 다르다는 것을 말해주고 있다. 결국 미련한 다섯이 기름을 "사러 간 사이에"(마 25:10) 신랑이 왔고, 혼인 잔치의 문은 닫혔으며, 문을 열어 달라 애원하였으나, 신랑으로부터 돌아온 것은 "내가 너희를 알지 못하노라"(마 25:12)였다. 여기서 주의 깊게 보아야 하는 구절은 "사러 간 사이에(아페르코메논 아고라사이 *aperchomenon agorasai*)" 신랑이 왔다는 것이다. 이 관용구의 정확한 번역은 "사기 위하여 (밖으로) 나갔을 때"다.[26] 이 구절을 앞서 논의한 바울 서신과 연결한다면 지체들이 공동체에서 밀어진 상태, 혹은 떨어져 나간 상태라 볼 수 있다.(고전 5:1-5) 즉 그리스도를 기다리는 공동체에서 멀어진 사람들이다. 바울 서신과 비교한다면 미련한 다섯은 공동체 안에 있는 육의 지체들과 동일하다고 볼 수 있다.

열 처녀 비유의 마지막 권면은 "그런즉 깨어 있으라 너희는 그 날과 그 때를 알지 못하느니라"다.(마 25:13) 신앙이 잠을 잔다는 것은 성령의 인도를 받는 삶, 즉 기름이 없다는 말이며, 그리스도와 그의 십자가의 의미를 모르고, 하나님을 모르는 자와 같다. 이런 지체들이 육의 지체들이며 영의 공동체를 육의 공동체로 만드는 것이다. 이런 자들은 하나님의 교회를 업신여기며(고전 11:22), 죄에 노출되어 있으며(고전 11:29), 공동체 안에 존재한다. "그러므로 너희 중에 약한 자와 병든 자가 많고 잠자는 자도 적지 아니하니."(고전 11:30) 바울은 이런 육에 속하여 영적으로 잠자는 자들에게 "깨어 있으라"고 같은 권면을 한다. "깨어 의를 행하고 죄를 짓지 말라 하나님을 알지 못하는 자가 있기로 내가 너희를 부끄럽게 하기 위하여 말하노라"(고전 15:34), "그러므로 우리는 다른 이들과 같이 자지 말고 오직 깨어 정신을 차릴지라."(살전 5:6; 엡 5:14, 6:18; 골 4:2 참조)

공동체의 구원과 항상 비교가 되는 복음서의 구절이 있다. 그것은 그리스도와 함께 십자가에 못 박혔던 강도의 구원이다. "예수께서 이르시되 내가 진실로 네게 이르노니 오늘 네가 나와 함께 낙원에 있으리라 하시니라."(눅 23:43) 여기서 낙원(파라데이소스*paradeisos*)을 우리가 유업으로 받을 하나님의 나라로 간주한다면, 이 구절은 분명히 공동체의 구원과 관계가 없는 개인의 구원이다. 바울 서신에 나타나는 구원론은 공동체

---

26 아페르코메논은 "밖으로 나가다", "떠나다"의 뜻을 가진 아페르코마이*aperchomai* 동사의 분사형 동사이고, 아고라사이는 "사다"라는 아고라조*agorazo* 동사의 부정사형이다. 그러므로 이 구절은 "사기 위하여 밖으로 나간 사이에" 혹은 "사기 위하여 떠나 있을 때" 등으로 번역할 수 있다.

의 구원이 먼저 강조되고 개인의 구원은 공동체의 지체로서 동일하게 구원 받는 것으로 강조했다. 그러나 강도의 구원 때문에 공동체의 구원을 가볍게 여기거나 무시해서는 안 될 것이다. 이 시점에서 말할 수 있는 것은, 강도의 구원의 때는 예수 그리스도의 부활 이전이라는 것이다. 이것은 그리스도의 부활 후 믿음의 공동체에 참여할 기회와 시간이 아니라는 점이다. 그럼에도 불구하고 강도의 구원과 같은 개인의 구원은 공동체 구원의 입장에서 보면 예외적이지만, 항상 그리스도의 은혜와 자비하심으로 간주해야 한다. 오늘날에도 믿음의 공동체에 참여하는 삶 없이 죽기 전에 그리스도를 영접하고 구주로 시인하는 사람들이 많이 있기 때문이다.

지금까지 영의 구원과 몸의 구원을 통해서 바울 서신에 나타나는 구원론은 공동체의 구원이 먼저임을 살펴보았다. 이는 다시 강조하지만 개인의 구원과 동일한 것이다. 개인은 몸 된 공동체의 지체이기 때문이다. 바울의 변형 구원론은 공동체를 통하여 사람들이 구원 받는 것이 아니라 공동체가 구원 받는 것이다. 그리스도를 영접한 그리스도인은 세례를 통하여 그리스도의 몸에 참여하게 되어 있다. "우리가 축복하는 바 축복의 잔은 그리스도의 피에 참여함이 아니며 우리가 떼는 떡은 그리스도의 몸에 참여함이 아니냐."(고전 10:16; 롬 6:3-5 참조) 즉 세례는 공동체의 일원이 되는 것을 의미한다.[27] 지체라는 말 자체가 몸에 이미 참여하고 있음을 나타내는 것이다. 세례는 그리스도와의 연합을 의미한다. "누구든지 그리스도와 합하기 위하여 세례를 받은 자는 그리스도로 옷

---

27 Raymond T. Stamm, "The Epitsle to the Galatians," *IB*, vol. 10 (Nashville: Abingdon Press, 1981), 518.

입었느니라."(갈 3:27) 이 연합은 실질적으로 그리스도의 몸에 참여하는 것이다. "우리가 유대인이나 헬라인이나 종이나 자유인이나 다 한 성령으로 세례를 받아 한 몸이 되었고 또 다 한 성령을 마시게 하셨느니라."(고전 12:13) 믿는다는 것이 개인으로 믿는 것 같지만, 이미 존재하는 그리스도의 몸에 참여하는 것이며, 이는 공동체 안에 지체로서 존재하는 것을 말한다. 몸의 중요성과 우선성이 여기에 있는 것이다.

종말론적인 공동체는 그리스도의 죽음과 부활에 참여하는 공동체가 되어야 한다. 그리스도의 죽음과 부활이 만물을 충만하게 하는 원리이며(엡 4:9-10), 만물을 화목하게 하는 원리임과 동시에(골 1:20), 만물을 통일하는 원리다.(엡 1:10) 이 모든 원리를 그리스도의 몸 된 교회가 충만하게 소유하고 있다.(엡 1:20) 이 원리를 그리스도의 복음으로 선포하고 확신하는 예식이 예배이며, 예배를 통해서 믿음의 공동체가 그리스도의 죽음과 부활에 참여하는 공동체임을 확증한다. 또한 주님의 몸 된 교회는 십자가의 영이 살아 있는 공동체가 되어야 한다. 그 영으로 말미암아 구원받기 때문이다.(고전 5:5) 영의 교회는 그리스도로 충만한 교회다. "교회는 그의 몸이니 만물 안에서 만물을 충만하게 하시는 이의 충만함이니라."(엡 1:23) 영이 살아 있는 공동체가 하나님을 영화롭게 할 수 있으며(고전 6:20), 그 공동체를 통하여 만물을 다스리는 그리스도의 축복이 약속된다. "그런즉 누구든지 사람을 자랑하지 말라 만물이 다 너희 것임이라 바울이나 아볼로나 게바나 세계나 생명이나 사망이나 지금 것이나 장래 것이나 다 너희의 것이요 너희는 그리스도의 것이요 그리스도는 하나님의 것이니라."(고전 3:21-23) 그래서 바울은 공동체의 구원을 바라보며 그리스도의 몸 된 교회를 올바로 세우는 일에 희생을 감수할 수 있었다. "나는 이제 너희를 위하여 받는 괴로움을 기뻐하고 그리스도

의 남은 고난을 그의 몸된 교회를 위하여 내 육체에 채우노라."(골 1:24)

2. 공동체의 심판

공동체의 구원에 이어 이 단락에서는 공동체의 심판에 대해서 다루려고 한다. 종말론적 심판의 주체는 하나님과 그리스도다. 하나님은 심판의 주시며 그리스도는 심판자시다. "곧 나의 복음에 이른 바와 같이 하나님이 예수 그리스도로 말미암아 사람들의 은밀한 것을 심판하시는 그 날이라."(롬 2:16)[28] 종말론적 심판을 어떻게 정의하느냐에 따라서 심판의 범위가 정해진다. 바울 서신 전반에 걸쳐 나타나는 심판의 개념은 온 세상 즉 모든 사람에게 주어지는 심판이다.[29] "기록되었으되 주께서 이르시되 내가 살았노니 모든 무릎이 내게 꿇을 것이요 모든 혀가 하나님께 자백하리라 하였느니라."(롬 14:11) 종말론적 심판은 영생과 영벌을 포함하는 포괄적인 개념이다. 다시 말해서 그리스도의 심판을 통해서 구원과 멸망이 정해진다는 것이다.

종말론적 심판의 때는 그리스도께서 강림*parousia*하실 때 일어난다.

> 환난을 받는 너희에게는 우리와 함께 안식으로 갚으시는 것이 하나님의 공의시니 주 예수께서 자기의 능력의 천사들과 함께 하늘로부터 불꽃 가운데에 나타나실 때에 하나님을 모르는 자들과 우리 주 예

---

28 요 5:27; 행 10:42; 딤후 4:1; 히 12:23; 약 5:9; 벧전 4:17; 요일 4:17을 참조하라.
29 간혹 심판은 영벌 혹은 멸망과 일치시켜, 구원 받는 자들은 심판을 받지 않을 것이라는 구절이 나온다. 이런 경우에는 심판의 개념이 축소되어 사용된 것이다. 요 5:29를 참조하라. "선한 일을 행한 자는 생명의 부활로, 악한 일을 행한 자는 심판의 부활로 나오리라."

수의 복음에 복종하지 않는 자들에게 형벌을 내리시리니.(살후 1:7-8)

위 구절에서 보았듯이 그리스도의 심판은 먼저 "하나님을 모르는 자들" 즉, 불신자들에게 형벌이 임한다. 다음에 "우리 주 예수의 복음에 복종하지 않는 자들"은 불신자들일 수도 있고, 믿음의 공동체 안에 있는 자들 중에서도 여기에 포함될 수 있다.[30] 율법이 있고 없고를 떠나서 죄 가운데 있는 모든 사람들이 심판의 대상이다. "우리가 알거니와 무릇 율법이 말하는 바는 율법 아래에 있는 자들에게 말하는 것이니 이는 모든 입을 막고 온 세상으로 하나님의 심판 아래에 있게 하려 함이라."(롬 3:19; 2:12 참조) 온 세상이 심판을 받는 가운데 한 사람 예수 그리스도로 말미암아 구원의 은혜를 얻게 된다. " 이 선물은 범죄한 한 사람으로 말미암은 것과 같지 아니하니 심판은 한 사람으로 말미암아 정죄에 이르렀으나 은사는 많은 범죄로 말미암아 의롭다 하심에 이름이니라."(롬 5:16) 바울 서신뿐만 아니라 신약성서 전반에 걸쳐 심판의 주체, 심판의 대상, 심판의 때가 정확하게 증거 되고 있다.

바울이 관심하고 집중하는 것은 믿음의 공동체를 향한 심판이다. 교회 밖의 사람들을 향한 심판은 주께서 하실 것이다. "밖에 있는 사람들은 하나님이 심판*krino*하시려니와 이 악한 사람은 너희 중에서 내쫓으라."(고전 5:13) 여기서 "밖에 있는 사람들(호이 엑소*hoi ekso*)"은 교회 밖의 사람들을 의미한다. 세상을 향한 심판은 하나님 손에 맡기는 것이다. 그러나 하나님의 종말론적 심판*krino*이 공동체에 동시에 미치기 때문에 교

---

[30] 마 7:21을 참조하라. "나더러 주여 주여 하는 자마다 다 천국에 들어갈 것이 아니요 다만 하늘에 계신 내 아버지의 뜻대로 행하는 자라야 들어가리라."

회는 세상의 집단과 같은 육의 공동체가 아닌 구원을 받을 영의 공동체가 되어야 함을 강조한다. 그러므로 바울에게 있어서 구원은 하나님의 공의로운 심판의 표다. "이는 하나님의 공의로운 심판의 표요 너희로 하여금 하나님의 나라에 합당한 자로 여김을 받게 하려 함이니 그 나라를 위하여 너희가 또한 고난을 받느니라."(살후 1:5) 이런 이유로 바울은 믿음의 공동체가 마지막 때에 구원을 얻는 유일한 대상이 됨을 알아야 함을 강조한다. "주께서 사랑하시는 형제들아 우리가 항상 너희에 관하여 마땅히 하나님께 감사할 것은 하나님이 처음부터 너희를 택하사 성령의 거룩하게 하심과 진리를 믿음으로 구원을 받게 하심이니."(살후 2:13)

이런 심판에 대한 관점으로부터 바울은 서신을 통해서 믿음의 공동체가 심판을 받을 것이라는 사실을 강조한다. 특별히 공동체의 문제점을 해결하기 위해서 복음으로 권면하고, 책망하고, 논의하는 가운데 종말론적 심판을 언급한다. "네가 어찌하여 네 형제를 비판하느냐 어찌하여 네 형제를 업신여기느냐 우리가 다 하나님의 심판대 앞에 서리라."(롬 14:10) "우리가 다(판테스*pnates*)"는 믿음의 공동체 전체를 의미한다. 판테스란 하나님의 심판대 앞에서 심판을 피해가는 예외란 있을 수 없음을 보여주는 단어다. 이는 믿음의 사람들도 하나님의 심판대(베마*bema*) 앞에서 심판을 받는다는 사실을 선포하는 것이다. "주 예수를 다시 살리신 이가 예수와 함께 우리도 다시 살리사 너희와 함께 그 앞에 서게 하실 줄을 아노라."[31](고후 4:14) 이러한 종말론적 심판이 있기 때문에 현재 우리가 무엇을 해야 하는지, 하지 말아야 하는지를 결정할 수 있다.[32] 다시 말해서 하나님

---

31 살후 2:1을 참조하라. "형제들아 우리가 너희에게 구하는 것은 우리 주 예수 그리스도의 강림하심과 우리가 그 앞에 모임에 관하여."
32 공동체의 종말론적 윤리에 대해서 5장의 "공동체와 종말론적 윤리"를 참조하라.

과 그리스도의 심판이 믿음의 공동체가 현실에서 종말론적 공동체로서의 정체성을 가질 수 있으며, 공동체의 성격을 결정하게 된다.

심판의 주체, 대상, 때를 논의했기 때문에 이제 심판의 기준을 살펴보려고 한다. 심판의 기준에 대해서 바울 서신은 명확하게 증거한다. "이는 우리가 다 반드시 그리스도의 심판대 앞에 나타나게 되어 각각 선악간에 그 몸으로 행한 것을 따라 받으려 함이라."(고후 5:10) 이 구절은 번역하는 순서에 따라 해석의 차이가 있을 수 있다. 여기서 정확한 이해를 위하여 후반절인, "각각 선악간에 그 몸으로 행한 것을 따라 받으려 함이라" 부분을 자세히 번역할 필요가 있다. 이 후반절의 그리스어 음역은 "코미세타이 헤카스토스 타 디아 투 소마토스 프로스 아 에프락센, 에이테 아가쏜 에이테 파울론*komisetai hekastos ta dia tou somatos pros a epraksen, eite agathon eite phaulon*"이다. 이 문장의 주어는 지체들 개인을 의미하는 3인칭 단수인 "각각*hekastos*"이며, 동사는 3인칭 단수 동사인 "받으려 함이라*komisetai*"다. 전치사구인 "행한 것을 따라*pros a epraksen*"에서 "프로스"는 전치사 "-따라"이며, "에프락센"은 "행하다"라는 프라소*prasso* 동사의 과거, 3인칭, 단수로서 이 동사의 주어는 3인칭 단수인 "각각"이 된다. 또한 "아*a*"는 관계대명사로서 중성, 복수를 의미하므로 이 전치사구는 "각 개인이 행한 것들을 따라"로 번역이 된다. 그 행위가 "선한 것이든*eite agathon*", "악한 것이든*eite phaulon*"은 접속사 에이테와 함께 절로서 첨가되어 있다. "그 몸으로"로 번역된 부분은 실제로 "디아 투 소마토스"(중성명사, 단수임)이므로 "그 몸을 통해서" 혹은 "그 몸 안에서"로 번역될 수 있다.[33] 여기서 번역에서 빠진 것으로 보이는 단어가

---

33 "디아 투 소마토스"의 영어 번역은 대부분 "몸 안에서"인 "in the body"로 하고 있다. NRSV, NKJV, NIV, NASB 등을 참조하라.

"타*ta*"다. 타는 중성, 복수, 정관사로서 성, 수, 격이 일치하는 관계사 "아"를 받는 명사가 된다.

이러한 단어와 문장의 분석을 통해서 이 구절은 이렇게 번역될 수 있다. "각 개인은 그 몸 안에서(혹은 몸을 통해서) 각각 행한 것들을 따라, 그것이 선하든 악하든 그것들을*ta* 받으려 함이라." 이 구절의 문제는 "받다" 동사의 목적격인 중성, 복수인 "그것들*ta*"의 번역에 있다. NRSV는 타*ta*를 의역하여 "그 보상recompense"을 받을 것이라 번역한다. NKJV는 "그 몸 안에서 행한 것들"과 동일시했고, RSV는 "선한 것들 혹은 악한 것들"을 "받으려 함이라"로 번역하고 있다. 한 가지 "몸으로"로 번역된 "디아 투 소마토스(몸을 통해서)"가 개인의 몸을 의미하는지, 공동체인 몸을 의미하는지를 결정해야 한다. 바울 서신에서 개인의 행위를 몸을 통해서 행한다는 표현은 거의 찾아볼 수가 없다. 다만 공동체 안에서 행하는 것과 연관이 깊다.[34] 공동체 안에서 지체는 언제나 각각*hekastos*으로 표현되고(고전 12:7, 11) 공동체는 항상 몸*soma*이다.(고전 12:12, 27) 이 구절에서도 앞서 4장에서 논의한 것처럼 몸을 공동체로 보아도 무리가 없다. 이런 해석을 통해서 보면, 하나님의 심판이 믿음의 공동체에 임하는데, 심판의 기준은 그 지체들이 몸을 통하여 행한 것들에 의존한다는 것을 알 수 있다.

그리스도의 심판이 공동체에게 임하고, 그 심판의 내용이 각 지체들의 행위에 따라 다르다는 사실을 살펴보았다. 행위에 의한 심판은 바울

---

[34] 같은 전치사 구는 아니지만 "몸 안에서"로 직역되는 "엔 토 소마티*en to somati*"라는 관용구가 있다. 공동체를 통해서 지체는 하나님께 영광을 돌려야 한다. "값으로 산 것이 되었으니 그런즉 너희 몸으로*en to somati* 하나님께 영광을 돌리라."(고전 6:20) 이 관용구는 교회론적 표현으로서 자주 사용된다. "그러나 이제 하나님이 그 원하시는 대로 지체를 각각 몸에*en to somati* 두셨으니."(고전 12:18; 12:25 참조)

서신뿐만 아니라 신약성서 내에서 매우 보편적인 것으로 나타난다.

> 나더러 주여 주여 하는 자마다 다 천국에 들어갈 것이 아니요 다만 하늘에 계신 내 아버지의 뜻대로 **행하는** 자라야 들어가리라.(마 7:21)

> 인자가 아버지의 영광으로 그 천사들과 함께 오리니 그 때에 각 사람이 **행한 대로** 갚으리라."(마 16:27)

> 선한 일을 행한 자는 생명의 부활로, 악한 일을 **행한 자**는 심판의 부활로 나오리라."(요 5:29)

> 또 내가 보니 죽은 자들이 큰 자나 작은 자나 그 보좌 앞에 서 있는데 책들이 펴 있고 또 다른 책이 펴졌으니 곧 생명책이라 죽은 자들이 **자기 행위를 따라** 책들에 기록된 대로 심판을 받으니 바다가 그 가운데에서 죽은 자들을 내주고 또 사망과 음부도 그 가운데에서 죽은 자들을 내주매 각 사람이 자기의 **행위대로** 심판을 받고 사망과 음부도 불못에 던져지니 이것은 둘째 사망 곧 불못이라.(계 20:12-14)

행위가 심판의 기준이라면 이 행위는 믿음과 연관이 있는 행위다. 바울 신학의 관점에서 행위는 믿음의 행위다.[35] 믿음의 원래 의미는 그리스도 혹은 그의 십자가를 의미한다.(갈 3:23, 25) 그의 십자가 사건에 대한 우리의 응답이 우리의 믿음이다. 우리의 믿음에는 내적인 행위inward

---

35 믿음에 대해서 3장의 "십자가 사건과 믿음" 부분을 참조하라.

act와 외적인 행위outward act가 있다.[36] 믿음의 내적인 행위란 영접하는 행위로서 깨닫고, 인지하고, 아는 행위를 의미하고(갈 2:16), 외적인 행위란 사랑으로 역사하는 믿음과 같이 주의 말씀을 따르고 실천하는 것을 의미한다.(갈 5:6) 신약성서 전반에 걸쳐 나오는 "행위에 의한 심판"은 결국 그리스도께서 우리의 믿음을 감찰하시며, 그 믿음을 심판하시겠다는 말씀과 상통한다. "내가 너희에게 이르노니 속히 그 원한을 풀어 주시리라 그러나 인자가 올 때에 세상에서 믿음을 보겠느냐 하시니라."(눅 18:8) 또한 바울 신학의 관점에서도 동일하다고 할 수 있다.

공동체의 심판의 주제를 다루면서 지체의 종류를 생각해 볼 필요가 있다. 왜냐하면 심판의 기준이 지체들의 행위와 관련되어 있기 때문이다. 앞서 논의한 믿음의 지체들 가운데 공동체에서 추방당한 경우가 있다.(고전 5:1-13) 이런 자들의 심판에 대해서는 자명하지만, 이들보다는 그리스도를 대적하면서 공동체 안에 남아 있는 지체들이 문제가 된다. 믿음의 공동체 안에서 예배를 드리고, 신앙생활을 같이 한다고 해서 그 사람들이 모두 한 몸의 지체가 되는 것이 아니다. 교회에 출석하면서도 그리스도를 영접하지 않은 자가 있을 수 있으며, 속죄와 속량, 화목의 복음을 믿지 않는 사람들도 있을 수 있다. 교회를 친목 단체나 자신의 신분을 위한 사회 활동 정도로 생각하는 사람들도 있다. 이런 자들은 바울의 교회론의 입장에서 보면 한 몸의 지체가 아니다. 더 자세하게 말한다면 공동체의 일원이 안 된 것이다. 지체란 이미 몸에 참여한 것을 의미한다.(고전 12:27) 그리스도의 몸에 참여했다는 사실은 하나님의 아들을 믿는 일과 아는 일에 하나가 된 자들이다.(엡 4:13) 공동체 안에 있는

---

36 David J. Lull, *The Spirit in Galatia* (Chico: Scholars Press, 1980), 10ff.

것처럼 보이지만 실상은 지체가 아닌 자들에게 내리는 심판은 자명하다. "불의의 모든 속임으로 멸망하는 자들에게 있으리니 이는 그들이 진리의 사랑을 받지 아니하여 구원함을 받지 못함이라 이러므로 하나님이 미혹의 역사를 그들에게 보내사 거짓 것을 믿게 하심은 진리를 믿지 않고 불의를 좋아하는 모든 자들로 하여금 심판을 받게 하려 하심이라."(살후 2:10-12) 이들은 모두 교회 안에서 배교하고 대적하는 자들이다.(살후 2:3-4)

공동체 안에서 이미 하나님의 생명에서 떠나 있고, 믿음이 없는 이방인과 같이 자신의 정욕대로 행하는 자들이 있다. "그들의 총명이 어두워지고 그들 가운데 있는 무지함과 그들의 마음이 굳어짐으로 말미암아 하나님의 생명에서 떠나 있도다 그들이 감각 없는 자가 되어 자신을 방탕에 방임하여 모든 더러운 것을 욕심으로 행하되."(엡 4:18-19) 이 사람들에게는 그리스도가 없는 것뿐만 아니라 공동체 안에서 그리스도의 원수로 행하는 자들이다. "내가 여러 번 너희에게 말하였거니와 이제도 눈물을 흘리며 말하노니 여러 사람들이 그리스도의 십자가의 원수로 행하느니라."(빌 3:18) 이들은 믿음에서 멀어진 타락한 자들이요, 공동체의 지체가 아니며, 이들의 마지막은 멸망이다. "그들의 마침은 멸망이요 그들의 신은 배요 그 영광은 그들의 부끄러움에 있고 땅의 일을 생각하는 자라."(빌 3:19) 왜곡된 다른 복음으로 지체들을 유혹하고 미혹하게 하는 자들에게도 같은 심판이 임한다. "나는 너희가 아무 다른 마음을 품지 아니할 줄을 주 안에서 확신하노라 그러나 너희를 요동하게 하는 자는 누구든지 심판을 받으리라."(갈 5:10) 이런 자들은 모두 그리스도의 몸 된 공동체 안에 있다 할지라도, 그 몸에 참여한 자들이 아니다.

이런 자들에 대한 경고는 신약의 다른 곳에서도 마찬가지다. "처음 믿음을 저버렸으므로 정죄를 받느니라."(딤전 5:12) 히브리서에서는 공동체 내에서 타락한 자들에 대한 경고가 가장 강은 어조로 나타난다. "한 번 빛을 받고 하늘의 은사를 맛보고 성령에 참여한 바 되고 하나님의 선한 말씀과 내세의 능력을 맛보고도 타락한 자들은 다시 새롭게 하여 회개하게 할 수 없나니 이는 그들이 하나님의 아들을 다시 십자가에 못 박아 드러내 놓고 욕되게 함이라."(히 6:4-6) 그리스도를 십자가에 못 박는 일은 역사적으로 한 번에 그쳤지만, 그 일은 영적으로 그리스도의 몸 된 공동체에서 계속해서 일어나고 있는 것이다. 차라리 예수 그리스도를 몰랐다면 그리스도를 다시 죽이는 죄를 범하지 않았을지도 모른다. "만일 그들이 우리 주 되신 구주 예수 그리스도를 앎으로 세상의 더러움을 피한 후에 다시 그 중에 얽매이고 지면 그 나중 형편이 처음보다 더 심하리니 의의 도를 안 후에 받은 거룩한 명령을 저버리는 것보다 알지 못하는 것이 도리어 그들에게 나으니라."(벧후 2:20-21) 그래서 바울은 그리스도 없이 살던 때의 허망한 일을 버리라고 권면한다. "그러므로 내가 이것을 말하며 주 안에서 증언하노니 이제부터 너희는 이방인이 그 마음의 허망한 것으로 행함 같이 행하지 말라."(엡 4:17)

공동체를 향한 종말론적인 심판이 있기 때문에 공동체의 지체들은 교회를 세우는데 어떻게 세울 것인가를 조심해야 한다.(고전 3:10) 세움의 행위가 마지막에 심판의 기준이 되기 때문이다. 교회를 그리스도 안에서 올바로 세우는 행위에 대해서 이미 5장에서 다루었다.[37] 여기에서는 지체들의 공동체를 세우는 행위와 심판과 연관된 구절을 다루려고 한다. 이제 소개하는 구절 안에는 앞서 다룬 중요한 용어들이 나타난다.

---

37 공동체 세움에 대해서 5장의 "공동체와 세움의 윤리" 부분을 참조하라.

내게 주신 하나님의 은혜를 따라 내가 지혜로운 건축자와 같이 터를 닦아 두매 다른 이가 그 위에 세우나 그러나 각각hekastos 어떻게 그 위에 세울까epoikodomeo를 조심할지니라 이 닦아 둔 것 외에 능히 다른 터를 닦아 둘 자가 없으니 이 터는 곧 예수 그리스도라 만일 누구든지 금이나 은이나 보석이나 나무나 풀이나 짚으로 이 터 위에 세우면 각 사람의 공적ergon이 나타날 터인데 그 날이 **공적**ergon을 밝히리니 이는 불로 나타내고 그 불이 각 사람의 **공적**ergon이 어떠한 것을 시험할 것임이라 만일 누구든지 그 위에 세운 **공적**ergon이 그대로 있으면 상을 받고 누구든지 그 공적ergon이 불타면 해를 받으리니 그러나 자신은 구원을 받되 불 가운데서 받은 것 같으리라.(고전 3:10-15)

이 구절은 먼저 고린도 교회에서 분열을 조장한 육에 속한 지체들을 향하고 있다는 것이 전제되어야 한다.(고전 3:1-9) 바울은 자신과 더불어 공동체의 각 사람hekastos을 염두에 두고 있으며 자신들을 건축자와 비유한다는 점에서 교회의 세움의 중요성을 강조하고 있다. 여기에서 가장 많이 사용되고 있는 각 사람의 "공적"이란 "행위" 혹은 "일"을 가리키는 그리스어 "에르곤"이다. 에르곤은 특별히 앞서 강조한 것처럼 교회를 세우는epoikodomeo 행위를 의미한다. 중요한 것은 기록된 대로 어떠한 에르곤으로 교회를 세우는가 하는 것이다. 금·은·보석이 에르곤의 종류를 의미하듯이 나무·풀·짚도 에르곤의 종류를 의미한다. 이것들의 구분에 대해서는 앞선 맥락 가운데 육에 속한 에르곤과 영에 속한 에르곤으로 잘 설명 되어 있다.(고전 2:13-3:5) 그리스도의 몸 된 교회를 세워가는 믿는 사람들의 공적이 마지막 불의 심판을 받을 것이다. 세상과 정욕을 따르는 육의 행위가 그리스도의 몸 된 교회를 더럽게 만드는 것이다.

"누구든지 하나님의 성전을 더럽히면 하나님이 그 사람을 멸하시리라 하나님의 성전은 거룩하니 너희도 그러하니라."(고전 3:17) 그러나 불에 타지 않고 남는 에르곤 그것이 진정한 믿음의 공적, 즉 공동체를 바로 세우는 믿음의 행위임을 알 수 있다. 공동체의 지체들을 향한 행위에 의한 심판을 생각하면 교회의 지체들이 얼마나 조심해 하는지를 보여주는 적절한 비유라고 할 수 있다.[38]

지체들의 공적과 종말론적인 심판과 연관된 단어들이 있는데, 곧 "상(미쏘스*misthos*)"과 "해(제미아*zemia*)"다. 위의 구절을 통해서 보면 심판의 큰 구분이 구원과(고전 3:15) 멸망이라면(고전 3:17), 상과 해는 구원받은 지체들에게 주어지는 등급처럼 보인다. 개인의 행위, 즉 일*ergon*을 따라 받는 상*misthos*은 원래 노동자의 임금, 삯의 개념을 가지고 있다. 신약성서 안에서는 주로 보상*reward*의 개념을 갖는다.[39] 위 구절만 가지고서 종말론적인 상의 내용이 무엇인지를 판단할 수 없다. 하지만 분명히 하늘의 상이 있기 때문에 주님의 몸 된 교회를 올바로 세워야 하는 소명을 지체들로 하여금 갖게 할 수 있다. 바울은 그리스도께서 주시는 종말론적인 상을 항상 염두에 두고 있는 것 같다. 다른 사도들은 자발적으로 사도직에 임하여 복음을 전하므로 그들의 상이 있을 것이라 믿는다.(고전 9:17) 그러나 자신은 그리스도의 강권으로 사도직을 감당하므로, 자기가 하늘의 상*misthos*을 받기 위해서 교회로부터 보수를 바랄 수 있지만, 바라지 않

---

38 약 3:1을 참조하라. "내 형제들아 너희는 선생된 우리가 더 큰 심판을 받을 줄 알고 선생이 많이 되지 말라."
39 이 단어는 마태복음에 많이 나타난다. "선지자의 이름으로 선지자를 영접하는 자는 선지자의 상*misthos*을 받을 것이요 의인의 이름으로 의인을 영접하는 자는 의인의 상*misthos*을 받을 것이요 또 누구든지 제자의 이름으로 이 작은 자 중 하나에게 냉수 한 그릇이라도 주는 자는 내가 진실로 너희에게 이르노니 그 사람이 결단코 상*misthos*을 잃지 아니하리라 하시니라." (마 10:41-42) 마 5:12; 막 9:41; 눅 6:35을 참조하라.

고 값없이 복음의 일*ergon*을 해야 한다고 생각한다. "그런즉 내 상*misthos*이 무엇이냐 내가 복음을 전할 때에 값없이 전하고 복음으로 말미암아 내게 있는 권리를 다 쓰지 아니하는 이것이로다."(고전 9:18)

종말론적인 상을 바라고 지체로서 주님의 일에 헌신한다는 자세는 신약성서 전체에 흐르는 믿음의 자세다. 이것은 히브리서 기자의 상 *misthos*을 바라는 믿음과 일치한다. "믿음이 없이는 하나님을 기쁘시게 하지 못하나니 하나님께 나아가는 자는 반드시 그가 계신 것과 또한 그가 자기를 찾는 자들에게 상 주시는 이심을 믿어야 할지니라."(히 11:6; 11:26 참조) 지체들이 믿음의 일에 조심해야 하는 이유가 여기에 있다. 상을 잃지 말아야 하기 때문이다. "너희는 스스로 삼가 우리가 일한 것을 잃지 말고 오직 온전한 상*misthos*을 받으라."(요이 1:8) 또한 종말론적인 하늘의 상은 그리스도의 약속으로 주어진다. "보라 내가 속히 오리니 내가 줄 상*misthos*이 내게 있어 각 사람에게 그가 행한 대로 갚아 주리라."(계 22:12) 복음을 전하는 일, 교회를 세우는 일, 남을 섬기고 희생하는 일, 그리스도 안에서 이러한 모든 일들을 통해서 많은 어려움과 고통이 따른다. 이런 일들을 인내하고 기쁨으로 감수할 수 있는 것은 그리스도가 준비하신 상이 있기 때문이다. 이 땅에서 사람들이 주는 상을 바라는 것이 아니라 하늘의 상을 바라는 믿음, 그리고 이 믿음의 일을 통해서 그 상이 공동체의 각 사람에게 주어질 것이다.

바울이 종말론적인 상에 대해서 사용하는 용어들이 있다. 먼저 "브라베이온*brabeion*"은 운동 경기와 같은 경쟁에서 이기는 자에게 주는 상의 개념이다. 이 단어는 실제로 운동 경기를 비유로 들며 사용하였다. "운동장에서 달음질하는 자들이 다 달릴지라도 오직 상*brabeion*을 받는 사람은 한 사람인 줄을 너희가 알지 못하느냐 너희도 상을 받도록 이와 같이 달음질하라."(고전 9:24) 이 구절에서 상은 최후의 영광의 면류관을 얻기 위하여 목표를 갖고 달음질하자는 맥락에서 사용되었다.(고전 9:24-27) 여기에서의 상은 마지막 부활에 참여하는 것을 의미하고 있다. 이 단어 같은 개념으로 사용되고 있다. "푯대를 향하여 그리스도 예수 안에서 하나님이 위에서 부르신 부름의 상을 위하여 달려가노라."(빌 3:14) 이 구절 역시 그리스도인의 소망인 부활을 얻으려고 달려가는 목표 있는 삶의 모습을 보여준다. 부름의 상이란 마지막 구원의 완성인 부활을 의미한다. 종말론적인 부활이란 상은 온전히 이루어지지도 이미 얻은 것도 아니기 때문에, 현재 믿음 안에서 겸손의 삶을 살게 만든다.(빌 2:12)

또 다른 상의 단어는 "안타포도시스*antapodosis*"다. 이 단어는 어떤 공적에 대해서 되갚아 주는 보상의 의미를 가지고 있다. 바울은 노예로 사는 그리스도인들에게 상전 대하기를 그리스도를 대하는 것같이 하여 섬기라는 권면 가운데서 이 단어를 사용한다. "이는 기업의 상을 주께 받을 줄 아나니 너희는 주 그리스도를 섬기느니라."(골 3:24) 유업(클레로노미아*kleronmia*)은 주로 하나님 나라와 영생을 유업으로 받을 때 사용하는 전형적인 종말론적인 단어다.(엡 1:14, 18, 5:5 참조) 유업의 상*antapodosis*은 여기서 마지막 구원, 즉 부활의 상을 의미한다.

바울이 언급한 구원 받는 지체들이 얻게 될 종말론적인 상*misthos*이 있다면, 그들과 대조되는 지체들이 받게 되는 해*zemia*가 있다. 위의 구절에서 언급한 해의 내용에 대해서도 알 길이 없다. 다만 "해를 입다(제미오오*zemioo*)"라는 단어가 얻는 것이 없이 모두 "잃다"는 뜻과, 손해를 보기 때문에 "고통 받다"라는 뜻을 가지고 있는 동사다. 다시 말해서 공동체를 세움에 있어서 그리스도의 마음 즉 십자가의 영으로 일하지 아니하고, 자신의 정욕으로 마음대로 행동하는 육의 지체들은 마지막에 구원을 받지만, 불 가운데서 얻는 것같이 상처를 입고 얻을 것이 없다는 것을 증거하고 있다.(고전 3:15) "불 가운데서(호스 디아 퓌로스*hos dia pyros*)"는 "불을 통한 것과 같이as through fire"로 직역할 수 있다. 이 관용구가 단지 종말론적인 해를 입는 내용을 설명하고 있을 뿐이다. 믿음의 공동체 안에서 행한 불순종의 일들은 그대로 보응을 받는다는 것이다.[40] 분명한 것은 상을 받는 지체들의 공적은 불이 나타나도 타지 않기 때문에 사라지지 않고 그대로 있다는 것이고, 해를 받는 지체들은 공적이 모두 타버린 것을 말하고 있다.[41]

바울은 오히려 해를 받는 '제미오오'를 현실의 삶에서 사용한다. 종말론적인 해를 피하기 위하여 현실의 삶에서 그리스도 외에는 모든 것을 해를 받는 것으로 간주하는 것이다. "그러나 무엇이든지 내게 유익하던 것을 내가 그리스도를 위하여 다 해*zemia*로 여길뿐더러 또한 모든 것을 해*zemia*로 여김은 내 주 그리스도 예수를 아는 지식이 가장 고상하기 때문이라 내가 그를 위하여 모든 것을 잃어버리고*zemioo* 배설물로 여김은 그리스도를 얻고."(빌 3:7-8) 그리스도를 위하여 모든 것을 다 잃어버리고, 손해를 볼 때, 오히려 마지막에 해를 받지 않을 것이며, 이런 지체에게 진정한 상이 기다린다는 것이다. 이런 이유 때문에 바울은 그리스도를 위한 일이 항상 먼저였다. "내가 복음을 전할지라도 자랑할 것이 없음은 내가 부득불 할 일임이라 만일 복음을 전하지 아니하면 내게 화가 있을 것이로다."(고전 9:16) 종말론적인 "화(우아이*ouai*)"는 "해*zemia*"와

---

[40] 다음 구절들을 참조하라. "이는 각 사람이 무슨 선을 행하든지 종이나 자유인이나 주께로부터 그대로 받을 줄을 앎이라"(엡 6:8), "불의를 행하는 자는 불의의 보응을 받으리니 주는 사람을 외모로 취하심이 없느니라."(골 3:25)
[41] 불에 타고 타지 않는 것은 단지 종말론적 상을 받느냐 해를 받느냐 하는 그리스도의 심판에 중점을 두어야 한다. 이 구절을 가지고 연옥설을 주장하는 것은 옳은 해석이 아니다.

동일한 의미를 갖고 있다. 바울은 자신이 그리스도의 일을 먼저 생각하고 일하는 이유는 종말론적으로 받을 상과 화를 늘 염두에 두고 있기 때문이다. 이러한 종말론적인 신앙은 바울의 사명과 직결된다.

종말론적인 신앙이 종말론적인 공동체를 세운다. 그리스도의 다시 오심을 기다리는 종말론적인 신앙 안에는 반드시 그리스도의 심판을 기대하고 기다리는 소망이 있어야 한다. 이런 신앙은 하나님만을 두려워하는 신앙을 갖게 한다. 세상과 사람을 두려워하는 것이 아니라 마지막 날에 우리를 심판하시는 주님만을 두려워하는 것이다. 이 두려움이 오히려 세상을 이기게 하고, 우리의 행실을 믿음의 행실로 만들어 준다. 교회는 마지막 그리스도의 심판대 앞에 설 것이다. 그리스도의 몸 된 교회를 세워야 하는 우리의 믿음의 행위가 심판의 대상이 된다는 사실 하나로 교회의 모든 지체는 조심해야 한다. 시기와 분쟁으로 사람을 따라 갈라지고 싸우는 행위(고전 3:3-4), 음행으로 죄를 짓는 일들(고전 5:1-5), 성도들끼리 세상 법으로 고소하는 일들(고전 6:1-8), 주의 만찬 시 교인들을 편 가르고 무시하는 일들(고전 11:17-22) 이러한 행위들은 교회를 업신여기고 교회를 파괴하는 육*sarks*의 행위다. 교회를 업신여김은 그리스도를 업신여김이요 그 가운데는 그리스도가 없는 불신앙의 행위다. 이런 공적은 결국 종말론적인 해만을 가져올 것이다.

그리스도의 심판대 앞에 섰을 때, 영원한 부활에 참여하는 공동체가 될 수 있도록 영이 살아 있는 몸을 보전하고 지켜야 할 의무가 공동체의 모든 지체에게 있다. 교회만이 부활에 참여할 수 있는 그리스도의 몸이기 때문이다. 3세기 중반 카르타고의 감독 키프리아누스는 "교회 밖에는 구원이 없다*Nulla Salus extra Ecclesiam*"고 말한 것이 지금까지 살펴온 공동체의 구원에 관한 말씀을 대변해주고 있다. 교회는 구원의 완성인 부활의 소망 가운데 있어야 하며, 이 소망이 없으면 우리의 믿음도 헛것이요 우리의 전파하는 것도 헛것이 될 것이다.(고전 15:14) 부활의 소망 가운데 있는 공동체는 그리스도에게 잡힌 바 되어 분명한 목표를 갖고 달려갈 길을 달려가는 그런 지체들의 공동체가 될 것이다. "내가 그리스도와 그 부활의 권능과 그 고난에 참여함을 알고자 하여 그의 죽으심을 본받아 어떻게 해서든지 죽은 자 가운데서 부활에 이르려 하노니." (빌 3:10-11)

7장 바울의 복음과 문화

신약성서는 주후 1세기 그리스-로마 사회에로 복음의 수용이 어떻게 이루어졌는가를 보여준다. 당시에 다양한 사회적 모체*matrix*가 있었다.[1] 팔레스타인, 로마, 유대 그리고 초대 기독교 사회 모체 등. 이러한 사회적 모체들 위에 문화적으로는 헬레니즘 문화가 넓게 퍼져 있었고, 정치적으로는 로마 제국의 지배하에 있었다. 전반적으로 당시 신약 시대의 사회를 그리스-로마 사회라 불러도 무리가 없을 것이다. 복음이 전파될 때 먼저 특정한 사회적 모체에 들어간다. 그리고 그 사회가 지니고 있는 특별한 문화적 환경을 만나게 된다. 우리는 그러한 과정을 복음화 evangelization 혹은 선교mission라고 부른다. 선교는 사회와 문화 안에서 수행된다는 점에서 반드시 복음의 문화화inculturation 과정을 거치게 되어 있다. 복음의 문화화는 단순히 복음과 문화의 대화가 아니다. 혹은 문화와 다른 문화의 만남도 아니다.[2] 복음의 문화화는 그리스도께서 사람의 육을 입고 이 세상에 오신 것처럼 특정한 사회와 문화 속으로 복음이 성육화incarnation 되는 과정이라고 할 수 있다.[3]

바울 서신은 이러한 복음의 문화화를 잘 보여주고 있다. 복음이 어느

---

[1] 사회적 모체a social matrix란 스나이더에 의하면 다음과 같이 정의된다. G. F. Snyder, "a community or series of communities that share a common ethos in regard to community, family, authority, celebration, and nature," *Inculturation of the Jesus Tradition* (Harrisburg: Trinity Press International, 1992), 2.
[2] A. Shorter, *Toward A Theology of Inculturation* (New York: Orbis Books, 1997), 11.
[3] G. F. Snyder, *Inculturation of the Jesus Tradition*, 4.

특정한 사회에 들어가고, 복음을 영접한 사람들이 믿음의 공동체를 형성하고, 복음에 순종하고 따르는 공동체의 윤리적 삶이 강조되며, 이러한 복음의 삶을 통해서 신앙 공동체의 독특한 문화가 형성되고, 이 과정에서 기존 사회의 문화와 갈등 혹은 적응하는 모습을 보게 된다. 이러한 일련의 과정들을 바울 서신 내에서 찾을 수 있다. 예를 들어 다음 구절에서 복음이 한 사회적 모체에 들어가는 과정을 간단하게 살펴볼 수 있다.

> 그들이 우리에 대하여 스스로 말하기를 우리가 어떻게 너희 가운데에 들어갔는지와 너희가 어떻게 우상을 버리고 하나님께로 돌아와서 살아 계시고 참되신 하나님을 섬기는지와.(살전 1:9)

이 구절에서 복음의 문화화를 간단히 3단계로 나누어 볼 수 있다. 첫 번째 단계는 우리가 너희 가운데 들어간 과정이다. 이것은 바울과 선교팀이 데살로니가라고 하는 특정한 사회적 모체에 들어간 것을 의미한다. 바울의 일행들은 복음이 아니다. 그들은 복음을 갖고 있었다. 그리고 데살로니가 사람들을 만나 복음을 전했다. 자신들의 문화를 전한 것이 아니라 복음을 전한 것이다. 두 번째 단계는 데살로니가 사람들이 복음을 받아들이고 하나님께로 돌아온 사실이다. 이 단계가 공동체 형성의 단계다. 그리스도를 영접한다는 것은 세례와 연관되어야 하고 세례는 곧 입교의 예식이 되므로, 이 단계를 공동체 형성의 단계라 해도 무리가 없다.

세 번째 단계는 데살로니가 교회가 살아 계시고, 참되신 하나님을 섬기며 살아가는 과정이다. 이 단계는 복음에 순종하여 참된 믿음의 공동체를 세워야 하는 강한 윤리적 요구를 받아들이고 따라야 하는 단계다.

이 단계에서 중요한 것은 복음에 근거한 윤리적 명령을 구체적으로 제시하는 것이다. 신앙 공동체의 외형적인 모습은 공동체의 윤리적 삶에 의해 결정되기 때문이다. 공동체의 삶이 기존 사회의 문화와 일치할 수도 있고, 갈등을 가져올 수도 있다. 만일 공동체의 새로운 삶이 기존 문화와 전혀 다른 것이라면, 이 단계는 공동체가 속한 사회 안에서 새로운 문화를 창조하는 단계가 된다. 믿음의 공동체에 의해서 새로운 문화를 창출해내고 기존 사회에 영향을 미치는 단계다. 이러한 과정을 총체적으로 복음의 문화화라고 한다.

복음이 문화화 되는 방법을 위와 같은 관점에서 모든 서신에서 연구할 수 있다. 기존 사회적 모체의 연구와 그 사회 안에서 복음의 문화화를 연관시켜서 바울이 복음을 어떻게 문화화 했는가를 분석할 수 있다. 오늘날도 선교의 방법은 크게 다르지 않다. 바울 서신 내에서 복음의 문화화에 대한 원리를 제시할 수 있다면 복음과 문화의 만남 가운데서 선교의 중요한 모델을 제시할 수 있을 것이다. 여기에서는 고린도 교회와 갈라디아 교회를 예로 들어 복음의 문화화를 설명할 것이다.

1. 갈라디아 교회에 나타난 복음의 문화화

1) 갈라디아서에 나타난 복음

여기에서는 바울 서신 가운데 갈라디아서에서 말하는 복음이 무엇인가에 대해서 살펴볼 것이다. 이것을 통해서 바울이 전한 십자가의 복음이 실제로 그의 서신 가운데 얼마나 강조되는지 증명될 것이다. 갈라디아서에서 증거하는 진리의 복음이란 단적으로 그리스도의 십자가 사건을 말한다. 갈라디아서 3장 1절에 언급된 것처럼 "예수 그리스도께서 십자가에 못 박히신 것"이 복음이다. 십자가 사건이 역사적 사건으로서 특정한 사회와 문화 속에서 일어났지만, 십자가 사건이 문화는 아니다. 복음은 단지 역사적 사건이다. 그리고 이 사건은 하나님의 뜻대로 이루어진 것이다.

> 때가 차매 하나님이 그 아들을 보내사 여자에게서 나게 하시고 율법 아래에 나게 하신 것은 율법 아래에 있는 자들을 속량하시고 우리로 아들의 명분을 얻게 하려 하심이라.(4:4-5)

그리스도는 하나님의 뜻과 목적대로 오셨으며 그것은 인간들을 속량, 즉 구원하기 위함이다. 바울은 이 목적을 위해서 그리스도께서 저주를 받으셨다고 증거한다.

> 그리스도께서 우리를 위하여 저주를 받은 바 되사 율법의 저주에서 우리를 속량하셨으니 기록된 바 나무에 달린 자마다 저주 아래에 있는 자라 하였음이라.(3:13)

이 저주는 그리스도께서 우리의 죄를 위하여 값을 치른 것이다.

> 그리스도께서 하나님 곧 우리 아버지의 뜻을 따라 이 악한 세대에서 우리를 건지시려고 우리 죄를 대속하기 위하여 자기 몸을 주셨으니.(1:4)

십자가를 통한 속량, 이것이 복음의 약속 곧 영의 약속이다.(3:14) 그리스도의 십자가로 말미암아 우리는 하나님의 아들이 되었으며(3:26), 하나님을 아빠 아버지라 부를 수 있게 되었다.(4:6)

바울이 말하는 "내가 전한 복음"은 그리스도의 계시로 말미암은 것이며, 이는 부활하신 그리스도와의 만남을 시사하는 것이다.(1:11-12) 바울은 부활하신 그리스도를 만남으로 그리스도의 십자가가 우리의 구원을 위한 속량의 십자가임을 깨닫게 된다.(3:13, 4:5) 부활이 구원의 완성이라면 십자가의 죽음은 구원의 유일한 조건이 되기 때문이다. 이런 이유로 바울의 신앙의 중심은 예수 그리스도의 십자가 사건이며, 그것이 전해야 할 복음이 되었다. 바울은 오직 십자가를 통해서 사람이 의롭게 되며(2:16), 십자가를 통해서 죄와 사망에서 속량 받는 것임을 선포한다.(3:13, 4:5) 십자가 사건이 없었다면 우리는 여전히 율법 아래서 죽을 수밖에 없으며, 죄와 죽음의 종에서 자유로울 수 없다.(3:23, 4:7, 5:1) 복음 안에서 유대교나 세상 초등학문의 원리는 아무것도 아니다.(6:16) 바울이 전한 것은 오직 십자가뿐이다.

> 형제들아 내가 지금까지 할례를 전한다면 어찌하여 지금까지 박해를 받으리요 그리하였으면 십자가의 걸림돌이 제거되었으리니.(갈 5:11)

바울에게 있어서 율법은 하나의 문화에 불과하다. 그것으로 영원한 생명을 보장 받을 수 없다. 오직 그리스도 안에서 새롭게 창조되는 것이 중요하다.(6:15) 이것이 마지막 날에 영원한 구원의 보증이 되기 때문이다. 그러므로 바울은 십자가의 복음만을 자랑할 수밖에 없다.

그러나 내게는 **우리 주 예수 그리스도의 십자가** 외에 결코 자랑할 것이 없으니 그리스도로 말미암아 세상이 나를 대하여 십자가에 못 박히고 내가 또한 세상을 대하여 그러하니라."(갈 6:14)

갈라디아서에 나타난 다른 복음은 무엇인가? 바울은 갈라디아 교회에 전해진 다른 복음과 자신이 직접 전한 내가 전한 복음을 대조한다. 다른 복음 자체가 존재하지 않지만 그리스도의 복음을 변형시킨다면 그것은 다른 복음이 된다.(1:6-10) 갈라디아 교회를 내적 분열과 갈등으로 몰아간 다른 복음의 정체는 무엇인가? 한마디로 예루살렘으로부터 온 형제들과 연관된 복음이었다.(2:12) 이들은 그리스도의 복음을 왜곡하는 자로(1:7), 저주 받을 자로(1:8-9), 할례를 강요하는 거짓 형제로(2:3-4), 교인들을 꾀는 자로(3:12), 율법 행위에 속한 자로(3:10), 이간질하는 자로(4:17), 진리를 순종하지 못하게 하는 자로(5:7), 요동하게 하는 자로(5:10),[4] 어지럽게 하는 자로(5:12) 묘사된다. 바울은 이들이 복음을 왜곡하는 이유를 다음과 같이 밝힌다.

무릇 육체의 모양을 내려 하는 자들이 억지로 너희에게 할례를 받게 함은 그들이 그리스도의 십자가로 말미암아 박해를 면하려 함뿐이라.(6:12)

결국은 유대교로부터 오는 주변의 어려운 상황 때문에 무릎 꿇고 그

---

[4] 갈 5:7, 10과 6:3에 나오는 사람들이 누구인지는 분명하지 않다. 그러나 이들은 예루살렘의 "거짓 형제들"(2:4)과 밀접한 관계를 갖고 있다. 특별히 야고보를 지칭하는지(2:12), 베드로를 지칭하는지(1:18, 2:11ff.) 분명하지 않다. 다만, 예루살렘 교회의 시노자인 것으로 추정된다. H. Conzelmann and A. Lindemann, *Interpreting the New Testament* (Peabody: Hendrickson Publishers, 1988), 172.

리스도의 복음을 포기하는 처지에 이르게 된 것이다.

다른 복음의 정체는 유대교 율법의 준수와 연관이 깊다. 갈라디아서 6장 12절에 언급된 것처럼 거짓 형제들은 갈라디아 교인들로 하여금 할례를 강요했다. 바울은 이런 주장이 진리의 복음을 왜곡하는 것임을 디도의 예를 들어서 분명히 했다.(2:3-5) 안디옥 교회에서 일어난 사건은 식탁법에 관한 것이었다.(2:11-21) 이방인들과 식사를 하던 게바와 바나바가 야고보에게서 온 사람들이 오자 위선적으로 자리를 피해 도망간 사건이다. 이 사건의 뒤에는 예루살렘 교회가 할례와 더불어 유대교 식탁법을 교회에서도 지켜야 한다는 신학적 결정이 있었음을 시사한다. 이것에 대한 신빙성 있는 본문이 사도행전에 나온다. "어떤 사람들이 유대로부터 내려와서 형제들을 가르치되 너희가 모세의 법대로 할례를 받지 아니하면 능히 구원을 받지 못하리라 하니."(행 15:1) 이 구절은 당시 예루살렘 교회를 중심으로 유대주의화된Judaized 신학이 자리 잡고 있음을 보여주는 것이다. 유대교의 할례를 받지 아니하면 구원을 받지 못한다는 것은 복음의 필수 사항으로 반드시 할례를 받아야 함을 의미한다. 유대교 율법이 구원의 조건이 된다면 그리스도의 죽음은 헛된 죽음이 된다.(2:21)

다른 복음과 연관된 한 가지는 갈라디아 교인들이 천한 초등학문으로 돌아가서 날과 달과 절기와 해를 지킨다는 언급이다.(4:8-11) 여기에는 두 가지 가능성이 있다. 하나는 유대교의 절기를 지키는 것일 수 있고, 다른 하나는 갈라디아 지역의 이교도의 절기를 지키고자 회귀하는 가능성이다.[5] 무엇으로 단정할 수 없지만 복음의 진리를 따르고 순종하

---

5 Hans D. Betz, *Galatians* (Philadelphia: Fortress Press, 1979), 216; F. J. Matera, *Galatians* (Minnesota: The Liturgical Press, 1992), 29.

는 삶과 거리가 먼 것임에 틀림이 없다.

2) 갈라디아서에 나타난 복음의 문화화
(1) 복음 수용과 공동체 형성의 단계

갈라디아 지역에 최초 복음 수용의 단계는 갈라디아서 3장 1-5절에 나타난다. 바울이 교인들로 하여금 너희가 성령*pneuma*을 받은 것이 율법의 행위로냐 듣고 믿음으로냐를 회상시키고 있다. 갈라디아 사람들은 복음을 듣고 믿음으로 응답했다.(3:2) 이것이 갈라디아 사회에 처음 복음이 전해졌을 때 일어난 일이다. 바울은 갈라디아 교회가 영으로 시작했음을 분명히 한다. "너희가 이같이 어리석으냐 성령*pneuma*으로 시작하였다가 이제는 육체*sarks*로 마치겠느냐."(3:3) 여기서 성령으로 번역된 영(프뉴마)은 복음을 의미하고, 육체로 번역된 육(사르크스)은 복음 이외의 다른 것을 의미한다. 구체적으로 다른 복음을 암시한다.(갈 1:6-10)

복음 수용의 초기 단계를 설명하는 한 구절이 더 있다.

> 내가 처음에 육체의 약함으로 말미암아 너희에게 복음을 전한 것을 너희가 아는 바라 너희를 시험하는 것이 내 육체에 있으되 이것을 너희가 업신여기지도 아니하며 버리지도 아니하고 오직 나를 하나님의 천사와 같이 또는 그리스도 예수와 같이 영접하였도다.(갈 4:13-14)

바울이 처음 갈라디아에 들어갈 때 그의 몸이 연약했음을 밝히고 있다. 핍박 때문에 그런 것인지, 유행병이 이유인지 정확하게 알 수 없으나 바울이 갈라디아에 머물 때의 상황을 짐작할 수 있다. 육체의 연약함에도 불구하고 이 구절에서 갈라디아 사람들이 복음을 어떻게 영접했는지를 잘 보여주고 있다. 성공적인 복음 전파가 있었음이 틀림없다. 바울이 오직 십자가의 복음만 전했음은 두말할 필요가 없을 것이다. "그러나 내게는 우리 주 예수 그리스도의 십자가 외에 결코 자랑할 것이 없으니 그리스도로 말미암아 세상이 나를 대하여 십자가에 못 박히고 내가 또한 세상을 대하여 그러하니라."(갈 6:14)

갈라디아 지역의 성공적인 복음 전파 이후에 바울이 세례를 베푼 것으로 추측이 된다. "누구든지 그리스도와 합하기 위하여 세례를 받은 자는 그리스도로 옷 입었느니라."(갈 3:27) 초대 교회에서 세례는 개종하는 사람들이 공동체에 입교하는 예식으로 거행된다. 세례에 대한 언급은 이미 갈라디아 지역에 믿음의 공동체를 형성했음을 시사하고 있다. 성만찬에 대한 언급이 없지만 세례와 함께 성만찬은 초대 교회의 필수적인 성례전이었기 때문에 갈라디아 교회에서도 수행했을 것이다.(고전 11:26 참조) 갈라디아 사람들이 복음을 수용하기 전에는 우상을 숭배하고 세상의 종으로 살았지만(갈 4:8), 지금은 믿음의 가정이 생기고(갈 6:10), 말씀을 가르치는 자가 있는 교회가 되었다.(갈 6:6)

(2) 공동체 유지, 보존의 단계: 윤리적 실천의 단계

갈라디아 지역에 형성된 믿음의 공동체는 그 사회에 구원의 공동체로 살아남아야 한다. 이제 공동체의 삶이 문제가 된다. 복음의 문화화에서 마지막 단계로서 이 단계에서 공동체가 유지 보존되면서 새로운 공동체 문화를 창조하게 된다. 공동체 문화는 공동체의 윤리적 삶에 의해 창출된다. 또한 공동체의 윤리적 명령은 복음에 근거하여 만들어지며, 이러한 윤리적 명령은 그리스도 중심의 신앙적 삶을 요구한다. 바울은 이러한 삶을 그리스도 안에서 혹은 믿음의 공동체 안에서 새롭게 창조되는 삶이라고 증거한다. "할례나 무할례가 아무 것도 아니로되 오직 **새로 지으심을 받는 것**만이 중요하니라."(갈 6:15) 그렇다면 복음에 근거한 윤리적 명령에는 어떠한 것이 있는지 살펴보기로 한다.

첫째, 갈라디아서에 나타나는 가장 강력한 윤리적 요구는 모두가 그리스도 예수 안에서 하나라는 것이다.[6] "너희는 유대인이나 헬라인이나 종이나 자유인이나 남자나 여자나 다 그리스도 예수 안에서 하나이니라."(갈 3:28) 명령형이 아닌 직설법적인 표현이지만 공동체 안에서 지켜야 할 매우 강한 윤리적 요구가 된다. 그리스도의 십자가는 모든 사람을 위한 것이기 때문이다. 속죄함과 속량의 은혜를 받는데 있어서 인종, 성, 계급의 차별이 있을 수 없다.(고전 12:13; 골 3:11 참조) 이 구절은 공동체의 신앙고백의 성격이 강하다. 모든 지체들이 고백해야 하는 기도문과 같은 것이다. 바울은 당시 갈라디아 사회의 노예제도, 가부장제와 같은 계급 문화의 타파를 외친 적이 없다. 사회 제도를 공격한 적도 개혁하자고 말한 적도 없다. 노예가 교회에 와도 여전히 노예일 것이고, 주인은 주인일 것이다. 그러나 십자가의 복음 안에서 믿음의 공동체를 이룬 하나님의 자녀들 안에서는 절대로 차별이 있을 수 없으며, 평등의 관계를 가져야 한다.[7] 사실 당시 갈라디아 교인들이 이런 윤리적 요구를 감당하기 힘들었을 것이다. 왜냐하면 그리스-로마 사회의 계급적 문화와 너무나 다르기 때문이다. 갈라디아 교회가 이것 하나만으로도 기존 사회와 갈등을 일으켰을 가능성이 크다. 그러나 복음을 수용하고 복음을 따르는 믿음의 공동체가 실천해야 할 윤리적 삶이라면 반드시 수행해야 한

---

6 하나 됨의 윤리는 5장의 "의로움과 윤리" 부분을 참조하라.
7 Snyder, *Inculturation of the Jesus Tradition*, 38.

다. 이것이 새로운 문화를 창출해내는 복음의 문화화의 과정이다.

둘째, 다시는 종의 멍에를 메지 말라고 권면한다.[8] "그리스도께서 우리를 자유롭게 하려고 자유를 주셨으니 그러므로 굳건하게 서서 다시는 종의 멍에를 메지 말라."(갈 5:1) 자유는 그리스도의 속량의 십자가, 즉 복음으로부터 온 것이다.(갈 3:13, 4:5) 이 자유는 유대교 율법의 저주로부터(갈 3:13), 우리의 죄로부터(갈 2:20), 세상의 초등학문으로부터(갈 4:9)의 자유를 의미한다. 그러나 만일 거짓 형제들의 다른 복음에 속아 구원 받기 위해 할례를 받고, 세상의 우상을 섬기는 초등학문의 종으로 다시 돌아간다면 그것이 진정한 저주가 될 것임을 경고한다. "율법 안에서 의롭다 함을 얻으려 하는 너희는 그리스도에게서 끊어지고 은혜에서 떨어진 자로다."(갈 5:4) 복음으로 말미암아 모든 것으로부터 자유를 얻은 자는 그리스도에게 순종하는 그리스도의 종이 된 것이며, 이 자유를 공동체의 지체들을 서로 사랑으로 종 노릇 하는 자유로 사용해야 한다.(갈 5:13)

셋째, "성령을 따라 행하라"는 윤리적 명령이다.[9](갈 5:16) 이 명령은 실제로 "영을 따라 걸어라 *pneumati peripateo*"로 되어야 한다.[10] "영을 따라 *pneumati*"는 수단의 3격으로 "영으로써" 혹은 "영에 의해서"로 번역될 수도 있다. 믿음의 공동체는 영, 곧 십자가와 함께 걷는 삶을 추구한다. 이것이 믿음의 공동체를 세우는 방법이다. 영을 따르면 영의 열매를 맺는다.(갈 5:22-23) 영의 열매(카르포스 *karpos*)는 다음과 같다. 사랑, 기쁨, 평화, 인내, 자비, 양선, 온유, 절제, 충성 등. 이러한 열매는 모두 하나님

---

8 5장 "거룩함과 윤리" 부분을 참조하라.
9 갈라디아서에 나타난 영의 윤리는 5장 "공동체와 영의 윤리"에서 충분히 다루었다. 여기서는 반복하여 요약하는 정도로 제시하고자 한다.
10 롬 8:4에서는 "그 영을 따라 행하는"으로 번역하였다.

나라의 요소들이고 믿음의 공동체가 추구하는 열매들이다. 이러한 것들을 금할 법이 세상에 없다. 왜냐하면 위로부터 오는 열매이기 때문이다. 영의 열매의 특징은 모두 대인 관계, 즉 공동체 안에서 맺어지는 열매다.

반면에 공동체가 버려야 할 것은 육*sarks*의 일이다. 육의 일은 음행, 더러운 것, 호색, 우상숭배, 술수, 원수 맺음, 분쟁, 시기, 분노, 당 짓기, 분리, 이단, 투기, 술 취함, 방탕 등이 있다.(갈 5:19-20) 모든 육의 일들은 남을 배려함이 없는 것이 특징이다. 자신의 욕심에서 나오는 이기적인 생각으로부터 출발하는 악한 생각들뿐이다. 이와 같은 육적인 것들 안에는 사랑이 자리할 수 있는 여지가 없다. 즉 영의 일이 공존할 수가 없다. 육은 죄의 욕망이며(롬 7:5), 육의 생각은 죽음이며, 하나님께 품는 적대감이다. 육에 매인 사람은 하나님께 복종할 수도 없고, 하나님을 기쁘시게 할 수 없다.(롬 8:6-8) 육의 열매들은 하나님과 반하는 것들이며, 성령이 인도하시는 믿음의 공동체에서는 암적인 요소들이 된다. 이런 육의 일들을 하는 자들은 하나님의 나라를 유업으로 받을 수가 없다.(갈 5:21) 왜냐하면 하나님의 나라는 영의 열매를 맺는 나라이기 때문이다.

갈라디아서 5장 18절에서 바울은 영으로 사는 것과 율법 아래 사는 것을 대조하면서, 율법 아래 사는 것을 육을 따라 사는 것과 동일시하고 있다. 유대교의 율법 준수를 주장하며 예루살렘에서 온 거짓 예언자들이 다른 복음을 전했기 때문이다. 바울의 적대자들은 교회의 율법주의화를 계획하는 사람들이었다. 그들은 구원을 받는 것, 즉 의롭게 되는 것도 율법을 지켜야 가능하다고 주장했다.(갈 2:16) 이런 의미에서 유대교 율법은 믿음의 교회와 아무 상관이 없지만, 이들 때문에 공동체를 분열시키고 어지럽히는 육의 요소가 되어버린 것이다. 십자가의 영을 따라 사는 사람은 유대교 율법을 준수하는 것과 그것을 따라 사는 것과 전혀 관계가 없다. 믿음의 공동체는 그리스도의 말씀에 순종하며 십자가를 바라보며 그 영의 열매를 맺는 영적인 사람들의 공동체가 되어야 한다.(갈 6:1)

갈라디아 교회에서 윤리적으로 강조한 영의 열매는 그리스 철학의 미덕 목록과 대부분 일치하며, 육의 열매는 악덕 목록과 일치한다. 갈라디아는 그리스 철학이 왕성했던 도시 중의 하나였고, 갈라디아 교인들은 이러한 철학의 가르침에 익숙했을 것이다. 그러나 분명한 차이가 있다. 그리스 철학이 자아실현을 위해 자신들의 행복을 목적으로 이런 것들을 가르쳤다면, 교회는 인간의 행복이 아닌 하나님과 그리스도에 의존하는 삶의 방법으로 강조했고 가르쳤다.[11] 이 사실은 갈라디아 교인들이 교회 안에서 그들의 세계관, 특히 삶의 양식을 새롭게 배워서 바꿔야 함을 의미한다. 주류 사회와 가정이 아닌 믿음의 공동체에서 자신의 존재를 새롭게 발견해야 한다. 교회 안에서 평등과 자유와 사랑의 삶을 사는 것, 이것이 새로운 삶의 양식이며, 바울은 이러한 삶을 사는 자를 그리스도 안에서 새롭게 지으심을 받은 자로 설명한다.(갈 6:15) 이것으로부터 기존 사회와 갈등과 어려움에 직면할 수도 있고, 분리 당하는 아픔을 겪을 수도 있다. 그럼에도 이 과정은 모든 사회의 모든 교회가 복음의 교회로 서기 위한 필수 과정이다. 이것이 복음의 문화화 과정이다.

복음의 유대주의화를 시도했던 거짓 형제들은 구원을 핑계로 최소한 유대교의 할례와 식탁법을 강요했음이 분명하다. 이들이 강요한 것은 복음이 아니라 유대인의 문화였다. 할례나 식탁법은 유대인들이 유대

---

11 Abraham J. Malherbe, *Moral Exhortation, A Greco-Roman Sourcebook* (Philadelphia: The Westminster Press, 1986), 15ff.

사회 안에서 율법을 따르며 정착된 광범위한 의미에서 유대인의 문화라고 할 수 있다. 그 외에도 유대 사회의 문화로 자리 잡은 율법의 행위들이 있다. 안식일법, 정결법, 제사법, 혼례법 등. 예루살렘 교회에서 온 형제들은 유대교로부터 오는 박해를 피하기 위해 자신들의 문화를 전했지만 이것은 문화와 문화의 충돌로 이어질 수밖에 없다.

우리가 흔히 혼동하는 것은 복음과 복음을 전하는 자의 문화를 동일시하는 것이다. 복음은 절대로 문화가 아니다. 그러므로 복음의 정확한 이해가 없이는 복음의 문화화가 불가능하다. 바울은 자신이 유대인이면서도 단 한 번도 그리스도인들에게 유대인의 문화를 강요한 적이 없다. "우리는 본래 유대인이요 이방 죄인이 아니로되."(갈 2:15) 유대 사회의 문화를 이방 지역의 교회와 교인들에게 강요해서 유익을 볼 사람은 유대인 바울이다. 그러나 바울 서신 어디에서도 유대인의 문화를 강요한 적이 없다. 할례와 무할례가 그리스도의 십자가 앞에서 아무것도 아니기 때문이다. "할례나 무할례가 아무 것도 아니로되 오직 새로 지으심을 받는 것만이 중요하니라."(갈 6:15) 그러므로 유대인으로서 그리스도인이 되었다면 유대 사회의 문화를 버릴 필요가 없다. "할례자로서 부르심을 받은 자가 있느냐 무할례자가 되지 말며 무할례자로 부르심을 받은 자가 있느냐 할례를 받지 말라 할례 받는 것도 아무 것도 아니요 할례 받지 아니하는 것도 아무 것도 아니로되 오직 하나님의 계명을 지킬 따름이니라."(고전 7:18-19) 바울 역시 모든 사회적 모체에서 기존 사회가 가졌던 문화 양식을 버리라는 주장을 한 적이 없다.[12] 단지 믿음의 공동체

---

12 D. L. Balch and J. E. Stambaugh, *The New Testament in Its Social Environment* (Philadelphia: The Westminster Press, 1986), 145-67.

로 하여금 복음에 근거한 윤리적 삶을 강조할 뿐이다. 복음이 문화에 의해서 왜곡되어서는 안 되며, 문화에 종속되어서도 안 된다. 복음은 단순히 역사적 사건으로서의 십자가 사건이다.

2. 고린도 교회에 나타난 복음의 문화화

1) 고린도전서에 나타난 복음

고린도전서에서도 바울은 "내가 전한 복음"에 대해서 언급한다.(고전 15:1) 이 복음은 내가 먼저 받은 것이고, 다시 너희에게 전한 것임을 전제하면서 그리스도의 죽음과 부활을 자세히 설명한다. "내가 받은 것을 먼저 너희에게 전하였노니 이는 성경대로 그리스도께서 우리 죄를 위하여 죽으시고 장사 지낸 바 되셨다가 성경대로 사흘 만에 다시 살아나사."(고전 15:3-4) 복음은 단적으로 그리스도의 십자가 사건이다. 바울이 고린도 사람들에게 전한 복음을 이렇게 고백한다.

> 그리스도께서 나를 보내심은 세례를 베풀게 하려 하심이 아니요 오직 **복음**_euaggelion_을 전하게 하려 하심이로되 말의 지혜로 하지 아니함은 **그리스도의 십자가**(호 스타우로스 투 크리스투_ho stauros tou Christou_)가 헛되지 않게 하려 함이라.(고전 1:17)

바울은 자신이 전한 복음이 그리스도의 십자가의 복음임을 분명히 한다. 물론 세례는 복음 전파의 중요한 수단이요 도구이지만, 세례 자체가 복음은 아니다. 더구나 고린도 교회의 분열의 원인이 누가 누구에게 세례를 받았느냐를 가지고 사람을 따르는 분열의 모습을 보였기 때문에 바울의 어조는 매우 비판적으로 들릴 수밖에 없다. 이런 가운데 바울은 자신의 사명은 오직 복음 즉 그리스도의 십자가를 전하는 것임을 고백하고 있다.

바울은 자신이 전한 복음을 또한 십자가의 도 즉 말씀이라고 말한다.

> 십자가의 도(호 로고스 투 스타우루*ho logos tou staurou*)가 멸망하는 자들에게는 미련한 것이요 구원을 받는 우리에게는 하나님의 능력이라.(고전 1:18)

십자가 사건을 하나님의 말씀으로써 전하니 복음이 십자가의 말씀인 것은 자명하다. 십자가의 말씀 안에는 그리스도의 십자가 사건의 의미를 내포하고 있다. 바울이 십자가의 복음을 증거하면서 두 차원에서 설명하고 있음을 발견할 수 있다. 하나는 "십자가에 못 박힌 그리스도"이며(고전 1:23), 다른 하나는 "그리스도의 십자가"(고전 1:17)다. 전자는 십자가 위에서 죽으신 그리스도가 누구냐에 대한 것이고, 후자는 그가 하신 일, 즉 십자가가 어떠한 일인가에 대한 것이다. 바울은 이것을 복음의 핵심으로서 증거하고 있음을 알 수 있다. "내가 너희 중에서 **예수 그리스도와 그가 십자가에 못 박히신 것** 외에는 아무 것도 알지 아니하기로 작정하였음이라."(고전 2:2)

복음의 두 차원에서 나누어 설명하자면, 그리스도가 누구인가에 대해서는 그의 선재성과(고전 8:6), 만물의 근원으로서(고전 10:26) 증거된다. 또한 그의 죽음과 부활(고전 15장), 재림(고전 1:8, 16:22)에 대해서 여러 곳에서 강조되고 있다. 그리스도의 십자가의 의미는, "너희는 하나님으로부터 나서 그리스도 예수 안에 있고 예수는 하나님으로부터 나와서 우리에게 지혜와 의로움과 거룩함과 구원함이 되셨으니"(고전 1:30)와 같은 구절이다. 그러나 두 차원이 하나의 복음이며 십자가 사건의 의미를 설명해주는 십자가의 말씀이 된다. 복음은 그리스도이며, 복음은 십자가다. 그리스도의 십자가 외에는 다른 복음이 없다.(고전 9:23)

2) 고린도전서에 나타난 복음의 문화화
(1) 복음 수용과 공동체 형성의 단계

바울이 고린도 사회에 처음 갔을 때를 회상하는 말씀이 있다. "형제들아 내가 너희에게 전한 복음을 너희에게 알게 하노니 이는 너희가 받은 것이요 또 그 가운데 선 것이라"(고전 15:1), "그러므로 나나 그들이나 이같이 전파하매 너희도 이같이 믿었느니라."(고전 15:11) 복음이 고린도 사회에 전파되고 그들이 복음을 수용하고 믿음에 이르는 일이 일어난 것이다. 이것을 바울은 자신이 심었다고 한다. "나는 심었고 아볼로는 물을 주었으되."(고전 3:6) 이 말씀은 복음 수용이 초창기에 바울이 활동하였고 나중에 아볼로가 내가 먼저 받은 것처럼 보인다. 바울은 고린도에 가게 된 것도 하나님의 뜻과 계획이 있음을 분명히 한다. "그리스도께서 나를 보내심은……오직 복음을 전하게 하려 하심이로되."(고전 1:17) 복음 전파는 바울에게 있어서 반드시 해야 하는 사명이다. "내가 복음을 전할지라도 자랑할 것이 없음은 내가 부득불 할 일임이라 만일 복음을 전하지 아니하면 내게 화가 있을 것이로다."(고전 9:16)

고린도 사람들의 복음 수용을 바울은 다음과 같이 말한다. "그리스도 안에서 일만 스승이 있으되 아버지는 많지 아니하니 그리스도 예수 안에서 내가 복음으로써 너희를 낳았음이라."(고전 4:15) 복음을 전하고 수용하는 과정을 부모와 자녀처럼 해산하는 일로 비유하는 것은 그만큼 고통과 어려움이 수반한다는 것을 시사해 준다. 바울이 고린도 사람들에게 갈 때에 그가 무엇에 중점을 두었는지도 알 수 있다. "형제들아 **내가 너희에게 나아가 하나님의 증거를 전할 때**에 말과 지혜의 아름다운 것으로 아니하였나니 내가 너희 중에서 예수 그리스도와 그가 십자가에 못 박히신 것 외에는 아무 것도 알지 아니하기로 작정하였음이라."(고전 2:1-2) 바울은 자신이 공부했던 그리스 철학이나 자신이 섬겼던 유대교의 율법을 말하지 않았다. 오직 복음만을 가지고 그들에게 갔음을 증거하고 있다. 비록 연약하고 두렵고 떨리지만, 오직 그리스도의 능력에 힘입어 고린도에서 복음 전파의 사명을 감당했다.(고전 2:3-4)

바울은 복음을 수용한 고린도 사람들에게 세례를 베푼 것을 기억한다. "내가 또한 스데바나 집 사람에게 세례를 베풀었고 그 외에는 다른 누구에게 세례를 베풀었는지 알지 못하노라."(고전 1:16) 바울 서신뿐만 아니라 초대 교회에서 복음을 수용하고 세례를 받는다는 것은 전형적으로 믿음의 공동체인 교회를 형성하는 단계로 이해된다. 고린도에서 최초로 교회가 형성된 것이다. 이것을 바울은 하나님이 너희를 부르셨다고 증거한다. "형제들아 너희를 부르심을 보라 육체를 따라 지혜로운 자가 많지 아니하며 능한 자가 많지 아니하며 문벌 좋은 자가 많지 아니하도다."(고전 1:26) 이 구절을 보면 고린도에서 처음 복음을 수용하고, 교회 형성에 참여한 고린도 교인들이 경제적, 교육적 수준이 낮은 자들임을 알 수 있다. 그러나 이들은 하나님의 택함을 받은 자들이며, 하나님은 천하고, 멸시 받는, 없는 자들을 부르셔서 있는 자들을 폐하려 하시는 하나님의 뜻과 섭리를 증거한다.(고전 1:27-28)

신학적으로는 세례를 받는 것이 그리스도의 몸에 참여하는 것이며, 그리스도의 몸 된 교회가 이미 존재하는 것이다.(롬 6:3-5; 갈 3:27 참조)

그러나 고린도에서 이런 참여가 처음이라는 점에서 그들에게 교회 형성의 기회가 주어졌다고 할 수 있다. 믿음의 공동체를 형성한 그리스도인들만이 할 수 있는 성례전이 곧 성만찬이다. 바울은 이들에게 믿음의 공동체를 형성한 후 성만찬을 가르쳤고 그들은 실천했을 것이다. 성만찬 또한 그리스도의 몸에 참여하는 공동체의 행사이며(고전 10:16-17), 그리스도가 다시 오실 때까지 주의 죽으심을 전하는 수단이 된다. "너희가 이 떡을 먹으며 이 잔을 마실 때마다 주의 죽으심을 그가 오실 때까지 전하는 것이니라."(고전 11:26)

(2) 공동체 유지, 보존의 단계: 윤리적 실천의 단계

믿음의 공동체는 이제 복음을 따르고 순종하는 공동체가 되어야 한다. 바울은 고린도 교회에게 공동체를 어떻게 세워야 하는지를 지혜로운 건축자의 비유를 들어 강조한다. "내게 주신 하나님의 은혜를 따라 내가 지혜로운 건축자와 같이 터를 닦아 두매 다른 이가 그 위에 세우나 그러나 각각 어떻게 그 위에 **세울까를 조심할지니라**."(고전 3:10) 이 구절은 권면임과 동시에 경고이기도 하다. 바울은 교회를 세우면서 아볼로와 함께 십자가의 말씀에 근거하여 본을 보인 것을 회상하면서 다시 경고한다. "형제들아 내가 너희를 위하여 이 일에 나와 아볼로를 들어서 본을 보였으니 이는 너희로 하여금 기록된 **말씀 밖으로 넘어가지 말라** 한 것을 우리에게서 배워 서로 대적하여 교만한 마음을 가지지 말게 하려 함이라."(고전 4:6) 주님 다시 오실 때까지 구원의 공동체인 교회가 유지되어야 하는데 아무 생각 없이, 아무 목적 없이 세울 수 없기 때문이다. 가장 중요한 것은 교회의 터는 예수 그리스도, 곧 복음이다. "이 닦아 둔 것 외에 능히 다른 터를 닦아 둘 자가 없으니 이 터는 곧 예수 그

리스도라."(고전 3:11) 복음이 없이는 교회가 올바로 세워질 수 없고, 복음이 왜곡되면 교회는 교회가 아니며, 복음이 약화되면 교회가 넘어진다. 교회를 어떻게 세워서 유지, 보존할 것인가? 이것은 복음에 근거한 공동체 윤리의 문제다. 이 단계에서 복음에 순종하는 교회가 새로운 문화를 창조해낼 수 있다.

복음이 십자가 신학이라면 교회를 세우는 것은 윤리라고 할 수 있다. 이런 점에서 윤리는 십자가 신학에 근거해야 한다. 복음의 부재, 복음의 왜곡, 복음의 오해는 올바른 윤리적 명령을 만들 수가 없고, 교회를 세우는 윤리적 실천을 바로 행할 수가 없다. 고린도전서는 고린도 교회를 십자가 신학에 근거해 세우기 위하여 여러 윤리적 명령을 요구하고 있다. 이것을 공동체 세움oikodome의 윤리라고 규정하고 살펴보기로 한다.[13]

첫째, 고린도전서 1-11장에서는 주로 고린도 교회의 문제점이 나열되면서 동시에 복음의 교회를 세우기 위해서 윤리적 실천을 요구한다. 고린도 교회의 상황은 한마디로 한 몸 된 공동체의 통일성이 파괴되고 있는 상태다. 고린도 교회는 먼저 분열의 문제가 심각했다.(고전 1:10-4:21) 그들은 바울, 아볼로, 게바, 그리스도파 등으로 나뉘어 누구의 이름으로 세례를 받았느냐는 것으로 자랑을 삼았고(고전 1:14-17), 세상적이고 인간적인 지혜를(고전 1:20-21, 3:18-20) 자랑하므로 분열의 동기를 삼았다. 이런 가운데서 지혜로운 건축자의 비유를 통해서 교회를 복음의 터 위에 세워야 하는 강한 윤리적 명령을 요구한다.(고전 3:10-15) 집의 터는 오직 예수 그리스도밖에 없다.(고전 3:11) 사람을 중심으로 사람을 따라 모이는 세상의 방법은 시기와 분쟁만 가져올 뿐이다.(고전 3:3-4) 오

---

13 세움의 윤리에 대해서 이미 5장에서 논의했기 때문에 여기서는 문화와 연관하여 간단히 설명한다.

직 그리스도의 터 위에 집을 세우는 공적*ergon*만이 마지막에 남을 것이며 그 업적에 의해서 각 사람은 그날에 보상을 받게 된다.(고전 3:14-15) 믿음의 공동체 안에서 마지막까지 남을 업적은 공동체를 세우기 위해 애쓴 업적뿐이다. 바울에게 있어서 종말의 날까지 세상의 시련을 견뎌낼 수 있는 것은 그리스도의 십자가를 통해 세워진 교회와 공동체를 세우는 삶이다.[14]

5장에 나타난 교회의 음행*porneia*의 문제는 공동체를 파괴하는 심각한 문제였다.(고전 5:1-13) 자신의 계모를 데리고 사는 일이 하나님을 모르는 이방 세계 사람들 가운데서도 볼 수 없는 일임에도 교회 안에서 벌어진 것이다.(고전 5:1) 바울은 이러한 악한 음행을 저지른 남자를 공동체를 파괴하는 암적인 요소 즉 육*sarks*으로 규정하고 그를 공동체로부터 축출할 것을 명령한다.(고전 5:2, 13) 세상의 문화는 이를 용납할 수 있어도 믿음의 공동체에서는 있을 수 없는 일이다. "이제 내가 너희에게 쓴 것은 만일 **어떤 형제라 일컫는 자**가 음행하거나 탐욕을 부리거나 우상숭배를 하거나 모욕하거나 술 취하거나 속여 **빼앗거든** 사귀지도 말고 그런 자와는 함께 먹지도 말라 함이라."(고전 5:11) 육은 영이 없는 상태다. 육의 일에는 믿음이 없고, 복음이 없고, 그리스도가 없는 상태이기 때문이다. 고린도 교회는 그리스도의 희생으로 세워진 것이기에(고전 5:7), 영을 파괴하는 육을 없애고 그 영을 새롭게 세워서 주님의 날을 기다리는 것이 가장 급선무다.(고전 5:5)[15] 바울에게 있어서 십자가 사건을

---

14 Snyder, *First Corinthians: A Faith Community Commentary*, 41.
15 여기서 영은 그 남자의 영이 아니라 공동체의 영을 말한다. Synder, *First Corinthians: A Faith Community Commentary*, 62; 현경식, "공동체의 구원을 위하여: 바울의 몸 사상을 중심으로," 201-2 참조.

통해 얻어진 구속적 성취가 상실되는 것은 가장 위험한 일로 간주된다. 이것으로부터 바울의 윤리적 과제는 공동체의 구성원들의 구원이 상실되는 것을 방지하기 위한 도구로 사용된다.[16]

6장에서도 송사의 문제를 다루면서 교회 내에서 불의한 일을 저지르는 사람들을 책망하며 호소한다.(고전 6:1-11) 바울은 모든 것을 할 수 있는 자유를 말하지만(고전 6:12) 공동체를 위해서 해서는 안 될 육의 일들을 경고한다.(고전 6:9-10) 육의 일들은 몸 된 공동체의 분열과 파괴를 향하여 죄를 짓는 부도덕한 일*porneia*이며,[17] 이것은 공동체가 하나님의 성전*naos*인 것과(고전 6:19), 그리스도께서 십자가를 통하여 값을 치루고 산 교회임을(고전 6:20) 망각한 사람들의 죄 된 일이다. 여러분의 몸 즉 공동체를 통하여 하나님께 영광을 돌리라는 것은 공동체를 바로 세우라는 *oikodomeo* 바울의 윤리적 명령이라고 할 수 있다. "값으로 산 것이 되었으니 그런즉 너희 몸으로 하나님께 영광을 돌리라."(고전 6:20)

앞선 문제들과 비교하여 덜 심각하지만 고린도전서 8장과 10장에서는 우상에게 바친 음식을 먹을 수 있다는 교인들과 없다는 교인들 사이에 일어나는 분열의 문제를 다룬다. 우상은 아무것도 아니기 때문에(고전 8:4) 그 앞에 놓인 제물도 아무것도 아니며(고전 10:19) 땅에 충만한 것들이 모두 주님의 것이기에(고전 10:26) 무엇이든지 먹어도 된다는 지식과 자유를 가진 교인들이 있다.(고전 8:7, 9) 그러나 아직 믿음이 약한 자들은(고전 8:11) 우상에게 바친 제물을 먹어서는 안 된다고 생각하고(고전

---

16 벳츠, 『갈라디아서』, 한국신학연구소 번역실(천안: 한국신학연구소, 1987), 520-21 참조.
17 고전 6:12-18에 나오는 음행*porneia*이 고전 5:1-5에서처럼 고린도 교인늘의 실제적인 성적인 문란인지 아니면 하나님을 배반하는 부도덕한 죄의 행위를 상징하는 것인지(고전 10:8 참조), 본문 안에서 명확하지 않지만 여기서는 후자를 따른다.

8:7) 오히려 죄를 짓는다고 생각한다.(고전 8:11) 신앙 공동체에서 누군가가 누군가에 의해서 실족하여 넘어진다면(스칸달리조skandalizo), 이것 역시 하나님께 영광이 안 되며 몸 된 공동체가 바로 세워지는 것이 아니다.(고전 8:13, 10:31) 공동체를 세우는 일 중의 하나는 공동체 안의 약한 자를 세우고 배려하는 것이다. 즉 오이코도메의 윤리는 다른 사람의 유익 sympheron을 구하는 것과 상응한다.(고전 10:23-24) 이것은 지식에 의해서 되는 것이 아니고 오직 십자가의 사랑으로 가능하다. "우상의 제물에 대하여는 우리가 다 지식이 있는 줄을 아나 지식은 교만하게 하며 사랑은 덕을 세우나니oikodomeo."(고전 8:1) 바울은 모든 것을 할 수 있는 자유를 말하지만 그 자유가 다른 사람을 실족하게 하는 경우에는 공동체가 분열될 뿐이며[18] 바로 서지 못함을 분명히 한다. 몸 된 지체들의 행위는 공동체를 세우기 위한 목적에 의해 제한될 수밖에 없다. "모든 것이 가하나 모든 것이 유익한 것은 아니요 모든 것이 가하나 모든 것이 덕을 세우는 것은oikodomeo 아니니."(고전 10:23)

고린도전서 11장에서는 여성 지도자들의 민머리 문제와 성만찬 오용의 문제가 다뤄진다. 예언과 기도를 맡은 고린도 교회의 여성 지도자들은 민머리를 가지고 교회를 섬기고 있었다.(고전 11:5) 이들에게 바울은 민머리에 무엇을 쓰고 기도와 예언을 하라고 명령한다.(고전 11:6) 여성 지도자들의 이런 모습은 당시 고린도 지역에서 성적으로 문란한 이방 신전들 가운데서 행해지는 여 사제들의 문화를 따르는 것으로 추측이 된다. 바울은 예외적으로 사회 문화적인 차원에서 교회의 여성 지도자

---

[18] 이러한 분열은 고전 11:17-22에서 다루는 성만찬의 오용에 의해서 공동체 안에서 가난한 자와 부유한 자가 나누어지는 분열과 같다.

들에게 호소한다. "논쟁하려는 생각을 가진 자가 있을지라도 우리에게나 **하나님의 모든 교회에는 이런 관례가 없느니라.**"(고전 11:16) 교회의 겉으로 드러나는 모습이 우상을 섬기는 이방 종교와 같이 보이고, 교회 지도자들의 모습이 성적으로 문란한 이방 사제들과 같이 보인다면, 이는 하나님의 교회로서 존재 가치가 상실되기 때문이다. 성만찬의 오용에 있어서는, 교인들이 만찬을 먹을 때 하나의 공동체임을 망각하고 있는 자와 없는 자가 분리되는 일이 벌어진 일이다.(고전 11:18-21) 바울은 이들에게 빈궁한 자들을 부끄럽게 하므로 하나님의 교회를 업신여기는 일이라고 책망하며(고전 11:22), 이러한 일은 주의 몸을 분별하지 못하는 죄임을 분명히 한다.(고전 11:29) 이것을 시정하기 위해서 바울은 서로 기다리라는 윤리적 명령을 내린다. "그런즉 내 형제들아 먹으러 모일 때에 서로 기다리라."(고전 11:33) 이러한 실천을 통해서 고린도 교회는 계급과 빈부의 격차가 없는 공동체 문화를 만들어 갈 수 있다.

둘째, 고린도전서 12-15장에 나타나는 세움의 윤리다. 고린도전서 11장까지는 공동체를 파괴하는 육의 문제를 다루면서 몸의 신학에 근거한 오이코도메 윤리를 강조하였다면, 12장부터는 적극적인 몸 세우기 설득으로 들어간다. 고린도전서 12장에서는 교회 안에 직분을 세우므로 공동체를 세우라고 명령한다. 몸은 여러 지체들*melos*로 이루어져 있다.(고전 12:12, 20, 27) 몸의 각 지체는 바르게 기능해야 하며 자기의 위치에 따라 몸의 명칭을 가지며 그것을 공동체의 직분 곧 은사*charisma*라고 한다.(고전 12:1, 4) 지체는 몸을 세우기 위해서 필요 불가결한 요소다. 다시 말해서 은사는 공동체를 세우기 위한 절대적인 요소가 되며 성령이 원하시는 대로 각 사람에게 나누어주시는 은혜의 신물이다.(고전 12:11) 바울은 은사가 주어지는 것은 유익을 위한 것임을 분명히 강조한다.(고전 12:7) 다른 지체 혹은 많은 지체들의 유익을 구하는 것이 곧 공동체의 유익을 구하는 것이다.(고전 10:24, 33 참조)

지체가 다양하듯이 공동체의 직분도 다양하다.[19](고전 12:8-11, 27-30) 공동체의 일원이 되는 것은 예수를 주로 고백하여(고전 12:3), 세례를 통하여(고전 12:13) 그리스도의 몸 된 교회의 지체가 되는 것이다. 거기에는 인종의 차별도 계급의 차별도 있을 수 없다.(고전 12:13) 지체의 종류가 다양하고 그 기능이 다르지만 모든 지체가 존귀하고 한 몸을 이루는 아름다운 지체들이다.(고전 12:21-26) 바울은 공동체를 형성하는 다양한 직책들을 다루면서 더 큰 은사를 사모하라고 권면한다.(고전 12:31) 은사가 다른 지체들의 유익을 위한 것이기 때문에(고전 12:7) 더 큰 은사를 구하는 것은 공동체 안에서 다른 지체들을 위하여 더 많은 봉사와 희생을 사모하는 것이다. 이 논증은 은사의 기능이 공동체 안에서 반드시 사랑으로 나타나야 한다는 13장으로 이어진다.

고린도전서 13장의 윤리적 명령은 모든 지체*melos*는 즉, 은사*charisma*는 사랑을 드러내야 한다고 명령한다. 다른 지체의 유익을 구하기 위해 은사가 주어 졌다는 것은(고전 12:7) 다른 지체들과의 관계에서 사랑의 열매를 맺어야 한다는 것이다. 방언을 하는 직책도 사랑이 있어야 하고(고전 13:1) 예언을 하는 직책도 사랑이 있어야 한다.(고전 13:2) 이러한 점에서 은사와 사랑은 확연히 구분된다. 다양한 은사의 목적이 한 가지 사랑이어야 한다. 그러므로 사랑은 은사들이 맺어야 하는 영의 열매다.(갈 5:22 참조) 그래서 바울은 "사랑을 따라 구하라"고 명령한다.(고전 14:1) 오

---

19 로마 교회의 직책들과(롬 12:3-8) 고린도 교회의 직책들이 공통적인 것이 있는 반면(예언, 교사) 서로 다른 직책들이 있는 것을 보면 교회마다 직책의 수나 명칭은 다양했던 것으로 보인다.

직 사랑만이 믿음의 공동체를 바로 세우기 때문이다.[20](고전 8:1)

바울은 교인들에게 특별히 예언하기를 사모하라고 권면한다.(고전 14:1) 그는 많은 양을 예언과 방언의 은사를 예로 들면서(고전 14:1-25) 방언의 은사는 자신만을 세우는 직책이고 예언의 은사는 교회를 세우는 직책이기 때문에(14:3) 예언(말씀을 맡음)의 중요성을 강조하는 것이다. 방언으로 하는 말은(14:2) 통역이 없이는 아무도 알아듣지 못하기 때문에 그 은사는 남의 유익을 구하지 못하고 남을 세우지 못하고 자신의 유익을 구하는 것이 되고 만다.(14:6, 17; 10:24 참조) 자신의 유익을 구하는 것은 공동체를 세우는데 큰 도움이 되지 못한다. 반면에 예언은 다른 사람들에게 말씀을 전하는 직책이기에(14:3) 남의 유익을 구하는 일이 되며 동시에 교회를 세우는 일이 된다.(14:4) 교회의 직책은 개인의 명예나 이익을 위한 것이 아닌 오직 "교회의 세움을 위하여*pros ten oikodomen tes ekklesias*" 주어져야 한다.(14:12) 이것은 오이코도메 윤리가 개인을 위한 개인주의적인 윤리가 아닌 공동체의 세움을 위한 공동체 윤리임을 분명히 말해주는 것이다.

고린도전서 14장에서는 예배의 질서가 서야 함을 명령한다.(14:26, 40) 예배에는 찬송과 기도(방언 기도)와 말씀(예언)이 있다. 방언 기도는 통역과 함께 순서대로 하고 통역이 없이 방언하는 자는 잠잠해야 하고(14:27-28), 예언하는 이들도 두, 세 명이 하되 나중 사람을 위하여 먼저 예언하는 자들이 잠잠하고(14:29-30), 예언과 기도를 하는 여성 지도자들도 질서를 지키지 못할 때는 잠잠해야 한다.(14:34, 36, 40; 11:5 참조) 잠잠하라*sigao*는 것은 단적으로 남의 유익을 구하는 것이다. 예배의 질서

---

20 "너희 모든 일을 사랑으로 행하라" 고전 16:14 참조.

역시 남을 세우고 남의 유익을 구할 때 세워지는 것임을 보여주고 있는 것이다. 바울은 공동체 안에서 모든 것을 공동체를 세우기 위해서 하라며 오이코도메 윤리를 다시 한 번 강조한다. "그런즉 형제들아 어찌할까 너희가 모일 때에 각각 찬송시도 있으며 가르치는 말씀도 있으며 계시도 있으며 방언도 있으며 통역함도 있나니 모든 것을 덕을 세우기 *oikodome* 위하여 하라."(14:26)

바울이 고린도전서 15장에서 제시하는 공동체는 주님의 날을 기다리며 마지막까지 유지 보존되는 소망의 공동체다. 믿음의 공동체는 주님의 다시 오심을 기다리는 소망의 공동체가 되어야 한다.(고전 1:7, 3:13, 5:5, 16:22) 주님의 날을 기다린다는 것은 부활을 소망하는 것이다. 15장은 그 증거와 내용이 부활이 없다고 말하는 사람들 때문에 야기되었지만(15:12) 그리스도를 주로 고백하는 교회의 모습은 결국 종말론적 공동체가 되어야 함을 논증하는 것이다. 15장에서 말하는 부활은 몸*soma*의 부활이다.(15:35, 52) 몸은 개인의 몸이 있고 고린도전서 12장에서 언급했듯이 공동체로서의 몸이 있다. 여기에서 개인은 공동체의 일원이고 지체이기 때문에 그리스도의 몸 된 교회의 부활이라 해도 상관이 없다. 부활의 소망과 부활의 신앙을 가진 공동체가 실천해야 하는 삶은 결국 오이코도메 윤리다. 바울은 부활의 신앙을 증거하면서 마지막에 우리가 부활의 소망을 갖고 있기 때문에 주의 일을 더욱 많이 하는 수고를 강조하였다.(15:58) 주님의 그 일*ergon*은 그리스도의 터 위에 교회를 세우는 일이고(고전 3:10-15 참조) 마지막 날에 헛되지 않은 너희의 그 수고*kopos* 역시 공동체를 세우는*oikodome* 수고다.(고전 3:8 참조)

신앙 공동체의 하나 됨과 거룩성이 파괴되는 상황 속에서 바울은 그리스도의 몸 된 교회를 올바로 세우는*oikodome* 것이 그의 사명이었다. 이 사명은 십자가의 복음을 바탕으로 한 믿음의 공동체를 바로 세우는 세움의 윤리로 나타난다. 그러므로 세움의 윤리는 공동체 윤리community ethics라고 해도 무방할 것이다. 바울의 윤리는 일반적인 종교 모임을 위한 윤리가 아니다. 바울의 윤리는 항상 그리스도 사건과 연관하여 그가 세우려고 하는 특정한 그리스도인 신앙 공동체를 위한 윤리다.[21] 오이코도메 윤리는 전형적인 공동체 윤리이며 공동체의 삶에 있어서 목적론적 방향을 설정해 주는 가장 기본적인 역할을 한다.[22] 오이코도메 윤리는 먼저 공동체 형성을 위한 윤리가 됨과 동시에 공동체의 유지 보존을 위한 윤리가 된다. 이 윤리는 언제나 교인들로 하여금 교회를 세우기 위한 실천적 결단들로 인도하는 원리가 되며 또한 믿음의 공동체 안에서의 삶을 통해서만 이루어진다는 것이 전제된다.

복음에 근거하여 교회 안에서 지체의 삶, 사랑의 삶, 질서의 삶, 소망의 삶을 권면하는 세움의 윤리는 바울 서신 내에서 교회와 교인들에게 구체적이고 실천적 윤리의 지침을 주고 있다. 이러한 삶이 공동체가 만들어 내는 새로운 문화가 된다. 한 주, 한 성령으로부터 주어지는 평등한 지체의 삶과, 서로 사랑하며 섬기며 모든 예배와 모임에서 화평과 질서를 지키며, 주님의 다시 오심을 기다리는 공동체는 이 세상 어느 사회의 어느 공동체도 가질 수 없는 문화를 소유한다. 이러한 공동체의 문화가 고린도 교회가 속한 주류 사회에서 교회의 정체성을 보여줄 것이다. 바울이 "내가 나 된 것은 하나님의 은혜"(고전 15:10)라고 고백한 것처럼, 교회의 교회됨은 교회의 문화를 통해서 비추어질 것이다. 고린도전서는

---

[21] Leander E. Keck and V. P. Furnish, *The Pauline Letters* (Nashville: Abingdon Press, 1989), 82.
[22] Otto Michel, *"Oikodome,"* 144.

고린도 교회의 윤리적 삶이 고린도의 사회적 문화와 갈등을 야기한다 할지라도 말씀에 근거한 공동체를 세우는 일은 쉬어서도 안 되며, 왜곡되어서도 안 되며, 소망 가운데서 인내가 필요함을 보여주고 있다. 이것이 오늘날의 교회가 따라야 하는 고린도 교회가 보여준 복음의 문화화다.

오늘날 아시아, 아프리카의 선교 현장도 바울 시대의 갈라디아 교회나 고린도 교회와 크게 다르지 않다. 모든 사회는 사회적 모체로서의 통치 체제와 그들만의 문화를 소유하고 있다. 복음이 들어가는 어느 사회라 할지라도 복음의 문화화는 일어나게 되어 있다. 복음을 먼저 받은 자가 선교사의 이름으로 가든지, 혹은 같은 동족을 위하여 어느 특정한 사회에 복음이 뿌려질 것이다. 이 과정에서 복음과 문화는 구분되어야 한다. 복음을 가진 자의 문화와 복음이 혼동되는 것은 선교사가 자신의 문화를 강요하기 때문이다. 이런 경우에는 대부분 갈라디아 교회의 거짓 형제들이 전하려고 한 다른 복음처럼 복음이 왜곡되기가 쉽다. 복음은 복음이고 문화는 문화다. 복음을 전하는 자는 자신들이 들어간 사회의 문화를 파괴할 필요가 없으며, 평가하거나 비판할 필요가 없다. 그런 사명을 가진 것도 아니다. 더 중요한 것은 믿음의 공동체를 형성하면서 복음에 근거한 신앙 공동체를 세워야 하는 것이다. 이 과정에서 지체들은 강력한 윤리적 실천을 강요받을 것이다. 이러한 의무는 복음에 순종하는 믿음에서 나와야 한다. 이러한 윤리적 삶을 통해서 교회는 교회의 새로운 문화를 창조할 것이다. 이것이 복음의 문화화며 이 문화가 그 사회에 영향을 미칠 것이며, 변화시키는 원동력이 될 것이다.

실제로 이 연구에서 보았듯이, 갈라디아 교회와 고린도 교회의 문제는 대부분 내부의 문제였다. 외부의 핍박이라는 큰 위험 요소가 있었지만 그로 인한 문제보다는 복음이 왜곡되고, 복음이 부재하고, 복음이 오해되는 과정에서 오는 문제였다. 오늘날 아시아와 아프리카 선교 현장에서도 마찬가지다. 주류 사회의 전통 종교들로부터 오는 박해가 있는 곳도 많지만 더 큰 문제는 선교사들의 서로 다른 선교 정책과 목적, 서로 다른 신학 노선, 복음에 대한 서로 다른 견해, 이러한 것들이 교회의 내분과 갈등을 가져오는 경우가 많다. 만일 어떤 다원주의 신학을 가진 선교사가 종교 간의 대화를 위해 그리스도의 복음을 포기한다면 선교 현장에서 어떤 일이 벌어지겠는가? 이는 복음 전파의 목적을 설명할 수 없는 일이며, 신앙 공동체를 세워야 하는 명분도 줄 수 없는 일이다. 또한 교회의 윤리적 실천 또한 복음에 근거하지 않고 그 사회의 전통 윤리를 아무 생각 없이 신앙 공동체의 윤리로 채택할 수 있다. 이것 또한 위험한 일이다. 타종교나 각 사회의 윤리적 명령이 비슷하거나 같을 수 있다 할지라도, 그것을 복음에 의해서 해석하지 않고 사회 윤리만 강조한다면 믿음이 없는 사람들의 삶과 다를 바가 없기 때문이다. 반드시 복음의 빛에 비추어서 복음에 근거한 윤리적 명령이어야 한다. 사회봉사나 구제도 마찬가지다. 이것을 복음으로 오해해서도 안 되지만, 복음에 근거한 뚜렷한 이해와 해석이 없이 실천하게 되면 복음이 없는 사회단체, 즉 신앙이 없는 일반 단체나 다름없는 교회를 양산하게 될 것이다.

8장 요약과 결론

　지금까지 부분적이지만 바울 신학의 전반적인 내용을 고찰해 보았다. 이 연구는 교회가 왜 "그리스도의 몸 된 교회인가?"라는 질문에 대한 답을 얻기 위한 연구라고 해도 과언이 아니다. "그리스도의 몸 된 교회"라는 어구 안에 이미 그리스도와 교회의 연관성이 내포되어 있기 때문에, 교회론의 근거는 반드시 기독론이 되어야 한다. 교회론뿐만 아니라 기독교 신앙의 근거가 그리스도가 되어야 하며, 모든 신학의 출발점이 그리스도가 되어야 함을 믿어 의심치 않는다. 이런 점에서 이 책은 교회론의 해답을 기독론에서 찾는 과정이었다. 이제 이 책의 마지막 부분에서 바울 신학의 전반적인 흐름을 짚어 보면서, 중요하게 논의됐던 내용들을 재고해 보려고 한다.
　바울은 유대교 랍비로서, 묵시사상적인 부활의 사상을 가졌던 바리새인이었다. 그가 다마스쿠스 사건을 통해서 부활하신 그리스도를 만남으로 사고의 중심이 그리스도로 변화되는 개종의 순간을 맞이하게 되었다. 바울 신학의 여정은 여기에서부터 출발한다. 부활하신 그리스도에서 십자가의 그리스도로, 그리고 선재하신 그리스도로 그의 관점이 옮겨가는 것을 그의 신학의 여정으로 규정하였다. 바울 신학의 중심은 십자가다. 구원의 완성인 부활이 그리스도 안에서 일어났기 때문에 그 부활에 이르는 구속, 곧 죄 사함의 사건을 붙들면 되기 때문이다. 십자가는 그에게 있어서 그리스도 자신이며 그리스도 사건이 된다. 그러나 바울 신학을 공부하는 우리에게는 바울의 신학 여정의 반대 수순을 밟는다. 바울 신학의 체계를 정립하기 위해서 어쩔 수 없는 일이며, 성경을 통해서 바울의 신학을 공부하려는 사람들에게 이 순서가 더 용이할 것이다. 그래서 바울 신학은 선재하는 그리스도로부터 시작한다.

2장에서 다룬 기독론은 형체morphe 기독론을 중심으로 고찰하였다. 형체의 변화를 통해서 그리스도의 자취를 살펴본 것이다. 형체를 중심으로 기독론을 전개하는 이유는 형체의 인간학적 용어가 몸soma이기 때문이다. 그리스도의 몸 된 교회를 설명하기 위한 출발점을 형체 기독론으로 본 것이다. 그리스도의 첫 번째 변화는 선재하는 존재에서 인간의 형체로의 변화이고, 두 번째 변화는 인간의 형체에서 영광의 몸으로의 변화다. 그리고 마지막 변화는 그리스도께서 강림하실 때 그에게 붙어 있는 자들, 즉 우리의 변화를 살펴보았다. 이 때가 곧 구원의 완성의 때다. 이 기독론 안에 만물의 시작인 창조와 만물의 마지막인 종말의 시간이 모두 포함되어 있다. 그야말로 그리스도는 알파와 오메가임을 증거하고 있다. 우주의 시작과 마지막이 그리스도 안에 있음을 증명하는 것이다. 바울 서신은 이러한 형체 기독론의 모든 부분을 세밀하게 증거하고 있다. 형체 기독론을 정립하고 나면 그 체계적인 세밀함에 놀라지 않을 수가 없다. 바울 서신은 이미 완전히 체계화된 기독론적 사고 안에서 기록되었음을 보여주고 있는 것이다.

오늘날 목회자들에게 기독론의 확고한 정립이 필요하다. 기독론 없이는 우리의 믿음도, 소망도 아무것도 아니기 때문이다. 특별히 세속에서 불어오는 바람 때문에 많은 교인들이 흔들리고, 우리의 신앙을 어지럽히는 일들이 발생하고 있다. 특히 그리스도의 부활에 대한 오해가 많다. 부활이 그리스도만의 사건이 아니라고 주장하거나, 부활이란 그리스도 이전에도 있어 왔고, 초대 교회가 고대의 신화들을 빌려와서 만들어낸 것이라고 주장한다. 교회 안에서 조차 이런 주장에 동조하는 사람들이 있다. 소생이나 영혼의 재생, 영혼 불멸 사상과 그리스도의 부활을 혼동하기 때문이다. 교회는 이에 대해서 무엇을 가르치고 말씀을 통해 어떻게 이해시키고 있는가가 문제다. 부활이 무엇인가를 알아야 부활의 소망을 갖게 되고 이 땅에서 진정한 믿음을 인내할 수 있는 것이다. 그리스도의 창조자로서의 선재성, 그의 죽음, 부활에 대한 확고한 신앙과 지식이 필요하다.

3장에서는 그리스도의 십자가 사건, 즉 그의 죽음과 부활의 의미를 다루었다. 부활이 구원의 완성이라면, 구원이란 무엇을 의미하는가? 이에 대한 확고한 대답이 바울의 증거 안에 기록되어 있다. "예수는 우리가 범죄한 것 때문에 내줌이 되고 또한 우리를 의롭다 하시기 위하여 살아나셨느니라."(롬 4:25) 의롭다 하심은 구원의 표로서 하나님의 종말론적 선언이다. 이것은 부활에 의해서 확정되는 것이다. 구원의 완성인 부활에 참여하는 자는 죄 사함을 받은 자들이다. 구원이란 죄 사함을 의미하는 것이고, 그리스도의 죽음이 곧 우리의 죄를 위한 죽음이다. 그러므로 그리스도의 십자가 없이는 죄 사함도 없고, 부활도 없는 것이다.

인간의 죄의 문제를 다루지 않고서 구원을 말할 수 없다. 그래서 이 장에서는 우리의 죄를 위한 십자가 사건을 먼저 고찰하였다. 바울 서신에 나오는 죄와 연관된 십자가의 의미는 크게 세 가지로 나타난다. 우리의 죄를 대신하여 빌었다는 구속, 대속과 같은 의미인 속죄, 값을 대신 치루었다는 속량과 하나님과 우리의 원수 된 관계를 회복시킨 화목이 그것이다. 이 용어들은 교회 안에서 많이 사용되는 언어들이지만 정확한 개념과 의미를 아는 것이 필요하다. 십자가의 의미를 통해서 그리스도의 은혜가 무엇인지를 알게 되며, 교회는 이것을 기준으로 그리스도인의 삶의 원칙을 세워 나가기 때문이다.

다음으로 다른 것은 십자가 사건과 믿음, 의, 영이다. 이 단어들을 선택한 이유는 이 단어들이 바울 서신 안에서 가장 많이 사용되는 용어들이기 때문이다. 특별히 믿음, 의, 영의 개념을 십자가 사건과 연결하여 동일한 의미를 가지고 있음을 증명하려고 했다. 교회의 믿음과 의와 영은 십자가 사건으로부터 전가된 믿음과 의와 영이라는 것임을 보인 것이다. 바울 서신에 나타난 교회의 믿음, 교회의 의, 교회의 영이 무엇인가에 대한 신학적 인식을 통해서 교회론의 근거를 제시하려고 했고 또한 이를 통해서 교회의 모습*morphe*이 결정된다는 것을 강조했다.

믿음의 예만 보아서도 우리의 믿음은 그리스도의 십자가 사건이라는 믿음에 대한 응답으로서의 믿음에 불과하다는 것을 성찰했다.(갈 3:23, 25) 이것은 예수 그리스도의 십자가 사건이 없이는 그것을 하나님의 구속의 사건 즉 죄 사함의 사건으로 받아들이는 우리의 믿음도 존재하지 않는다는 것을 의미한다.(엡 1:7; 골 1:14; 롬 3:25 참조) 믿음의 개념을 논하는데 있어서 믿음의 우선성을 가름하는 순서가 중요하다. 역사적 사건으로서의 믿음이 먼저냐 그것의 가치를 수용하는 우리의 믿음이 먼저냐 는 것이다. 직설적으로 말하자면 바울에게 있어서 믿음은 역사적 사건으로서의 믿음이 먼저다. 간혹 사람들은 아무리 인간을 구원하는 그리스도의 십자가 사건이라 할지라도 내가 받아들이지 아니하면 아무런 소용이 없다고 말하곤 한다. 매우 그럴 듯하고 합리적인 말로 들리지만 이것은 자기 믿음 위주의 개인주의적 신앙이 만들어낸 주장에 불과하다. 사람이 십자가 사건을 받아들이든, 받아들이지 않든, 때가 차매 하나님께서는 자기의 아들을 보내시고 십자가에서 죽게 하셨다.(갈 4:3-5) 바울 자신도 유대교의 할례를 전하는 선교사로서 있을 때에(갈 5:11) 이미 그리스도의 십자가 사건이 일어났으며 그 사건이 있기에 부활하신 그리스도를 만날 수 있었던 것이다. 역사적 사건으로서의 믿음이 우리의 믿음에 우선성을 갖는 것은 바울의 체험이며 동시에 고백이었다.(롬 5:8) 믿음, 의, 영으로서의 십자가 사건은 우리의 신앙적 인식과 더불어 교회가 유지하고 보전해야 할 복음이 무엇인가를 말해주고 있다.

4장에서는 이 책의 핵심인 그리스도와 교회에 대해서 연구하였다. 교회는 그리스도의 몸*soma*, 즉 그리스도의 형체*morphe*다. 이 장을 통해서 몸 된 교회는 그리스도의 형체의 변형*methamorphosis*을 통해서 형성된 것임을 증명하려고 했다. 교회가 그리스도의 몸이라는 예표로서 로마서 7장 4절에서 언급한 십자가 위의 그리스도의 몸을 제시하였다. 그리스도의 육의 몸이 어떻게 공동체의 몸으로 변화되느냐는 것은 참으로 이해하기 힘든 형체의 변형이다. 그러나 앞서 형체 기독론을 통해 그리스도의 변형을 보았듯이, 그리스도의 몸 된 교회는 몸의 또 다른 변형임을 보이려고 했다. 이러한 신학 때문에 교회는 살아 계신 그리스도의 현존의 몸이 되는 것이다. 바울은 이 신앙을 고린도전서 12장 12절에서, "몸은 하나인데 많은 지체가 있고 몸의 지체가 많으나 한 몸임과 같이 그리스도도 그러하니라"라고 증거하고 있다.

교회론에서 빠질 수 없는 것이 직분론이다. 이 장에서는 바울 서신에 나타나는 모든 직분들의 호칭들을 조사하면서 몇 가지 특징들을 발견하게 되었다. 직분의 종류는 정해져 있는 것이 아니라 공동체의 상황에 따라 다양하게 주어진다는 것과, 직분은 지체의 믿음의 분량에 따라 주어져야 함과, 모든 직분자들은 그리스도의 사랑 안에서 기능해야 한다는 원칙 등이다. 또한 공동체의 영, 육, 혼을 다루면서 공동체가 유지해야 하는 것이 무엇이며, 버려야 할 것이 무엇인가를 다루었다. 더 나아가 그리스도의 죽음과 부활에 참여하는 몸 된 교회를 위해서 새 사람과 신령한 자의 교회를 제시하였다. 교회의 지체들은 그리스도 안에서 새로 지으심을 받은 자들(갈 6:15), 새로운 피조물이다.(고후 5:17) 이들은 그리스도로 옷 입음으로 새 사람을 입은 자들이며(엡 4:24; 골 3:10), 세상과 죄를 향하여 죽은 자들이나 하나님을 향하여는 산 자들이다.(롬 6:10-11; 갈 2:19, 6:14) 그리스도 안에서 근본적인 존재의 변화가 그리스도의 몸 된 교회를 세우는 지체들이 됨을 강조한 것이다.

이 장에서 다룬 교회와 하나님의 나라는 바울 서신 안에서 이 둘이 하나라는 것을 강조한 것이다. 이는 예수 그리스도의 보혈의 피로 말미암은 공로를 "그가 우리를 흑암의 권세에서 건져내사 그의 사랑의 아들의 나라로 옮기셨으니"(골 1:13)라고 증거하는 구절에서 분명히 알 수 있다. 하나님의 나라 즉 아들이신 그리스도의 나라는 우리가 속해 있는 교회여야 하며 교회일 수밖에 없다는 것을 보여준다. 그렇다면 교회를 어떻게 하나님의 나라로 이루어 내느냐 하는 것이 문제다. 바울은 믿음의 공동체 가운데서 그의 나라를 세우는 요소를 의, 평강, 희락으로 제시하였다.(롬 14:17) 단순히 세 가지 요소를 제시하였지만 이를 확대하면 성령의 열매(갈 5:22-23, 고전 13장), 빛의 열매(엡 5:9) 그리고 영의 생각(롬 8:6) 등과 연결이 된다. 그러므로 하나님의 나라는 교회의 각 지체들이 주님을 바라보며 지체들 간에 헌신과 섬김을 통해 교회 안에서 맺어야 하는 삶의 열매들을 볼 수 있을 때 이루어지는 나라다. 바울 서신에서 제시하는 하나님의 나라는 공동체 각 지체들의 믿음의 훈련을 통해서 이루어질 수 있음을 보여준다고 하겠다.

5장은 4장의 교회론의 연장선상에 있다. 공동체 윤리란 신학에 근거하기 때문에 이 장 역시 교회론의 한 부분이라고 보아야 할 것이다. 공동체 윤리가 신학적 윤리일 수밖에 없는 것은 신앙 공동체가 그리스도에 의해 씻겨지고, 거룩해지고, 의롭게 된 공동체이기 때문이다.(고전 6:11) 그리스도와 그의 십자가의 의미가 공동체의 성격을 규정하기 때문에 공동체 윤리를 다룰 때 십자가 신학으로부터 공동체에 요구되는 실천적 명령을 고찰했다. 구속함의 윤리에서는 공동체 내에서 서로 회개하고 용서하는 요구를, 연관된 윤리적 요구로서 서로 용납하는 요구, 남의 유익을 구하는 요구, 남의 기쁨을 구하는 요구를 윤리적 실천으로서 다루었다. 거룩함의 윤리에서는 의의 종이 되는 요구, 죄의 종과 세상의 종에서 자유하라는 요구, 서로 사랑하는 요구, 옛 시대로 돌아가지 말라는 요구를 윤리적 실천으로 다루었다. 의로움의 윤리에서는 그리스도로 말미암아 하나님과 화목 되었듯이 서로 화목하라는 요구, 서로 화평하라는 요구, 하나 됨의 요구, 서로 차별하지 말라는 요구 등을 윤리적 실천으로 다루었다. 이러한 요구들은 공동체 내에서 "서로"의 관계에서 일어나는 윤리적 실천임을 강조했다.

그리스도의 몸 된 교회를 올바로 세우기 위한 세움*oikodome*의 윤리 또한 바울 서신 내에서 지체들에게 구체적으로 실천적 지침을 주고 있다. 공동체 세움의 윤리 자체가 중요하다고 생각하여 소 단락으로 구분하여 독립적인 윤리 체계로 제시하였다. 바울에게 있어서 오이코도메 윤리는 전형적인 공동체 윤리이며 공동체의 삶에 있어서 목적론적 방향을 설정해주는 가장 기본적인 역할을 한다. 오이코도메 윤리는 공동체 형성을 위한 윤리임과 동시에 공동체의 유지 보존을 위한 윤리다. 이 윤리는 언제나 지체들로 하여금 교회를 세우기 위한 실천적 결단들로 인도하는 원리가 되며 또한 믿음의 공동체 안에서의 삶을 통해서만 이루어진다는 것이 전제된다.

바울에게 있어서 영의 개념은 십자가의 개념을 설명하는 중요한 단어이므로 영의 윤리도 독립적으로 다루었다. 그리스도 없이 살던 때, 즉 믿음 이전의 모든 개인주의적 욕망은 육에 속한 것이다. 믿음의 공동체에 들어와 새로운 피조물이 된 예수의 사람들은 이제 육을 버려야 한다. 그리고 예수께서 주신 십자가의 영에 따라 살아야 한다. 그리스도의 몸 된 교회를 이 지상에서 영속시키는 방법은 공동체의 구성원들이 육의 일을 버리고 영을 따라 행하는 것 바로 그것뿐임을 강조한다.

"영을 따라 행하라"는 영의 윤리를 다루면서 종합하여 정리해 보면 다음과 같다. 먼저, 믿음의 공동체에서 신령한 자, 즉 영적인 자는 영을 따르는 사람을 의미한다. 신령한, 영성의, 영적이란 말은 모두 그리스어 영pneuma에서 파생된 단어들이다. 바울 서신에 나타나는 영의 사용 중에서 하나님의 영, 즉 성령과 인간의 영을 제외하고 대부분은 믿음의 공동체를 위해서 사용되고 있다. 영은 생명을 주는 그리스도의 십자가 사건으로서 신앙 공동체를 형성하고, 유지 보전하는 능력이다. 예수 그리스도를 구세주로 고백하고 그의 몸 된 공동체에 입교한 사람은 영을 따라 행해야 한다. 이는 세상을 향하여 죽은 사람이 되고 하나님을 향하여 다시 산 새로운 피조물이 되는 것을 의미한다. 이런 의미에서 가장 영적인 사람은 가장 공동체적인 사람을 의미한다.

다음으로 영을 따르라는 윤리적 명령을 실천하는 자는 영의 열매를 맺는다는 것이다.(갈 5:22-23) 영의 열매는 바울 서신에 나오는 모든 열매들, 즉 빛의 열매(엡 5:9), 의의 열매(빌 1:11), 선한 열매(골 1:0) 등과 맥락을 같이한다. 이 열매는 공동체의 직분을 의미하는 은사와 다르다. 흔히 "사랑의 은사"라는 말을 사용하지만 이 말은 성경에 없다. 사랑은 영의 열매다.(갈 5:22) 은사charisma는 선물이라는 뜻으로서, 믿음의 공동체에

쓰일 때 교회의 직분을 가리킨다.(롬 12:6-9, 고전 12:27-31) 몸은 지체로 구성되어 있고, 지체는 각기 그 이름과 기능을 갖고 있다. 그 지체의 위치가 곧 하나님이 주신 선물(은사) 즉 직책을 말한다. 더 큰 은사를 사모해야 하지만 열매 없는 은사는 가치가 없다. 영의 열매는 모든 지체가 영을 따르는 윤리적 명령에 순종했을 때 공통적으로 맺는 공동체의 모습이다.

이 장의 마지막 부분은 공동체와 종말론적 윤리다. 다른 신학적 주제도 다룰 수 있지만 종말론이 가장 중요한 부분이어서 종말론과 연관된 윤리적 요구를 다루었다. 교회는 주님의 그날을 기다리는 종말론적인 공동체다.(고전 1:7-8, 3:14-15) 뿐만 아니라 이것은 종말을 기다리는 신앙 공동체는 세상의 다른 그룹과 무엇인가 다르다는 것을 의미한다. 믿음의 공동체는 마지막 부활의 소망을 기다리는 공동체다. 그 소망 때문에, 믿음을 지키기 위해 인내하며, 위로하며, 근신하며, 깨어 있으라는 요구가 주어진다.(살전 4:18, 5:6) 그리고 주의 일에 더욱 힘써야 한다. 왜냐하면 마지막 심판의 기준이 공동체를 세우는 공적이 되기 때문이다.(고전 3:11-17) 그리스도의 심판 때문에 믿음의 공동체는 주님을 기쁘게 하며, 주님을 본받으라는 요구를 받는다. 종말론적인 신앙 가운데 세상을 바라보는 관점이 중요하다. 이 세상의 외형이 지나가기 때문에 세상의 보이는 것에 영원한 가치를 두지 않는 것이다.(고전 7:31) 이런 신앙 때문에 있는 것도 없는 것같이 살아야 하며, 방종이 아닌 절제된 자유를 누려야 한다.(고전 7:29-30) 종말은 결국 공동체의 승리를 의미하기 때문에, 소망 가운데 있는 지체들은 세상으로부터 오는 모든 어려움을 이겨낼 수 있다.

6장에서는 공동체의 구원과 심판을 고찰하였다. 개인 구원과 사회 구원에 대해서는 많이 익숙하지만 공동체의 구원은 매우 생소하게 들릴 수 있다. 그러나 바울 서신에 증거 된 말씀에 의거해 공동체의 구원이 개인 구원과 같은 차원임을 밝히려고 했다. 공동체의 구원이 구원에 있어서 더 우선적으로 다루어져야 함을 강조한 것이다. 개인은 공동체의 일원이기 때문에 몸의 구원은 지체의 구원과 동일한 것이다.(고전 12:12) 공동체의 구원의 모델은 그리스도의 부활이다. 몸의 변형이 부활인 것처럼, 몸 된 교회의 마지막 구원 역시 그 몸의 변형을 의미한다. 우리의 구원론은 부활을 의미하는 변형 구원론이다. 사도신경에 고백하는 것처럼 몸이 다시 사는 것과 영원히 사는 것을 믿는다. 그 몸이 먼저 공동체의 몸을 의미하는 것을 증명한 것이다. 바울 서신에 나오는 영의 구원이 공동체의 구원을 의미하며(고전 5:5), 그 몸과 영과 혼이 주님 오실 그날에 온전히 보전되는 것도 공동체의 구원을 의미하는 것임을 강조했다.(살전 5:23) 바울 서신에서 분석되는 이러한 사실은 오늘날 개인의 구원만을 알고 있는 신앙인들에게 큰 충격이 될 수 있을 것이다. 교회가 구원의 공동체라는 사실을 통해서 공동체의 의미와 중요성이 더욱 강조되어야 할 것이다.

이 장에서 믿음의 공동체가 구원의 대상임과 동시에 공동체가 심판의 대상임을 강조했다. 심판의 주체는 하나님과 그리스도시며, 심판의 때는 그리스도가 강림하실 때다. 심판의 대상은 공동체를 포함한 모든 사람이며, 심판의 기준은 각 사람의 행위, 즉 공적$ergon$이다.(롬 14:10; 고후 5:10) 종말론적 심판이 구원과 멸망을 포함한 포괄적인 개념이며, 구원 받은 공동체 위에 또 다른 심판이 각 사람에게 주어진다. 그것은 상과 해다. 몸 된 교회를 세우는데 불에 타지 않은 공적은 상을 받을 것이며, 그렇지 못한 지체는 해를 받을 것이다.(고전 3:11-17) 이러한 종말론적 신앙 때문에 공동체의 지체는 믿음의 공동체를 세우는 데 더욱 조심해야 한다. "이는 기업의 상을 주께 받을 줄 아나니 너희는 주 그리스도를 섬기느니라."(골 3:24) 그러므로 부름을 받은 성도들에게 중요한 것은 교회를 세우는 것이지만, 그보다 더 중요한 것은 어떠한 교회를 세우느냐가 더 중요하다고 할 수 있다.(고전 15:58, 2:2; 갈 6:2, 14 참조) 교회가 십자가의 복음을 소유하지 못하면, 하나님의 나라를 확장할 수 없다. 그리스도를 통한 구속과 죄 사함의 약속을 전하는 믿음의 능력이 없이는 실현 불가능할 것이다. 교회가 그리스도의 통치가 있는 하나님의 나라가 되어야 함은 십자가인 영을 따르는 지체들의 삶을 통해 교회가 회심과 죄 사함의 장소요, 흑암의 권세와 싸우는 전진기지여야 함을 말해준다. 주님은 이 세상 한가운데서 교회를 통해 하나님의 나라를 확장하신다. 그러므로 교회 없이는 하나님의 나라도 없고, 교회 없이는 하나님 나라의 진정한 확장도 없다.

   7장에서는 바울 서신에 나타난 복음과 문화의 상관관계를 다루면서 복음의 문화화에 대해서 고찰해 보았다. 복음의 문화화란 복음이 어떤 특정한 사회에 전달되는 과정 안에서, 즉 선교와 복음화의 과정을 통해서 믿음의 공동체를 세우고 그 공동체가 새로운 문화를 창출해내는 일련의 과정을 의미한다. 문화화는 문화와 문화의 충돌이나 갈등을 의미하는 것도, 한 문화가 다른 문화에 동화하거나 이입하는 과정도 아니다. 다만 특정한 사회적 모체 안에서 창조해내는 믿음의 공동체의 문화가 그 사회의 문화에 영향을 미칠 수도 있으며, 어느 정도 갈등을 초래할 수도 있으며, 어떤 부분은 공유할 수 있는 부분도 있다는 것을 염두에 두어야 한다. 믿음의 공동체가 외부적으로 드러나는 문화의 형태는 그 공동체의 삶의 모습, 즉 윤리적 실천의 삶에 의하여 결정된다. 이런 점에서 복음의 문화화는 5장의 공동체 윤리와 직결된다고 하겠다.

이 장에서는 특별히 바울 서신에 나타난 복음의 문화화 과정을 다루었다. 이 연구를 위하여 전제되어야 할 것은 복음은 그리스도의 십자가 사건이지 문화가 아니라는 것이다. 복음이 한 문화 안으로 들어가서 일어나는 일련의 문화화 과정을 살펴보기 위해서 이 전제는 먼저 정립할 필요가 있다. 문화화의 첫 번째 단계는 복음이 특정한 사회로 들어가 전해지면서 새 신자를 만드는 단계다. 복음을 들고 간 전도자 역시 어느 한 사회적 모체의 문화를 갖고 있지만, 복음 전도자의 배경인 문화와 복음을 혼동해서는 안 된다. 바울은 복음을 전하면서 복음을 전하는 것 이외에 자신의 문화를 주장한 적도 강요한 적도 없다. 두 번째 과정은 공동체 초기 형성의 단계다. 개종자들에게 세례를 베풀고, 입교 과정을 거치면서, 성례전과 말씀 선포와 함께 예배 공동체가 시작하는 시기다. 문화화의 세 번째 과정은 공동체 유지, 보존의 단계다. 이 시기는 믿음의 공동체가 주류 사회 안에서 존속하기 위해서 복음에 근거한 윤리적 삶을 요구받는 시기다. 이 과정을 거치면서 공동체는 특정한 문화를 형성하게 된다. 바울 서신의 교회들은 당시 주류 사회의 독특한 문화, 즉 노예제도와 같은 제도에 관계없이 교회 안에서 평등의 문화, 차별이 없는 문화를 이루어냈다. 이러한 새로운 문화는 주류 사회의 문화와 전혀 다른 것이지만 복음에 근거한 창조적인 공동체 문화를 포기하지 않고 유지되었다. 이것이 진정한 복음의 문화화라고 할 수 있다.
　이러한 복음의 문화화는 오늘날에도 복음이 새롭게 전해지는 사회 안에서 일어나고 있는 현상이다. 엄밀히 말하면 이러한 복음의 문화화가 반드시 일어나야 한다. 다시 말해서 선교의 과정에서 복음에 집중해야 함을 강조하는 것이다. 물론 교육, 의료 사업, 기타 여러 구제 사업들을 통하여 복음을 전할 수 있지만, 이러한 방법은 오히려 문화 충돌이 우려된다. 복음에 대한 이해도 분명히 해야 한다. 복음 전도자들의 복음에 대한 이해가 십자가의 말씀 안에서 우선적으로 정립이 되어야 한다. 다른 복음과 왜곡된 복음 안에서는 다르고 왜곡된 윤리적 실천이 강요되기 때문이다. 그러므로 가장 중요한 것은 복음의 확실한 이해가 우선되어야 한다. 특히 선교사뿐만 아니라 교회 지도자들의 경우에 그 영향은 절대적이라 할 수 있다. 십자가의 복음에 근거한 윤리적 명령에 의해서 믿음의 공동체는 유지 보존될 것이다. 지금도 복음이 전해지는 사회 안에서 믿음의 공동체만이 창조해내는 새로운 복음의 문화화를 통해서 하나님의 나라가 확장되기를 소망한다.

지금까지 이 책에서 논의한 내용의 흐름을 요약하여 짚어 보았다. 그리스도가 누구인가를 시작으로 해서, 십자가 사건의 의미, 교회 그리고 공동체 윤리, 공동체의 구원과 심판, 마지막으로 복음과 문화를 연결하여 그 흐름의 신학적 연속성을 살펴본 것이다. 우리가 지금 섬기는 교회, 그리고 맡고 있는 직분, 그와 연관된 우리의 삶이 얼마나 가치가 있는지에 대하여 답을 줄 수 있는 내용이기를 바란다. 또한 우리가 잊지 말아야 할 것은, 그리스도의 몸 된 교회가 주는 의미는 그리스도의 몸으로서의 교회가 사람들의 모임인 교회보다 먼저 존재한다는 것을 말해준다는 것이다. 사람들이 모여서 형성한 교회가 먼저가 아니라 그리스도의 몸 된 교회가 먼저 존재하고 우리는 단지 그의 몸에 참여한 것이다. 그리스도 안에서 자랑할 것이 없다는 것이다. 이미 우리의 구원을 위하여 우리를 찾아오시고, 구원의 공동체를 위하여 자기 몸을 내주신 그리스도께 감사할 따름이다.(엡 5:25)

이제 마지막으로 모든 교회가 하나님의 능력이시며, 지혜이신 그리스도가 드러내는 교회가 되기를 소망한다. 예수 그리스도의 십자가는 믿는 자들을 구원하시는 하나님의 능력이다.(고전 1:18) 세상의 지혜로는 예수 그리스도의 십자가를 통해 인간을 구원하시는 하나님의 구원의 경륜과 비밀을 알 수가 없다. 하나님의 새로운 언약은 오직 예수 그리스도의 십자가의 보혈을 통해서 구속 곧 죄 사함을 주시고 의롭다 함을 주시는 것이다. 예수 그리스도의 이름 외에는 구원할 이름이 세상에 있지 않다. 그리스도의 십자가 앞에서는 구원의 차별이 있을 수 없다. 예수 그리스도의 십자가 사건을 하나님이 우리를 구속하시는 하나님의 사랑과 능력의 사건으로 인정하는 자들에게는 그들의 인종과 성과 계급과 지역에 관계없이 동등하게 구속의 은혜가 주어지는 것이다.

예수 그리스도의 십자가의 복음은 미련한 전도의 방법을 통해서 사람들에게 증거 된다.(고전 1:21) 이는 세상의 지혜로 하나님을 알지 못하기 때문이다. 미련한 것 같고 효과가 의심되는 것 같지만 예나 지금이나 십자가의 복음은 전도의 방법으로 전해진다. 전도는 십자가의 복음을 선포하는 것이다. 전하는 자의 소리가 없이는 복음을 들을 수 없으며 듣지 못하면 생명의 그리스도를 부를 수가 없다. 전도를 통하여 먼저 부르심을 입은 자들은 여러 종류의 사람들일 수 있다. 고린도 교회의 교우들을 돌아보니 세상의 기준으로 보았을 때 육적으로 지혜 있는 사람이 많지 않고, 가문이 좋은 사람이 많지 않으며, 권력 있는 사람이 많지 않은 것을 발견하게 된다.(고전 1:26) 오늘날 우리도 마찬가지다. 하나님은 이런 사람들을 택하사 지혜 있는 자들을 부끄럽게 하시고, 강한 것들을 부끄럽게 하시며, 있는 자들을 폐하게 하셨다.(고전 1:27-28) 역전적인 변화가 일어나는 것이다. 이것이 십자가의 능력이다. 그리스도의 십자가 자체가 역전적 변화를 내포하고 있다. 하나님은 가장 수치스러운 십자가를 가장 고귀한 구원과 생명의 상징으로 만드셨고 가장 천한 신분으로 오신 예수 그리스도를 십자가 사건을 통해서 모든 믿는 자들을 구원하시는 가장 소중한 구원의 주로 만드셨다. 부름 받은 사람들의 교회 안에서 언제나 이러한 역전적인 변화가 일어나기 때문에 어떠한 인간도 하나님 앞에서 세상적인 자랑을 할 수가 없다.(고전 1:29) 오직 우리를 먼저 부르신 십자가의 은혜에 감사하며 감격 속에서 살뿐이다. 먼저 듣고 먼저 부르심을 입은 자들이 지혜로운 건축자가 되어 예수 그리스도의 십자가의 능력을 체험하는 아름다운 소망의 교회를 세우게 되기를 소망한다.(고전 3:10) 그래서 바울이 바랐던 것처럼 불신자와 새 신자들이 우리의 교회들을 보고 참으로 "하나님이 여기에 계시구나"라는 감탄과 증거가 일어나기를 기대한다.(고전 14:25)

참고문헌

김세윤, 『바울 신학과 새 관점』, 서울: 두란노, 2002.
김재성, "제국적 지배 이데올로기와 바울의 '그리스도의 몸'으로서의 공동체 해석," 『신학사상』제 108집 (2000년 봄), 103-19.
라우프, 『고대 노예제도와 초기 그리스도교』, 박영옥 옮김, 서울: 한국신학연구소, 1988.
라이트, N. T., 『하나님의 아들의 부활』, 박문재 옮김, 고양: 크리스챤 다이제스트, 2005.
바레트, C. K., 『고린토전서』, 한국신학연구소 번역실 옮김, 서울: 한국신학연구소, 1989.
박익수, "pistis tou Christou는 그리스도의 믿음인가? 혹은 그리스도에 대한 믿음인가?," 『신학과 세계』제41호(2000년 가을), 87-112.
박창건, "사도 바울에 있어서 신학적-인간학적 영 개념의 관계," 『신학과 세계』제8호 (1982년), 154-214.
벳츠, 『갈라디아서』, 한국신학연구소 번역실 옮김, 천안: 한국신학연구소, 1987.
빅터 퍼니쉬, 『바울의 신학과 윤리』, 김용옥 옮김, 서울: 대한기독교출판사, 1982.
서동수, "그리스도의 믿음인가 아니면 그리스도에 대한 믿음인가?," 『신약논단』제9권 제3호(2002년 가을), 671-96.
에두아르트 슈바이처, 『골로사이서』, 한국신학연구소 번역실 옮김, 서울: 한국신학연구소, 1983.
유승원, "그레코-로마 세계의 몸 메타포와 바울의 교회 공동체 개념," 『신약논단』제7권(2000년), 149-66.
조셉 피츠마이어, 『바울의 신학』, 배용덕 편역, 서울: 솔로몬 말씀사, 1996.
차정식, 『신약성서의 환생 모티프와 그 신학적 변용』, 서울: 한들출판사, 2007.
최흥식, "바울서신에 나타난 *erga nomou*와 *pistis Chrisou* 반제에 대한 새 관점," 『신약논단』제12권 4호(2005년 겨울), 805-54.
큄멜, 『신약정경개론』, 박익수 옮김, 서울: 대한기독교출판사, 1988.
크리스찬 베커, 『사도 바울』, 장상 옮김, 천안: 한국신학연구소, 1996.
페린·딜링, 『새로운 신약성서개론』, 박익수 옮김, 천안: 한국신학연구소, 1993.
현경식, "공동체의 구원을 위하여: 바울의 몸 사상을 중심으로," 『신약논단』제9권 제1

호(2002년 봄), 183-206.
_____, "바울의 오이코도메(*oikodome*) 윤리,"「신약논단」제10권 제2호(2003년 여름), 367-89.
_____, "십자가 사건과 믿음,"「기독교사상」(2005년 4월), 118-29.
_____, "십자가 밑에 세워진 교회,"「기독교사상」(2005년 6월), 154-64.
_____, "십자가 신학과 교회,"「신약논단」제52호 (2007년 봄), 57-83.
_____, "Inculturation of the Gospel in Galatians,"「한국기독교신학논총」제63호 (2009년 4월), 57-76.
_____, "새 교회란 어떤 교회인가?,"「새시대 · 새목회」제1집(2009년 8월), 33-61.
현경식 · 이성호,『수사학적 성경 해석의 이론과 실제』, 서울: 성서연구사, 2000.
Aune, David E., *The New Testament in Its Literary Environment*, Philadelphia: The Westminster Press, 1989.
Balch, D. L. and J. E. Stambaugh, *The New Testament in Its Social Environment*, Philadelphia: The Westminster Press, 1986.
Bhem, "*morphe*," *TDNT* IV, Grand Rapids: Eerdmans Publishing Co., 1975.
Boyarin, Daniel, *A Radical Jew: Paul and the Politics of Identity*, LA: University of California Press, 1994.
Bultmann, R., *Theology of the New Testament*, New York: Scribner, 1951.
_____, "*Pistis*," *TDNT* VI, Grand Rapids: Eerdmans Publishing Co., 1975, 213-20.
Conzelmann H. and A. Lindemann, *Interpreting the New Testament*, Peabody: Hendrickson Publishers, 1988.(『신약성서 어떻게 읽을 것인가?』, 박두환 옮김, 한국신학연구소, 2000)
Fee, Gordon D., *Paul, the Spirit and the People of God*, Peabody: Hendrickson, 1999.
Ferguson, E., *Backgrounds of Early Christianity*, Grand Rapids: Eerdmans Publishing Co., 1993.
Furnish, V. P., *The Love Commandment in the New Testament*, Nashville: Abingdon Press, 1972.
_____, *The Moral Teaching of Paul*, Nashville: Abingdon Press, 1985.
_____, *Theology and Ethics of Paul*, Nashville: Abingdon Press, 1988
Furnish, V. P. and Leander E. Keck, *The Pauline Letters*, Nashville: Abingdon Press, 1989.
Hays, Richard B., *The Moral Vision of the New Testament: Community, Cross, New Creation*, New York: Harper Collins Publications,

1996.(『신약의 윤리적 비전』, 유승원 옮김, IVP, 2002)
Hengel, M., *The 'Hellenization' of Judea in the First Century after Christ*, London: SCM Press, 1989.
Käemann, Ernst, *Perspectives on Paul's*, Philadelphia: Fortress Press, 1971.
Levy-Bruhl, L., *The Notebooks on Primitive Mentality*, tr. P. Riviere, New York: Harper & Row, 1975.
Lincoln, A. T., *Paradise Now and Not Yet: Studies in the Role of the Heavenly Dimension in Paul's Thought with Special Reference to His Eschatology*, Cambridge: Cambridge Univ. Press, 1981.
Lohse, Eduard, *Theological Ethics of the New Testament*, tr. M. Boring, Minneapolis: Fortress Press, 1991.
Lull, David J., *The Spirit in Galatia*, Chico: Scholars Press, 1980.
Malherbe, Abraham J., *Moral Exhortation: A Greco-Roman Sourcebook*, Phiadelphia: The Westminster Press, 1986.
____, *Paul and the Thessalonians*, Philadelphia: Fortress Press, 1987.
Malina, Bruce J. and Jerome H. Neyrey, *Portraits of Paul: An Archaeology of Ancient Personality*, Louisville: Westminster John Knox Press, 1996.
Matera, Frank J., *Galatians*, Minnesota: The Liturgical Press, 1992.
____, *New Testament Ethics: The Legacies of Jesus and Paul*, Louisville: Westminster John Knox Press, 1996.
Marxen, Willi, *New Testament Foundations For Christian Ethics*, tr. O. C. Dean Jr., Minneapolis: Fortress Press, 1993.
Meeks, Wayne A., *The Moral World of the First Christians*, Philadelphia: Fortress Press, 1986.
____, *The Origins of Christian Morality*, New Haven: Yale University Press, 1993.
Neyrey, Jerome H., "Dyadism," *Biblical Social Values and Their Meaning*, ed. J. J. Pilch and B. J. Malina, Peabody: Hendrickson, 1993.
Otto, Michel, "*Oikodome*," *TDNT* V, ed. G. Kittel, Grand Rapids: Eerdmans Publishing Co., 1976, 140-47.
Robinson, John A. T., *The Body: A Study in Pauline Theology*, Naperville: Alec Allenson Inc., 1957.
Robinson, H. Wheeler, *Corporate Personality in Ancient Israel*, Edinburgh: T&T Clark, 1964.

Rossi, Peter H., "On Sociological Data," *Handbook of Sociology*, ed. Neil J. Smelser, Newbury Park: Sage Publications, 1988, 144-46.
Schmidt, K. L., "*Basileia*," *TDNT* I, ed. G. Kittel, Grand Rapids: Eerdmans Publishing Co., 1976, 587-95.
Schnackenburg, Rudolf, *The Moral Teaching of the New Testament*, New York: Seabury Press, 1965.
Schrage, Wolfgang, *The Ethics of the New Testament*, tr. T. E. Green, Philadelphia: Fortress Press, 1988.
Schweizer, E., "*Pneuma*," *TDNT* VI, ed. G. Kittel, Grand Rapids: Eerdmans Publishing Co., 1975, 332-455.
____, "*Psyche*," *TDNT* IX, ed. G. Kittel, Grand Rapids: Eerdmans Publishing Co., 1975, 648-50.
Scroggs, Robin, "Paul and the Eschatological Body," *Theology and Ethics in Paul and His Interpreters*, Nashville: Abingdon Press, 1996.
____, *Paul for a New Day*, Philadelphia: Fortress Press, 1977.
Segal, Alan F., *Paul the Convert: The Apostolate and Apostasy of Saul the Pharisee*, New Haven: Yale University Press, 1990.
Shorter, A., *Toward A Theology of Inculturation*, New York: Orbis Books, 1997.
Smith, D. M. "The Love Command: John and Paul?," *Theology and Ethics in Paul and His Interpreters*, eds. E. H. Lovering and J. L. Sumney, Nashville: Abingdon Press, 1996.
Snyder, Graydon F., *First Corinthians: A Faith Community Commentary*, Macon: Mercer University Press, 1992.
____, *Inculturation of the Jesus Tradition*, Harrisburg: Trinity Press International, 1992.
Stamm, Raymond T., "The Epitsle to the Galatians," *IB*, vol. 10, Nashville: Abingdon Press, 1981, 429-596.
Verhey, Allen, *The Great Reversal: Ethics and the New Testament*, Grand Rapids: Eerdmans Publishing Co., 1984.
Witherington III, Ben, *Conflict & Community in Corinth: A Socio-Rhetorical Commentary on 1 and 2 Corinthians*, Grand Rapids: Eerdmans Publishing Co., 1995.

찾아보기

성서구절

창세기
2:7   116

출애굽기
13:13   62

레위기
5:15-19   60
19:18   164

신명기
6:5   164
7:8   62
13:5   62

열왕기상
17   39
17:22   39

열왕기하
4:32-47   39

이사야서
28:16   180
43:1   63

마태복음서
3:12   235
4:1   107
5:3, 10, 20   133
5:12   250
5:34   36
5:44   16
6:10   132
6:10, 33   132
6:25   117
6:33   137
7:7   137
7:21   133
9:13   105
10:28   116
10:41-42   250
11:12   132
12:7   105
12:28   132
13   132, 235
13:24-30   235
13:37   235
13:38   224
13:38-40   235
13:39   235
13:42   236
13:43   235
14:2   38
16:27   41, 243
16:28   134
17:2   27, 222
18:3   133
19:14   133
20:28   54
21:9   133
21:31   133
22:37-39   164
23:13   133
24:30-31   41
24:36   44
25   133
25:1-13   236
25:10   236
25:12   236
25:13   237
25:31-46   208
25:32-33   235
25:41   236
25:46   235-36
26:41   107

마가복음서
1:13   107
1:15   132
4   132
5:35-43   39
8:28   38
8:34   193
9:1   133
9:2   27, 222
9:41   250
10:14-15   133
10:23-25   133
10:45   54
11:10   133
12:18-27   19, 40
12:23   40

12:30-32　164
12:33　105
12:34　132
13:32　44
14:25　133
16:12　222
16:14　34, 40
16:19　36

누가복음서

1:48　225
1:68　61
2:38　61
3:17　235
6:35　250
8　132
9:27　133
10:27-28　164
11:20　132
12:20　115
12:31　137
12:31-32　132
12:32　132
17:20　132
18:8　246
19:38　133
20:27-40　40
22:30　134
23:43　237
24:14-31　34
24:14-31, 36　40
24:30　34
24:36　34
24:39　34

요한복음서

1:1　15, 27
1:3　15
1:1-3　36
1:13　121
1:14　29
2:19　95
2:21　95
2:22　95
3:3, 5　133
3:6　108
3:17　53
5:18　16
5:25-29　44
5:27　240
5:29　240, 245
6:38　53
6:63　108
8:34　59
8:44　107
11:1-44　39
12:16　227
12:23　227
12:31　107, 218
13:15　131, 209
13:27　107
13:34　164
13:34-35　164
14:9　17
14:16-17, 26　107
14:27　66
14:30　107, 218
15:1-11　234
15:4　234
15:12　164

15:17　164
15:26　107
16:2　104
16:7, 23　107
16:33　66
19:25-27　121
19:26　121
20:19　34
20:19, 26　40
20:20　34
20:26　34
21:12　34

사도행전

1:7　44
1:11　41
2　121
2:31　223
4:2　37, 223
4:10　31
5:4　208
5:42　16
6:5　101
6:7　70
7:35　63
7:38　70
7:41　105
7:49　36
7:55　35
7:59　107
8:21　70
8:33　225
8:39　232
9:2　70
10:36　66

10:41   34
10:42   44, 240
11:19   70
13:10   107
13:34   31
14:23   101
14:25   70
15:1   263
17:16   107
17:18   223
17:18-20   37
17:19   223
17:31   224
17:32   223
18:28   70
19:23   70
20:28   63, 91, 119
21:8   101
22:4   70
23:6   19, 37, 223
24:14   70
24:14, 22   70
24:21   37, 223

로마서
1:1   18
1:2   56
1:3   16
1:4   230
1:5   73, 77
1:7   67
1:9   83
1:14   24
1:15   24
1:16   170
1:17   56, 76, 79, 139
1:28-31   145
1:29-31   111, 195
2:4   155
2:7   137
2:8   236
2:9   115
2:11   171
2:12   241
2:16   23, 240
3:10, 23   20
3:19   241
3:21   56, 71, 139
3:21-22   79, 139
3:22   72, 81, 140, 171
3:22, 26   79
3:23-24   82
3:24   67
3:25   21, 55, 72, 80, 290
3:25-26   168
3:26   72, 79
3:27   131
3:28   72, 74, 79, 85
4:16   73
4:17   33
4:25   21, 52, 57, 68, 201, 289
5:1   66, 82, 139, 170
5:1, 10   140
5:2, 11   141
5:7   112
5:8   78, 139, 291
5:9   83, 93, 139, 168, 173
5:10   52-53, 65, 69, 140, 163, 168
5:16   241
5:18   56, 139
5:19   25, 78
6:1-5   96
6:3   136, 176
6:3-4   117, 121
6:3-5   238, 275
6:4   32, 139, 232
6:4, 6   136
6:4-5   117
6:4-6   17
6:4, 13   231
6:5   45, 118, 209
6:6   136
6:6-8   162
6:10   21, 57-58, 68
6:10-11   117, 125, 292
6:13, 17   140
6:15-18   78
6:16   59, 64
6:17   64, 131, 209
6:18   58
6:19   160, 163
6:22   58, 160
7   146
7:4   30, 85, 92, 110, 191, 193, 198, 213, 291
7:5   112, 195, 268
7:5-6   111
7:6   84, 106, 142
7:9   163
7:20   146

7:21   208
7:21–25   89
7:22   131, 143
7:22–23   161, 198
7:23, 25   129
7:24   146
7:25   131, 146
8:1–17   110
8:2   64, 131, 143, 191, 198, 213
8:3   59, 86, 89, 143
8:4   78, 86, 88, 128, 142, 192, 213, 267
8:4–8   196
8:5, 6, 7   130
8:5–8   89
8:6   127, 142, 191, 292
8:6–8   86, 112, 268
8:7–8   111, 195
8:7   145
8:9, 11   83
8:11   32, 98, 231
8:13   100, 196, 221
8:14–15   159
8:15   141
8:17–18   227
8:21   59, 64, 160
8:23–25   69
8:29   132, 209, 228
8:30   227
8:32   57, 91
8:34   35
9:1   83
9:4   104
9:8   112

9:30   79, 140
10:3   56, 80, 140
10:5   81, 139
10:6   79
10:6–7   81
10:7, 9   231
10:8, 14, 15   24
10:12   140, 206
10:12–13   171
10:13   140
10:14   75
10:16   189
10:17   75
11:1   18
11:3   115
11:8   83
11:15   231
11:20   78
11:30   163
11:36   29
12   100, 138
12:1   104, 106, 150, 158
12:2   126–28, 158, 161, 209
12:2–8   138
12:3   105
12:3–8   281
12:4   100, 103, 115
12:4–8   117
12:5   189
12:5–8   101
12:5, 10   102
12:6   102
12:6–9   295
12:9–10   166

12:9–21   138
12:11   83
12:12   142
12:17–18   170
12:27   208
13:1   115
13:8   166, 189
13:8–10   164
13:8–14   138
13:12   163
13:12, 14   125
13:13–14   145
13:14   89, 125, 161, 195
14:1   141, 203
14:1, 3   176
14:3   203
14:8   62, 74, 203-4
14:8–9   36, 78
14:10   45, 201, 203, 242, 296
14:11   240
14:12   203
14:13   157, 208
14:15   57, 91, 166
14:17   83, 133, 138, 292
14:18   158
14:19   102, 141, 170, 189
14–15   138, 206
15:1   141
15:2   105, 156, 179
15:3   157
15:5   131, 209
15:5, 7, 14   102, 189
15:5–6   172

309

15:7   156
15:13   69, 141
15:13, 16, 19   83
15:19   23
15:20   24
15:33   67, 140
16:4   115
16:16   64
16:20   67, 140
16:25   23

고린도전서

1-11   180
1:1   18
1:2   64, 94, 99, 203
1:3   67
1:7   200, 283
1:7-8   295
1:8   44, 272
1:10   103, 129, 172, 174
1:10-17   179
1:10-4:21   276
1:12   172
1:12-13   103
1:14-17   276
1:16   274
1:17   24, 271-73
1:18   34, 152, 172, 272, 300
1:18-24   169
1:19-21   233
1:20-21   276
1:21   76, 152, 300
1:23   24, 272
1:23-24   152

1:26   274, 300
1:26-30   179
1:27-28   274, 300
1:29   301
1:30   123, 152, 154, 167, 200, 273
2:1   24
2:1-2   274
2:2   5, 51, 75, 78, 272
2:3-4   274
2:8   107, 219
2:11   107
2:12   128, 172, 198, 216, 233
2:13-3:5   249
2:14   110, 129, 229
2:14-16   84, 129, 198
2:15   100, 130, 197, 205, 217
2:15-16   129
2:16   129, 161, 172
3:1   90, 100, 127, 129, 197-98, 229, 233
3:1-4   111, 217
3:1-9   179, 249
3:3   145, 198, 217
3:3-4   180, 254, 277
3:4, 21   204
3:5   75, 100
3:6   273
3:6-7   180
3:8   283
3:9   233
3:10   248, 275, 301
3:10-15   249, 283

3:10-17   295-96
3:11   276
3:11-17   204
3:12   181
3:13   204, 233, 283
3:13-15   200
3:14-15   277, 295
3:15   233, 250, 253
3:16   96, 180, 233
3:16-17   114
3:17   49, 204, 234, 250
3:18-20   276
3:18-23   179
3:21-23   239
3:22-23   154
3:23   64
4:2   204
4:3   204
4:4   204
4:5   204
4:6   209, 275
4:12   156
4:15   274
4:16   131, 146, 209
4:18-21   179
4:20   133
4:22-23   147
5   181
5-6   111
5:1   145, 277
5:1-5   234, 237, 254, 278
5:1-13   103, 145, 246, 277
5:2   205

5:2, 5   147
5:2, 13   103, 117, 218, 277
5:3   205, 216
5:4   107, 217, 219
5:5   112, 205, 214–19, 234, 239, 278, 283, 296
5:6   205
5:6–7   218
5:7   175, 205, 218, 277
5:9–10, 13   203
5:9–13   219
5:11   145, 147, 277
5:12   205
5:13   205, 218, 241
6:1–8   254
6:1–11   278
6:9   144
6:9–10   111, 133–34, 144, 278
6:9–11   89, 195, 278
6:9–13   145
6:11   83, 153, 167–68, 200, 293
6:12   206, 278
6:12–13   206
6:12–18   278
6:13   145, 206
6:15   112, 145
6:15, 20   220
6:19   63, 278
6:19–20   120, 159, 225
6:20   62–63, 98, 172, 175, 239, 244, 278

7   206
7:7, 24   105
7:8   207
7:9   207
7:18–19   206, 270
7:19   207
7:22   64
7:22–23   120, 206
7:23   62, 64, 159, 175
7:29–30   207, 295
7:31   206, 295
7:32   157, 207
7:36   207
7:39   207
8   206
8, 10   206, 278
8:1   166, 279, 282
8:1–3   179
8:4   15, 207, 278
8:5–6   16, 31
8:6   16, 272
8:7   151, 279
8:7, 9   279
8:9   208
8:11   279
8:13   157, 279
9   206
9:1   20, 41, 206
9:1–2   179
9:12   23
9:14   24
9:16   254, 273
9:16, 18   24
9:17   250
9:18   251

9:19   206
9:19–23   157
9:21   130
9:23   273
9:24   252
9:24–27   252
9:27   24
10:7–10   145
10:8   145, 278
10:16   120, 238
10:16–17   96, 176, 275
10:19   278
10:23   206, 279
10:23–24   279
10:24   157
10:24, 33   281
10:26   29, 208, 272, 278
10:31   207, 279
10:32   157, 208
10:33   157
11   183, 279–80
11:1   147, 209
11:1–16   183
11:2   183
11:2–16   179
11:5   279
11:5–6   184
11:6   131, 279
11:15   184
11:16   184, 280
11:16, 22   64
11:17–22   254, 279
11:17–34   103
11:18–21   280

311

11:22　237, 280
11:23-24　120
11:24　93
11:26　24, 265, 275
11:27　184
11:29　184, 237, 280
11:30　237
11:33　102, 189, 280
12　94, 101, 280, 283
12-14　180
12-15　185, 280
12:1　100
12:1, 4　280
12:2, 4　232
12:3　281
12:4　100
12:4-7　117
12:7　100-1, 185-86, 189, 244, 281
12:7, 11　244
12:7, 11, 18　105
12:8-10　101
12:8-11　101, 185
12:11　281
12:12　94, 103, 291, 296
12:12, 20, 27　280
12:12, 25　103
12:12, 27　100, 115, 244
12:12-13　117
12:13　96, 99, 171, 176, 206, 239, 266, 281
12:14-26　117
12:18　244
12:21-26　185, 281
12:25　244

12:27　99, 103, 225, 230, 246
12:27-30　185
12:27-31　295
12:28　101
12:31　101, 281
13　194, 281
13:1　102, 281
13:2　102, 186, 281
13:4-7　194
13:5　157
13:8　102
13:11　130
13:13　194
14　101, 282
14:1　102, 166, 186, 282
14:1-25　186, 282
14:2　186, 282
14:3　186, 282
14:4　186, 282
14:5　178
14:12　137, 178, 186
14:14　107, 217
14:25　301
14:26　103, 106, 177, 187, 283
14:26, 40　187, 282
14:27-28　187, 282
14:29-30　187, 282
14:33　67, 140-41
14:34　187
14:34, 36, 40　187, 282
14:36　187
14:37　127, 198
15　134, 201, 283

15:1　23, 271, 273
15:1-3　72
15:1-5　23
15:3　23, 57, 91
15:3-4　271
15:3-8　40
15:8　40
15:8-11　20
15:9　64
15:10　17, 201, 284
15:11　24, 273
15:12　188, 231, 283
15:12, 52　201
15:12-13　45
15:13, 15, 16, 29, 35, 42, 52　231
15:14　41, 255
15:15-16　32
15:17　41, 53, 201
15:20　37, 123, 223
15:20-23　48
15:22-24　43
15:23　124, 134, 201, 223
15:24　134-35
15:24, 50　133
15:24-28　134
15:25　134
15:34　237
15:35　231
15:35, 52　283
15:40　30, 228
15:40-42　47
15:41　229
15:43　227
15:43-53　226

15:44 229
15:45 108, 191, 213
15:47 108
15:49 228-30
15:50 112, 134, 211, 229
15:50-52 47, 201
15:51 94, 201
15:51-52 229
15:52 96, 230-32
15:53-54 125
15:57 211
15:58 188, 202, 283, 297
16:4 166
16:13 78
16:14 186, 282
16:22 272, 283

고린도후서

1:1 18, 64
1:2 67
1:3 16
1:9 33
1:12 197
1:14 44
1:24 78
2:7, 10 156
2:11 130
2:13 107
3:5 100
3:6 85, 126, 128, 142
3:7 85
3:8 100
3:8-9 90

3:9 100, 140
3:18 47, 228
4:4 15, 27, 107, 130, 219, 228
4:6 15
4:13 86, 109, 128, 213
4:14 242
4:16 126
5:1 175
5:1-5 95, 109
5:3 125
5:4 95, 193
5:7 192-93
5:9 204, 207
5:10 45, 130, 190, 201, 204, 243, 296
5:12 171
5:12, 17 174
5:14-15 57, 91, 119
5:15 63, 78, 147, 207
5:17 117, 122, 124, 136, 160, 292
5:18 100, 141, 169
5:19 65, 141, 169
5:20 66, 169, 174
5:21 57, 82, 91, 140, 169
6:4 100
6:8-10 207
6:10 142
6:16 63, 96, 114
7:4 142
7:9-10 155
7:10 234
7:13 107

9:7 105, 207
10:5 75, 78
10:7 171
10:8 176
10:16 24
11:1 156
11:2 118
11:3 126, 130, 213
11:4 85, 106, 110, 142, 193, 198
11:4, 7 75
11:6 75
11:7 23
11:12-22 86
11:14-15 107
12:12 23
12:13 156
12:15 115, 117
12:18 87, 128, 192, 216
12:20 111, 195
12:20-21 145
12:20ff 89
12:21 155
13:4 33, 201
13:5 78
13:7 208
13:10 177
13:11 142
13:13 84, 107

갈라디아서

1:1 32
1:2 18
1:3 67
1:4 57, 60, 91, 160

1:6–9   23
1:6–10   123, 262, 264
1:7   262
1:8–9   24, 262
1:10   158
1:11   23
1:11, 23   72
1:11–12   41
1:12, 16   20
1:14   18
1:16   112
1:16, 23   24
1:23   19, 70
2:2   24
2:3–4   262
2:3–5   263
2:6   171
2:11–21   263
2:12   262
2:14   114
2:15   270
2:16   56, 72, 74, 77, 79, 83, 113, 197, 246, 268
2:19   126, 292
2:20   17, 30, 57, 72, 78, 91, 147, 207, 267
2:21   139, 162, 263
3:1   159
3:1–5   264
3:2   76, 264
3:3   196, 264
3:3, 5   113
3:3, 25   87
3:5   196
3:10   262
3:11   56
3:12   262
3:13   91, 261
3:14   61
3:22   72
3:23   71, 163, 261
3:23, 25   86, 109, 245, 290
3:23–25   71
3:25   71
3:26   261
3:26–27   87, 123
3:26–29   75
3:27   123, 125, 136, 161, 176, 239, 265, 275
3:28   78, 117, 137, 171, 206, 266
4:3   163
4:3, 9   30
4:3–5   290
4:4   16
4:4–5   25, 54
4:4–6   123
4:5   61, 261
4:5–6   61, 141, 159
4:6   83, 261
4:7   261
4:8   163, 265
4:8–10   123
4:8–11   263
4:9   162, 267
4:13–14   264
4:17   262
4:19   132, 154
4:21–31   85
4:23–31   71
5:1   59, 64, 150, 160, 206, 261, 267
5:4   267
5:5   86, 109, 213, 220
5:6   123
5:7   262
5:10   247, 262
5:11   19, 261, 291
5:12   262
5:13   78, 102, 112, 164, 167, 197, 206, 213, 221, 267
5:13, 15, 26   189
5:13, 17   112, 195
5:16   78, 88, 128, 142, 191, 198, 267
5:16, 25   142
5:17   84, 113, 196
5:18   113, 176, 268
5:19   144
5:19–20   111, 195, 268
5:19–21   144, 195
5:19–23   89
5:21   133–34, 268
5:22   102, 142, 186, 282, 295
5:22–23   78, 89, 142–43, 193–94, 267, 292, 294
5:24   195
5:25   142, 193
5:26   112
6:1   90, 100, 197–98, 269

6:1-2 127, 130, 198
6:2 78, 89, 102, 143, 189, 198
6:2, 14 297
6:4-5 105
6:6 208, 265
6:6-10 208
6:8 112, 196, 221
6:9 208
6:10 208, 265
6:12 25, 114, 197, 262-63
6:14 25, 51, 78, 123, 262, 265, 292
6:15 122, 206-7, 266, 269-70, 292
6:15-16 89
6:16 261
6:18 87, 116, 213, 221

에베소서
1:1 18
1:2 67
1:3, 17 16
1:4 165
1:5 141
1:7 21, 55, 135, 153, 155, 290
1:10 239
1:14, 18 252
1:20 33, 231, 239
1:20-21 36
1:23 239
2:2 107
2:3 130, 163, 195

2:8 68
2:10 208
2:13, 17 163
2:13-16 141
2:14 66, 78
2:14-15 140
2:16 21, 65-66, 169
2:21 96, 102
3:4, 20 155
3:17-19 167
4:2 156
4:2, 25, 32 102
4:3 141, 173-74
4:5 71
4:7, 11 101
4:7, 16 105
4:9-10 239
4:9-12 91
4:10 125
4:11 101
4:12 179
4:13 18, 246
4:15 167
4:15-16 102
4:16 166, 185
4:17 248
4:18 130
4:18-19 247
4:22 136, 163
4:22-23 117
4:23 129
4:23-24 127
4:24 122, 124, 136, 159, 161, 292
4:27 107

4:29 163, 177
4:30 69
4:31 145
4:32 156
5:1 209
5:2 57
5:3 145
5:5 133-34, 144
5:8 163
5:9 142, 194, 292, 294
5:10 157
5:14 237
5:16 61
5:19 102
5:25 57, 299
5:25-27 119
5:27 165
6:8 208, 253
6:11 107, 125
6:12 107, 135, 219
6:15 67, 170
6:18 237

빌립보서
1:1 101
1:2 67
1:6 44
1:10 208
1:11 194, 294
1:14 24
1:17-18 24
1:18 142
1:27 115
2:1-2 130
2:1-4 89

315

2:2   173-74
2:2, 5   130
2:4   105
2:5   130, 161, 198
2:5-11   130
2:6   17
2:6-8   22, 26
2:6-11   154
2:7   26, 226
2:8   46, 57, 78, 225
2:8-11   157
2:9-11   36
2:12   78, 252
2:15   165
2:17   105
2:30   115
2:56   15
3:1   142
3:3   197
3:4-6   81
3:4-7   18
3:5   19
3:7-8   18, 253
3:8   41, 68, 75, 78
3:9   72, 79-81, 140, 173
3:10, 21   209
3:10-11   22, 201, 255
3:10-12   49
3:11   231
3:14   252
3:17   131, 146, 209
3:18   247
3:19   247
3:20   41

3:21   35, 46, 94, 201, 209, 225-26
4:4   142
4:5   42
4:7   129-30
4:7, 9   67
4:7-9   170
4:9   146
4:18   105, 157
4:23   129

골로새서
1:2   67
1:10   135, 194, 208
1:13   60, 133, 135, 292
1:14   55, 135, 153, 290
1:15   15, 17, 27, 228
1:15, 17   15
1:15-16   36
1:15-17   22, 28
1:15-20   154
1:16   15
1:18   124, 231
1:20   65-66, 140, 169-70, 239
1:20-22   21
1:21   130, 163
1:22   30, 66, 93, 154, 165, 169, 229
1:24   240
2:8, 20   30
2:12   33
2:12-13   136
2:15   107, 219
2:18   112, 195

2:20-22   162
3:1   36
3:2   136
3:4   227
3:5   111, 145, 195
3:5ff   89
3:8-9   163
3:9   136
3:9, 13   102
3:10   124-25, 136, 161, 292
3:11   137, 171, 206, 266
3:12   125
3:13   156
3:14   166
3:15   67, 141, 170
3:24   252, 297
3:25   171, 253
4:2   237
4:5   61
4:6   105
4:11   133

데살로니가전서
1:1   64
1:2   67
1:3   73, 77, 194, 211
1:5   23
1:6   131, 142, 146, 209
1:6-7   147, 209
1:7   131, 209
1:9   258
1:9-10   23
1:10   42, 209, 231
2:2, 4, 16   24

2:2, 8-9　23
2:4　158
2:8　115
2:11　105
2:12　133, 136
2:14　209
3:6　24
3:8　78
3:13　165
4　202
4:1　150, 158
4:7　159
4:9　164, 166
4:9, 18　102
4:13　202
4:13-18　202
4:15　231
4:15-16　201
4:15-17　43
4:16　231
4:16-17　48, 230, 232
4:17　201, 223
4:18　202, 295
5　202
5:2　44
5:6　202, 237, 295
5:8　194, 203
5:9　96, 175, 202, 220, 230
5:10　57, 78, 91
5:11　203
5:13　167, 174
5:15　208
5:16　142
5:23　67, 116, 140, 147, 165, 219, 230, 296

데살로니가후서
1:2　67
1:3　102, 105, 166
1:3-4　211
1:4　64, 156
1:5　133, 242
1:6　211
1:7　211
1:7-8　241
1:7-10　44
1:8　211
1:10　201
1:11　77, 208
2:1　242
2:3-4　247
2:10-12　247
2:12　236
2:13　242
2:17　208
3:7　209
3:9　209
3:13　208
3:14-15　234
3:16　67

디모데전서
1:16　209
2:6　57, 62, 91
3:1　101
3:8ff　101
4:14　101
5:12　248

디모데후서
1:13　209
2:8　23
4:1　240
4:1-2　45
4:18　134

디도서
1:5　101
1:7　101
2:14　57, 91

빌레몬서
1:25　88, 213, 221

히브리서
1:1-3　29
1:2　15, 36
1:3　15
2:9　57, 91
2:17　54
4:11　131, 209
4:12　98
5:1　105
6:4-6　248
6:5-6　162
6:12　209
7:27　58, 105
8:2　95
8:5　131, 209
8:10　130
9:1　104
9:9　105
9:11　95, 124

9:12 61
9:15 54
9:22 20
9:23 131, 209
9:23, 26 105
9:26 21
9:26-28 58
10:1 105
10:9 53
10:10 58
10:12 105
10:16 130
10:39 214
11:6 251
11:26 251
12:2 35
12:3 115
13:7 209
13:15
13:16 105-6, 157
13:17 115
12:23 240
12:27 124

야고보서
1:21 214
2:1 171
2:1-9 171
3:1 250
3:17-18 194
5:9 240
5:10 131, 209
5:14 101
5:16 155
5:20 214

베드로전서
1:9 214
1:14 209
1:21 17, 31
1:22 164
2:4-8 180
2:5 105
2:21 131, 209
3:22 35
4:8 164
4:17 240
5:1 101
5:8 107

베드로후서
1:5-8 194
1:11 134
2:1 63
2:20-21 248
3:10 44
3:13 124

요한1서
2:2 54, 57
2:23 16
3:16 57, 91
4:2 30
4:9 53
4:10 21, 54, 57
4:17 240

요한2서
1:7 30
1:8 251
5:20 130

유다서
유 1:3 58

요한계시록
1:5 60
1:8 43
4:2 36
5:9 63
9:7 209
12:5 232
12:9 107
13:6 95
14:3 63
20:12-14 245
20:2 107
20:6 134
21:1-5 124
21:3 95, 124
21:5 124
21:22 95
22:1-5 124
22:3 124
22:12 251
22:13 43
22:20 41, 43

인명

김세윤 27, 47, 82, 228
김용옥 149
김재성 99
덜링 19, 175
라우프 59
라이트N. T. Wright 38
바레트 134, 181
박문재 38
박영옥 59
박익수 73
박창건 116
배용덕 99
벳츠 182, 278
서동수 73
룰David J. Lull 87
스나이더 257
스크로그스Robin Scroggs 143
알베르트 슈바이처Albert Schweitzer 200
에두아르트 슈바이처E. Schweizer 136
에피쿠로스 37, 164
요세푸스Josephus 27
유승원 99
이성호 12, 76, 180
장상 19
제롬 네이레이Jerome Neyrey 189
조셉 피츠마이어 99, 117
차정식 38
최흥식 73
큄멜 W. G. 19
크리스찬 베커 19
키프리아누스 254
퍼니쉬 149, 164

페린 19, 175
플라톤 42
필론Philo 27
현경식 12, 47, 76, 89, 121, 180, 182, 278
Aune, David E. 89, 144
Balch, D. L. 271
Bhem 26, 228
Boyarin, Daniel 89
Bultmann, R. 71, 73, 78
Conzelmann, H. 262
Fee, Gordon D. 86, 110
Ferguson, E. 164
Furnish, V. P. 73, 78, 111, 118, 149, 164, 188, 206, 284
Hays, Richard B. 149
Hengel, M. 165
Käsemann, Ernst, 25, 93-94, 103
Levy-Bruhl, L. 170
Lincoln, A. T. 137
Lindemann, A. 262
Lohse, Eduard 149
Lull, David J. 87, 110, 246
Malherbe, Abraham J. 89, 146, 164, 269
Malina, Bruce J. 100, 112, 189
Marxen, Willi 149-50, 187, 199, 209-10
Matera, Frank J. 111, 145, 196, 263
Meeks, Wayne A. 89, 144, 202, 205
Neyrey, Jerome H. 100, 112, 189
Otto, Michel 175-76, 190, 284
Robinson, H. Wheeler 190
Robinson, John A. T. 84, 97, 138, 190

Rossi, Peter H. 188
Schmidt, K. L. 136, 138
Schnackenburg, Roudolf 200
Schrage, Wolfgang 150
Schweizer, E. 87, 115–16, 214
Scroggs, Robin 35, 143, 176
Segal, Alan F. 89
Shorter, A. 257
Snyder, Graydon F. 90, 115, 181, 216, 218, 257, 266, 277
Stambaugh, J. E. 271
Stamm, Raymond T. 238
Verhey, Allen 155
Witherington III, Ben 184

주제

ㄱ

가부장제 266
가현설 30
각 사람hekastos 100, 105, 156, 178, 181, 185, 204, 245, 251, 253, 277, 280, 296
갈라디아 교회 10, 87, 259, 262, 264-66, 269, 285
갈라디아서 10, 14, 74, 87, 113, 123, 142-44, 182, 194, 196, 259-68, 278
감정 98, 129
강도의 구원 237-38
강림parousia 42-45, 48, 116, 165-66, 201-2, 207, 209, 219-20, 223, 225-26, 230-32, 240, 242
개인주의individualism 89, 103, 112, 186, 189, 282, 290, 294
거룩함/성 58, 83, 122-24, 127, 152-53, 158-161, 163, 165, 167, 174, 179, 197, 267, 273, 283
거룩함의 윤리 167, 293
거짓 형제들 262-63, 267, 269, 285
건축 비유 180-81
겨자씨의 비유 132
계급 137, 170-71, 185, 206, 240, 266, 280-81, 300
계명 164, 270
계시 16, 19, 41, 103, 177, 187, 261, 283
고난 23, 37, 49, 131, 201, 227, 240, 242, 255

고린도 교회 103, 179-83, 187, 203-6, 215-18, 249, 259, 271-85, 300
고린도전서 14, 40, 94, 101, 111, 134-35, 144-45, 177, 179-81, 183-85, 187-88, 194, 201, 204, 214-17, 233, 271, 273, 276, 278-83, 285, 291
곡식과 가라지의 비유 235
골로새서 14, 135-7, 145
공관복음 27, 264
공동체 78, 89, 99-102, 111-14, 117-18, 128, 137, 145, 151, 156, 163, 166, 172, 177, 183-89, 195, 200, 203, 205-6, 208, 217, 220, 224, 233, 236-39, 244, 246-48, 265-66, 268, 276-77, 279-84, 292-93, 296, 298
공동체 유지, 보존 265, 275, 298
공동체 윤리 13, 18, 28, 149, 151, 154, 158, 186, 188-91, 197, 276, 282, 284, 292-93, 297, 299
공동체 형성 121, 150, 177, 190, 258, 264, 273, 284, 293
공동체의 구원 13, 47, 89, 182, 203, 205, 213, 217-21, 224, 227, 230, 233-40, 255, 278, 295-96
공동체의 심판 204, 233, 240, 246
공동체의 영 87-89, 106-7, 110-12, 116, 145, 182, 191-92, 197, 213, 216, 219-21, 278, 291
공동체의 직책 99-100
공동체적인 인성communal personality 189
공적ergon 102, 181, 183, 190, 204, 233, 249-50, 252-54, 277
교제 164
교회 11-15, 18-19, 22-23, 41, 57, 63-

64, 70, 76-78, 81-83, 87-108, 113-14, 116-47, 154-55, 158, 161-63, 165, 172, 174-93, 196, 198-200, 202-11, 215-21, 224-25, 229-30, 233-34, 237, 239-60, 263, 265-66, 268-70, 274-301

교회론 11, 13, 19, 22, 25, 92, 94, 98, 116-18, 122, 138-39, 145, 147, 175, 192, 229, 244, 246, 287, 290-92

구속 13, 28, 31, 54-55, 61, 63-64, 68-69, 75, 153, 155-56, 211, 278, 287, 289-90, 297, 300

구속함 152-53, 155, 174, 293

구약(성서) 20, 27, 38, 60, 62-63, 97, 104-5, 164

구원 15, 20-23, 25, 34, 41, 49, 51-55, 57, 60, 65, 68-72, 75-79, 82-83, 91, 93, 95-96, 110, 118, 121, 123, 136, 140, 149, 151-55, 157, 168-71, 175, 182, 187, 201-3, 214-27, 230, 233-42, 247-55, 260-61, 263, 267-69, 272-73, 278, 287-90, 295-96, 299-301

구원론 11, 28, 30, 92, 221, 230, 237-38, 296

구원의 완성 20, 34, 52, 69, 153, 201, 252, 255, 261

구제 101, 286, 298

규례 162, 184

그리스 철학 12, 26, 30, 37-38, 83-84, 89, 108, 144, 146, 149

그리스도 사건 23, 58, 70, 76, 86, 109, 150, 175, 188, 284, 287

그리스도 중심의 신앙 17-18, 68, 265

그리스도의 교회 64, 199

그리스도의 몸 된 교회 92-93, 97, 99, 103, 105-6, 118-22, 124, 126, 138, 147, 154, 174, 176, 179-81, 184-85, 190, 193, 199-200, 210, 220, 224, 233-34, 239, 249, 254, 275, 281, 283-84, 287-88, 291-94, 299

그리스도의 믿음 *pistis tou Christou* 19, 72-73, 78-83, 228

그리스도의 죽음 20-22, 25, 27, 34-35, 52-53, 57-58, 60-63, 80-81, 91, 93, 96, 104, 118-19, 125, 136, 139, 162, 175, 209, 211, 239, 263, 271, 289

그리스-로마 철학 84

그리스-로마 사고 97

그리스-로마 사회 99, 257, 266

근원 15-16, 22, 29, 31, 103, 154, 211, 228, 272

기독교 윤리 211

기독론 11, 13-14, 17-19, 22, 25, 28, 92, 118, 122, 175

길 15, 56, 70-72, 74, 85, 123, 139

ㄴ

나눔 104-5, 112

내적인 행위 inward act 73, 245-46

ㄷ

다른 복음 18, 23, 85-86, 110, 113, 123, 126, 169, 193, 196-97, 247, 262-4, 267-68, 273, 285, 299

다른 영 85, 108, 110, 126, 193

다른 예수 85, 110, 126

다마스쿠스 사건 18-20, 39-41, 287

다시 오실 그리스도 41

대속 22, 53-54, 58, 60, 68, 153, 155, 260, 289
대속물 54, 60
데살로니가전서 14, 116, 202
데살로니가후서 14

ㄹ

랍비 18-19, 287
레위기 164
로마서 14, 76, 84, 101, 104, 106, 138, 142, 145-46, 291

ㅁ

마가복음 40
마귀 107, 110, 235
마음 15, 67-68, 87, 97-98, 103, 107, 112, 116, 127-31
마태복음 235, 250
말씀(로고스) 15, 23, 27, 29, 34, 37, 43, 45, 63, 65-66, 70, 75, 83-84, 92, 94-95, 98-99, 101, 103-4, 106-7, 109-10, 114, 118-19, 121, 126-67, 137, 141-42, 152, 154, 162, 169, 172-74, 177, 186-87, 189, 193, 204, 208-9, 214-15, 231, 246, 248, 255, 265, 269, 272-73, 275, 282-83, 285, 289, 296, 298-99
메타모르포시스metamorphosis 28, 39, 47, 121, 222
메타포 99
명령법imperative 155
모르페morphe 26-31, 35, 37, 39, 47, 49, 93, 121, 126, 222, 226, 228
몸soma 29-30, 35, 39, 91, 93, 97, 99, 115-16, 118, 214, 216, 220, 222, 228-30, 244, 288, 291
몸의 구원 215, 222-24, 233, 238, 296
몸의 불멸 38, 223
몸의 신학 138, 175, 180, 185, 188, 190, 224, 280
묵시사상 12, 19-20, 42
문화화inculturation 257-59, 264-65, 267, 269-71, 273, 285, 297-99
미덕virtue 89, 144, 149, 269
미래적인 종말론 42
민머리 문제 183-84, 279
민족 33, 137, 235
믿음 15, 19, 21-22, 33, 41, 53, 55-56, 91, 100-1, 109, 113, 116, 121, 128-29, 138-41, 156, 166-71, 173-74, 183, 192-95, 201-3, 208, 211, 214, 228, 235, 242, 245-48, 250-55, 264-65, 273, 278-79, 285-86, 288-95, 297
믿음의 공동체 22-23, 49, 66-67, 78, 82-83, 86-87, 89, 92, 99-100, 105-6, 109-11, 113-16, 118, 121, 130, 133-34, 137-38, 140-41, 145, 147, 151, 156, 158-62, 166-67, 169-75, 178, 180-81, 186, 189-90, 192-93, 195-97, 199-203, 207-8, 210-11, 213, 218-20, 224-27, 231, 233, 236, 238-39, 241-44, 246, 253, 258-59, 265-69, 271, 274-75, 277, 282-85, 292-99
믿음의 법 83
믿음의 영 86-87, 109

ㅂ

바리새인 18-20, 37, 39-40, 81, 150,

323

187

바울 서신 11-12, 14, 18-19, 24-25, 29, 34-35, 37, 45, 53-54, 56, 60-61, 64, 67, 77, 83-84, 86, 89, 95, 97-99, 101, 106, 110, 116, 119, 123, 133-34, 138, 143-46, 150, 152, 154, 163, 165, 167, 172, 174, 177, 179, 191, 194-95, 197-99, 201, 208, 210-11, 213-15, 218, 221, 224, 234, 236-38, 240-41, 243-44, 258-59, 270, 274, 284, 288-94, 396-98

바울(의) 신학 82, 133, 151-52, 175, 198-99, 215, 224, 228, 234, 245-46, 287-88

바울의 윤리 149-150, 182, 199-200, 210-11, 278, 284

바울의 적대자 113, 197, 268

박해 70, 114, 261-62, 270, 286

반기독교적인 신앙 17

반성서적인 신앙 17

반십자가 181

반어법 180

방언 101-3, 166, 177-78, 186-87, 217, 281-83

베드로전서 214

변형 13, 26-27, 222, 226-32, 238, 262, 291, 296

변형 구원론metamorphosis soteriology 230. 238, 296

변화-구원론 47

변화 18, 26-28, 31, 39, 41, 46-49, 59, 121-22, 124-27, 130, 130, 135, 141, 150-51, 160-61, 167, 222, 225-29, 231-32, 234, 285, 287-88, 291-92

보혜사 107

복음서 19, 34, 38-40, 132-33, 222, 234-37

복음 수용 264, 273

복음 전파 75, 265, 271, 273-74, 286

복음화evangelization 257, 297

"본받는" 131, 146-47, 209

본체 15, 17, 25-27, 29, 31, 35-36, 225

부활 19-23, 25, 31, 33-41, 43, 45-49, 52-53, 68-69, 81, 92-96, 104, 118, 121, 123-25, 134, 136, 168, 188, 200-2, 210-11, 222-33, 238-40, 245, 252, 254-55, 261, 271-72, 283, 287-2, 295-96

부활의 몸 34-35, 39-41, 93-96, 210, 223, 226, 229-232

부활의 신학 20

부활하신 그리스도 13, 18-20, 23, 31, 34, 36, 39-41, 93-94, 222-23, 226, 228, 261, 287, 291

분열 103, 111, 113, 144-45, 172, 179-83, 195, 197, 204, 217-18, 249, 262, 268, 272, 276, 278-79

비유 92, 99, 111, 132-33, 180, 235, 249-51, 274

빌레몬서 14, 88, 221

빌립보서 14, 26, 130, 221, 224-26

ㅅ

사도 13, 18, 23, 32, 41, 77, 86, 101, 116, 177, 223, 250

사도신경 38, 214, 223, 296

사도직/권 41, 179, 250

사도행전 19, 37, 70, 121, 223-24, 263

사두개인　40
사랑　22, 42, 58, 60, 77-78, 89, 91, 102, 107, 112, 115, 119, 125, 135, 138-39, 151, 157, 163-67, 169, 173, 183, 185-87, 189, 193-94, 202, 206, 211, 242, 246-49, 279, 281-82, 284, 291-94, 300
사랑 윤리　163-65, 167
사탄　19, 107, 110, 145-46, 200, 215-56, 218, 234
사회 윤리　286
사회봉사　286
사회적 모체*matrix*　257-59, 270, 285, 287-88
상*misthos*　250-53
상관관계　297
상호의존성　103
새 사람　121-22, 124-28, 159, 161, 292
새 언약　54, 85, 100, 109, 118, 121, 126
새(로운) 창조　122-25
새로운 존재　31, 117, 123-24, 127, 159-61, 163, 167
새로움　84-85, 110, 118, 131, 142, 193
새 하늘과 새 땅　124
생령　108, 213
생명　84-86, 89, 92, 95-97, 108-9, 115, 117, 121, 127, 136, 143, 154, 157, 213-15, 221, 223, 227, 233-34, 239-40, 245, 247, 261, 294, 300-1
서로allelon　78, 102, 113, 127, 130, 138, 141, 155-58, 163-67, 172, 178, 185, 188-89, 194-95, 198, 206, 267, 275, 278, 281, 284, 286, 293
선교　14, 19, 105, 176, 257-59, 285-86, 297-98
선재성　22, 26-27, 36, 272
선재하는 그리스도　25-26, 28, 36, 288
선포　16, 24, 55, 64, 75-76, 87, 128, 132, 140, 142, 239, 242, 261, 298, 300
섭리　122, 196, 274
성性　137, 140, 145, 170, 216, 244, 266, 278-80, 300
성령　78, 83, 86-89, 91, 95-96, 107, 109-110, 113-14, 117, 119, 128, 138, 142-43, 152, 159, 171, 176, 180, 185, 191-93, 196-97, 209, 216, 220-21, 237, 239, 242, 248, 264, 267-68, 280, 284, 292, 294
성령의 법　59, 86, 143
성령의 열매　88-89, 142, 193, 292
성만찬　103, 106, 184, 265, 275
성만찬 오용의 문제　103, 179, 183-84, 279-80
성서 해석의 역사　12
성육(화)Incarnation　26, 29, 31, 94, 225
성전　16, 63, 95-96, 114, 180-82, 204, 233-34, 250, 278
성품　27, 135, 178, 189
세례　19, 32-33, 38, 87, 96, 106, 117, 121, 125, 136, 161, 171, 176, 179, 185, 232, 238-39, 258, 265, 271-72
세상의 신　218
세상의 철학　30, 56, 111, 123, 126, 165
세속적 윤리　151, 199
세움의 윤리　174-75, 178-79, 188, 191, 233, 248, 276, 280, 284, 293
소망　20, 23, 41, 49, 69, 118, 121, 134,

325

136, 138, 175, 187-8, 200-3, 210-11, 219, 226-27, 230, 252-53, 255, 283-85, 288-89, 295, 299-301
소망의 공동체　187, 283
소생　38-39, 48, 222, 289
속량　21-22, 53-54, 57, 60-69, 82, 123, 135, 152-53, 158-60, 162, 166-67, 246, 260-61, 266-67, 289
속량의 신학　158, 160, 167
속죄　22, 54-58, 60-61, 66-69, 141, 152-53, 155-58, 246, 266, 289
속죄의 신학　93, 156, 158
속죄제물　55
송사 문제　179
수사학　22, 76, 181
수사학적 긴급성Rhetorical exigence　179
순종　22, 25, 57, 59, 64, 73, 77-78, 86, 130, 135-36, 145, 157, 162-63, 234, 253, 258, 262-63, 267, 269, 275-76, 285, 295
스토아 철학자　37
스토아 학파　164
시내산 사건　71, 85
식탁법　123, 263, 269-70
신령한 자　90, 100, 126-32, 198-99, 205, 217, 234, 292, 294
신명기　164
신분　18, 59, 117, 137, 141, 160, 163, 246, 301
신앙 공동체　42, 95, 99-100, 103-6, 117, 150-51, 154-55, 157, 176, 179-83, 187-89, 194, 199-200, 258-59
신앙고백　29, 266
신약성서　11, 14, 16, 37-38, 42, 61, 98, 102, 105, 129, 131-32

신적 현현　27
실천　13, 74, 77, 100, 125, 149, 151, 154-56, 158, 160, 163, 165-67, 170, 172, 174-75, 188-90, 194, 199-200, 208, 211, 213, 246, 265-66, 275-76, 280, 283-86, 293-94, 297, 299
실현된 종말론　42
심령　87-88, 107, 127, 130, 141, 198, 221
심판　13, 19, 41, 44-45, 47, 52, 55, 102, 114, 133, 201, 203-5, 210, 213, 216-18, 233, 235-36, 240-50, 253-54, 295-96, 299
심판대　44-45, 201, 203, 242-43, 254
심판주(자)　36, 44-45, 240
십자가 사건　114, 131, 139-40, 143, 149-50, 152-53, 155, 168-69, 180, 182, 191-93, 198, 213, 228, 245, 259-61, 271-73, 278, 289-91, 294, 298-300
십자가 신학　11, 22, 25, 150-51, 154-55, 196, 199, 209, 211, 276, 293
십자가 위의 그리스도　22, 25, 30, 51, 91, 93, 94, 96, 291
십자가의 도　34, 272
십자가의 복음　70, 259, 261, 265-66, 271-72, 284, 297, 299-300
십자가의 은혜　67-68, 80, 82, 141-42, 171, 211, 301
씨 뿌리는 비유　132

ㅇ

악덕vice　144, 269
악한 영　107
안식일법　123, 270

알곡과 쭉정이의 비유　235
야고보서　155, 214
양과 염소의 비유　208, 235
양선　89, 193-94, 268
양심　97, 151, 197
양자적인 인성dyadic personality　189
에베소서　14, 127, 144-45, 189
에이콘eikon　27, 227-29
에피쿠로스 학파　164
역사적 사건　72-73, 75-77, 80, 260, 271, 290-91
역사적 종말론　19
역전적인 변화　300-1
연쇄적 소속성serial belonging　154
연합　45, 103, 117-18, 172, 238-39
열 처녀 비유　236-67
열매(카르포스)　37, 43, 48, 58, 67, 69, 85, 89, 92, 96, 102, 105, 112, 122-23, 132, 142-43, 145, 160, 186, 193-95, 201, 217, 223-24, 267-68, 281, 292, 295
열왕기상　39
영pneuma　84-86, 97-98, 100, 107-8, 110, 116, 126-27, 142-43, 147, 182, 191-92, 194, 196, 213-16, 219, 221, 294
영광의 몸　31, 35, 46, 94, 225-27, 288
영벌　45, 235, 240
영생　13, 40, 45, 58, 160, 168, 196, 208, 221, 235, 240, 252
영성　131, 198-99, 294
"영을 따라 행하라"　88, 128, 142, 192, 194, 198, 267, 294
영의 구원　182, 213-17, 220, 224, 230, 238, 296
영의 열매　88-89, 143, 186, 193-95, 197, 199, 267-69, 282, 294-95
영의 윤리　190-93, 197-99, 213, 216, 267, 294
영적 예배　104-6
영지주의　12, 30
영혼　19, 37-40, 88, 114-15, 141, 214, 222-23, 289
영혼 불멸　38-39, 222, 289
예견prolepsis　94
예배　103-6, 187, 239, 246, 282-84, 298
예배 시 여성 지도자들의 문제　179
예언　101-2, 117, 166, 178, 183, 186-87, 268, 279, 281-82
오래 참음　45, 89, 125, 193
온유　89, 125, 127, 130, 193-94, 198, 214, 268
"옷 입다(고, 은)"　123, 125, 161
왕권　15, 28
외적인 행위outward act　74, 246
요한계시록　95, 124
요한복음　27, 66, 84, 107, 121, 164, 227, 234
요한 문서　29
욕망　112, 192, 195, 217, 268, 294
우상 제물에 바친 음식 문제　179
우상(숭배)　31, 63, 111, 143-45, 151, 166, 182-83, 195, 206-8, 258, 265, 267-68, 277-80
우상의 공동체　151
우상의 윤리　151
원리　66-71, 78, 89, 111, 113, 126, 131, 151, 156-58, 162, 165, 173, 190, 196, 209, 219, 239, 259, 261, 284, 293

원형 92-93, 96, 184
유대교 12, 19-20, 39-42, 56, 71-72, 77, 79, 81, 83-85, 87, 113-14, 123, 196-97, 261-63, 267-70, 274, 287, 290
유대교적 배경 84
유대주의적 신학 86
유대주의화 113, 196, 263, 269
유앙겔리온 *euaggelion* 23, 66
유업 46, 47, 94, 123, 134, 136, 138, 143-45, 147, 195, 201, 210-11, 229-30, 237, 252, 268
유출설 *emanation* 30
육 *sarks* 29, 97, 108, 110, 138, 144, 146-47, 181, 194, 229, 254, 268, 277
육의 몸 30-31, 39, 93-94, 122, 229, 291
육의 일 111-14, 145, 182, 268, 277-78, 294
윤리적 명령 151, 155, 158, 163-64, 167, 169, 175, 182, 188, 191, 197, 199-200, 203-4, 208, 259, 265-67, 276, 278, 280-81, 286, 294-95, 299
윤리적 실천 151, 154-56, 158, 167, 170, 174, 194, 199, 265, 275-76, 285-86, 293, 297, 299
윤회전생 37, 222
율법 16, 19, 53, 56-57, 61, 71, 74, 76-77, 79, 81, 83-85, 87, 92, 111, 113, 123, 126, 139, 142, 163, 192, 196-97, 241, 260-64, 267-70, 274
율법 조문 84-85, 126, 142-43
율법 종교 82, 85, 139, 142-43

율법 준수 40, 113-14, 268
은사 100-2, 117, 179-82, 185-87, 245, 248, 294-95
은유 92, 99, 103
은혜 17, 21, 53, 55, 60, 67-68, 75, 77, 80, 82, 87-88, 100, 107, 110, 123, 131, 135, 139, 141-42, 159-61, 163, 165-66, 171, 177-78, 185, 197, 201, 209, 211, 221, 238, 241, 249, 266-67, 275, 280, 284, 289, 300-1
음행 103, 111, 143-45, 179, 181-82, 195, 204-5, 215, 217-19, 254, 268, 277-78
의義 21-22, 56, 58-59, 70, 72, 74, 76, 78-83, 139-40, 171-74, 167-70
의로움 152-53, 167-68, 170-74, 194, 219, 266, 273, 293
의로움의 공동체 174
의롭다 하심 52, 56, 66-67, 74, 82-83, 139, 153-54, 162, 170, 173, 241, 289
의식
의의 관계 167, 174
의인론 82
이데올로기 99
이성 97, 108, 129
이신칭의 82
이원론 30, 84, 108
이집트의 종교 30
인간학적인 용어 29-30, 97-98, 118, 145
인격 Person 51, 84, 88, 100, 107
인식론 75
인종 114, 137, 140, 170-71, 185, 206, 266, 281, 300

일반 서신 29, 124, 214-15
일치 63, 74, 85, 87, 89, 94, 96, 99, 101, 103, 114, 142, 144, 179, 189, 192, 194, 198, 216, 234, 240, 244, 251, 259, 269
일*ergon* 188, 250-51, 283
일Work 51
임박한 종말론 42

ㅈ

자기-낮춤 130
자기-복종 130
자기-부인 130
자기-비움 130
자기-죽음 130
자라나는 씨의 비유 132
자비 89, 104, 125, 193-94, 238, 268
자유 59-60, 62, 86, 141, 160, 167, 171, 176, 182-83, 205-8, 210, 239, 261, 267, 269, 278-79, 293, 295
자유인 41, 96, 120, 171, 176, 239, 253, 266
"잠잠하라*sigao*" 283, 287
장막 95-96, 109, 175
재생 37, 222, 289
적그리스도 30, 181
전가된 믿음 76, 81, 290
전가된 영 90, 191, 213
전가된 의 81, 83
전통 윤리 286
절제 89, 193-94, 268, 295
정결(함) 29, 83, 153, 155-56, 158, 270
정체성 13, 17-18, 115, 117, 120, 122, 159, 161, 179, 210, 243, 284
제사법 270

제유법 22
존재의 변화 160-61, 292
종 18, 25-26, 29, 35, 58-59, 62, 70, 78, 96, 120, 141, 159-60, 162, 165, 167, 171, 176, 206, 210, 239, 253, 261, 265-67, 293
종말 13, 15, 19, 21, 42, 44, 94, 125, 134, 136, 181, 200-1, 206, 208, 210, 234, 277, 288, 295
종말론 175, 180-81, 188, 199-209
종말론적 윤리 199-202, 204-5, 208-210, 243
종의 형체 25-26, 29, 35
죄 13, 20-21, 23, 29, 41, 52-67, 70, 72, 75, 80, 82, 86, 91-93, 97, 103, 105, 111-12, 119, 123, 125-26, 136, 141, 143, 146, 152-53, 155-56, 158-60, 167-68, 182-84, 201, 214, 237, 241, 248, 254, 260-61, 267-68, 271, 278-80, 289, 292-93
죄 사함 20-22, 52-53, 55-56, 68, 70, 135, 201, 287, 289-90, 297, 300
죄 씻음 155, 158
주권들 15, 28-29
지연된 종말론 42
지체 78, 89, 94, 97-107, 112, 115-17, 119, 122-23, 129-30, 137-38, 140, 142-43, 145, 151, 155-60, 162, 165-67, 169-74, 177
지혜 75-76, 101, 152-53, 179-80, 194, 197, 233, 249, 271, 273-76, 299-301
지혜로운 건축자의 비유 275-76
직분 77, 90, 100-2, 104, 106, 117, 131, 138, 140, 166, 176-77, 185, 194,

198, 280-81, 291, 294-95, 299
직설법indicative 155, 266
직책 13, 99-103, 115-16, 141, 169, 185-86, 220, 281-82, 295
진리 15, 22, 39, 75, 84, 107, 122, 124, 127, 159, 161, 197, 219, 236, 242, 247, 259, 262-63
진리의 영 107
질료 26, 29
집단적인 성품corporate mentality 189
집단주의collectivism 190

ㅊ

찬송(찬양)시 26, 103, 177, 187, 283
창조 15, 27-29, 63, 89, 95, 122-25, 161, 161, 259, 261, 265-66, 276, 285, 288, 297-99
창조주(자) 15, 28-29, 31, 36, 289
천년왕국 134
체험 18, 22, 40, 76, 124, 132-33, 136-37, 291, 301
초기 기독교 42, 59
초대 교회 29-30, 39, 41-43, 45, 101, 195, 211, 265, 274, 288
초등학문 30, 162, 165, 261, 263, 267
충성 60, 89, 193-94, 204, 268
칭의 55, 82-83

ㅌ

타종교(다른 종교) 12, 16-17, 56, 104, 199, 211
탐욕 112, 143, 194-95, 217, 221, 277
통일성 103, 179, 276
통치자 15, 28-29, 107, 135

ㅍ

파당 181
페르시아 38
평강 60, 66-67, 69, 116, 138, 140-42, 165, 170, 219, 230, 292
평화 7, 66-67, 89, 102, 140, 169-70, 174, 267
포도나무의 비유 234
플라톤 철학/학파 108, 166

ㅎ

하나 됨 103, 172-73, 179-80, 283, 293
하나 됨의 윤리 172-74, 266
하나님의 계획 23, 25, 49, 65, 151, 169
하나님의 교회 64, 120, 175, 183-84, 211, 237, 280
하나님의 나라 9, 46-47, 94, 132-45, 147, 195, 200-1, 210-11, 229-30, 237, 242, 252, 268, 292, 297, 299
하나님의 능력 6, 33-34, 49, 74, 89, 110, 135, 152-53, 227, 272, 299-300
하나님의 뜻 26, 53-54, 57, 65, 129, 131, 145, 157, 159-60, 196, 234, 260, 273-74
하나님의 아들 15-16, 18, 22, 36, 38, 44, 51, 61, 72, 123, 134, 162, 246, 248, 261
하나님의 약속 34, 54, 83, 131
하나님의 형상 15, 27-28, 219, 228
할례 77, 81, 113-14, 122-23, 171, 197, 206-7, 261-63, 266-67, 269-70, 290
해방 54, 58-61, 86, 141, 143, 160, 167

해*zemia* 250, 252-54
행복 108, 149, 269
행위의 법 83
헬레니즘 20, 37-39, 98, 149, 164-65, 222, 257
현재적인 종말론 42
형상 17, 27, 29, 47, 123-24, 128, 131-32, 137, 154, 161, 227-29
형이상학 26
형체 25-31, 35-37, 46, 49, 51, 53, 93-94, 97, 118, 122-23, 125-26, 209, 222-31, 288, 291
형체 기독론 25, 288, 291
형태 형체를 보라
혼 39, 97-98, 108, 114, 116, 166, 219-20, 230, 291, 296
혼례법 270
화목 22, 52-54, 64, 66, 69, 93, 100, 140-41, 152-54, 165, 168-70, 172, 174, 239, 246, 289, 293
화목제물 21, 54-55, 57, 72, 80, 168
화목의 공동체 169
화목의 신학 169, 172
화평 69, 89, 140-41, 169-70, 174, 189, 193-94, 284, 293
화해 64, 66, 140-41
환생 38-39, 48
환유법 22
회복 153, 170, 172, 174, 289
회심 12, 19-20, 81, 135-36, 297
휴거 232
희락 89, 138, 141-43, 193-94
희망의 신학 19
희생 23, 55, 104-5, 112, 147, 182, 185, 205, 218, 239, 251, 277, 281

히브리 사고/개념 97, 195
히브리서 95, 214, 248, 251
힌두교 38

그리스도와
교회

2012년 9월 11일 1판 2쇄 발행
지 은 이 | 현경식
펴 낸 이 | 김영명
펴 낸 곳 | 삼원서원
　　　　　　주소 _ 강원 춘천시 사농동 809 롯데캐슬더퍼스트 104 - 401
　　　　　　전화 _ 070-8254-3538
　　　　　　이메일 _ kimym88@hanmail.net
등　　록 | 제 397-2009-000004호

ISBN 978-89-962670-3-4 03230

값 13,000원
※ 잘못된 책은 바꾸어 드립니다.